叢書・ウニベルシタス　986

ジェンダーの系譜学

ジェニファー・ジャーモン
左古輝人 訳

法政大学出版局

Jennifer Germon
Gender: A Genealogy of an Idea

Japanese translation rights arranged with
Palgrave Macmillan, a division of St. Martin's Press, LLC, New York,
through The English Agency (Japan) Ltd.

NAに

目次

謝辞 vii
序論 ジェンダー惑星を周回する 3
第1章 マネーとジェンダーの生成 39
第2章 ストーラーの魅惑の二元論 101
第3章 フェミニストがジェンダーと出会う 137
第4章 「ラヴマップ」とリマレンス 201

第5章　危険な欲望――主体性としての半陰陽　257
第6章　結論への途上で　311
訳者あとがき　329
原註および訳註　360
文献一覧　402
事項索引　412
人名索引　418

謝辞

本書のもととなった最初の調査に参加して下さった方々の粘り強さと勇気に敬意を表する。あんなにも寛大かつ説得力あふれる仕方で、あなたたちが自身の体験談や洞察を分け与えてくださったことに感謝する。なかでもヤンには最高の敬意を表する。海図にない水域を旅するヤンの姿は、この研究にインスピレーションを与えてくれた。

本書の執筆は多くの人々の助力によって可能となった。その一人ひとりに深く感謝する。愉快な友人たちと素晴らしい同僚たちが、近くから、遠くから、私を激励し、ありとあらゆる実際的な助力を惜しみなく与え続けてくれた。「あなたたちなしにはやり遂げられませんでした！」、という以外に言葉がない。とくにサム、あなたなしには（キス）。

アルファ・ハウスにも敬意を表する。アルファ・ハウスは芸術家、作家、音楽家のためのコーポラティブ・ハウスであって、二〇〇六年以来の我が家である。この稀世の社会実験を多くの才人たちとともに過ごすことで、私は本書の執筆へと駆り立てられた。そのことに心から感謝する。

最後に、とは言っても最小ではない感謝を、パルグレイヴ出版の編集・制作スタッフのみなさんに捧げる。ブリジット・シュル、ファリーダ・クーヒ＝カマリ、ジュリア・コーエン、クリスティ・ライラス、リー・ノートン、ニランジャーナ・ハリクリシュナン、そして本書の刊行に関わってくれたすべての方々、ありがとうございました。

ジェンダーの系譜学

凡　例

一、本書は、Jeniffer Germon, *Gender: A Genealogy of an Idea*, New York: Palgrave Macmillan, 2009 の全訳である。
一、訳文中の（　）、［　］は原著者によるものである。
一、原文中の（　）、――については、一部取り外して訳出した。
一、原文中の引用符（クォーテーション）は「　」で括り、大文字で記された文字についても「　」で括った箇所がある。
一、原文中でイタリック体で記された箇所には、原則として傍点を付した。
一、訳者が補足した語句等は〔　〕で示した。
一、原著は章ごとに註が付され、巻末にまとめられている。しかし、原註で引用されている文献と巻末の文献一覧がほとんど重複しているため、日本語版では［Germon 1998: 1］という引用方式に改め、本文中に挿入した。また、原註は（1）というかたちで記し、巻末に一括掲載した。
一、訳註については、一部は文中に〔　〕で括って挿入した。また、最低限必要と思われる用語等には、〔1〕というかたちで通し番号を付し、原註のあとに続けて挿入した。
一、引用文献中で邦訳のあるものは適宜参照したが、訳文は必ずしもそれに拠らない。
一、邦訳の書誌情報は、できる限り文献一覧に示した。
一、原著の明らかな間違いや体裁の不統一については、訳者の判断で整理した箇所もある。
一、索引は原著をもとに作成したが、一部訳者のほうで整理した部分がある。

序論　ジェンダー惑星を周回する

性的に二形的（dimorphic）な行動の研究においてハンディキャップとなっているのは、男性と女性が誕生して以来こんにちにいたるまで、探究すべきものごとの完全なリストをまだ誰も持ちえていないということである。［Money & Ehrhardt 1972: 9］

「ジェンダー」のない世界を想像してみよう。ジェンダーなしに、私たちはどうすれば私たち自身の社会的世界を理解できようか。複数の性のあいだの諸関係や、ひとつの性のなかでの諸関係について考えたり、理論化したりできようか。男児であるとは、女児であるとは、あるいは男であるとは、女であるとはどういうことか、どうすれば説明できようか。英語圏において人が性的主体であることを理解するのに、ジェンダーの概念は不可欠なものとなった。これについては議論の余地はほとんどありえない。とはいえ、ジェンダーは六〇年前には存在しなかった。少なくともこんにち私たちが理解するような仕方では存在しなかったのである。存在論的な概念としてのジェンダーは、こんにちではきわめて完璧に英語のなかに定着しているため、不可欠なもののように見えている。ジェンダーの諸起源に対する注意が欠落しているため、ジェンダーの概念があたかも常にずっと利用可能であったかのような思い込みが共有されてしまっている。この思い込みは大部分、こんにちのジェンダー概念が持つ怜悧な抽象力、分析力、説明力に起因する。しかしながらジェンダーは現に歴史を、論争含みの歴史を持っているのである。一九五〇年代までジェンダーは人間同士の諸関係よりも語句同士の諸関係を示すために用いられていた。一九、二〇世紀、ジェンダーが人格的、社会的カテゴリーとして散発的に用いられてきた証拠もあるにはあるが、ジェンダーがそのような概念として英語のなかに登録され、新しい、かつ有力な性の概念的領域として躍進を始めた歴史的時点は、一九五〇年代中頃であった。

ことの発端は一九四〇年代後半、若きジョン・マネーがハーヴァード大学で雌雄同体（hermaphrodism）に関する博士論文を執筆していたときのことだった。博士号取得から二年を経ないうちに、マネーは「ジェンダー」というタームを、雌雄同体者を理解する枠組の一部として、診療の指針として、また人間の主体性を理解する概念装置として提起した。マネーの考えは、英語圏の人々が主体性を男らしい、あるいは女らしいものとして理解する仕方に深甚な影響を与えていった。そうなったのは、一般に人が自分のジェンダーをいかにして習得するかに説明を与えるべく、マネーが自らのジェンダー理論の適用範囲を半陰陽者（intersexed）から人間一般へと拡張したためであった。この拡張は標準から逸脱した諸現象を、通常の発達過程を表示し説明するために用いるという、生命科学や医科学によくあるやり方そのものだった［Braidotti 1994; Canguillhem 1978］。

前述したすべての事情から、本書は互いに深く関係する二つの軌跡に沿って、ジェンダーに対する批判的な介入をおこなう。第一がジェンダー概念の生産と再生産を歴史的コンテクストのなかに位置づけるのに対して、第二は半陰陽者がジェンダーに対して持った、また今も持ち続けている複雑な関係を探索する。その関係は一見して明らかではないだろうが、これから私が示すようにその連関は切っても切れないものである。私たちのなかに居る「間違った性を割り当てられた」人々に対して性科学があんなにも熱狂しなかったならば、こんにち理解されるような意味におけるジェンダー概念は決して存在しなかったはずなのである。半陰陽者は歴史的に、医科学に対して、性的主体であるとはいかなることか、そして人間であるとは何を意味するかについての特殊な諸真理を生み出す諸手段を提供してきた。半陰陽者は、自分こそが、身体的な性において何がノーマルと目されるかについて私たちが抱く諸観念の多くに基盤を与えていると正当に主張しうる。しかしさらに重要なことには、半陰陽者はジェンダーについて何がノーマルと目されるかについての根拠を表現してもいるのである。

一九九〇年代初頭以降、マネーの人格と研究が再検討に付されることが増え、各方面からの攻撃を受けるようになってきた。彼は非情な自己利益の追求のかどで、生まれに対して育ちを特権化したかどで、またジェンダー習得に関する彼自身の諸理論の有効性を示す証拠として彼が一時使っていた、もっともよく知られた「実験」の結果にまつわる真実を隠蔽したかどで非難されてきた(1)。その結果、彼の研究は性科学の外の中傷者たちからも、性科学内の論敵たちからも、あたかもマネーの考えはまったく無価値であるかのように、徹底的に葬り去られた(2)。こんな乱暴な廃棄処分は、日常語に言うところの「産湯と一緒に赤ちゃんまで捨てる」ようなものだ。批判者たちによる反論の多くに、過去五〇年のあいだに標準化したマネー理論の諸要素が意識されることもなく浸透しているという事実を見ればよい。こうした事実は、私たちがジェンダーについて何をどのように知っているかに対してマネーが及ぼした影響がこんにちひどく過小評価されているという私の主張にかなりの重みを付け加える。マネーを誹謗する人々に対して、私はマネーのジェンダー概念がその生産的なポテンシャルの第三の波を引き起こしつつあるのだと主張したい。彼の理論は生殖細胞・神経細胞と環境および経験のあいだの相互作用関係を想定しているという、まさにその一点において、第二の波（つまり第二波フェミニズムにおけるような）とは異なっている。そう主張するからと言って、彼の考えの問題含みの諸側面を無視してはならないのだが、このことはこれ自体としては、彼の思考の総体としての有用性を損なわない。マネーのセックス＝ジェンダー理論[3]は、私たちに入手可能なもっとも洗練された諸理論のなかでももっとも二形主義（dimorphism）の専制から解き放たれており、それゆえマネーのジェンダー概念を批判的に再活性化させるチャンスは潤沢である。

対話のなかで

本書はジェンダー概念について書かれた他の諸歴史との対話のなかにある。それらのジェンダー概念史のほとんどはジョン・マネー自身の研究群と、フェミニストたちの著述のなかに見いだされるだろう。ジェンダーの諸起源はいくつかのフェミニズム諸派によって朧気ながら認識されているが、それが半陰陽者および半陰陽事例管理（Intersex Case Management: ICM）の臨床とのあいだに持っている密接な関係についてはまったく認識されていない[4]。言語学が英語圏におけるジェンダーの起源であることは正しく認識されているが、多くのフェミニズム諸派は、ジェンダーが言語学的用具から人間の属性へと変容していったコンテクストの詳細については何も知らないままなのである[5]。

一九八〇年代のポスト構造主義全盛期に生じたフェミニストたちのジェンダー系譜学は、ミシェル・

フーコー、ジャック・デリダ、ロラン・バルトの仕事における言語への注目を踏まえたものだった。そうした論者たちはロマンス諸語、ゲルマン諸語における文法的ジェンダーと、英語に固有な自然的ジェンダーという分類のあいだにある意味論的相違に関心を集中させた[6]。しかしそうすることで、論者の多くはジェンダーの存在論的側面に対して言語学的特質を特権化してしまっている。

過去四半世紀ほどのあいだ、性科学におけるジェンダーの諸起源はほとんど例外なく無視されてきた。バーニス・ハウスマン[7]は存在論的ジェンダーの産出におけるマネーと半陰陽者の重要性について詳細な説明をおこなったのだが、歴史的厳密性への関心を欠いていたために、ジェンダーは社会学による発明として［Curthoys 1998: 41; Rubin & Butler 1998: 36–73］、ロバート・ストーラー[8]による、あるいはシモーヌ・ド・ボーヴォワールの遺産として［Braidotti 1996: 135–152］、はたまたフェミニズムの（言語学的考察を通した）発明として［Hawkesworth 1997: 649–685; Scott 1999: 57–75; Seidman & Nicholson 1995: 1–35］、多種多様に枠づけられてしまった。どうやらジェンダーというタームがフェミニズム用語集のなかに登録された瞬間からこのかた、ジェンダーはフェミニストの発明だという見方は急激に普及し、フェミニズムの神話の一部となったようだ。この見方が所与の常識になったという事実は、知識がフェミニズム伝統のなかで流通してきた仕方の特殊性によって一部説明できるかもしれない。しかしそれよりも、この事実はジェンダーの持つ分析力と説明力の強さの結果であろう。こんなにも新しい概念装置の歴史がかくも多くの事柄を、それに賭されている多くの事柄とともに等閑に付さなければならないということこそが真に注意を要するのである。

本書はマネーの研究を再導入することによって、これまでのフェミニストによるジェンダー系譜学を粉砕することを目指す。マネーの研究の等閑視は多くの諸結果をともなってきた。第一の結果として、ジェンダーというものがその核心において言説を通して構成された指示のカテゴリーであるという考えを堅持した初期のポスト構造主義的諸分析は、もっぱら性別の実質的な産出よりも言説的な産出に関心を局限することになってしまった。第二には、ジェンダーという概念があたかも常に利用可能であったかのように完璧に非歴史化されてしまった。第三の結果として、性差を二性の秩序とする認識論的偏向が支持され、維持されてしまった。第四には、フェミニズムは軒並み一連の二値論理（セックスとジェンダー、男性と女性、男と女、異性愛と同性愛）へと凝り固まってしまった。第五に、これは意図したことではなかったろうが、雌雄同体者を、不可能な「他者」としての屈辱的な立場に陥れる効果を持ってしまった。本書はジェンダーに対して批判的歴史的に介入することで、半陰陽者が常にジェンダー概念と密接な関係にあったこと、そしてそもそもの初めからそうであったことを論証する。

一九九〇年以降、ますます多くの文化批評家たちが、半陰陽の乳幼児の出生を扱う際の診療の倫理と有効性を検証する必要から、半陰陽事例管理に注目するようになってきた[9]。これらの増大しつつある著述群は、本書の最重要の対話相手のひとつである。というのは、ジェンダー概念の産出は半陰陽研究とその診療と密接にリンクしているからである。これら批判的諸アプローチが採っている分析様式はひどく多様であって、歴史的なものからエスノメソドロジー的なもの、修辞学的なものまであり、生命倫理的なものから「内部者」による告発まで、哲学的なものから社会学的、意味論的、文化的な分析まで各種ある。しかしながら、これら諸著述のかなりの部分が複数の専門領域にまたがっているということが特筆に値する[10]。

歴史的な分析は、医学と生物学の研究者たちが実体としての身体および言説としての身体の内部とその見た目に、性別を定着させるために用いる多彩な諸手段への素晴らしい洞察をもたらしてくれる。これは私のプロジェクトがおこなおうとしていることの一部分でもある。医療が法とのあいだに持つ関係を探究する人々もいる。性別が曖昧な人々に対する医療的な認識と法律的な認識とのあいだの諸連関は、数世紀は遡ることができるテーマなのだが、その一方で、論者たちの指摘によれば、医療と法律では性の認識の仕方がかなり異なっている。医科学が長いこと、人間身体の形態にみられる驚くべき多様性を性的な成長の複雑さに由来するものと認識してきたのに対して、法律は二つの性別のあいだの端的に対極的な関係を所与としてきた。そのため医療諸技術は「二値的なジェンダーを絶対的なものとする法的擬制」[Epstein 1990: 128–129]の維持を可能にする大きな役割を果たしている、と論者たちは主張している。

かなりの数の論者が医療倫理の課題に取り組んでいる。その関心の中心をなしているのは、医療的ケアにおける現代的な倫理諸基準が適用されるようになるはるか以前にデザインされた対処モデルが、引き続き用いられているという問題である。幾人かの見るところでは、半陰陽事例管理の手順は一九世紀の奇形学の復興である [Dreger 1998b: 33–35](11)。現代では半陰陽者たちは生存を許されてはいるが(12)、医師たちは半陰陽状態を「手術室で切除されるべき社会的スティグマ」と考えているため、その身体的差異の特殊な諸様態は不可視にされている [Epstein 1990: 116]。批判者たちは正しくも、治療を受けた半陰陽の子どもについて、その治療歴を隠し続けるよう両親に奨励する医師たちを厳しく非難している。同じ非難は、成人した半陰陽者たちに診断情報を提供しないという、いまだ広範にみられる慣行にも向けられている。

半陰陽事例管理の医療実践に対する知的、政治的関与が二〇年ちかくおこなわれてきたことによって、この大繁殖した知の総体を貫くいくつかの議論の方向性が見えてきた。これらのうちいくつかが、こんにちこの領域における主導的な地位を得ている。なかでも優勢なものは、半陰陽診療の領域の外でもかなりの認知を獲得するようになり、半陰陽をめぐる思考と探索にますます作用するようになった。それは他の数々の理論的および政治的サイトに見られるとおりである[13]。

四つの議論が私の分析の出発点として好適である。本書はこれら四つの議論を発展させることで、これら諸課題のうちいくつかについて、いままでとは別様に思考するための概念的空間を開示する。つぎのセクションにおいて、私は四つを順番に記述し問題化する。最初の出発点ではジェンダーの非歴史化を問題化する。第二の出発点は半陰陽事例管理が異性愛規範（heteronormative）の社会秩序を強制する規律訓練の実践を代表しているという考えである。私が発展させたい第三の立場は私が「消去分析」と呼ぶもの、つまり半陰陽者の根絶は何らかの意味ですでに実現されているとみなす立場である。第四に、半陰陽者のありのままの身体は問題ないという考え方、別の言い方で言えば半陰陽者の身体は性別を帯び、ジェンダー化された後にのみ問題になるという考え方を突き崩すことを目指す。

ジェンダーの非歴史化

半陰陽事例管理に対する批判的著述には、ジェンダーを、あたかも常にこんにちにおけるように利用可能であったかのように非歴史化する傾向がある。この傾向は現在中心主義の一例であって、ジェンダー概念を普遍化することに寄与し、したがって性的主体の意味と経験を、全時空間を通じて等質化してしまう。マネーの半陰陽事例管理へのかかわりは明白なのに、このような説明の多くは存在論的なジェンダーの「創造者」としての彼の役割をしばしば見逃している［Adkins 1999; Dreger 1998b; Preves 2000; 2002］。より最近の時代を扱う歴史的著述もまた、半陰陽事例管理に対するジェンダー概念の錯綜した関係を見逃している。デボラ・フィンドレイは、一九五〇年代カナダの医師たちが半陰陽者の身体上に二分法的な性の理解を適用した方法を分析してみせたが、これがその一例だ。フィンドレイはカナダの医療の理論と実践が国際的な学説動向に影響を受けていたことを認めているのだが、彼女の説明のどこを見てもマネーの研究へ言及がまったくないのである。マネーが寄稿していた医療雑誌『ジョンズ・ホプキンス病院紀要』や『小児科』の権威と流通範囲の広さを考えれば、この見落としはフィンドレイの研究の全体を無効化してしまうほどの影響を持つと言わざるをえない［Findley 1995］。

ジェンダーの歴史的特性が認識されている場合でも、そのタームは一九五〇年代中頃よりも以前の歴史的諸時点を指して無原則に使われるのが常である。その結果すべての「セックス」が「ジェンダー」になってしまい、したがってどのように性差の認知がジェンダーとして理解されるようになっていったかの分析はほとんど、あるいはまったくなされないままに残されている［Hausman 1995］。

ジェンダーはまた、セックスの社会的、生物学的の二側面の両方を指し示すタームとして用いられることによっても非歴史化される［Epstein 1990; Kessler 1990; 1998］。このようなアプローチには男性らしさと女性らしさのすべての側面の構築性を際立たせるという意図があり、それにはたしかに理論的な効能があるのだが、にもかかわらずイヴ・コゾフスキー・セジウィックなら「素晴らしいが高くつく飛躍」と呼ぶであろうものと言わざるをえない。この飛躍は高くつく、というのはそれによってジェンダーの歴史の特異性が不鮮明になってしまい、ジェンダー概念の生成を探究する機会が閉ざされてしまうからである。すべてのセックスがジェンダーならば、医師がまさに文字どおりの意味でセックスの物質的な徴表の加工を積み重ねてきたという事実は、イデオロギーをめぐるより大きな諸議論に包括されてしまう。技術の考察に対してイデオロギーを特権化すると、イデオロギーを過大評価し、また同時に身体の抵抗の意義を「イデオロギー的おもねり」[Hausman 1995: 74–76] へと切り詰めてしまう。同様に、医療技術を搾取と尊厳毀損の家父長制的な道具として解釈すると、それら技術に対する身体的抵抗の意義は見過ごされるか、よくても軽視されることになってしまう。

強制的異性愛

おそらく、以上の批判的諸言説のなかでもっとも支配的な割合を占めることになった議論のラインは、半陰陽事例管理を、異性愛規範の社会秩序を強制するために用いられる規律・訓練の実践として捉える、ジュディス・バトラー以降の考え方である [Butler 1990; 1993]。多くの批判者たちは、異性愛の強制に熱心に取り組んでいる医者のイメージを共有しており、同じテーマについて各々の仕方で多様に論じている。(14) 医者は、暴力的で威圧的かつ欺瞞的な手段によって現体制を維持しようとする暗黒の皇帝として比喩的に表現されている。異性愛規範の議論はエリザベス・ウィルソンがフェミニストによる科学的研究の紋切り型のひとつと認定したものとの抱き合わせでおこなわれる傾向がある。ウィルソンによればこの紋切り型は、生命科学が概念的にも政治的にも無能であるというフェミニストの想念のなかに明らかにあらわれており、したがって「科学に対するフェミニストの分析の目標は生み出されてきたデータから学ぶことではなく、イデオロギー的な間違いを正すことにある」［Wilson 2002: 285］。

異性愛規範の分析は、その分析的な力ゆえに持ち出されるものであるにもかかわらず（この傾向はジェンダー概念とたしかに共通している）、説明的な形態へとずれてゆく傾向にある。異性愛規範分析の、半陰陽事例管理への応用は少しばかり高くつく諸結果をともなう、ソフトな分析とでも呼ばれうるものを代表している。ソフトな、ということで私が意味するのは、証拠による支持を見いだしうるという相対的な安心感である。高くつく、というのはそれが可視化するよりも不可視化する働きを持つからである。説明的な形態において、異性愛規範は、その主張を支持する証拠が豊富に存在する、まさにそれゆえに強制的なのだが、しかし同時にこの説明には何か腑に落ちない点がある。

異性愛規範は家父長制概念のような一枚岩な概念になってしまった。異性愛規範分析は、すべてを説明すると自称することによって、半陰陽が、そしてまさにジェンダーが、すべての性的アイデンティティにとって有する意味を探求する道を閉ざしてしまったのである。性差の政治経済学がたいへん広い範囲にわたる支持層を獲得してきたのは、異性愛者だけでなく、ゲイやレズビアンのアイデンティティを有する人々も男性の身体と女性の身体の区別を可能にすることにとくに強い関心を持つからである。アリス・ドレガーが皮肉をこめて記すように「もしあなたが、誰が男性で誰が女性かわからなければ、あなたが担当している事例が異性愛なのか同性愛なのか、どのように知ることができようか」［Dreger

1998b: 9]。二一世紀において、性の多様性は同性愛の悪夢をもたらすだけでなく、異性愛の悪夢と両性愛の悪夢をもたらしているのである。

テレサ・ド・ラウレティスの議論をひっくり返して借用し、私はジェンダーが最近になって二形的な性差の技術として作用するようになったのだと主張したい。そう考えてみれば、ここで問題にすべき規範秩序とは異性愛規範の秩序だけでなく、セクシュアリティそのものであることになる。換言すれば、半陰陽事例管理はモノセクシュアリティ[1]を規範として支援し、維持している［Germon 2008］。モノセクシュアリティの概念によって、私たちは異＝同性愛の特権的な組み合わせから離れて、議論の仕方を切り替えることができるようになる。分析のカテゴリーとして、モノセクシュアリティは異性愛規範の及ぶ範囲を超えた批判的な力価を持つ。概念的な道具としてのモノセクシュアリティは、現存するにもかかわらず「現実」と「現在」から恒常的に隠蔽されている人々の性的主体性の諸形式を可視化できる。つまり半陰陽者は身体の水準でモノセクシュアルのカテゴリーに挑戦するものであるゆえ、病理的なものとみなされるのである。この観点を得ると、二値的なジェンダーを奉じる利益諸団体の布置を考察の焦点とすることができるようになる。同様に、二性の区別に依拠するすべての社会的・性的諸実践を正統化する、最新の歴史的装置としてのジェンダーの位置も考察の焦点とすることができるようになる。

全痕跡の消去

文化批評家の多くが主張するには、医療の専門家たちは二〇世紀の全過程を通して、もともと法制度がおこなうべきとされていたこと、つまり二値的で異性愛的な性のモデルに適合しない、身体的な性のあらゆる諸形式の完璧な消去を完遂した［Epstein 1990; 1995; Fausto-Sterling 1993: 23］。この考え方は「抑圧は『切除』においてその完全な形態を獲得し、他者による代替的な社会的諸編成の潜勢力は完璧に根絶される」［Epstein 1990: 130］というジュリア・エプスティンの主張にはっきり表われている。これは代替的社会的諸編成を選ぶか否かについて、半陰陽者にほとんど発言権を認めないものではあるが、強力な議論である。(15)

医学言説においては、外科的、ホルモン的な施術は半陰陽患者をその「境遇」から救うのだから、施術によって救われた患者はもはや半陰陽ではないとされる。この考え方によれば半陰陽者はこんにちではそれ自体固有のものとして存在することをやめており、何らかの消去の形式に従っているという主張が可能となる。物質的な水準を見る限り、なるほど半陰陽事例管理は、半陰陽者の身体を男性や女性によく似た形に変形させることによって、彼らを医学的議論の不可視の外部へ追いやったと言える。(16)半陰陽事例管理が医学の奇形学的な諸起源への回帰を表わしているという考え方は、半陰陽者の根絶がすでに完遂されたものと決めてかかっている［Epstein 1990: 130］。しかしよしんば根絶の完遂を証拠立てることが可能であるとしても、それは語るべきこと全体のほんの一部分を語るにすぎない。

本書において私は、マネーのジェンダーも半陰陽事例管理も半陰陽問題を十分に理解してこなかったという可能性を追究するつもりである。そういう研究なら心理学者アルバート・エリスによってマネーより一〇年前にすでに達成されている。半陰陽者のエロトセクシュアルな位置取り（status）を、異性愛、同性愛、および両性愛としてカテゴリー化したのは彼である。このようなやり方で雌雄同体者のセクシュアリティを理解すると、第三の、あるいは異なる仕方で性を帯びた「他者」はただちに冗長な存在となる。初期の性科学思想のなかに広く漂っていた第三の性という考え方が一瞬のうちに消え去ったのは、規範的な二極的（bipolar）エロトセクシュアル秩序の論理のなかには、第三の、または「他なる」性のための場所が存在しなかったためである(17)。

第五章で詳しく論じるように、半陰陽者を擁護する諸団体や多くの個人は、新生児に対する強制的な性器手術を終わらせることを目指している。その目標の論理的な結末を半陰陽のアイデンティティの衰退と見る人々もいる。これは消去の問題にまったく新しい一側面を付け加える。この観点からすると、半陰陽はアイデンティティよりも外科手術やホルモン療法によって生み出される境遇であって、それゆえ半陰陽は主体の位置とはなりえない。カナダの活動家であり研究者でもあるモーガン・ホームズが、半陰陽運動は「その衰退を目標とすることができるユートピア主義的なプロジェクトだ」と言ったとされる(18)。この考え方によると、強制的な外科手術に終止符を打てば、半陰陽のアイデンティティは未決状態のまま放置されることとなり、いろいろの大きさの陰茎か陰核を持つ男か女としてのアイデンティティの目覚めを待つこととなる。いいかえれば、外性器は「とくに臨床的な意味を持たない表現型」［Kessler 1998: 90］を表わすことになる。

しかしこれも消去の形式を構成するのではないだろうか。男性らしさと女性らしさを特権化すると、二値的なカテゴリーの自明視を再強化してしまわないだろうか。そうすることで半陰陽者をその現存から閉め出し、もういちど神話的な領域へ追いやりはしないだろうか(19)。

これらの身体はマターしないのか？

私は議論のさらなる道筋を、ジュディス・バトラーが諸身体がマターとなるために[2]は性別化されなければならなかったことを示した『*Bodies That Matter*』（一九九三年）において提出した分析にもとづいて描き出す。バトラーにとって身体の物質性はアプリオリに、あるいは言説の前に存在するのではない。身体はジェンダーとしての文化的な理解可能性の程度と共存在している。この説明によれば半陰陽者の身体は性別を持った後にのみ、つまりイアン・モーランドが「理想化」された外性器あるいは「権威づけられたヴァージョンの」［Morland 2005a: 337］外性器と呼んだものを受けとった後にのみマターになる。エプステインは「医科学は入手可能な最強の火器で武装し、生体医学においては存在しないと知られているはずの二値的な性分化を強制しようと企てている」［Epstein 1990: 130］と主張している。

たしかに半陰陽児の誕生は「医師の極端な反応」としか表現しようのない事態を引き起こす。これは半陰陽の身体がまさにマターであることを示唆している。半陰陽の身体は、物質的な側面において過剰であり、文化的な理解可能性を超えているゆえに調停を必要とするのである。半陰陽事例管理は人の主体性が二つとして、一組として、一対として理解されているがために始まった。半陰陽者はそのような世界の見方に合致しないゆえに、そのような仕方で問題として認識されるのである。本書が論じるべきことすべてを論じつくし、やるべきことをやりつくしてみれば、半陰陽でない人々よりも半陰陽者においてこそ身体がマターであると分かるはずである。

理論的枠組

トマス・クーンは、科学的な観察は常に概念によって形づくられている以上「純粋な」ものにはなりえないことに初めて目を向けた人物のひとりである。いいかえれば、性において何が可能かについての私たちの視野は、私たちの持つ観念の届く範囲に限られており、したがって私たちがどんな語句も概念も持ち得ていない事柄については、私たちは見ることができないのである。この意味において知覚は概念によって形姿を与えられるため、事実を記述するのに用いることのできる観念なしにはいかなる事実もありえない。この本に通底する根本的な前提のひとつは、二形的な性差の概念枠組は自然な事実というよりは、自然な諸属性に対する一解釈であるということである。二つの正統な性および二つのジェンダーのカテゴリーを持っているだけでは、異なる概念化ならば明らかにしたかもしれない諸形態の多様性が見えなくなる。ジェームス・パーソンズが二五〇〇年前に既述していたように、

ひとつの身体にひとつの性別があるという法がそれほど絶対的なものでなかったとしたら、私たちは間違いなく、現在の標準からすれば奇妙な脱線を毎日目の当たりにすることになったろう。
[Parsons 1741: 6–7]

「人は、ジェンダーについての諸活動や諸仮定からはじめて、いわば逆向きに、身体に対して働きかけ

るものだ」［Warnke 2001: 120］と言われるように、過去五〇年以上にわたり、ジェンダーは人間の身体や主体の意味を了解させる唯一無二の解釈枠組となってきた。身体、アイデンティティおよび行動を解釈する際、二値的な概念に依拠することの限界が認識されるようになると、自分らしさの感覚に関するそれら諸様相について別の仕方で考えることが促される。それはまた、二値的思考によってどのような種類の理解が許され、何が拒まれ、何が不鮮明にされるのかを検証する機会をも開く[20]。

ジョルジュ・カンギレームの生理学（生命有機体の科学）と病理学（疾病の科学）の関係分析は、医科学が「ノーマルなもの」を固定するにいたった過程に光をあてるために有効な方法を提供する。性において何がノーマルかは、あらゆるノーマルなもののなかで最重要かつ明瞭である。カンギレームによれば、多様性とアノマリーはいずれも、不全・障害（disorder）や疾病を抱えているわけでも、それ自体として不全・障害や疾病であったりするわけでもない。アノマリーが病理的なものとみなされるようになるのは、ただそれが科学的研究を触発しはじめる時点においてのみである。何らかの特定の逸脱において「統計学的な諸ノームの決定と、ノーマリティとアブノーマリティの程度評価の関係」を調査することによって、カンギレームは正常（ノーム）という概念が現実性の判断であるよりも、むしろ価値判断のひとつであることを示した［Canguilhem 1978］。ジョン・マネーは彼自身の研究において同様のことを述べている［Money 1988: 51–52, 76–77］。アノマリーの原因が特定されると途端に、アノマロスなものは病理的なものになるのであって、このポイントから、病理的なるものは、ノーマルとみなされるものの実体化に努めはじめるのである。これは間違いなく、マネーのジェンダー習得理論がそうであったのとちょうど同じように、半陰陽者の研究に直接由来するいわゆるノーマルな、もしくは特記すべきことのない胎児発達に対する現代的理解に当てはまることである。

意味のうえでは、アブノーマルというタームはノーマルというタームの論理的否定の機能を持つのだから、前者は後者の定義に従属するのだが、カンギレームはノーマルとアブノーマルのあいだの関係が常に一種の排除の関係であることから「アブノーマルは論理的には派生的であるが、実存的には第一義的だ」[Canguilhem 1978: 149] と主張してもよいと考えた。ノーマルなものに特徴が認められないのは、まさしく、その諸境界がノーマルでないものによって描かれるからだ。ノーマルなものは、ひとつの連続として理解される場合でも、基本的には「差異の欠如の概念、画一性の概念、何ともよく混ざり合う能力の概念」[Epstein 1995: 11] の枠内にとどまる。そのためノーマリティはそれ自体としては理解されえないのである。半陰陽研究のコンテクストを超えてジェンダー概念を拡張することにより、マネーはジェンダー概念を「ノーマルな」発達なるもの、つまり男らしい、あるいは女らしいアイデンティティの発達を実体化するために用いることができた。

雌雄同体はかつて奇形学、つまり怪物研究の対象へと貶められた。その分野の論理のなかでは、[21]怪物的とみなされる諸特性は不完全な胎生発育の産物として説明され、かくして疾病としての特性を帯びる。半陰陽者はまさしくこのような過程をたどって病理的な存在と捉えられるようになっていった。怪物の概念は伝統的に、人間の形状あるいはそのパーツの多様な複製を含意してきた。身体の水準での過剰性は医科学においては好奇心と不安の両方を生む。これは単にエリザベス・グロスツが述べたように、身体部位の過剰性が、どうしてか、いっそう「手足や臓器の不足や減少よりも気持が落ち着かないもの」[Grosz 1996: 64] だからというのではない。私が言っているのは怪物的キメラ、種の境界を超えることのできる生物の幻影によって引き起こされる不安のことである。「怪物的な雌雄同体の他者」はそのようにして、私たちがノーマルな人間的主体性として認識するものにとっての「構造的な中心にあり、かつ境界を画するもの」［Braidotti 1996: 141］となっている。その構造的中心性はただ単にノーマルなものとアブノーマルなものの境界を定めるだけでない。というのは、

一般的なものの諸境界を画する怪物的身体なしには、そしてノーマルなものに形式を与える病理的なものなしには、政治的、社会的、そして経済的な布置連関に通底する身体的価値の分類は崩壊するだろう。［Garland-Thomson 1997: 20］

それと同時に、医科学はノーマリティを定義するために、自然な生物学的変種に着目するばかりか、ノーマルな変種を中立化しようとも試みる［Fausto-Sterling 1997; 2000a］。本書において私が提示するように、ジョン・マネーとロバート・ストーラーの研究はこの伝統に完全に含まれている。ローズマリー・ガーランド＝トムソンによる、近代の（進行中の）プロジェクトに関する分析は、それが「デモクラシーにおける支配的な主体としての、特徴のない、規範的でふつうの身体の概念を生産し強化する社会的織物の全体に蔓延している、日常生活の平準化に影響を与えた」［Garland-Thomson 1997: 12］ことを明らかにした。近代が「平準化や大量生産、代替可能な諸部分としての機械化された諸実践」［ibid.: 11］によって特徴づけられることから、近代の自律的主体とは、形態と機能の両方において首尾一貫するよう求められている身体のなかに基礎づけられる。近代主義的科学言説の一形態とし

ての生体医学が、その認識論的主張のために、客観的と考えられる根拠として規則性と画一性を保とうとするのは、このためである。ヘルスケアの慣例はすべての身体――極端な差異を刻印された身体を含めて――を安定した、予測可能なものとして規定することを求める。そして科学的言説は予測可能性に依存するとどうしても特殊性を過小評価しやすくなる。理想化され、標準化された身体からのいかなる変異に対しても「矯正的」な介入が要求されるようになる。特殊性は、どのような形態においても「西洋の認識論、存在論そして倫理が基礎づけられる同一性と差異性の諸パラダイム」を阻害する恐れがあるため、中立へと持ちこまれねばならないものとして受け止められることになる［Price & Shildrick 1998: 232］。

半陰陽は医療的介入を必要とするという考え方は、問われもせずに受容される傾向にある。半陰陽者は医療なしには悲嘆と落胆の運命を生きざるをえなくなるものだという前提で、医療はおこなわれているのである。(22) マネーの研究は、もし何か間違いさえ起こらなければ、半陰陽者はノーマルな男あるいはノーマルな女として生まれてきたはずだという想定を前提としていた。また半陰陽者は未完成の身体を持っているものとも想定されていた。この論理にはつぎの二つの効果がある。第一に、医療的対処を正当化し、これらのいわゆる不全・障害の諸身体を管理し、あるいはより正確にいえば「矯正」するための指令を生む。第二にそれは、二形的な性差という明白な真理の顕揚に貢献する。人間というものは結局のところ、本当にただ二つの性のみから成るのだが、諸身体への諸理解は、もちろん常に表象・代理（representation）であるほかないのである。

身体を科学的に表象・代理しようと、通俗的に表象・代理しようと、いずれにせよそれは純粋無垢ではありえない。なぜならそれらはかならず身体を知の生産の大きなシステムに結びつけるからだ［Urla & Terry 1995: 3］。ジョン・マネーによるジェンダーの生産はその典型であった。性科学の学際的な傘の下で、彼は医科学の枠をはるかに超え出た知識、たとえば動物学、言語学、人類学といった諸分野の知識を参照した。それと同時に彼の研究は、これらの諸分野やその他制度化された諸分野へと彼が生み出した諸概念を知らせてゆくという仕方でフィードバックされていった。くわえて、マネーの概念はそれ以外の知の諸分野、フェミニズムやセクシュアリティ研究、そして半陰陽の政治運動や研究などにも刺激を与えた。ジェンダー化された性的主体に関する、日常的理解あるいは地域文化的な知識とでも呼べるものに対する彼の影響は、あらゆるところで明らかである(23)。

それにもかかわらず、ジェンダーとセックスに関する支配的な真理は、——あらゆる支配的な言説と同様に——本質的に不安定である。多くのポスト構造主義的な分析のプロジェクトは、言説によるジェンダーが、それ自身の「至上不可欠性」の恒常的な反復と継続的な言及を通していかに産出されるかを示してきた。これらが、ジェンダーに安定性の感覚が授けられる諸条件である。しかしながらジェンダーは言説の水準においてのみ機能するのではない。それは社会学者アーヴィング・ゴフマンやその他の人々が述べてきたように、関係的にも機能しているのである［Goffman 1997(24)］。

ゴフマンはマネーの著述を直接に批評したことは一度もなかったが、彼の分析はマネーのプロジェクトの多くの側面への理解を深めるに役立つ(25)。本書を通じて明らかになるだろうが、ゴフマンが論文「二つの性のあいだへの編成」［Goffman 1977］において提起したジェンダー関係の二段構えの分析は、多くの点でマネーの思考と共鳴する(26)。ゴフマンの分析はミクロとマクロという二つのレヴェルで機能する。

ミクロレヴェルでは、彼の分析は男性、女性それぞれに固有の見た目、行動、感情が人々の身体的および精神的な経験のなかで模倣され一様化してゆく過程について、たいへん精妙な説明を与えている[27]。

　本書におけるジェンダー概念の歴史的探索にとってもっとも助けになるのは、ゴフマンの分析のマクロな部分である。ゴフマンは身体をジェンダーの（アプリオリな）自然の基盤とすることを拒んだため、ジェンダー化された社会的布置連関を権力関係として分析することができた。彼の分析のなかでもとりわけ特記すべきは、ジェンダーと階級、人種、エスニシティの交錯した関係を探求する方法である。ゴフマンによれば、ジェンダーはしばしば身体との関係が希薄なまま、出生した人を男女いずれかの性へと組み込む「特筆すべき組織的装置」にほかならない。彼は、ジェンダーのように本質的にたいへん不安定なものが、かくも効果的に「大衆のアヘン」として機能できていることを、パラドクシカルだと感じていた［Goffman 1997: 315］。ゴフマンの見るところ、マネーのように二つの性別やもう一方の性を対比的な意味で語ることは、文化的ステロタイプとあまりにきちんと結びつくがゆえに危険だった［ibid.: 305］。彼は強く、説得的に、性を階級としてではなく、有機体の属性としてのみ理解すべきであると主張した。

　ゴフマンはまた、ジェンダーの医科学的理解が地域文化的な知識の規範的な理解を形づくり、実質化させるさまざまな手段を吟味することの重要性も強調した。彼の説明によれば、ジェンダーに対するこれら規範的諸理解は、二形的な性差についての医科学的な信念から力を得ているのである。かくしてジェンダーに関する規範的な理解はジェンダー化された態度に対して自己充足的な効果を持つにいたる。ゴフマンの理解によればジェンダーは同語反復的に作用するものなのである。

方法論に関するノート

本書は、フーコー的な意味における系譜学的方法に依拠して主題に迫る。このようなアプローチは、ジェンダーにおける何らかの真理を発見するというよりは、その意味の連続性の仮定を揺さぶり、粉砕しようとするのであって、もっと言えばその固定された本質なるものの観念を粉砕しようとするものである。本書における系譜学の目的は、真理であるかのように現われるものが、実際には各々それぞれ歴史的固有性を持つ身体や主体性のひとつの解釈、または一連の解釈にほかならないことを暴くことにある。

本書を通じて論証するように、ジェンダーは信じがたいほどに流動的な概念である。ジェンダー概念は、五〇年あまり前にはじめて存在論的カテゴリーとして提起されて以来、一連の諸変容にさらされ、その過程のなかで成長してきた。系譜学的アプローチはつぎの現象を可能とした諸条件を注視するための用具を提供する。つまり文法上のツールから存在論的属性へのジェンダーの変容、半陰陽乳幼児への外科的対処の制度化、セックスとジェンダーのあいだの概念的分離、フェミニズムの中核において、フェミニズムを組織化する概念としてのジェンダーの特権的地位という、それぞれの現象を可能にした諸条件を見るための用具を提供する。最終的には、ジェンダーと関係づけられる最近の政治的領域、つまり半陰陽政治の考察が可能となるだろう。

本研究は、多様な知識領域のテクスト分析と、対面インタヴューという質的調査とを併用する方法を採用した。公刊された性科学文献への批判的テクスト分析は、マネーやストーラーの初期の研究を踏査する最適な方法として選んだ。また、私はこのアプローチを、一九六〇年代後半から一九七〇年代に公刊されたフェミニスト文献を考察するためにも採用した。これら公刊された著述は、公的領域において過去に流通してきた、また現在流通している多くのジェンダー概念の基盤をなしている。

本書が題材とする歴史的一次資料は、ジョン・マネーやロバート・ストーラー、一九七〇年代の多数のフェミニスト学者の研究を含む。本書がこれらの人々をほとんどの場合分析対象として扱うのは、私のアプローチが批判的なものであるためだ。しかしその批判は批判それ自体を目的としたものではなく、さらなる対話の促進を意図したものである。また、これらの人々がもたらした理論的な貢献を貶めたり、否定することに関心があるわけでもない。じっさいこれらの一次資料は分析手段としての役目も果たす。そうなるのは、これらが理論的テクストとして、私の試みに非常に有益である諸概念を提供しているためである。とくにマネーの業績についてそう言える。

第五章を構成する素材は二種の一次データからなる。ひとつは半陰陽支援諸団体が運営するウェブ上に公開されている入手可能な組織の公式文書や、公刊されている一人称の語り、そして活動家や研究者によるエッセイや雑誌記事などの範囲におよぶ。これらのテクストは、二〇〇一年一二月から二〇〇二年二月までのあいだにオーストラリアやニュージーランド、インド、北アメリカといったさまざまな地域に居住している半陰陽者とおこなった六件の対面インタヴューから生み出されたデータとともに並べられる。約一七時間にわたって録音された合計六件のインタヴューは、豊かで洞察に満ちていると同時に、心を打たれるものだった。二〇〇二年二月以降も、私の調査に参加し続けてくれた寛大な人々とのあいだで継続された対話は、オリジナルの資料とともに、あるいはそれに反して、北米の半陰陽政治と医療言説の新たな主流派を形成している。

このプロジェクトのための最初のフィールドワークは、こんにち的な語法で「不全・障害（disorder）」と呼ばれるような半陰陽の状況に対抗すべく、別の半陰陽的主体性あるいは雌雄同体的主体性は何によって構成されうるのかという問いに、少なからず動機づけられた。性科学や生物学、医学の文献[28]において半陰陽の、とか、雌雄同体の、といった形容は身体の特殊な諸タイプに関係しているのであって、主体性に関係するわけではまったくない。私の関心は、人々がジェンダーやセクシュアリティ、性愛的な欲望とのあいだに具現されている関係について何を言わなければならなかったか、にある。私がセクシュアリティと欲望の区別を考えてみたのは、私の対話相手たちの欲望や実践を理解するためには、性愛的なものを理解する既存の枠組では不十分なのではないかとの疑いがあったためである。最後に、私の問いが「なぜか」という問いであるよりも、「いかに」という問いであるのは、「いかに」と問うことで、人々に彼ら自身の語りにおいて何がもっとも核心的なのかを特定するよう、またどんな正答も誤答もない文脈のなかでそうするよう、いざなうためである［Becker 1998: 59］。

タームと定義について

慣例に逆らって、私は中心的・中核的な概念としてのジェンダーに、固定した明瞭な定義を与えないことにした。慣例に従おうとすると、実はこのプロジェクトの主要な目的のひとつ、つまり概念としてのジェンダーをこんなにも有効にしているところの流動的な性質の解明という目的が頓挫してしまうためである。だが同時に研究者にとってキー概念を明らかにすることの不可欠性も認識しているので、私はセックスとジェンダーのあいだの明確な差異を前提とし、再生産するような近年の諸提案よりもむしろジョン・マネーのオリジナルなジェンダー概念に依拠することとする。

　マネーのジェンダー概念は、私のプロジェクトにとって特別有用である。というのはマネーのジェンダー概念はセックスとジェンダーの区別を退けており、そして生まれか育ちかの議論を特徴づける、誤謬なのに強要されている二分法の過ちを退けているからである。マネーにとって、人間におけるジェンダーは、身体的なもの、感覚的なもの、社会的なもののあいだの相互作用によって産出されている。私たちはこの相互作用的関係を通じてジェンダー化されてゆくのである。私はこの相互作用の考え方については何の異論も持っていないが、ジェンダー化されてゆくという観念を宙づりにし、そのかわりに同じくマネーが使った、ジェンダー化すべく学んでゆくという観念を、ジェンダー化の諸機制を理解するために採用したい［Rubin 1975: 204］。この区別は不明瞭ではあるが、私は重視する。ジェンダー化すべく学んでゆくと考えることで、人々の存在論的経験に一定の生気を与えることができるし、単一のジェンダーになることの意味について私たちが抱く諸概念が歴史を通じて変化することを認識させてくれるからである。

　私の狙いのひとつは、セックスとジェンダーの区別を拒否できる地平を探索することである。この拒否を表現するためにセックス＝ジェンダーというふうにハイフンを用いることにしよう。マネーにとって、ジェンダーはセックスと分離しているのでもなければ別個のものでもなかった。彼はジェンダーを、性愛的なものを含めた包括的なタームとして考案したのである。そればかりか彼は、生理的現象と経験のあいだの全面的に相互作用的な関係も想定していた。経験は常に中枢神経系を介するからである。(29) マネーは、一九六〇年代中頃セックスとジェンダーの区別が始まるより以前に、すでにそのような区別を退けていたのだが、それが可能になったのは、彼の初の公刊本が、セックス／ジェンダー区別の基礎原理であったデカルト的二元論に対する強い批判をおこなっていたためだった［Money 1957］。セックスの意味がジェンダーからはっきり区別できると言われるようになったことの唯一にして真正の意味は、それ自身の歴史と歴史的遺産のなかにある。存在論的カテゴリーとしてはセックスが長いことジェンダーを凌いでいたのである。

歴史的に特定の意味を持つタームを無分別に、あるいは間違った仕方で用いると、ヒューバート・ドレイファスとポール・ラビノウが言うところの現在中心主義（presentism）に陥る。ある語句の多様な諸意味から、過去のある時点、あるテクストにおいてその語句が持たされていた意味を特定しようとする際、現在の意味を投影してしまうことがある［Dreyfus & Rabinow 1983: 118］。そうしてタームや概念は非＝歴史化される。言説のなかにジェンダーの存在論的な形態が導入される以前、セックスというタームは生物学的カテゴリーおよび社会的カテゴリーを区別することなく指していた。このように言うことで私は、こんにち私たちがジェンダーとして知っていることが社会的諸関係において重要でなかったと示唆したいのではない。それが「ある性別である」［Hausman 1995: 75］ことのひとつの独立した構成要素を意味していなかったと言いたいのである。この本の中心的な目標のひとつはジェンダーの歴史的特殊性を際立たせることなので、ジェンダーが存在論的カテゴリーとして英語に導入される以前の歴史的諸時点に言及する際には、ジェンダーという語句の使用を控えることにする。そのかわりにセックスという語および／あるいはその派生語を用いることとする。半陰陽（インターセックス）という語も同様に取り扱う。[3]

半陰陽は二〇世紀初頭に医療診断の用語集に記載されるようになった、比較的新しい語である［Goldschmidt 1923］。その後、半陰陽というタームが二〇世紀をつうじて医療診断の世界でポュラリティを持ち続けた理由は、同性に対する欲望と、異性の身体になる欲望の両方を意味した初期のリベラルな用法にあると思われる。こんにちでは半陰陽は身体的な差異を意味するようになり、男性と女性という特権的な地位を自然なものとして受け容れるよう、ある一群の人々を定義するために用いられている。ごく最近まで医療文献のなかでは半陰陽者と雌雄同体者は互換的に用いられてきた。雌雄同体者は真性と偽性、あるいは男性的と女性的といった修飾語の導入によって全面的に修整された。第五章で論じるように、これを嫌って多くの半陰陽者は雌雄同体者というタームを拒絶している。

雌雄同体というタームの歴史は古典古代まで遡ることができ、医科学的思考の形成に何百年も先立つものである。私は本書をつうじて、いくつかのポイントで雌雄同体というタームを用いる。私がそうするのは、医療化にはるか先だって存在していた、この人々の歴史的持続性に敬意を表するためである。半陰陽政治運動のなかで、用語法に関して、どんなタームなら適切で容認可能かについての議論が長く荒れ狂った。雌雄同体者という呼称は男女の両性器を有するように信じられ、神話的な意味を持ってきたことから、多くの活動家たちにとっては汚名であり、誤解を招くタームだった。半陰陽というタームも、一方で病理学との解きがたい連関のために、他方で文字どおりの――リアルな二つの性別のあいだという――意味のために、等しく問題含みだという人もいる。後者の異論はとくに雌雄同体者としての存在論的地位を求める人々にとくに目立つ。この本のなかで再生産される諸タームを発した人々との関係で、私は「彼ら自身の」ターム選択を尊重し踏襲する。

もっと最近では、半陰陽政治の主流のなかのラディカルな一派が、医療用語体系の改訂と、臨床において半陰陽を理解するための新しいパラダイムの発展を推進している。かつて性の真理は性腺に見いだされると考えられていた。それはしだいにホルモンにとって代わられたかと思いきや、二〇世紀中頃から後半には「外性器のポテンシャル」に見いだされると考えられるようになった。そしてこんにちでは性の真理は私たちの遺伝子に見いだされるべきものとされている。私たちとしては、性のあらゆる身体的徴表のなかで遺伝的な性を特権化し、各診断カテゴリーを核型によって特徴づけて半陰陽を分類する、最新のシステムより先に進む必要はなかろう。この転換は半陰陽を病理的対象として再設定し、DSDという略号(性発達障害、disorders of sex development)で指し示される、発達論的かつ決定論的な枠組を再提起してきた。

「傷つけない」ための言語使用のあり方について考えるにあたって、専門用語の議論の背後にある情熱に思いを致すことは有益である。本書を通して、私は半陰陽者というタームを、私たちのうちの誰かが社会文化的な、法的(少しの例外とともに)な、政治的な、そしてもちろん何にも増して医療的な生活条件のせいで間違った性別を持たされたり、半陰陽のまま放置されたりしているという事実に注意を喚起するよう用いる。こうした理解は障害に対する英国流の社会モデルを参考にしている[Morris 2001; Oliver 1990; Shakespeare 1998; Shakespeare & Croker 2002]。障害はここでは、人の属性としてではなく、その人を障害者にしている環境の結果として理解される。半陰陽の身体、あるいは半陰陽者自身は診療的、文化的、言説的実践の単なる受動的な対象であると言いたいのではない[30]。よく言われるとおり、身体はエージェンシーを有するのであって、彼らは自ら自身の人生を持っている。彼らは自分らしさの感覚の創造において、能動的かつ不可欠な存在なのだ。

各章のアウトライン

ジェンダー概念の歴史をたどるということは、もちろん時間を遡行しながら、物事を時系列順にマッピングしてゆくことになる。第一章では、マネーの初期の著述を稠密に読解することで、ジェンダー概念のマッピングを始める。一九五五年、マネーは同僚のジョーン・ハンプソンとジョン・ハンプソンと共に、いくつかの国際的な小児科学会大会において研究発表をおこない、またマネーの博士論文に含まれていたアイディアを効果的に拡張し、彼らの知見を一連の論文群として公刊した。これらの論文のなかでマネーたちは雌雄同体者に関する調査の結果を報告し、ジェンダー習得の理論を提起し、雌雄同体者の身体に対する診療のための一連のガイドラインを提唱し、人がどれだけ男女どちらかのジェンダーに適応しているかの程度を測定するツールを開発した。マネーはひとつの体系的な臨床診療に根拠を与える理論と、これら診療の有効性を測定するのでなく、人々が各々割り当てられるべき男女どちらかのジェンダーになる能力を測定する手段からなる、完結したパッケージを提供した。

第一章における分析は最初期のマネーによるジェンダーの理論構成を、彼自身の意図を超えて拡張する。それは、後に彼が自身の思考を広く一般の人々に拡大適用し、それを洗練させていったさまざまな諸方法を検証するためである。マネーの著述は、医科学が「ノーマリティ」の境界を定めるために生物学に依拠するようになってゆく道筋の典型を示すものとして役立つ。マネーのジェンダー習得理論と、それらを支える諸仮定を精査することによって、それらが半陰陽者に対して持つ含意だけでなく、人々一般に対して持つ含意をも探索できるようになる。

第二章は、ロバート・ストーラーの思考を扱う。ストーラーは、マネーによって一〇年前に導入されたジェンダー概念を踏襲して、一九六〇年代中頃にジェンダーに介入した最初の人物である。ストーラーはジェンダーをセックスとの相互作用関係から剝ぎ取ったが、それは彼自身の考えでは比較的穏当な概念的転回であった。隠喩的に言えば、ストーラーはセックスとジェンダーの関係を動画の一時停止状態に置くことによって、男性から女性へのトランスセクシュアリズムを説明する理論を形成するという、見たところさほど厄介でない仕事をうまくこなすことができた。ストーラーは、彼がかかわるつもりのないもの、つまり自然な、物質的な、肉欲にかかわるものはすべてセックスの下に置いた。ストーラーが関心を寄せるもの、とりわけ性的主体性の精神的あるいは心理的な諸要素が、ジェンダーとされた[31]。この概念的転回は、ジェンダーから身体的欲求とセックスの「汚れ仕事」とのいかなる関連をも取り除くことで、効果的にジェンダーを除菌消臭した。

セックス／ジェンダー分離は、古典的な身体と精神の二分法に現代的な表現を与えた。デカルトの二元論は、もちろんジェンダーを単にセックスと対比するだけでなく、セックスの対極に位置づけることを要求した。ストーラーの概念的判断停止は、分析の手前あるいは向こうに存在する性の知識の生産を置き去りにした。この理論的宙づりの諸効果はすぐに明らかとなった。「いずれか」と「どちらか」という単純な命題に屈服することによって、セックス／ジェンダー区別はそれ自身の生命を持つようになり、ほどなく性科学的、医学的、社会的な言説のなかで完全に制度化されるにいたった。(32) 気軽な概念的判断停止によって、脱セックス化されたジェンダーの制度化がなされ、そのように脱セックス化されることによってジェンダーがじっさいに、高度にセックス化されているはずなのに股間がツルツルのケン人形やバービー人形のごときものへと変容することになろうなどとは、まさかストーラーが予想していたとも、予想できたとも思えない［Money 1985; 1995: 12］。

第三章は、二〇世紀後半のフェミニストのプロジェクトとの関連におけるジェンダーに焦点を合わせる。ジェンダーは多くの初期アカデミック・フェミニストにより性科学的に理解され、女性の弱い社会的、政治的、経済的な立場を改善するための議論に応用された。フェミニズムの過去三〇年にわたるジェンダーへの顕著で強力な介入は、ジェンダーを原理としての地位へと押し上げるのに多大な貢献をなした。しかしながら、こうした応用のほとんどはジェンダー概念を支える諸仮定への明確な分析を欠いたまま、またそれら諸仮定を生み出した性科学理論と診療実践を顧みることなく、おこなわれたのである。

第三章の視界は二つの理由から、基本的に一九七〇年に生み出された資料の範囲に限定されている。第一は、フェミニストのプロジェクトによって生み出された著述の膨大さ、およびそれらの分析的、政治的諸戦略のノード群の複雑さを考えての、完全にプラグマティックな理由である。第二に、これから示すことになるように、フェミニズムを構成する中核概念としてのジェンダーは、用語集に登録され定着するまでにこの一〇年をまるまる要したためである。最初期の、最有力だったフェミニスト理論家の多くはジェンダー概念を好まなかった。この発見が私を「フェミニストによるジェンダー」の探索へと導いた。フェミニストの世界のなかでかつてジェンダー概念がどれほど論争的なものだったかについて、フェミニスト自身がほとんど認識していないのである。この観点から、私は英語圏のフェミニズムのなかで、いつどのようにしてジェンダーが用いられはじめたのか、また、この用語上の論争の中心にどのような重要問題が存在したかを詳細に検討する。[33]

第三章ではこれと並行して、雌雄同体者たちとジェンダーのあいだの、現在進行中の関係のマッピングをおこなう。一九七〇年代のフェミニストによる研究のなかには、初期のフェミニズムが雌雄同体者の研究にかかわっていたことを示すかなりの証拠がある。そして、それらが頼りとしていたのは、ジョン・マネーとロバート・ストーラーの所説であった。

一九八〇年代に入るまでには、ジェンダーはフェミニズム用語として定着し、また二つの特筆すべき例外を除いて、フェミニスト学者たちは雌雄同体者および半陰陽者とのかかわりを止めていた。なお、この同じ時期には、アンドロジーンはフェミニズムの世界における理想として祭り上げられていた。

第四章は、マネーのセクシュアリティと欲望の理論を検討する。この章は基本的に、マネーの『ゲイ、ストレート、そのあいだ』[Money 1988]を取り上げる。この著書でマネーがジェンダーを通してセクシュアリティの理論を練り上げているためである。性的なるものに対するマネーの思考をコンテクストのなかに位置づけるために、私は一九世紀後半に探究の領域として出現して以来、性科学を特徴づけてきた五つの方法論的特徴と、四つのキー仮説を詳しく探索する。これによってセクシュアリティと欲望に関するマネーの理論を検討するのに必要なコンテクストが手に入り、同時に、彼の研究のなかでそれら研究課題と方法論がどのように論じ尽くされているのかを精確に探索できるようになる。また彼の思考が現代の性に関する諸主題に与えている帰結も探索可能になる。

第五章は現代の半陰陽者の言説に焦点を当てる。ジェンダーがその概念のもととなった人々によってどう理解されどう使いこなされているのかを探索するためである。この章は半陰陽者おのおのの語りを検討するだけでなく、半陰陽支援団体の公的な諸言説も検討する。そのためこの章はジェンダーに関するこれまでの議論とは異なるタイプの専門知識を扱うことになる。半陰陽支援団体の活動の多くは、新生児と子どもの運命に焦点を合わせているのだが、私は、半陰陽の大人たちが間違った性を割り当てられているという自らの経験と、彼らの世界のなかでの存在の仕方とのあいだの関係を理解する、その多様なやり方に関心がある。この資料から生み出された、より論争的なアイディアのなかには、ジェンダーを準拠点とし、終着点としての同性愛および異性愛に依拠する一次元的なセクシュアリティの構成を超えた、存在論的な雌雄同体と性愛の様式がある。

最終章では、第五章で得られた洞察にもとづき、セックス＝ジェンダーとセクシュアリティについての私たちの理解をより豊かにするような、精緻で繊細なモデルの形成を可能とする枠組について考える。性的であること、社会的であること、身体的であることの意味を理解するための探求は、精緻なモデルがあろうとなかろうと、衰えることなく継続しているし、今後も継続するだろう。現在当然視されているものに対して異議申し立てをおこなう者には、過去にもたらされたなかで最良のものにもとづいて枠組を発展させるために何らかの貢献をおこなう、義務があるとまでは言わなくとも責任がある。

＊
＊
＊

『ジェンダーの系譜学』は、このシンプルなタームが持つ力と有効性を強調するために、ジェンダーが存在論的な概念として生産され再生産されてきた過程を歴史的コンテクストのなかに位置づける不可欠のプロジェクトである。本書を読み進めるうちに読者は、英語圏において性的主体であることの意味についての学問的および通俗的な理解に対してジョン・マネーが与えた尋常ならざる貢献を感じ取るだろう。性の新たな概念的領域としてジェンダーを導入することで、マネーは一組の診療体系のための規準を備えた医学と性科学を提供した。また、マネーは理論的および政治的な諸プロジェクトが及びうる範囲を究明するための道具を備えたフェミニズム、セクシュアリティ研究、社会科学をもたらした。そして最後に、男であるとは、女であるとは、男児である、女児であるとはいかなることか理解するための用語体系を備えた広範な文化をもたらした。概念というものはその本性上、有用な諸観念を生み出すべきものである。ジェンダー概念がその意味で模範的だったことには疑う余地がない。目下進行中の「ジェンダーへの欲望」は「元少女」にまだ余命が残されていることを示唆している。肝心なのは、ジェンダー概念によって歴史的にもっとも周縁化されてきた人々の尊厳と人間性を取り戻すために、私たちがどれくらいジェンダー概念のダイナミズムを駆使することができるか、である。

第1章　マネーとジェンダーの生成

はじめに

ジョン・マネーが性の新しい概念的領域として「ジェンダー」を提案したのは一九五〇年代中頃のことだった。彼は当初ジェンダー概念を、雌雄同体者を理解するための枠組の一部として導入した。その枠組は何よりもまず半陰陽者に女児らしさや男児らしさを、女っぽさや男っぽさを授けるためにデザインされた診療の基準であった。ジェンダーがそれ以上のものになるのは、後のことである。まずはマネーの思考をコンテクストのなかに置くために、彼が若い頃に受けた学問的訓練、つまり彼が雌雄同体に初めて関心を抱いた専門的コンテクストをたどり、また、彼の研究に重大な影響を与えたいくつかの理論をたどろう。マネーの研究は性科学と医科学の長い伝統に立脚しているが、それはまた当時の社会科学の支配的パラダイムにも強く影響されていた。博士号研究としてマネーが始めたプロジェクトは、その後五〇年にわたり彼の全業績の基盤となり、ライフワークのひとつとなった。博士論文が完成すると、マネーは著名な小児内分泌学者ローソン・ウィルキンスの誘いを受け、バルティモアのジョンズ・ホプキンス大学病院に新設された研究班の共同ディレクターに就任した。この研究班の庇護のもと、マネーは自分の研究を続け、彼の主張を証拠立てる事例報告やデータをつぎつぎに集めていった。マネーが半陰陽者の男らしさと女らしさについて議論することを可能にするために、単一の、包括的なタームが必要だと思い至ったのはこのコンテクストにおいてだった。そして彼が最終的に選び出したタームこそがジェンダーだった。

より大きな計画の一部として、マネーはすでに広く認知されていた身体的指標に二つの心理社会的な徴表を加えることで「セックス」を再コード化した。医科学においては長らく、五つの生理学的な徴表が認められてきたのだが、マネーの革新は半陰陽者の身体に関する医科学的アプローチに大きな転換をもたらした。もはや臨床家は人の真の性別を発見することを強制されずに済むようになった。いまや彼らの仕事はそれぞれの患者に最良の性別を決定することになったのである。これはジェンダーを最初に適用されることとなった人々、つまり雌雄同体者たちに、ある特殊な認識論的かつ実質的な諸帰結をもたらした。

マネーと共同研究者たちは、一九五五年から一九五七年のあいだに『ジョンズ・ホプキンス大学病院紀要』[1]などの医学雑誌に研究成果を公刊する前に、アメリカやヨーロッパのいくつかの小児科医学会大会で彼らの考えを発表しはじめた。公表という選択は、彼の考えが広く医療関係者へと普及することを確実にした。論文を書くことによって、マネーは博士号研究のなかで作りはじめた諸理論を彫琢《ちょうたく》することができた。これらの論文は二〇世紀後半を通じて彼が雌雄同体研究の指導的権威へと登りつめてゆく原点となった。

その諸論文は、長らく知られてきた性別の生物学的指標が、人々の心理社会的またはサイコセクシュアルな指向を決定する、信用できる要因ではないことを力強く主張した。それによって、社会的徴表に第一の地位を与えることが可能となり、また、未来の半陰陽幼児が男らしいまたは女らしい明確なアイデンティティを発達させることができるような診療体制の構築に哲学的根拠を与えた。私はこれらの論文を精読することによって、マネーと共同研究者たちがいかにして性別の生理学的諸徴表の信頼性を否認するにいたったかを検証する。また、彼らが子どものジェンダーを管理する両親を訓練するためにどのような処方箋を提案したか、彼らが半陰陽者に対する男女いずれかのジェンダー割り当てをどのように推奨したか、そして半陰陽者が割り当てられたジェンダーにどの程度適応しているかを測るのに、彼らがどのような指標を重視したのか、といったことも検証する。結局、男女いずれかのジェンダーへの適応がどの程度成功しているかの検証は、男らしさ、女らしさの過剰で芝居じみた呈示としか言いようのないものに頼るほかなかった。

マネーは当初、自身のジェンダー理論を、比較的少数の人々を説明するために提示したのだが、すぐにそれはアイデンティティ形成そのものの説得的な説明となった。一九世紀後期から二〇世紀の巨大なメタ理論的プロジェクトの伝統のなかで、(2) マネーは自身の考えを、半陰陽の人々を超えて拡張し、一般に人が男らしいあるいは女らしいアイデンティティをいかにして獲得するかを説明するために適用した。これから明らかになるように、これら諸思考の多くはかなり不安定な基盤に依拠していたにもかかわらず、過去五〇年にわたって原理としての地位を得ていたのだ。

第一節

学歴と職歴

一九四四年ジョン・マネーはニュージーランド、ウェリントンのヴィクトリア大学を二つの学位（心理学／哲学と教育）[3]と教員資格を取得して卒業した。渡米するのは一九四七年のことである［Ehrhardt 2007: 223］。その頃ニュージーランドでは心理学の博士号を取得することが不可能だったので、マネーは大学院で研究を続けるために海外へ行かなければならなかったのである。彼の同年代の多くが連合王国で大学院教育を受けようとしたが、マネーは北米行きを選んだ。この選択は、彼が当時北米からの学術情報を扱っていたことと、大学のかつての先生のひとりである社会人類学者アーネスト・ビーグルホール[4]の影響によって、ある程度決定されたと思われる。マネーはハーヴァード大学の心理学的臨床の大学院プログラムと社会関係学部に在籍したことがあるのだが、その教授には社会理論家タルコット・パーソンズがいた。パーソンズの「役割理論」は一九五〇年代、六〇年代、七〇年代を通して社会科学を支配していた［Money 1986a］。

一九四九年の終わり、マネーは同専攻のジョージ・ガードナーによる研究報告会に出席した。その出来事をマネーは後にセレンディピティと表現している。ガードナーの報告は、陰茎よりも陰核に似たファロスを持ち、思春期には女性の第二次性徴が発現したにもかかわらず男性として育てられ、男性としてのアイデンティティを持っている半陰陽者の事例研究だった［Money 1986b: 6］。マネーは学期末レポートのためフロイト以前からこんにちまでのサイコセクシュアル理論のレヴューに取り組んでいたが、作業が膨大すぎて一本のレポートに収まりきらないことに気づきはじめていた。(5) ガードナーの報告に触発されてマネーは計画を変更し、フロイトがセクシュアリティについて書いた最初の論文について評論を書くことにした。

本能と衝動を重視するサイコセクシュアル理論に対して、男または女として生きている半陰陽者たちが持つ意義に、マネーは完全に気づいていた。フロイトやその他無数の性科学者がしたように、マネーは自身の事例を議論するため雌雄同体研究を参照するようになった。彼は男らしさと女らしさには本能的な基礎が存在しないことを主張するために、雌雄同体者の心理に関する二〇世紀中頃の医療文献をレヴューし、(6) 彼自身の手による四点の詳細な事例報告を加えた。

フロイトによれば人の男らしいあるいは女らしい性的見た目やリビドーの方向や対象は、生得の決定要因に直接関連づけられるものであり、したがって本能的あるいは器質的な主体性の要素を表わしている。マネーはその考え方に強く異議を唱えた。男または女として生きている半陰陽者が「サイコセクシュアルな指向性は経験から学ぶことにきわめて強い関係を持っており、したがって心理的現象として捉えるべきものだ」［Money 1952: 5］ということの明瞭な証拠を提供していたからである。明確に男性でも明確に女性でもない人が、男あるいは女としてのアイデンティティを確立することができたことはマネーの主張に相当の重みを加えた。彼の革新は男らしさや女らしさが心に基礎づけられていることを否定するところにあるのではなく、むしろ、いつ、どのようにそれが生じるかを考察の俎上に乗せたところにあったのである。
この学期末レポートはマネーの全経歴にとっての基盤となり、人間の雌雄同体研究の指導的権威へと登りつめてゆく土台となった。それはまず、一八九五年から一九五一年までのあいだの医療事例報告の比較研究をおこなった彼の博士号研究の基礎になったのだが、より重要だったのは、マネーのフロイト批判が、通常男らしいそして／あるいは女らしいとされるパーソナリティや態度を指し示す唯一無比のタームとしてジェンダーが躍進を始める最初の一歩となったことである。その後ジェンダーの歴史に生起したいかなる事件も、この大事件には比べるべくもない。

マネーのレヴューは二四八件の英文による報告書を検討し、彼自身の手による詳細な一〇件の事例研究を加えて完成した。担当医を通じて得たインフォーマントおのおのに対して、マネーはインタヴューと一定範囲の心理テストをおこなった。そのデータから、マネーは事例群を、一八七〇年代後半に確立された基準とタームを用いた形態学的および生理学的諸カテゴリーへと整理した。マネーの用語体系はつぎの診断類型を含んでいる。

一、早熟な男性的発達によって特徴づけられる、副腎性器症候群をともなう女性の偽雌雄同体。
二、卵子形成をともない、出生後の男性化をともなわない女性の偽雌雄同体。
三、卵巣の構造と精巣の構造をともなう真雌雄同体。
四、分化し発達したミュラー管[4]を持つ男性の偽雌雄同体。
五、萎縮し停留した睾丸を持つが、外形においては女性に似た、男性の偽雌雄同体。

六、尿道下裂と乳房をともない、クラインフェルター症候群[5]に似た、男性の偽雌雄同体。
七、陰茎陰嚢尿道下裂または会陰下裂をともなう、男性の偽雌雄同体。
八、その他の雑多な諸事例、データ不足のため分類不能なもの。[Money 1952: 2–3]

これらの分類のいくつかについては出典が分かっている。マネーがこのレヴューに採り上げた事例研究のうち最初期のものが書かれたころ、性、とくに雌雄同体の性を扱っていた医師サークルにおいて支配的だった理論は、テオドール・アルブレヒト・クレブスの考え、つまり真の性別は性腺(卵巣と精巣)に見いだされるべきだという考えにもとづいていた[Fausto-Sterling 2000a: 38][7]。かつて性腺組織を直接検査することは死体解剖においてしか可能でなかったのだが、一九世紀後半における麻酔術と衛生学の発達によって、生体の性腺組織を開腹術によって検査することが可能になったのである。クレブスがいわゆる真雌雄同体と偽雌雄同体を区別できたのは、まさにこのコンテクストにおいてであった[Hausman 1995]。クレブスのスキームによれば、真雌雄同体者とは精巣と卵巣の両方の生腺組織――卵巣と睾丸をひとつずつという形態、あるいはひとつの卵精巣という形態――を有する者である。偽雌雄同体の診断は二つの形態のいずれかをとる。男性の偽雌雄同体は二つの睾丸と女性の第二次性徴の特徴を有する者と規定される診断カテゴリーである。それに対して女性の偽雌雄同体は二つの卵巣をともない、思春期に男性の第二次性徴を見せた者に与えられる診断カテゴリーである[8]。

歴史的記録の探索は、医学と生物学の調査における長い伝統を有する研究方法である。一九世紀を通じて、性別が不明瞭な人々を扱う臨床家の多くが、歴史的医療文献を参照していた。アリス・ドレガーによれば、この種の歴史的レヴューは一八〇〇年代には比較のためにおこなわれたが、世紀末に向けてしだいに雌雄同体の諸形態を再分類するために使われるようになっていった［Dreger 1998b: 149］。この再分類の過程は、雌雄同体の身体諸類型の範囲を狭めたり広げたりするために、さまざまな仕方で用いられた。フランツ・フォン・ノイゲバウアーの著作は、雌雄同体の範囲を狭めるために再分類をおこなった一例である。彼は九〇〇件を超える雌雄同体の事例報告を集め（そのうちの三八件は彼自身による）、自身の分析によって真性の雌雄同体など存在しないとの判断を下した。彼は顕微鏡検査によって証明された卵精巣の事例を記した文献の存在を註記しているのだが、それにもかかわらず、彼の見るところ一人のヒトが卵巣と精巣の性腺を両方有することは不可能だった。ノイゲバウアーによればすべての雌雄同体は実際には偽雌雄同体であって、診断や治療の目的のためには偽雌雄同体というカテゴリーだけが考慮する価値のある唯一のカテゴリーだった［Neugebauer 1903］(9)。

二〇世紀中頃以降には、再分類は雌雄同体を拡張する方向に向かった。これが医療技術の発達によって身体の内的仕組がよく分かるようになってきたことの結果であるのは疑いない。マネーの用語体系はこうした拡張傾向の一例だった。雌雄同体のカテゴリーとサブカテゴリーを増やしたのは事実だが、マネーのスキームは完璧にクレブスやノイゲバウアーの言説遺産にもとづいている。クレブスの遺産は、その主題をめぐって生産されている現代の医療文献の多くにおいても明らかである［Batanian et al. 2001; Fernandez-Cancio et al. 2004］。マネーは性腺を根拠とした性別の基準に診断のための妥当性こそ認めなかったが、少なくとも数年のあいだ性腺の基準を分類の要とし続けていた。彼がこの基準を維持したのは、単に医学上の分類および議論のために便利であるという、純粋に便宜的な理由からだった

[Money et al. 1956: 44][10]。

マネーは事例報告群を上記の諸カテゴリーへと仕分け終えると、二つの基本的なリサーチ・クエスチョンに取りかかった。ひとつ目は、半陰陽の身体を有する人々が、割り当てられた男あるいは女としての育ちの性別にいかにして適応してゆくのかという課題だった。この問いから第二の課題が生まれる。これは生理学的機能と社会化の諸影響の比重、つまり生得と学習の比重の問題であり、それらの影響がどの程度続くのかの問題である。彼は心理学者として、第二の課題に関して、サンプル集団のメンタルヘルスに興味を持った。これは半陰陽事例管理として包括され知られることとなった一連の診療体系の確立と運用にとって決定的なことであった。マネーは問う。

> かくも明らかな性的問題を抱えた彼らは、精神分析理論が信じさせようとするように、ストレインに堪えきれず抑鬱に陥るのだろうか。はたまた彼らは生の諸要求に対して適切な調整をおこなうのだろうか。[Money 1952: 3]

彼が半陰陽者の既定の運命について発した問いに劇的なトーンがあることを疑うのは難しい。(一) 育ちの性別(育ちの過程での性別割り当て変更を含む)、(二) 非リビドー的指向と態度(育ちの性別への適合あるいは不適合を含む)つまりジェンダー、(三) リビドー的指向(育ちの性別への適合あるいは不適合を含む)つまりセクシュアリティ、そして(四) 心理的適応という四つの観点から、マネーは自身のデータ(事例報告、インタヴュー、テスト結果)を精査した[Money 1952: 4]。第三、第四の観点はとくにレリヴァントである。

リビドー的指向について、マネーのデータ分析が異性愛の規範的指向と等しい適合性を予想していたのは明らかである。彼自身データの精査をおこなったのは、幼年期後に性別の再割り当てをおこなうことと、両性愛的傾向の発現率とのあいだの相関を発見するためだったと発言している［Money 1999: 4］。マネーは男らしさと女らしさ、そして規範に適合した欲望のあいだに、こんなにもあからさまに直截かつ単純な連関を想定していたのである。後年のセクシュアリティ研究においてしだいにラディカルな方向に進むのだが、この想定はマネーによるジェンダーとセクシュアリティの理論形成の核心にとどまり続けた。

マネーが関心を持った第四の変数、「心理的適合」はもうひとつの別の思い込みに囚われており、それが彼のデータ解釈に影響を与えたことは間違いない。その想定はつぎの三段階評価にはっきり示されている。

一、適切
二、落胆している、そして／または用心深く無口
三、精神病理学的症状の発現——神経症、器質性および非器質性の精神病［Money 1952: 4］

特筆すべきことに、この尺度にはメンタルヘルスについての項目がまったく欠如している。これでは良くても適応の適切な一様式を考察できるだけである。こういった指標はもちろん真空状態のなかで作り

出されるものではなく、ノーマリティとアブノーマリティの臨床的概念を扱う医学的、性科学的著述の長い伝統を反映している。しかし強調すべきは、マネーがこの調査から得た知見が、そんな悲観を支持するものにはならなかったということであろう。博士論文に彼はつぎのように書いている。

雌雄同体者のなかでももっとも性別が不明瞭な者においてさえ、いわゆる機能的精神病の発現率はきわめて低かった。したがって性的コンフリクトや問題は、それ自体が精神病や神経症を引き起す必要十分条件ではないことが明らかである。[Money 1952: 6]

つまりマネーがこの調査から得た知見は、彼が心理的適応を測定するために作った尺度を根拠づけていた諸仮定を、支持するよりも否定するものだったのである。にもかかわらずマネーは、半陰陽者は医療的介入なしには「ノーマル」な人として活動できないだろうという考えに固執したのである。この点に、私は本書を通して何度も立ち返ることになる。

マネーの博士論文は五〇年にわたる膨大なデータを関係づけて一本の論文にしたという意味で意義深いものだったが、より重要だったのは四つの傑出した革新を提起したことである。第一にそれは身体の形態にもとづく新しく広範な雌雄同体の分類をもたらした。第二に心理学、本能と衝動に依拠して男らしさと女らしさを捉える心理学と精神分析の諸理論に挑戦するデータを提起した。第三に人の性愛的な嗜好は本能的な決定因にしたがうという考えに説得的な反証を与えた。第四に（当初はジェンダー概念を用いなかったものの）新たなジェンダー習得理論を提起した。マネーはその後、自身のジェンダー習得理論の特定の諸側面の精緻化に取り組んでいったのだが、その本質は博士論文に示された考えに忠実であり続けた。

権威者への道

こんにちでは、第二次世界大戦後の北米は男女の双方に対する厳格な性分業と社会的役割を強制する——女には家庭への礼賛が求められた——道徳的・政治的保守主義の時代と呼ばれる。それは共産主義と同性愛の二重の危機に囚われた時代でもあり、また同時に性の研究にとってじつに実り多い時期でもあった。アルフレッド・キンゼイの画期的著作『男性と女性の性的行動』（いわゆる『キンゼイ報告』）［Kinsey et al. 1948; Kinsey et al. 1953］、エイヴリン・フッカーの男性同性愛研究［Hooker 1956; 1957; 1958］(11)、そしてウィリアム・マスターズとヴァージニア・ジョンソンの『人間の性的反応』［Masters & Johnson 1966］の刊行に通じる諸研究は、いずれもこの時期のものである。国民の道徳心を脅かすと思われる研究プロジェクトへの金銭的な支援を中止するよう、政治家と保守派ロビイストたちが研究助成諸団体に巨大な圧力をかけたにもかかわらず、じっさいに性研究はこの時期に盛んになったのである。この時期に生み出された性研究の多くが医学と生命科学の傘の下でおこなわれていたことは、政策決定者たちを安心させる一要因だった。マネーもこの点同様である。また、科学的な方法が——その言語、態度、衣装がウィリアム・サイモンの言う「概念的ゴム手袋」となって——、性という汚れ仕事を扱う研究者たちに正統な見た目を与えた［Simon 1996: 23］。

雌雄同体への関心はマネーを、泌尿器科医、小児科医、婦人科医、内分泌科医をはじめとして、雌雄同体の診断と処置に従事する多くの医療関係者との緊密な協働関係の形成へと導いた。若い心理学の院生にしてはなかなか大したものである。じっさいマネーのキャリアはローソン・ウィルキンスのような権威者の庇護下でスタートした。ウィルキンス自身の研究関心は胎児の発達におけるホルモンの役割にあった。二人の最初の出会いはボストンの小児科セミナー（一九五〇年頃）であった。そこでマネーは、ジョンズ・ホプキンス大学病院より数年早くウィルキンスが設立していたクリニックを訪ねる許可を求めた。その求めにウィルキンスは好意的に応じた。そのクリニックでマネーはウィルキンスの患者の非公開の事例研究と、高名な泌尿器科医ヒュー・ハンプトン・ヤングの保存資料を閲覧する機会を与えられた。さらに重要なことに、ウィルキンスは自身の患者数名へのインタヴューを許可し、そこで得たデータを博士号研究に使うことを許可した［Money 1986a: 8; 1993: 94–95］。

この協調関係の延長線上で、マネーは博士号研究を完成させた後ウィルキンスの誘いを受け、一九五一年にジョンズ・ホプキンスに新設された心理＝ホルモン研究班のポストに就任した。ウィルキンスはマネーへの信頼を担保するかのように精神分析医ジョーン・ハンプソンを共同ディレクターとして採用した。後にジョーンの夫ジョンも加わるこの共同作業は一九五五年の『ジョンズ・ホプキンス大学病院紀要』に掲載される一連の論文群を生み出した。これらの論文はマネーが博士論文のなかで述べていた考えを結晶化したものだった。

『紀要』論文群は、マネーとハンプソン夫妻が初期の研究を公表した最初のテクストだったが、医学および科学の世界に自身の考えを普及させるために、彼らは医学、心理学、性科学の雑誌にも論文を掲載した(12)。論文のトーンは確信と威厳に満ちたものだった。ウィルキンスと提携した研究者たちの多くがしたように、発生学と内分泌学の諸概念を組み入れることによってマネーたちの主張は重みを増した。ウィルキンスの助力は単なる協力を超えていた。一例をあげればウィルキンスは一九五五年、学会誌『小児科』においてマネーのジェンダー習得理論を推奨する論文を掲載している［Wilkins et al. 1955］。ジョンズ・ホプキンスに在籍した初期、「不確かな外性器（indeterminate genitals）」(13)という繊細なタームによって指示されるものをともなって生まれてくる人々の男っぽさや女っぽさについて書いてゆく過程で、マネーは包括的なタームの必要性をますます明確に意識するようになっていった。当時、唯一容易に使用可能なタームだったセックスは、その概念的過剰性のためにマネーにとっては不満足だった。セックスは身体の状態（「女性の／男性の」性別）を意味するだけでなく、性愛行動と態度（性行為すること）や、人の男らしいまたは女らしい心理的な状態（性的アイデンティティ）(14)も意味する。パーソンズ以降は男と女に適切とされる社会的、私的な態度の諸パターン（性役割）をも意味するようになった［Money 1988: 53］。マネーは後に「遺伝的な性別が女性であり、男性でない生殖器からくる以外の性役割は男性である者」［ibid.: 53］のように記述しなければならないことへの苛立ちを表明することになるだろう。一連の検討を経て、マネーは探し求めていたタームを見いだした。彼は言語学（文献学）からジェンダーを借用した。ジェンダーは歴史的に、人々のあいだのではなく、語句のあいだの諸関係を指して用いられていた。言語学におけるジェンダーは名詞や代名詞を男性、女性、共通（子ども、隣人、友人）、中性（中立）に分類し、どの名詞にどのジェンダーがともなうかを定める。

したがってジェンダーというタームは英語という言語体系にとっては新しくはなかったのだが、マネーの革新は、その伝統的意味における外延を維持しつつ、人の属性というコンテクストに適用したことであった。かくしてジェンダーは女性でも男性でもなく生まれた者の男らしさと女らしさについて議論するための概念道具となった。『紀要』第一論文において、マネーはジェンダーを人の見た目、物腰、指向を指し示すタームとして定義している［Money 1955: 258］。その当時彼はジェンダー役割とジェンダーというタームを互換的に使っていたが、前者のほうに精緻な定義を与えた。ジェンダー役割は「人が、それぞれ男児・男、女児・女の属性を持つものとして自身を呈示するためにおこなったり述べたりするすべての事柄。それは性愛という意味でのセクシュアリティを含むが、それに限られない」［ibid.: 254］と定義された。ここで役割というタームの用法が検討にあたいする。ハーヴァード時代、マネーはアメリカにおける機能主義の創始者とされる社会学者タルコット・パーソンズの下で学んでいた。パーソンズの役割理論は三〇年以上にわたって社会科学を支配しており、この時期北米において社会学理論に必要とされたパラメーターのすべてをうまく備えていた。

社会学的機能主義は、人々の社会生活を歴史的に枠づけられた「機能的統一」として捉える［Szacki 1979: 503］。社会学的機能主義は人間の活動の全形態の相互連関性を想定し説明しようとするものなので、生物学的、有機体的アナロジーに好適である。じっさい機能主義理論においてもっとも愛用された発見的アナロジーは、社会という身体と人間の身体のあいだの比較をおこなう有機体アナロジーであった。この説明によれば身体は多様な諸器官からなり、各々の器官は特定の役割を果たすことで身体全体のホメオスタシスあるいは均衡の維持に貢献している。これと同様に社会の諸制度は各々、社会全体を維持する特定の機能を果たしている。たとえば家族制度は子どもの社会化のための最初の場であるが、それは、人のパーソナリティ特性は出生と同時に決定されているものではなく、それぞれの家族のなかで作られるものだからである。パーソンズ自身の言によれば、家族は「人のパーソナリティを生産する工場」［Parsons & Bales 1955: 16］(15)である。

機能主義と医学の関係は、社会理論における類似の抽象をはるかに超えて広がる。機能主義のパラダイムは身体の生体医学的理解に完全に浸み渡った。「生殖器」というお馴染みの名辞がよく表現しているように、陰茎と膣の理解においてはとくにそうだった。初期のマネーにおけるジェンダー役割というタームの使用法は、彼が長く学んできたパーソナリティとアイデンティティを重視する心理学よりも、当時の社会科学と医科学の双方における機能主義パラダイムの支配によって説明される。マネーの定式化においては、ジェンダーとジェンダー役割は、男らしいまたは女らしい自己意識（アイデンティティ）とアイデンティティの公的表明（社会的役割）を包含する、統一的な概念の呼称だった。

「セックス」の再コード化

ジェンダー概念の提起に加えて、マネーはまたセックスを七つの徴表にコード化したことにも責を負っている。そのうちの五つは身体のなかに基礎を置き、医学において長らく認識されていた徴表である。残る二つには心理学的、社会的な起源がある。五つの生理学上の徴表とは、（一）染色体（XとY）、（二）性腺（卵巣と睾丸）、（三）ホルモン（アンドロゲンとエストロゲンの比率）、（四）体内器官の構造（子宮、前立腺）、そして（五）外性器（陰茎／陰核、陰嚢／外陰）である。これらに対しマネーは、（六）育ちの性別、そして（七）育ちの性別への適応を加えた。この介入の重要性は過小評価されるべきではない。

一九世紀を通じて、体内性腺は医学と性科学の言説において性別の決定的指標として特権化されていた。しかし二〇世紀に入るまでには、医療技術の進歩によって事態がはるかに複雑であることが明らかになった［Dreger 1997b］。同時に、医学の一分野として発生学が出現し、内分泌学の発達によってエストロゲン、テストステロン、およびその他のホルモンが発見され抽出された。また遺伝学が生物学の一分野として統合されたことによって、性別の生理学的諸指標がもはや不可逆的な決定因ではあり続けられないことを示す証拠が生み出されていった。もはや人の身体的性別を絶対的なものとして信頼することなどできようはずもなくなっていた(16)。確実性の喪失はマネーにとって好都合だったと言えよう。旧来の指標への信頼が損なわれていたからこそ、マネーは性別の心理社会的諸指標を特権化できたのである。

第二次世界大戦中の整形外科技術の洗練の結果、医師たちは雌雄同体者に外科的、ホルモン的治療体制によって対処する力をさらに増した［Hausman 1995: 72–109］。こうした進展は、臨床家たちが患者のメンタルヘルスへの関心を増していったことと連動していた。一九二〇年代から一九四〇年代のあいだの医学文献には雌雄同体者、とくに「真雌雄同体」と診断される者にどの性別を割り当てるべきかについて、多くの臨床家たちが決定を躊躇していたことを示す事実が記されている。単一の、真の性別を示す確証が少ない身体の事例に対して、生理学的な理由だけにしたがってひとつの性別を割り当てることは、ますます正当化しにくくなっていた［ibid.: 77–79］。その結果、臨床家たちは性別を割り当てる際、とくに歳を重ねた者への再割り当てにあたっては心理社会的要因に依拠することが増えていった(17)。

一例として、心理学者アルバート・エリスはマネーより一〇年早く雌雄同体の文献レヴューをおこなっていた。それは「生理学的諸要因はかくも劇的なかたちで雌雄同体の身体を蝕んでいるが、それと同じように彼または彼女の精神にも影響を及ぼしうる」[Ellis 1945: 109] かどうかを判定するためであった。マネーを予告するように、エリスは生物学的諸要因がいわゆる真雌雄同体者と偽雌雄同体者における男らしさや女らしさの最重要の決定因ではないことを結論していた。それどころか、人の性役割は彼または彼女がどう養育されたかの結果であると思われるというのがエリスの判断であった。エリスは、性愛は人のサイコセクシュアルな男らしさ、女らしさと不可分だと思っていたため、とくに研究対象者たちのセクシュアリティの傾向と指向に関心を寄せた。人間の性を駆動する力は生理学的諸要因にたいへん強く規定されているが、その方向性は生理的諸要素と直接的な因果関係を持っていないように見えるという意見に賛同していた [ibid.: 109]。エリスが示唆するには、このことはすべての雌雄同体者に言えることであり、そのリビドー的指向が育ちの性別との関係で「ノーマル」(つまり異性愛) か「逸脱」(同性愛または両性愛) かにかかわらず言えることである。あとで本書がマネーの欲望の概念化に立ち返った際に明白になるだろうが、マネーの著作にエリスの思考が浸み渡っていることは疑う余地がない。

マネーが博士論文やその後期の著作において使用した概念枠組の多くはまったくオリジナルなものではない。それは歴史的コンテクストのなかで生み出され、既存の性科学的思想の流れを反映している。マネーの貢献は、言説と臨床の実践に数々の重要な介入をおこなうことを可能にしたひとつの概念、ジェンダーを提起したことにあった。ジェンダーという革新は象徴的かつ実際的に作用していたのである。セックスというタームに心理社会的な二つの徴表を追加したことは、生身の人を相手にする医療専門家たちのあいだでも性別の非身体的な諸指標の地位を向上させた。臨床家たちは、彼らの患者たちの心の健康について不安を募らせていた。マネーがセックスをジェンダーへと拡張したときには、北米ではフロイト以降の精神分析と心理学が大きな足がかりを得ていた。マネーの働きは性別の割り当て決定において社会的、環境的要因がますます正統性を高めてゆくことに役立っただけではなかった。彼の働きは治療法の決定においても社会的、環境的要因を生理学的要因に優先させることに役立った。

実際的には、ジェンダーは身体的な性別のいかなる不確かさに対しても対処法を与えた。二〇世紀前半のあいだ医療技術の進歩とともに不安定になってゆくばかりだった性別を、ジェンダーは安定させることに役立ったのだ。性別の身体的な徴表群ではうまく整序できなくなったことを気にする必要はもうない。より重要になってきたのは男らしさと女らしさの心理社会的で文化的な徴表であると。かつて曖昧な身体のなかに隠された真の性別を発見することにあった臨床家の役割は、いまや、それぞれの人にとって最良の性別を決定してゆくこと、つまりその人の外性器の見た目、心理の傾向、家族環境に照らして、どちらの性別が最良かを決定してゆくことへと変わった［Hausman 1995: 79］。その診療の信条は、最良の性別は人に最善の人生を与えるだろうというものであった。かくしてジェンダーは技術的発展の意図せざる結果への解決を提供し、同時に「過剰な」性差という社会文化的問題への解決も提供した［Germon 1998］。その診療が信条どおり半陰陽者により善い人生を与えることができたかどうかについては、まだ審理は始っていない。

第二節

ジェンダーの普及

一九五〇年代中頃に『紀要』に公表されたマネーたちの論文群は心理＝ホルモン研究班の庇護の下で彼らが発展させた諸理論を展開していた。彼らの初期の研究はもっぱら半陰陽者に焦点を当てていた。その焦点は後に、こんにちならジェンダー違和やジェンダー同一性障害と診断される人々を包含するために拡張された[18]。最初の二本の論文はマネーとジョーン・ハンプソンの連名で掲載されたが、第一論文［Money 1955］はマネー、第二論文［Money, Hampson & Hampson 1955a］はジョーンが執筆した。ここにおいて、私たちはマネーの存在論的概念としてのジェンダーの最初の明確な表現を見いだす。マネーとハンプソン夫妻が共同執筆した第三論文［Money, Hampson & Hampston 1955b］と第四論文［Money, Hampson & Hampston 1956］は、マネーの枠組をよりいっそう確固たるものとした。

四本の論文は全体として多くの事柄を為した。それは理論と用語体系を明確化するための手段を提供し、理論を裏づける「ハードな」生物学的事実を提示した。半陰陽事例管理の実施要項として制度化されることとなる勧奨諸事項も展開したし、将来の性的機能と受胎能力、そして陰核組織の部分的なあるいは完全な切除に関する多くの倫理的な難題にも取り組んでいた。マネーの思考に知的なコンテクストを提供し、性的主体であることの意味を説明しようとする心理学理論の基盤にも挑戦した。そして、以上にも増して、これらの論文はマネーが雌雄同体研究の世界的権威へと登りつめてゆく過程の第一歩、そして少なくとも一時期におけるジェンダー研究全体の唯一無比の権威となってゆく過程の第一歩を印した。

その理論から考察を始めよう。デカルトの二元論およびその遺産としての精神と身体の二値からなる対概念に対して長く批判的だったマネーは、二つではなく三つの要素からなるジェンダー習得理論を提起した。生まれと育ちに加えて、マネーは両極の分断を媒介する臨界期を設定した[19]。臨界期の概念は発生学に起源を持つ。一九二〇年代チャールズ・ストッカードがそのタームをつくったのは、出産前に発生するが、その結果が生後に発現する出来事をあらわすためだった。臨界期は不可逆的な発達をもたらす環境的刺激に対する感受性が高まる限定的な時期（現代のタームでは「機会の窓」）として理解される［Bateson & Martin 2000］。生まれと育ちという理論的な対立軸に臨界期を付け加えることで、マネーはそれらを単一の理論の諸要素へと変換した。しかしマネーはそこで立ち止まらなかった。

マネーはストッカードの臨界期の概念を、胎児期だけでなく出生から一八カ月までの期間を指すよう拡張した。これによって彼が述べたかったのは、中枢神経系に媒介された感覚刺激があらかじめ決められた神経経路のうえにマッピングされることによってジェンダーが習得される、まさにその臨界期であった。齧歯類や霊長類の研究にもとづいてマネーはつぎのような仮説を提起した。胎児性腺からのホルモン分泌[20]が下地となって男らしさ、女らしさ、アンドロジーンへとコード化された認知スキームあるいは神経テンプレートが形成されるが、「きわめて特定的なアウトプット反応をもたらす、適合的なインプット刺激」［Money 1995: 95］によって生後に呼び覚まされるまで休眠しているのではないか、と。彼は後にこの認知スキームを「ジェンダーマップ」という造語で呼んだ。マネーによれば、胎内臨界期における生まれと育ちのあいだの相互作用が「永続的な痕跡を残し、それが出生後の臨界期において育ちの新たな局面とつぎつぎに反応してゆく」[Money 1987: 14][21]。

ジェンダーは中枢神経系と固く結ばれてゆくというマネーの考えは、安定したジェンダー・アイデンティティを確保するためには乳幼児および新生児のうちに素早く処置をおこなうべきだという主張に究極の根拠を与えた。マネーはこの考えをいつもの劇的な表現で「ジェンダー・アイデンティティの扉があなたの背後で閉まったら、あなたはもうそのジェンダーに閉じ込められる。あなたは意識の中核において自身が男性である、あるいは女性である、と知ることになる。この確信が揺らぐなどということは災厄以外の何であろうか」[Money & Tucker 1977: 91]。彼が二度の臨界期のうち出生後のほうがより重要だと考えたのも不思議はない。ストッカードやコンラート・ローレンツのような先達と同じく、マネーは刷り込み過程を不可逆なものと理解しており、そのことが半陰陽乳幼児に対して早期処置を勧奨するもうひとつの理由となった。

議論の説得力を増すためにマネーは、ジェンダー・アイデンティティ分化の臨界期が言語習得の臨界期とリンクしているのは、両者とも概念的な言語の起源に由来しているからだと主張した。すべての刺激は中枢神経系を媒介するのだから、学習と記憶は生物学的な機能である、というのが彼の持論だった[22]。もしこの時期にジェンダーがはっきりと確立されなかった場合、神経テンプレートと外性器の見た目のあいだに齟齬が起こりやすく、アイデンティティ形成の失敗あるいは先送りを結果するだろう。こうした問題はテンプレートの陰陽両極のコーディングが不完全だった場合に発現しやすくなるとされた[23]。

ジェンダー習得の要素としてのアイデンティティ形成と相互補完

フロイト派精神分析の伝統において、アイデンティティ形成とは人が自分自身の男らしさ、女らしさに気づいてゆくための手段である。換言すれば、子どもは模倣を通して、同性の親のふるまいをモデルとして学習する——簡単に言えば男児は自らを父親と同一化し、女児は自らを母親と同一化してゆく——[24]。マネーにとっては、このモデルが語るのは事柄の全体のごく一部分である。マネーは言語習得に立ち返り、二言語習得にまつわる現象が有益なアナロジーを示すと述べている。異なる反応を必要とする二つの言語体系に曝された結果、子どもが二言語を習得するのと同じように、ジェンダー・アイデンティティと役割の習得も、マネーが「バイ＝ジェンダリズム」［Money & Ehrhardt 1972: 163］と呼ぶものへの暴露を必要とする。この説明によれば、子どもは男性的態度と女性的態度という二組の刺激を受け取り、それに反応する。子どもは同性の親や同輩の態度を模倣するだけでなく、もう一方の性と相互補完的なかたちになるよう行動することを学ぶのである［ibid.; Money & Tucker 1977; Money 1985; 1995］。自分のセックス＝ジェンダーに適合した態度を学習し記憶することは、両親や同輩によって継続的に（ネガティヴあるいはポジティヴに）強制されることの帰結である。だからマネーは、両親や保護者から子どもが一貫性のあるシグナルを受け取ることがいかに重要かを強調したのだった。

マネーのアイデンティティ形成／相互補完化理論は、脳内の二系統学習スキーム——一方はポジティヴなコード化をおこない、他方はネガティヴなコード化をおこなう——という考えにもとづいていた。マネーによればポジティヴな極は「我」を、ネガティヴな極は「汝」をコード化する［Money 1995: 112］。この二系統スキームはいったん脳内に固定されると性的態度を二形的なかたちに支配する[25]。マネーはその過程をつぎのように記述している。

ふつうの男児が成長する過程では、脳内において、女性のジェンダー役割と思われるすべてのことが使用に適さないとしてネガティヴにコード化される。女児の場合はその逆が起こる。しかしいずれの性においても、ネガティヴにコード化された系統が無効になるわけではない。それは禁止事項のテンプレートとして、また行動を性的に相互補完的なものにしなければならない際に、相手の行動を予測するためのガイドとして役立つ。［Money & Ehrhardt 1972: 19］

マネーは二系統のテンプレートが重なり合っている可能性を排除しておらず、重なり合う部分が大きければ大きいほどアンドロジーン的な態度をもたらすだろうとした。逆に重なり合う部分が小さいほど、その人の態度は男性あるいは女性のステロタイプに近づく。またマネーは人生行路の途中で二系統が変化することもある程度は想定していたが、アイデンティティ形成／相互補完化における二系統の比率は相対的に安定している、というのが彼の判断だった。

ショウ・ミー・ザ・マネー

『紀要』第一論文は、生後数週間から五〇歳までの六〇名について研究した三年にわたる共同研究の知見を提示するものだった。(26) 博士論文のなかで作った用語体系に則り、マネーは体内性腺、ホルモン、染色体という三つの支配的な有形指標を、育ちの性別と比較し、雌雄同体者の性別判定における有効性の観点から評価した。彼が示そうとしたのは、これらのいずれも人の（将来の）ジェンダーを判定するために依拠するわけにはいかないということであったが、これによってマネーは育ちの性別を、もっとも信頼性が高く一貫性のある判断材料とすることができるようになった。

六〇名の事例を判定するために、彼はサンプル集団を三つのサブセットに区分した。第一グループは「性腺（精巣か卵巣）」の性別が、育ちの性別と矛盾する事例である。第二グループは「ホルモン作用」の性別が、育ちの性別と矛盾する事例である。第三グループは「染色体構成」の性別が、育ちの性別と矛盾する事例である。

第一グループに該当した事例のうち、性腺に矛盾する「育ちの性別と完璧に一致するジェンダーを見せた」のは三名のみだった［Money 1955: 254］。このグループの八〇パーセント近くにおいて育ちの性別とジェンダーは一致していた。性腺の性別の指標は信頼に足るものでなかった。

第二グループでは四名が育ちの性別に十全に適応していると報告された。マネーとしては苦しかったのは、幾人かの雌雄同体者の睾丸がアンドロゲン（男性ホルモン）よりもエストロゲン（女性ホルモン）をより多く分泌していたため、ホルモンの性別を性腺構造の性別と区別しなければならなかったことだった。同じように、卵巣があるからといって必ずしもエストロゲンを多く分泌しているとは限らなかった。[27] 第二グループで四名しか育ちの性別に十全に適応している者がいなかったため、マネーは人の男らしさ、女らしさに対してホルモンが作用しているという考えを全面的に捨てざるをえなくなった。

この点は重要なので註記しておくが、マネーは胎内における性分化や第二次性徴における発達、性愛の発達におけるホルモンの役割に疑義を抱いたのではない。彼はジェンダーとのかかわりにおけるホルモンの役割を疑ったのである。このことに釈然としない人には、卵巣を有し女児として育てられている子どもうちかなり多くが、成人と同じように卵巣と副腎からテストステロン（男性ホルモン）を分泌していると考えられるという事実を提供しておこう。ヒトという種にとって男性ホルモンと女性ホルモンはどちらも欠くべからざるものなのである[28]。

性別の第三の指標、染色体に取り組むにあたって、マネーは染色体検査がサンプル全体にルーティン的にはおこなわれてこなかったことを確認している。もちろん染色体検査は一九五〇年代ではまだ幼稚な段階にあったのだから、そのことはまったく驚くにはあたらない。にもかかわらずマネーは「予備的証拠が明らかに示しているように、染色体は性腺と同様に性的指向とほとんど関係がない」［Money 1955: 254］と主張している。マネーはその主張を補強するために、卵巣無形成と診断された人々がY染色体を有していたという、当時最新だった発見にも論及している[29]。マネーが言うには、この診断に適合する二三件の事例に接したどの医療専門家もこれらの人々の女らしさについて一切疑問を持たなかったのだから、染色体とジェンダーがほぼ無関係であることについて議論の余地はない。

こんにちに至るまで染色体検査は性別と生殖能力に疑問がある場合にのみおこなわれてきた。染色体に付与されている性別の指標としての重みにもかかわらず、私たちは自分の染色体のじっさいの構成について何も知らない。つまり女は二本のX染色体を有し、男はXとYを一本ずつ有していることを私たちは「知っている」が、それは実はそう信じているのと大差ないのである。性染色体が本当にそんなに単純であるかどうかは近年の遺伝子研究によって検証されつつあり、その示唆するところによれば、性は私たちが信じているよりもはるかに多様である［Holmes 2008; Rosario 2005; 2007; Vilain 2000］。もし多くの人が検査を受け、半陰陽と診断されたとしたらどうなるだろうか。もし性差が私たちがいま思っているよりはるかに広く随所に見られるとしたらどうなるだろうか。この点には最終章で立ち返るとしよう。

『紀要』論文群に話を戻すと、マネーたちは、生得の男らしさや女らしさが性腺、ホルモン、染色体以外の身体のどこに宿っているのか問い、脳が答えを握っているのではないかと考えた。一九世紀後半の法医学者で精神分析医のリヒャルト・フォン・クラフト＝エビングが脳内に特別な中枢が存在するという仮説を提起していた。マネーはその考えを却下したが、それは神経中枢というアイディアに異論があったからではなく、生得性の観念を問題視したからであった[30]。彼と共同研究者たちは、同じ診断を下された半陰陽者のうちある者は女児として、別の者は男児としてうまく育てられたことを示す証拠を持っていた。このことはジェンダーを生得的なものとする考え方を疑おうとする彼らの助けとなっただけでなく、代替説のための根拠をも提供した。彼らは、半陰陽者が男性あるいは女性としてのアイデンティティを確立する能力を持っていることはつぎの考えを支持すると主張した。

> 出生時、セクシュアリティの指向は心理学的な意味では未分化な状態にある。それが男らしくあるいは女らしく分化しはじめるのは、成長過程における多様な経験の道筋のなかでのことである。私たちの研究がきわめて強く示したのは、ジェンダーの役割と指向の確立において人が遭遇し、対処してゆく経験の重要性であった。［Money, Hampson & Hampson 1955b: 308–309］

この理論にとって肝心なのは「遭遇し、対処してゆく」という言葉の含蓄だったので、彼らはこれらの論文が、単細胞な社会決定論あるいは環境決定論的なアプローチの一種として読まれることがないようにと繰り返し警告を発した。彼らが言うには「ある経験に遭遇したからといって、自動的に予想された対処がなされるとは限らない。人間の大脳の認知過程には、新しいことや予想外のことのために広大な場所が空けられているのだからである」[Money, Hampson & Hampson 1955b: 309]。しかし読者がこれをジェンダーに可能性の無限の広がりを与える理論と解釈するといけないので、ただちにマネーたちは、幼児期を過ぎてから性別の再割り当てを受けたが、不十分にしか（曰く窮屈にしか）新しいジェンダーに適応できなかったとされる半陰陽者たちの事例に言及する。彼らによればこれらの事例は、ジェンダーはいったん確立されると永久に脳に刻印されるため、無限に改訂可能というわけではないことを示している。マネーたちがもっとも力を込めて雌雄同体の乳幼児に対する診療の制度化を訴えるのはこの部分においてであった。

肥沃な大地に？（受胎能力を根拠に？）

性別の主要な三指標を扱った後、マネーたちは残りの生物学的徴表、体内の副器官（子宮と前立腺）および外性器に目を転じた。主要三指標と同じように、これらもマネーとハンプソンの分析において惨めな失敗に終わった。最後の二つの生物学的指標で失敗したことは、男らしさと女らしさには生得的で本能的な基盤がある、というフロイト説に対抗する追加証拠として用いられた。外性器の見た目は判断材料としては陳腐だったかもしれない。しかしそれは半陰陽者にどちらの性別を割り当てるかを決定する場面では重要な役割を持っていた。

性別の割り当て決定において、マネーたちは性別のすべての生理学的指標のなかで外性器を特権化した。半陰陽においては性別の諸指標がしばしば矛盾することは分かっていたので、マネーたちによれば性腺構造、染色体のパターンといった単一の基準に依拠するのはきわめて不適切だった[31]。自ら発した警告に挫けもせず、彼らは、新生児の性別を判定する最重要指標が外性器の形状であるのと同様に、半陰陽事例管理においても外性器の形状がもっとも重視されなければならないとした。雌雄同体の乳幼児の取り扱いがふつうの乳幼児と異なるキーポイントは、外性器の構造を、外科的な手段によって男女どちらに整形しやすいかを基準に評価することである。

外性器がもっぱら男性的あるいはもっぱら女性的であれば、わざわざそれを外科的に加工して、性愛の用に資する逆の性の性器へと再建する必要もあるまい。ならば性別の割り当ては外性器の形状のみによって決定すべきである。[Money, Hampson & Hampson 1955a: 288]

性別を割り当てた後のすべての外科的、ホルモン的処置は、ジェンダーへの適応を確実にするために、すでに決まった性別を維持することに向けられるべきである。マネーたちの信じるところでは、ホルモン的性別(およびおそらく性腺の性別)を重視するのが適切なのは、外科的処置によってどちらの性別にすることも等しく「有望」な場合のみだった。

この勧奨事項が将来の妊娠可能性に影響を与えることから、マネーたちは批判を浴びることを意識していた。外性器の見た目を生殖能力に優先させることには倫理的な欠点が多いとする人々からの批判に対して、彼らはじっさいの出産は妊娠可能性とはまったく別の問題だと答えた。四論文を貫くイデオロギー枠組を堅く守って彼らが言うには、じっさいの出産は生物としての能力というコンティンジェンシーだけでなく、「ジェンダーの役割と指向に不可分に結びついた友人関係や配偶関係との社会的な出会いや文化的なやり取り」［Money, Hampson & Hampson 1955a: 285］のコンティンジェンシーをもともなう。マネーたちがじっさいの出産に言及したとき、生物学的、生理学的能力ではなく社会的コンテクストに着眼していたことは註記に値する。勧奨事項の直後の議論が形態学的な構造や組成にもっぱら注目していたことを考えると、このことは面白い。しかも外性器の構造を作り出し、取り除き、再構成することは社会的なことというよりは、文字どおりの肉、物質を取り扱うことなのである。

この議論のコンテクストのなかで生殖は完全に、規範的な異性愛的関係の制度――一九五〇年代においては結婚の制度を意味した――のなかに位置づけられていた。ここで語られないまま残されているのは、医学的、薬学的処置なしには雌雄同体者は結婚へといたるような親密な関係を作ることなどできそうにないという決めつけである。マネーたち自身の成人事例の過半数が、異性愛的な性的関係を持っていたし、じっさい幾人かは結婚しているか、かつて結婚していたのである。

勧奨と現実のあいだのこの種の齟齬は、半陰陽事例管理は異性愛規範の衝動に突き動かされているという批判に油を注ぐ。こうした批判的意見を否定するのは難しいが、マネーたちの思考を取り巻いていた政治的コンテクストを忘れてはなるまい。一九五〇年代を通して、同性愛は法制度によって禁じられ、医学、精神分析によって疾病とみなされていたのである。この状況下では、雌雄同体を扱う臨床家が患者に異性愛的傾向を促す以外のことをおこなおうとすれば、何であれ無責任であっただろうし、反倫理的ですらあっただろう[32]。

しかし六〇件の事例のうちの四名（六・六パーセント）、つまり割り当てられた性別と一致しないジェンダーを持っていると報告された四名にとってはどうだっただろうか。この四名は全員、お転婆な態度が観察されていたものの女児として育てられていた。お転婆な態度がジェンダーの「ミスマッチ」を証明する十分な証拠とみなされなかったのは、それが、多くの女児が経験する「単なる一過性のこと」と理解されたからだった。この四名のうちマネーたちの関心を引いたのは三名の女児、女たちであり、一六歳で男性へと性転換した残りの一名は無視された。当時、規範的なジェンダーは、それほどまでにきわめて複雑に規範的な性的容貌と結び合わされていたのだった。この件については第四章で詳述しよう。

ジェンダーのプロデュース

雌雄同体者のジェンダーの唯一最善の決定因は育ちの性別である、という主張を裏づけるべく、マネーはついに性別の生物学的指標すべての信頼性を否定した。彼はジェンダーにとっての身体の作用を否定しなかったが、身体はジェンダーの模範として、外科的および社会的にジェンダーを作り出すことに貢献しうると述べていた。マネーたちによれば、自らの研究は「ジェンダー役割を最初から明確にし長期的に維持することが、半陰陽の子どもを育てるうえで有益」であること明らかにした［Money, Hampson & Hampson 1955a: 285］。

ただし彼らは育ちの性別が最善の指標でありうるかどうかは、臨床家が性別の決定を明確におこなうかどうか、そして両親が常に、決定された性別を強化しようと用心深く努めているかどうか、という二つの条件に依存することを警告していた。[33] この二条件が必要なのは、子どもはジェンダーを「遭遇し、処理してきた無数の経験という背景に抗って」［Hampson 1955: 265］身につけてゆくものだからである。ここに言う経験とは、彼らが両親や親類、同輩から、自分自身の男あるいは女としての立場について学習し、模倣し、解釈してゆくすべての経験、および自身の身体を解釈してゆくという重大な経験である。マネーたちがジェンダー習得における生後の臨界期を重視したのは当然だった。

マネーたちは「外性器が逆の性別をあらわしている場合でも」［Money, Hampson & Hampson 1955b: 307］[34] 育ちの性別に合わせて雌雄同体児のジェンダー役割を確立することは何の問題もなく可能だと認めていた。この主張が早期外科手術の促進に加勢する効果を持つことを考慮した形跡は、彼らの論述のどこにもない。狡猾にもマネーとハンプソン夫妻はふつう手術が必要とされる事例に対しても、雌雄同体者にジェンダー・アイデンティティを確立させるために手術は不要だという考え方を組み入れていた。この策略は気づかれもせず、身体的徴表の決定力をめぐる議論に埋没した。

こうしたことすべては半陰陽者にとって正確には何を意味しただろうか。つまり西洋のリベラル・デモクラシーにおける半陰陽の現実にとって、マネー方式が制度化されたことはどのようなインパクトをもっただろうか。それがインパクトをもったことは疑いない。マネーがサイコセクシュアルな指向を決定しているのは生物学的性別である、という歴史的な仮説を吊るしあげ攻撃したのは、いかなる抽象的理論的理由からでもなく、半陰陽者に対する処置をおこなうための基準と枠組を導くためだった。当時外科的療法はこんにちにおけるほど一般的でなかった。こんにちそれが現に一般化しているという事実それ自体が、マネーたちのおこなった勧奨の直接の結果なのである。

ジェンダーを彫塑する

つぎに勧奨事項について検討しよう。マネーの治療モデルは臨床を決定的に重視していたのだが、半陰陽者への処置は臨床現場の壁をはるかに超えて拡大していった。一九五五年の『紀要』論文群は半陰陽事例管理として知られる実施要項を史上初めて表明した。この実施要項はつぎの三つの重点を持つ。(一)両親をジェンダーの指導者として育成し、子どもを性的逸脱者にしてしまうのではないかという彼らの不安を緩和する戦略、(二)性別の割り当て決定において、外性器の見た目を決定因というよりガイドとして、子どもに心理的な処置をあたえる戦略、(三)「適切な」タイプの外科的処置。またこの実施要項は、倫理と健康の観点から、(四)陰核を切除すべきかどうか、および(五)生殖能力を残すべきかどうか、という格別厄介な課題も提起している。

一九五〇年代中頃に至るまでは、六歳未満の子どもの性腺構造が育ちの性別と矛盾することが判明した場合、性別を性腺構造に合わせて変更すること——クレブスの性理論の遺産である——はさほど珍しくなかった。ジョーン・ハンプソンは自身の論文で、自分の嗜好を抱くに十分なだけ歳を重ねた者に対してすら、その嗜好を考慮に入れた処置がなされることは歴史的に稀だったことを註記している。幾人かが軽度であれ何らかの神経症を示したとの報告が残っているのも無理はない。彼らのモデルからすればこの神経症には潜在的な原因が欠けていると見えたため、確証なしと見なされた。ジョーンはこうした、先人たちがおこなってきた性別付与のインパクトが理想に遠かったと評価した。

マネーたちは、患者に対し十全に発達したジェンダー・アイデンティティを授けるために臨床家が果たす枢要な役割を力説した。曰く「ジェンダー役割の確立が進んでしまう前の生後数週間のあいだに、雌雄同体児の性別をきっぱりとセットする」［Money, Hampson & Hampson 1955a: 288］ことに気を配るのは臨床家の義務である。マネーが強調するところによれば、性別の割り当てが早いほど、またその強化が一貫してなされるほど、雌雄同体児が男性あるいは女性としてポジティヴなジェンダー・アイデンティティを発達させると考えられる。したがって雌雄同体者とその家族がおのおの適切なジェンダーを習得してゆくことを保証すべく、明確で断固とした指導をおこなうのは医師をはじめ臨床家たちの責任である。

危険な曖昧さ

医師が患者の性別に疑いを抱くと、この疑いは簡単に両親の心に伝わり、子どもの性別に関する迷いを生み出す。このことは子どもが大人たちに何か異変が起こっていると気づくリスクを大きくするだろう。疑念が伝わることは、子どもを「ジェンダーに合った」仕方で育てる両親の能力を殺ぎうるだろう。両親の思いとして女児を育てているつもりでいるのか、男児を育てているつもりでいるのかは、マネーたちにとってもうひとつのリスク要因を表わしていた。彼らにとって曖昧な言葉は不安定なジェンダー・アイデンティティに寄与する潜在的要因だったため、両親が子どもに間違った性別を与えることはスポイルされたアイデンティティを発達させるリスクを増大させると考えられた。

マネーたちは雌雄同体児の両親をもっともよく管理する方法について助言を与えた。彼らは両親に、子どもの性別についての疑義を常に率直に聞くように勧めた。子どもの性別について疑いを持ち続けることのほうが、最初に告知された性別が訂正され、逆の性別が付与されることよりもはるかに良いと思ってのことだった。マネーたちの呵責ない警告によれば、生後一八カ月を過ぎて性別変更を試みると、子どもに劣悪なジェンダー・アイデンティティをもたらすこと必定であり、心理学的に有害である。率直にという言葉がとくに精査に値する。というのは、臨床家は、自分の子どもが未完成の外性器を有している（委縮した陰茎あるいは肥大した陰核を有する者を含む）ことを両親にそのまま受け容れさせるよう助言されていたからである。この点については後に、マネーたちが子どもをジェンダー習得に向けて処置するさいの勧奨事項について議論する際にもういちど検討しよう。

彼らの論点を解説すれば、両親に対する教育の目的のために彼らは男性的、女性的な性分化の前に雌雄同体的とも受け取れる発達段階を置いた。しかしこんにちでも医科学は胎生の最初期段階における発達をこのようには理解していないし、したがって表現もしていない。医科学は初発の未分化な段階を一般的に「男女同一」と表現している。こう表現するのは性分化以前にも二形的な状態を暗に想定しているからであって、雌雄同体の身体を未完成と捉える思想を実体化している。ただしこうした表現はどんな身体も男女両方の諸要素を持っていることを明確に示しているとも言え、その意味では事態を別の仕方で考える可能性を開示しているとも言える。性分化の例は本書の序章に述べたノーマル／病理的の関係を想起させる。医科学はいわゆるアブノーマル（彼らの言葉では「頻度の低い」）を、いわゆるノーマル（「頻度の高い」）を理解し実体化するために用いる。しかしここではその関係は転倒されており、「ノーマル」な発達が「アブノーマル」な成長を理解するための手段となっている。

子どもの将来のセクシュアリティについて両親が抱く不安、とくに子どもが性的逸脱者になるのではないかという不安[35]についてもマネーたちは取り組んだ。彼らは両親を教育して、その不安を緩和するよう勧奨した。二一世紀を生きる私たちにとっては皮肉に満ちたものと響く論述のなかで彼らは「ほとんどの親たちはどうしても雌雄同体と同性愛を混同しがちであるから、彼らに対しては、子どもが必ずしもアブノーマルで倒錯的な欲望を抱くように運命づけられているわけではないことを教えるべきである」[Money, Hampson & Hampson 1955a: 292. 強調引用者]。こうした文言はマネーらを異性愛規範的として批判する人々を支持する有力な証拠であろうが、私としてはそうした批判に抗いたい。序章で論じたように、大味な分析で分かったつもりになると、二値的なジェンダー概念の広範な普及がいかにして可能になったかを探求する機会が奪われてしまうのである。

もっと実り多いと思われるのは、マネーたちが理論構築をおこなった当時の認識論的コンテクストを精査するというアプローチである。マネーが大学院生だった時期、米国の社会科学を支配していたのはパーソンズの機能主義だった。マネーは一九四〇年代ハーヴァード大学にパーソンズが設立した専攻でパーソンズの直接の指導下にあったのだから、機能主義社会科学のパラダイムの影響を受けなかったとは考えにくい[36]。機能主義が社会諸制度のもたらす諸効果を社会諸制度の存在理由と解釈する点を突いて、批判者たちは機能主義が循環論法であることを強調する。なるほどそうして機能主義は現存する社会秩序を批判するよりも正統化する方向に働くが、あと二つの要因も関係する。マネーが最初の学問的訓練を受けたのは心理学、歴史的に言って広い社会的コンテクストから切り離された個人に焦点を合わせた学問分野であった。だからマネーにとって病院で研究をおこなうことは当然の選択だった。そこでは臨床家たちの専門の垣根を越えた研究集団が組織されたが、すべてのメンバーの身体理解は機能主義パラダイムに完璧に染め上げられていた。

機能主義者の思考において陰核はほとんど関心の対象とならなかった。機能主義の歴史のなかで陰核は添え物、無用の器官と考えられてきた。快楽がその唯一の既知の機能である陰核は、機能主義者たちが要求するところの使用価値を有さなかった。彼らが陰核切除に問題がありうるとは考えなかったのも想像に難くない。その手順について、この研究集団の立場を初めて公にしたのはジョーン・ハンプソンだった。マネーの博士論文の下地となった歴史的記録を参照しながら、ジョーンは、臨床的に陰核と認めることができる以上の大きさのファロス構造を有するが女児として育てられている人々に対しては、二〇世紀中頃に至るまで外科的処置という選択肢が存在しなかったことを記している。そうした人々のうち幾人かは男らしい外見を有し、男らしい社会的地位を持って男として暮らしたことが知られていたが、多くは女として、育ちの性別を維持して暮らしていた。ジョーンが主張するには、頻繁に勃起するファロスは、その人の徳性と無関係に頻繁に窮余の自慰行為を要するからというだけにとどまらない、大きな苦悩をもたらしていた。

ジョーンによれば、二〇世紀における技術進歩はこの種の苦悩を緩和するだけでなく、完璧に除去する手段を与えた。彼女の意見では、もっとも効果的な処置は陰核を部分的あるいは完全に切除することによって「ノーマルに見える」女性外性器を外科的に形成することである。これだけでは啓発には不十分と思ったのだろうか、ジョーンは、陰核切除の結果、オーガズム機能が損なわれるあるいは完全に失われるのではないかという懸念は根拠薄弱である、とまで主張している[37]。この主張は、彼らのサンプルのなかで成人してから陰核切除を受けたわずか六件の事例にもとづいてなされた。六名全員が施術後もオーガズム能力を維持しており、うち一名は二回目の施術で陰核を全切除した後に人生初のオーガズムを得たことが報告された。このポイントはとくに、患者から最重要の性感帯を奪うことに懸念を抱く外科医を安心させるべく説明された。後に本書が示すことになるが、半陰陽事例管理に対する現代の批判者たちは批判の焦点を取り違えていると思われる。一九五〇年代を通じて精神分析医や性科学者たちは、これら六事例におけるオーガズムが陰核によるものか膣によるものかについて広範な論争を交わしており、ジョーンもこの論争については論文執筆の時点で間違いなく知悉していたはずである。にもかかわらず彼女はこの争点についてまったく言及していないのである。

マネーたちは、陰核切除が性愛的な感受性に与えるリスクゆえに専門家たちの活発な論争を招来していることに気づいていた。にもかかわらず第二論文[6]は、彼らが調査した性的経験豊富な女性のうち、陰核切除を受けたことによるマイナスの影響の報告は皆無だったというジョーンの主張を繰り返した[Money, Hampson & Hampson 1955a: 295]。マネーたちはかなり頑張って、この六名全員が陰核切除の「提案」に抵抗しなかったのは彼女たちが自らを明確に女性として、それに付随するジェンダー役割を含めて女性としてみなしていたためだとしている。このポイントは半陰陽事例管理の勧奨事項の「正しさ」に重みを付け加えるものとして指摘されている。後にマネーは女性のオーガズムを冷ややかな調子でつぎのように記述することとなるだろう。オーガズムは「自然が生殖を確かなものとするためにある。こんなにも多くの外性器組織を切除し、再建してもオーガズム能力が奪われないことは、自然がオーガズムを守るのに非常に熱心であることを示している」[Money & Tucker 1977: 47]。

部分切除と全切除のどちらが良いかについて疑問を抱く人々に対して、マネーたちはコルチゾン[7]が発見されたので部分切除で十分だろうとしていた。彼らの患者のうち数名が訴えていた陰核基部の継続的で痛みをともなう勃起を防ぐため、当初は全切除を勧めていた［Money, Hampson & Hampson 1955a: 295］[38]。コルチゾンが使えるようになるまでは、持続勃起に対する治療法としては、残存していると視認できるファロス組織を切除する再手術しかなかった。持続勃起が手術それ自体による神経損傷の結果であるかもしれないという捉え方に対しては、マネーたちは何の考察もおこなっていない[39]。

『紀要』の四本の論文のなかではあまりない警告的な調子で、マネーたちはつぎのように述べている。

部分切除された陰核が性愛的な感覚を有していることを示すかなりの証拠があるが、泌尿生殖洞に子宮口（閉じているのであれ開いているのであれ）を有さないが女性として生活している雌雄同体者に対する陰核切除の勧奨には慎重であるべきことを示すに十分な不確実性がある。［Money, Hampson & Hampson 1955a: 297］

ここでかなりの証拠と言われているのは、じつはわずか一二名の女性の報告である。これはジョーン論文が扱ったのが六事例にすぎないのと比べれば二倍であるが、これだけラディカルで取り返しのつかない処置を勧奨するための根拠としてはやはり少なすぎる[40]。私たちがこれらの報告から受け取るべきは、ファロス構造に手をつけないことが、女性の性的快楽に重要な役割を果たし、挿入可能な膣を持たない人にとって残念賞（consolation prize）としての意味を持つという事実である。

陰核切除という、非常にラディカルで論争的としか言いようのない処置をおこなうタイミングについては、ジョーンは生後なるべく早くおこなうこと、歳を重ねた者については診断後なるべく早くおこなうことを勧奨した。厳密な工程表を作成することは断念したものの、ジョーンは生後二年でジェンダーが不可逆に確立されることを根拠に、臨床家は六歳まで待たず陰核切除を診療のガイド指針とすべきだと述べた。他の外科的処置、つまり膣口拡張や膣形成といった処置については子どもがもっと歳を重ねるのを待ってもよいとされた。半陰陽児の身体が「固定」されさえすれば、ジェンダーは本格的に定着を開始することができる、と。

ジェンダーの浸透

マネーは雌雄同体の若者のジェンダーを効果的に育むには教育が決定的に重要だと考えていた。そのことは最初の半陰陽事例管理モデルに反映している。実施要項どおりに処置をおこなうことについて有責である臨床家たちにとって、ジェンダーが曖昧な人のアイデンティティ形成を保証する必要と、教育を両立させることは不可能と思われていた。(41) マネーとハンプソン夫妻は両親と子どもの双方の利益は、可能な限り早く外科的処置をおこなうことによってもっともよく守られると強く主張していたが、将来の医療計画、手術計画を子どもに説明しておけば、自身の外性器の非規範的な外見からもたらされるいかなる重荷にも十分適応できるとも主張した。そうした情報がないと子どもは自らを異常者だと誤解しがちになるのに対して、情報を与えれば、男児として育てられている子どもの場合「学校での用便のような当座の緊急事態」に対処する戦略を準備することができる［Money, Hampson & Hampson 1955a:

295]。子どもに情報を与えれば、それがクラスメイトからのしつこく鬱陶しい問いかけに対する緩衝装置になるとも述べていた。

臨床家には、子どもにわかりやすい言葉を使って、手術の結果として期待される効果を伝えるよう勧奨した。「陰核切除を受ける三歳の女児には、お医者さんが他の女の子や女の人みんなのような見た目にしてくれるよ、と言って聞かせてやるとよい」[Money, Hampson & Hampson 1955a: 295]。この種の説明に使われる「わかりやすい言葉」はまさに、女性の外性器には単一の基準が、どんな小児科医や婦人科医、産科医でも完璧な誤りと証言するだろうような基準[Lloyd et al. 2005]が、存在するという考えを永続化させる。英国の学者イアン・モーランドが痛切な調子で述べているように「多形的で怪物的なキメラにでもならない限り、じっさいに他の女の子みんなのような見た目になることなど不可能だ」[Morland 2005: 345]。

歳相応の言葉で自身の状態について知らせ続けることで、自らの生まれの事情に対する患者の理解が促進され、それが彼らの自己の感覚にポジティヴな影響を与えるだろうという考えを、マネーたちは断固譲らなかった。

彼女が他の女児みんなと同じ陰核を持っていること、それが大きすぎるけれど手術によって小さくできることを、理解できるようになった頃にはすでに知っているのが望ましい。男児にとってもっともわかりやすいのは、いつか医師が陰茎を作ってくれるから、立ったまま小用ができるようになるという説明だろう。[Money, Hampson & Hampson 1955a: 293–294]

こうした指南の目的は、子どもに「自分は半分男で半分女ではなく、外性器が未完成の男児あるいは女児なのだ」[Hampson 1955: 267. 強調引用者]と理解させることにあった。しかしこの忠告では、女児として育てられている子どもが、一方で外性器が「大きすぎる」と言われ、他方では「未完成」と言われることをどう理解するのだろうかという疑問が頭をもたげてくる。発達論的に言えば、この忠告は意味をなさない。というのは、大きすぎると思われる陰核は目下発達中とも未完成ともまず言われにくいからである。

マネーは胎生発達もジェンダーを身につけてゆく訓練の一部である、との基礎知識を与えることの重要性も強調していた。たとえば彼はその目的のために、臨床家につぎのような言葉を用いるべきだとしていた。「ところで、女児は、男児が陰茎を持つのに対して女児は膣を、未成年の言葉では「赤ちゃんトンネル」を持つことを教わるべきだ。これは手術で膣を形成する必要があることを子どもに理解させるための理論に向けた二重保険である」[Money, Hampson & Hampson 1955a: 295]。この忠告については三点が註記に値する。第一に性分化をこのように図式的に表現するのは誤解を招くだけでなく、事実として誤りである。胎内における陰茎の相同物は陰核であって、陰茎と膣のあいだには何の関係もない。この忠告は胎生発達についての基礎的な指南よりは、性教育の導入にこそふさわしい。多くの文化批評家たちがマネーを異性愛強制の唱道者として論難するのも無理からぬことだ。

第二にここに用いられた言葉は、潜在的受胎能力と顕在的受胎能力についてのマネーの見方に照らして、また患者のメンタルヘルスを管理することの重要性についての彼の見方に照らして検証されなければならない。膣を持たない子どもや、さまざまな原因から受胎することがない子どもに向かって「君は女の子だよ」とか「女の子は「赤ちゃんトンネル」を持っているんだよ」などと言うことが何を含意するだろうか。これはマネーが避けようとした心的外傷がもたらされるための条件を作り出すことになるように思われる。

第三に、この忠告は、ラディカルで侵害的としか言いようのない外科的処置を、西洋およびその他多くの文化において禁忌と羞恥に塗れているとされる身体部位に施すことに対する子どもの理解と恐怖心を児戯化させかねない[Goffman 1968][42]。マネーたちが子どもに術前、術後の事の進行（麻酔のことを含め）を知らせるよう勧奨したのは、医療専門家のトリヴィアルに聞こえる言葉が子どもにとって「強度の予期的恐怖と誤解」の原因となりうることに気づいていたためだった[Money, Hampson & Hampson 1955a: 295. 強調引用者]。子どもが診察や手術の経験（たとえば、たくさんの医師によって外性器を繰り返し検査されたり、手術されたりする経験）によって心的外傷を負うかもしれないという彼らの考えは皮相なものでしかなかった。育ちの性への「不適応」をもたらす潜在的原因についての彼らの考察には、それが欠如しているのである。こうした心的外傷は、成人した半陰陽者の非常に多くがフォローアップを受けなくなってゆくことの理由のひとつであるとされている。長期にわたるフォローアップができないと半陰陽事例管理の効果や逆効果を評価することが不可能ではないまでも難しいままになってしまうことから、半陰陽事例管理の臨床家とその批判者の双方が懸念しているのが現状である。

医療文献および半陰陽者の語りのなかには、外性器再建手術がまず一度では終わらず、じっさいには長期にわたり何度もおこなわれねばならないことを示すかなりの証拠がある[43]。とくに一回目の手術が乳幼児期に施された場合には、現代でもそうなることがふつうである。マネーたちは手術のタイミングは常に安全と最善の結果を考えて決定されるべきことを強調していたが、陰核切除以外の場合は、諸器官がある程度発育した後におこなうほうが効果が大きいと考えていた。ここで外科的処置の効果とは、形態と機能の両側面における効果のことである。外性器の形態と機能とは、女性として生きている者にとっては挿入可能な膣、男性として生きている者にとっては膣に挿入でき、直立姿勢で排尿できる陰茎を意味する。

子どもが自分を半分女、半分男と思わずに済むよう人体構造の初歩的な知識を必要としているという考えは、別の観点からも枢要である。そもそも彼らは人間の性別が二種類よりも多いことを体現者として知っているのに、マネーたちは雌雄同体あるいは半陰陽の健全な主体性について認識できずにいるのである。男性か女性いずれかであることだけが法的、社会的に許容される正統なあり方なのだとすれば、半陰陽者は未完成とされるほかない。このことは、半陰陽者は胎内で何も問題がなければノーマルな男性あるいはノーマルな女性として生まれることができたはずだという前提にはっきりあらわれている。このポイントについてはとくに第五章と第六章の議論と分析に関連する。

マネーとハンプソン夫妻の考えでは、子どもに見られるジェンダーの曖昧性はすべて、臨床家か両親、あるいはその両者の曖昧で不明瞭な言葉に起因するものであるほかなかった。曖昧な言葉はしばしば子どものもとの性別割り当ての無効化を招来し、とくに二歳を超えた後には子どもにとっても両親にとっても有害だと考えられた。幼児期を過ぎると子どもが性別を変更するのは事実上無理とされた。ジョーン・ハンプソンによれば、それでも性別を変更しようとすれば「子どもに深刻な心理的障害をもたらす」[Hampson 1955: 272]。この考え方は、いわゆるアノマロスな外性器によってもたらされるあらゆる重荷に彼らが適応できるようにすべく、これまでの医療歴と、将来の外科的およびその他の処置のプランを子どもに教えるという考えと明らかに矛盾する。ジョーンの主張は新生児期を過ぎて性別を割り当て直した一〇名の事例にもとづいてなされている。四名が一歳未満で性別を割り当て直し、何の心理的問題も報告されず、残り六名のうちわずか一名だけが再割り当ての後にも「不十分な適応」を示したとされている。ジョーン論文の結論部分では、乳児期を過ぎて性別の再割り当てをおこなうことの危険性がはるかに激しい言葉で繰り返されている。彼女が言うには、性別の再割り当ては外性器手術をともなおうとともなうまいと重大な心理的障害である。しかしそれがどのような障害なのかについては何の示唆も与えていない。彼女が前の部分では全事例において精神病が確認できなかったことを根拠に、訴えが皆無である、と断定していたことに照らして、これは明らかに一貫性に欠ける。同様の警告は、その後マネーとハンプソン夫妻によって書かれた論文すべて、およびマネーの著述においてはもっと広範に繰り返されている。

乳幼児期に外科的処置を受けていない者に対する性別の再割り当てにおいては、マネーたちはすでにどの程度ジェンダー役割が確立されているかを基準に決定することを推奨していた。こうした人々はスポイルされたジェンダー・アイデンティティのリスクがもっとも高く、「諸問題のなかでももっとも込み入った難しい事例」[Money, Hampson & Hampson 1955a: 289] だった。英語では子どもを「彼」あるいは「彼女」と呼ばなければならず、その子が「息子」あるいは「娘」であることを宣言しなければならないため、両親としては性別の見極めがきわめて難しい場合でさえ、生後ほどなく男あるいは女の性別を割り当てざるをえない。いったん宣言してしまうと両親はそれにしたがって子どもを育てるようになり、ジェンダー習得の過程が働きはじめる。最初の割り当てが間違いだったと気づかれた場合、再割り当てはなるべくただちにおこなうことが肝心だった。時がたってしまうと、両親にとって息子をあきらめて娘をとること、娘をあきらめて息子をとることはあまりにも難しくなるからである。かくしてマネーたちは統計的な意味においてノーマルでない子どもを持つ親たちを救うべく、曖昧な性に対処する予防的なアプローチを推進することになったのだった。

達成度の測定：主要な達成指標

マネーのジェンダー習得理論は、まだほとんど整備された測定ツールがなかった当時、男らしさ、女らしさに対する適応度を測定するための一組の変数群をコード化した。マネー以前にもっとも広く知られ、使われていたのはおそらくルイス・ターマンとキャスリーン・マイルズが一九三〇年代に作成したスケールである。ターマン＝マイルズ検査は「心理的な男らしさと女らしさ」を計測するための質問紙を用いた検査であり、臨床家たちが人の「彼あるいは彼女の性別からの逸脱」［Terman & Miles 1936/1968: 6］の程度と方向を量的に把握できるようにしていた。それは集団同士を量的に比較できるようにも作られていた。マネーの関心はしかし、心理的なもの、「メンタルなもの」を超えて、人がどの程度男らしさ、あるいは女らしさを実行できるかを測定可能にすることにあった。ターマン＝マイルズ検査は、当時使われていた他の検査と同様マネーたちの要求に応えることができなかった。マネーたちは挫けることなく自らの手で測定手段を開発することとなった。

では彼らはどうやって育ちの性別、つまりジェンダーに対する人の適応度を測ったのだろうか。彼らは男らしさと女らしさを評価するための変数を目録化した。この目録はつぎの指標から成る。

一般的な習慣、態度や物腰。遊びの好みと気晴らしにおける関心。筋書きのない対話や何気ないコメントにおいて自発的に提供する話題。夢、白昼夢、幻想の内容。間接検査と投影検査への応答。性愛行動の事実。直接検査への応答。［Hampson 1955: 266］

これらの指標の問題性は、指標を作成した者の主観的な判断にあまりに依存しすぎていることである。機能主義アプローチが、何かが存在するのはそれが機能を果たしているためである、という前提から始まっていることをもういちど思い出してほしい。(44) 何が女らしい行動で何が男らしい行動かわかれば、あとは説明を与えるためにその機能を指摘するだけなのである［Fried 1979; Szacki 1979］。二一世紀にふさわしいジェンダー観念のステロタイプに囚われている私たちとしては、過去五〇年間にジェンダーに適合した態度と行動、とくに女らしい態度と行動に顕著な転換があったことが分かる。五〇年間変わらなかったのは、複雑で複合的で「本質的にフレキシブルな現象に、安定性や永遠性の印象」［Deaux 1987: 301］を与えようとする、過剰な単純化の性癖であった。マネーが唱えた男らしさと女らしさの概念は不安定で複雑な現象を、いろいろな意味で過剰に単純化するものだった。

ジョーンは彼らの事例の三割近くが、育ちの性別と外性器の見た目とのあいだに矛盾を抱えながら、人生の三分の二の時間を過ごしていたことを記し、これを人間有機体の適応能力の驚くべき高さを示す証拠と捉えていた。ジョーンが検討したなかでただ一名の例外を除いた全員が育ちの性別と完璧に一致して、男らしいあるいは女らしい指向を示していた。幾人かは違和感からくる羞恥の感情と内向性を表わしていた。きわめて少数が何らかの神経症の症状を呈しているが、精神病の兆候は「皆無である」[Hampson 1955: 266]。さらに、ほとんどの子どもは自分の外性器の見た目と付き合うに十分な元気を持っており、育ちの性別に「適合した」性的指向を、手術なしにも発達させてさえいる、とされた。

間違った性別を割り当てられたと思っている者でも、ジョーンの報告によれば育ちの性別に、違和感を持ちながらという以上の適応を示しているが、これはおそらくきわめて軽度の神経症である。マネーは博士号研究において、男性、女性としてのアイデンティティと、男らしい、女らしい身体の見た目のあいだの矛盾は、それ自体では精神病にいたるものでなく、神経症の症候類型に入るものですらなかった。なのにマネーたちは半陰陽者の身体をノーマルなものとすべく医療的処置をほどこすことは、彼らのメンタルヘルスにとって不可欠である、と論じたのである。

第三節

二元的なセックスと二元的なジェンダーを超えて？

何年も後になって『性および夫婦療法雑誌』に掲載した論文のなかで、マネーは初期の研究の導きによって、男性と女性からなる絶対的な二分法など存在しないことに気づいていったことを述べている[Money 1985b]。ただしマネーの論点は人についてではなく変数についてだったのだから、この記述を、二つを超える性の存在の是認として読んではいけない。性の指標として彼が作成した枠組のなかで、半陰陽は七つの変数のうち二つ以上において混乱を示しているものとされた。つまり育ちの性別の決定にあたってはどれかひとつの基準ではなく、諸基準を複合させなければならないとしたのだった。

マネーが言うには、私たちのなかにいる特記すべきところのない男性、女性として記述されるだろう者にとって、性別の性質を単変量的と捉えるのはきわめてもっともらしい。なぜなら理論的に言ってこれら生理学的および社会的な七指標はすべて互いに調和的だからである。こんにちでもほとんどの人にとってこの調和はもっともらしいだろう。しかしこれは前節に述べたように、染色体検査が性別あるいは生殖能力に関して疑問がある人の場合に限ってしかおこなわれないためである。多くの人は検査受診条件に該当しないため、全般的な調和は、経験的な証拠がない以上、いくら言っても思弁にすぎないのである。[45]

一九五〇年代のマネーの雌雄同体研究と、マネーとハンプソン夫妻による臨床ガイドラインは序章で検討した規範的な医学・科学的伝統の典型である。この伝統には統計的に頻度が低い事柄をアブノーマルで病理的とすることによって、統計的に頻度の高い事柄を実体化する傾向がある。これが、半陰陽の身体を整え、究極的には彼らのジェンダーが固定されるのを保証するという臨床家の任務の根拠となる。半陰陽者は医療的な処置を必要としているという考え方は、過去五〇年にわたってまったく疑問視されずにきた。じじつ医学的処置は、それなしには半陰陽者の人生は悲嘆と失意に満ちたものとなるという前提でおこなわれてきた。医学的処置がどのような形をとるべきかについてはかなりの議論が交わされてきたが、処置しないという選択肢が議論の俎上に乗ったのはごく最近のことである。

マネーの研究の根底には、間違いさえ起こらなければ半陰陽者はノーマルな男性あるいは女性として生まれてきたはずだという仮定があった。処置が可能なコンテクストにおいて、未完成あるいは不全・障害が確認された場合、医科学としては処置するよう強いられる。秩序をもたらすためには物事を正しく整理し「自然が完成し損ねたものを完成させ」なければならない。これはあるイデオロギーをきわめて文字どおりに実体化させようとする衝動である。半陰陽者を未完成かつ完成可能なものとすることで、二形的な性差の明らかな真理は単に支持されるのみならず「証明」される。要するに種としてのヒトは正しく二つの、二つだけの性から成ると。これは事実と当為をめぐる問題の強烈な一例である。というのは医者のどうあるかについての解釈は、彼らがどうあるべきかについて抱く信念に完全に依存するものであるからだ。

マネーが自身のジェンダー概念を半陰陽者を越えて適用したとき、それはいわゆるノーマルな男らしい、女らしいアイデンティティの発達を実体化するようになった。彼は最初期の思考を彫琢し精緻化し続けたが、それは元の前提からひどくかけ離れたものには決してならなかった。ジェンダーが規範的な意味を持ちはじめたとき、この概念にとってきわめて枢要だった半陰陽者はその枠組の外へと消し去られた。ジェンダー概念はその存在自体を半陰陽者に負っているにもかかわらず、彼らはその概念によって今ここから消去されたのだった。

刷り込みと第一言語

生後一八カ月で男らしいあるいは女らしいアイデンティティを習得するのは半陰陽児だけでない。その他のあらゆる人がそうである。マネーによるジェンダー習得のメカニズムの説明はきわめて説得的に見える。人は男らしさと女らしさのための心のテンプレートを二つながらもって生まれる。これによって子どもは自分のジェンダーにとって何が適切で何が不適切な行動か、自分と逆のジェンダーにとって何が適切で何が不適切な行動かを学ぶことができる。このポイントは肝心である。マネーが主張するには、言語の獲得とまったく同じように、男性としてあるいは女性としてのアイデンティティはいったん獲得されると脳に永久的に固定されるのである。

第一言語の習得とジェンダーの習得のあいだのリンクはマネーがもっとも強力に論定した主題のひとつである。彼の見るところでは、

ひとたび浸透した第一言語が無用となり、他によって取って代わられることはあるだろうが、それは決して完全には根絶されない。同様にジェンダー役割も変更されうる。言語のバイリンガルにたとえるのは正確ではないが、ジェンダー役割もきわめて深く浸透するものであって、身体の機能と形態の甚だしい混乱でさえ、それを置き換えることはできない。［Money 1955: 258］

このアナロジーの有効性を過小評価してはいけない。ジェンダーを言語にたとえることは、ジェンダー習得を意味深長かつ説得的に基礎づけるのに役立つ。マネーは単に習得過程の類似性を指摘したのではない。第一言語の習得とジェンダー役割の習得が時期的に同時であることも重要だった。その後のマネーの多くの著述で繰り返されるように、どちらも生後二年以内に起こるのである。言語習得が生後の外的刺激によって可能になることは否定しようがない。いったん確立された第一言語が忘れられ、失われ

るという主張が疑わしいのももちろんである。

生後に形成された心理的機能が消去されないという考えを補強する有力なアナロジーは医学のなかにたくさんあったが、当時の心理学理論の主流はその考えをほとんど信用していなかった(46)。この考えが心理療法や行動変更療法の哲学的枠組の核心に抵触していたためである。それこそマネーがジェンダー概念によって提起したことだった。心理学と精神分析の領域からこの考え方に対する支持を得ることができなかったため、彼らはオーストリアの発生学者コンラート・ローレンツの研究からそれを見いだすことになった。

ローレンツは、生後半日のあいだ、カモのヒナたちの前で大人のカモの鳴き真似をすることで、「母親代わり」となることに成功したと報告していた。それ以降ヒナたちはローレンツが母であるかのように反応し続けた、と［Lorenz 1961］(47)。マネーはこれをアナロジーとして、学習された反応と行動は、遺伝およびホルモンの影響を消し去るほどの耐久性を持つと主張した。第一言語は神経における永続性が生得諸要因といかに異なっているかを示す最高の例である。ジェンダーが生得的か獲得的か、生前に形成されるか生後に形成されるか、自然の産物か文化の産物かといった問いは、マネーにとってはジェンダーが不変か可変かという問題とは完全に別物だった。

マネーの初の公刊本『性の署名』［Money & Tucker 1977］は、はっきりと一般読者向けに書かれていた。この本のなかで、マネーと共著者パトリシア・タッカーは言語の発達の歴史と政治に関する素晴らしい考察をおこなっている。彼らは言語の発達と権力関係をリンクさせ、文字言語がもたらされたことによって、一般化は支配エリートが自らの権力を強化するための効果的な手段となったと論じた。一般化はいったん受容されるとマネーが言うところの「永遠の真理」となり、自らの生命を持ちはじめる。マネーによれば人間の思考能力は言語によって規制され形姿を与えられるものであり、ジェンダーに関する一般化は「言語と慣習のなかで保存される」ことによって、人間であるとはいかなることかについての理解に対して重大な影響を与える［ibid.: 88］。マネーはこうした一般化の遺産が私たちの思考を歪める働きを持っていることを示唆している。彼は、ジェンダーにもとづく恣意的な区分はそれ自体、人間にとって相対的に有害であるとまで主張している。「その累積的影響によって性が二極化する。そのように性差に過重な負担を強いることによって、人間としての類似性が軽視されるようになる」［ibid.: 88. 強調引用者］。ジェンダーの区別の累積的影響にこんなにも自覚的だったことは、彼の研究が、女児または男児であるとはどういうことか、女または男であるとはどういうことかについてのステロタイプを幾通りもの仕方で維持する働きを持ったことに照らすとパラドクシカルである。マネーのジェンダー理論は性差の対立的な側面を過剰に強調し、人間としての類似性を軽視ないし無視する、彼自身が言うところの歪曲された思考、狭隘な思考を、批判するよりも強化するものだったのだから。

ジェンダー・アイデンティティとジェンダー役割

一九七〇年代から一九八〇年代にかけて自身のジェンダー理論を整備し洗練させてゆくなかで、マネーはもっぱら社会的・文化的なステロタイプにもとづいてジェンダーの四次元スキームを展開した。各次元は還元不能なものと還元可能なものという二つのカテゴリーから成る。男性と女性の生殖能力をカバーする唯一の還元不能なもののカテゴリーは、男の授精能力と女の排卵、月経、懐胎、授乳能力である。ここで重要なのは能力という語句である。というのも、マネーにとって男がじっさいに授精するかどうか、女にじっさいに月経その他が起こるかどうかは、その人が男性か女性を決める必須条件ではなかったからである［Money 1980: 137］。問題は性差のこれら諸要素が、マネー理論の全体が構築される基盤となっていることである［Money 1995: 52］(48)。

「還元可能なもの」というカテゴリーはいずれも何らかの程度で出生前におけるホルモン分泌の影響を受けているものを指すとされている。出生前の臨界期と出生後の態度とのあいだに明確なリンクを指摘しているが、それによってマネーは後者が前者の直接の結果だと言いたいのではないし、特定の態度が一方の性の排他的な特性だと言いたいのでもない。むしろ彼としては特定の態度が顕在化する閾のことを言いたいのである。彼が例示しているのは力学的なエネルギー消費（とくにスポーツにおける）、競争的対抗、放浪、縄張り意識、侵入に対する防衛、子どもの保護、巣作り行動、世話焼き、能動的・受動的な性行動、視覚的あるいは触覚的刺激に対する性愛的な興奮である［Money 1985b: 75–6］。これらのカテゴリーが指し示しているのは、私の感覚では（おそらくマネーにとっても一定程度）、人間の態度とパーソナリティのとりうる範囲である。それが男らしさ、女らしさについての特定の歴史的時点に特有であるか、特有でないかはここでは関係ない。三つの還元可能なカテゴリーが態度以上のものを含んでいるが、それらも肉体的衝動の側面を持っている。

マネーのスキームにおける第二次元は「性から派生するもの」である。この次元は第二次性徴と、骨格や筋肉質、脂肪の分布といった生理学的諸要素から成る。行動の側面には、攻撃性のようにホルモンに関係する特性と、排尿の姿勢に関する特性が割りつけられている［Money 1980: 138–139; 1995: 54］(49)。

マネーはまた、いつの日か疾病率と寿命にみられる性差がホルモン的原因からもたらされていることが判明するだろうとの予想を述べ、もしそうなら疾病率と寿命はこの次元に組み込まれることになるだろうと述べている。

第三次元は「性に付随するもの」である。ここには性分業と職業的ステロタイプとして顕在化する、社会的に賦与された役割が割り当てられている。マネーはこのカテゴリーを第二次元、つまり性から派生するものの次元に組み込むことを提案している。第三および第四の次元は、第一および第二の次元とは違って、身体および能力とのあいだにきわめて緩やかな関係しか有さない。第三次元、性に付随するものの次元には、出生以降における男児と女児の取り扱いの相違からくる諸結果が割り当てられる。人類学的な記録を参照しながら、マネーは女が歴史的に料理その他の家内仕事に責任を持ってきたことを、歴史時代以前における妊娠と授乳による束縛と結びつけている。きつい肉体労働は男女双方のジェンダーにコード化されているが、マネーは男の一般に大きな筋肉と相対的な力強さ（性から派生する性質）が、家から長く遠く離れての仕事に適していると述べている。狩猟採集説に訴えながら、マネーはちょっと面白半分に、古代における男の縄張り巡回の習慣が現代では自動車の運転へと転じている、と論じている。ただしそれと同時に、性愛の側面および家内的な側面における男性支配の系統発生的な宿命を支持するような明確で異論の余地のない証拠は見当たらず、したがって現代では厳格な性分業は時代錯誤である旨を宣言している［Money 1995: 57–58］。

第四次元は「性に応じて恣意的なもの」である。この次元には身づくろいのスタイル装飾、ボディランゲージ、社会的エチケットとともに、楽しみにおける、教育における、職業における関心と達成が割りつけられている。社会的階層性が言葉のイントネーションにあたえる影響については何も述べていないが、語彙と発話のパターンに見られる性差はこの次元に含められている。マネーによればこのカテゴリーの恣意性それ自体が、生まれ／育ち論争における育ち論者に攻撃手段をもたらす。育ち論は、すべてのジェンダー役割は恣意的な社会的構築の産物である、という考えに表面的ではあれ信用を与えるのだからである［Money 1995: 61］。

保守派は労働市場への女の参入を社会の成り立ちそのものに対する脅威、ジェンダー関係における性に還元不能な要素に対する挑戦として解釈する。それは、マネーによれば、ジェンダー・コーディングの四つの次元が「全域的な統一性」を表わしており、したがってどの次元に対する脅威も、それが思い込みであれ現実のものであれ、すべての次元に対する脅威として経験されるためである。女たちの解放がその完璧な一例である。女たちの解放運動は多くの人が恐れたように寝室をアナキーに陥れはしなかったし、女にも男にも性愛における役割や生殖における役割の放棄を求めたりはしなかった。彼の見るところでは、むしろ女たちの解放の利益は万人に及ぶ[50]。一九七〇年代後半、マネーはつぎのように述べている。

ステロタイプによれば、理想的な女は人間としてはよろしくない。女は女らしくあるかぎり無能であり、有能であるかぎり女らしくない。子どもを産み育てる以外に女がおこなったことは、女がおこなったからという理由で低く評価される。自らのジェンダーへの誇りに対するこうした体系的な掘り崩しに抗うことは、女らしいジェンダー・アイデンティティとジェンダー役割を捨て去ることである。これが女たちの解放運動に対する多くの男と、女の一部の見解なのである。〔Money & Tucker 1977: 147〕

女たちの解放運動を通じて多くの議論が生み出されたのは、マネーによれば驚くべきことだった。そこで議論されたことがすべて「服飾において、楽しみにおいて、教育、職業、法において、歴史的に恣意的に定められてきた男と女の役割」〔Money 1980: 144〕にかかわっていたのだからである。つまりここで議論の焦点になっていると彼が認識したのは、彼のスキームにおける第三および第四次元にかかわる、歴史的にコンティンジェントな諸要因だったのである。それらは身体とのあいだにきわめて緩やかな連関しか有しない。

マネーの見るところでは、性差に対するいかなる生物学的決定論の説明も、その背後には男と女のあいだにある力の格差を維持したいと願う人々の根深い不安を有している。生物学決定論の支持者は、彼らの敵手である育ち論者や社会構築主義者の同じく政治的な動機を持っている、そうマネーは言う。

自然を持ち出すのは、性差の現状を維持しようとする人々の政治戦略である。彼らは生物学還元主義の理論を、性差の生物学的必要不可欠性を主張し、それが歴史に制約されたステロタイプである可能性を払拭するために使うのである。〔Money 1987: 14〕

もちろんこれは育ち説を支持する論ではない。マネーは生まれか育ちかという間違った二分法に填まり込んでいる人々を説得するための時間があったら他のことに使いたかっただけのことである。自分のコメントが議論のどちら側に有利かなど、どうでも良いことだった。

マネーが出生後の刺激を、出生前の刺激より重視したことを、多くの論者たちは長らく、ジェンダー習得における育ちを生まれに対して特権化した証拠と解釈してきた。しかし彼の枠組は、生まれ／育ち（あるいは構築主義／本質主義）などという素朴な議論が維持できなくなるほど、無限といえるほどの複雑さを持っていた［Diamond & Sigmundson 1997; Fausto-Sterling 2000a］。そもそもの最初からマネーは、生まれ／育ち論争が成り立つ前提となっているデカルト的二元論に対する大きな不満を説いていた。彼がその全経歴を通して一貫して用いたのは相互作用主義として知られる立場、つまり自然／文化の分離を、双方を実体化することなく架橋しようとする理論的立場であった。生殖細胞と環境、そして経験のあいだの複雑な相互作用に敏感だったマネーは「発達のいずれの段階にも、純粋に生まれに起因するものも純粋に育ちに起因するものもありはしない。あるのはいつも二者の協働である」［Money 1995: 95］と繰り返し強調していた。

私としてはマネーによる性差の四次元理論が現状維持の議論ではなかったことを主張したい。この観点からすると、マネーによる性役割の説明は当為の宣言というより事実の観察であった。彼はあらゆる社会に厳格な性分業が存在することを知っており、その分業が「慣習の圧力と宗教の重みが、法の力に対して発揮したのと同じような影響」［Money 1988: 68］の結果であると考えていたのである。

じっさい二〇世紀の道行きにおける性分業の緩和傾向は、マネーの判断では、第二波フェミニズムの影響、労働現場の自動化、仕事のコンピュータ化という三つの要因に起因すると思われるきわめてポジティヴな発展であった。この意味でマネーの分析と理論構築は、彼に対する、また彼の業績に対するいかなる単純な中傷も崇拝もおよばない、無限ともいうべき複雑性を有する。

もちろんマネーは、半陰陽でない人のほうが半陰陽者よりも文化によって許容されたステロタイプに深く適合していることを認めていた。半陰陽者は男っぽさ、女っぽさの典型を発話や行動を通じて、社会的に呈示するよう期待されていた。半陰陽者が育ちの性別にどれくらい適合しているかを測定し記録しようとしたマネーたちを満足させる徴表はそれ以外に存在しなかった。だから半陰陽者に極度の男らしさ、極度の女らしさに適応し、それを呈示するよう強いる以外になかったのである。[51] 一例として一九七〇年代にアンドロゲン不感性症候群[8]と診断されたマネーの患者一〇名の検査結果を見てみよう。

結婚生活と母性については、この人々は外に仕事を持たない主婦になろうとし、家内での仕事を楽しみ、基本的に人形などの女児の玩具で遊び、乳幼児の世話に積極的で偽りのない関心を抱く、強い傾向を見せた。[Money & Ehrhardt 1972: 111]

彼が主張するには、八〇パーセントの事例が「明らかに女らしい装飾品に強い興味を示した。遺伝的には男性であっても、サイコセクシュアルな意味ではまったくの女なのである」[Money & Ehrhardt 1972: 112. 強調引用者]。この言明は、ジェンダーへの適応が成功したことの証拠がその人が厳密な(恣意的ではあるが厳密な)ステロタイプにどれだけ近いかに求められていたことを示している。米国は当時、性革命やカウンター・カルチュア、市民権運動の成果、女たちの運動の芽生えなどによってもたらされた重大な社会変動のなかにあった。そのなかでマネーがなぜそんなにも静態的で杓子定規な概念に拘泥したのかを考えるべきだろう。本章で示してきたように、マネーは当初から、人の男あるいは女としての社会的・人格的な立場と、身体的な性の諸徴表とのあいだに、必ずしも一対一の対応関係がなければならないわけではないことを主張していた。かくして極度に男らしい、極度に女らしい半陰陽者の存在は、マネーのこの基本主張を裏づける証拠を提供し、また彼の診療モデルの正しさの証拠を提供したのだった。

結　論

本章で私は、マネーの最初期の議論からその全経歴を通じた完成までにおけるジェンダー理論の中心的な諸要素を整理してきた。私としてはこれがマネーのジェンダー理論の完全な要約になっているとまで言うつもりはない。それは本書の狙いをはるかに超える仕事である。私はむしろ、本書を形づくる二つの（二値的ではない）主要な議論のラインを追うために、彼の本質的な研究における中心諸要素を捉えようとしたつもりである。第一のラインは半陰陽者がジェンダーに対して持つ、歴史的および現在進行中の関係にかかわる。マネーが構築した理論それ自体によって、またマネーと初期の共同研究者たちによって作成された半陰陽事例管理実施要項によって、また理論的、政治的企図を抱いてジェンダー概念に有用性を認めた人々の介入によって、この関係はほとんど不可視と言うべきほどに見えにくくなっている。第二のラインはジェンダーが二〇世紀後半におけるもっとも偉大な概念装置のひとつである、という主張である。この主張は、ジェンダーがここ五〇年において英語の語彙として完全に定着し、こんにち女であるとは、男であるとはいかなることかについて考え、書き、語る際にほとんど不可欠になっているという事実を根拠としている。

本章はマネーが後に彼自身のライフワークとなる研究に乗り出したときの、知的、歴史的コンテクストの検証から始めた。議論の大部分が彼の最初期の公刊された研究に関するものとなったのは、マネーが当初ジェンダーというタームを、男性でも女性でもない人が、いかにして男らしいあるいは女らしいアイデンティティを習得することができるかを説明するために提起したのが、これらの論文においてだったためである。臨床的なコンテクストにおいては、身体的な性別の徴表が性別の二極性を示しているという長く維持されてきた医学的・科学的前提仮説が二〇世紀における技術の発展によってしだいに掘り崩されてゆくなか、ジェンダーは強力な安定化要因として有用であることを証明した。そうしてジェンダーはより広い社会的コンテクストにおける安定化要因となっていったのだった。ジェンダーは、人のアイデンティティと行動は、男性と女性という、二つの自然で不可欠な身体類型に由来する、自然で不可欠な産物なのだという観念を実体化した。以上のように、ジェンダーは二形的な性差の政治経済学の一部分におけるもっとも新しい歴史的装置として解釈されうるのである。

つぎの章では、マネーによって初めて提起されてから一一年後、一九六〇年代中頃にジェンダー概念を採り上げたロバート・ストーラーの研究を通して、ジェンダー概念の歴史を追跡する。ストーラーはジェンダーに数々の重大な介入をおこなった。私が示すことになるように、それは、ジェンダー化された性的主体について考え、語るための、マネーとは顕著に異なる方法を編み出した。また、それは半陰陽者に対して重大な諸帰結をもたらすこととなった。

第2章　ストーラーの魅惑の二元論

はじめに

マネーとその共同研究者たちの研究は、とりわけ精神分析学者をはじめとして、自ら臨床においてトランスセックス化した諸主体を扱い、トランスセクシュアリティをひとつの現象として理論化していた人々にとって有益だった。一九六〇年代前半以来、米国の精神分析学者たちのグループで傑出していたのは精神分析家にして医学博士のロバート・ストーラーだった。彼の研究は存在論的な概念としてのジェンダーの歴史の行方をかなりの程度決定づけた。ジェンダー概念の歴史におけるストーラーの役割は広く認識されている。じっさい彼はマネーよりも広く認識されている。彼はジェンダーに関するマネーの基本的な格律のいくつかを再編した。本章が明らかにするように、ジェンダーが何を意味しうるかについてのストーラーの考え方は、マネーとはかなり異なっていた。

セックスとジェンダーを区別したことは、疑いなくストーラーのもっともよく知られたジェンダー理論への貢献だったが、彼はじっさいにはそれよりずっと大きなことをおこなった。彼はひとつではなく三つの重大な介入をおこなった。それらは、心理学者や医療専門職が、社会科学者やフェミニストが、そしてゆくゆくは人々一般が、性的主体性について議論し理解するための方法を形づくっていった。ちょうど前章がマネーについておこなったように、本章ではそれら三つの介入を探索し、その過程でストーラーの考えと、それを裏づける証拠とのあいだの、しばしば薄弱だった諸関係を検証する。

マネーは当初ジェンダー概念を役割と指向によって定義づけていたが、後にはそれをより一般化していた。ストーラーは一九六四年の論文においてその方向をいっそう推し進めた。[1] その論文は、各々独自のものではあれ相互に関連する諸介入を通して、マネーのもともとの概念を洗練させたという点ですぐれていた。ストーラーが、男あるいは女のジェンダーに対する同一化（ジェンダー・アイデンティティ）と、社会的な期待に向けた行動呈示（ジェンダー役割）とのあいだに設けた区別を検討することから始めよう。この区別によってストーラーは、性的アイデンティティと行動が、自身の形態学的な状態とずれている人々の、心理状態に対する説明を発展させることができるようになった。ストーラーの第二の介入は、マネーによって描かれた刷り込み過程の所産に名前をつけることだった。この所産を「コア」ジェンダー・アイデンティティと名づけることによって、ストーラーは半陰陽者と男性トランスセクシュアルの両方における、いわゆる「常軌を逸した」ジェンダー・アイデンティティを説明する理論を考案することが可能になった。これらの介入こそが、彼のもっともよく知られたジェンダーへの貢献、すなわちセックスという概念の分離を可能にする根拠となった。

生体医学の伝統に忠実に、ストーラーは「ノーマルな」発達の理論を、いわゆる「アブノーマル」なものに注意を向けることによって発展させた。半陰陽者のような「自然がおこなった実験」は、医学文献のなかでしばしばそのように扱われてきたのである。[2] ストーラーは雌雄同体を、規範的なジェンダー・アイデンティティ形成への理解を深め、その形成過程がどのようにして歪められるのかについての自身の主張を固めるという二つの目的のために用いた。本章は大部分、そのことに焦点を当てる。ストーラーの研究の遺産はこんにちまで私たちとともにあるが、その遺産は生産的であった反面、縮小的でもあった。一方でそれは第二波フェミニズム運動が出現するための理論的な可能性を開いたが、また他方ではジェンダーについての有望だった諸思考を制限してしまった。このポイントは重要である。私が本章以降で示すように、それは、惨めな「他者」としての半陰陽者の位置づけを再生産し強化したのである。

ストーラーの三つの介入はそれぞれ、性的主体性を理解するための方法に対して重要な諸結果を持った。マネーのより一般的なジェンダー概念は、二形的な性差の二値論理に依拠していたが、ストーラーがおこなった理論的な研究はジェンダーをいっそう深く、強固にその二元論に埋め込むことに役立った。ストーラーの研究はその過程で、生まれ／育ちの区別というイメージへと立ち返り、その区別を強化し、セックスを生まれの属性、ジェンダーを育ちの属性とみなすこととなった。過去三〇年以上にわたり、とくにフェミニズムの著述のなかでは、性的主体性の理解に対するストーラーの貢献は、セックス／ジェンダー分離だったという見解が、自明の所与として受け入れられてきた。[3] 私は本章において、ストーラーの理論的、概念的な貢献がフェミニズムの理解よりもはるかに複雑なものであったことも明らかにしようと思う。

存在と行動について

ストーラーはマネーと同じように、心理学の領域で最初の学問的な訓練を受けた。[4] フロイトの本能と衝動の理論を却下したマネーとは異なり、ストーラーは精神分析学を受け入れ、ロサンゼルス精神分析研究所での訓練のあと臨床家になる道を進んだ。一九五〇年代中頃、彼は新設されたカリフォルニア大学ロサンゼルス校メディカル・スクールの精神分析科の一員となった。彼は一九九一年に急逝するまでそこに所属し続けた。一九五八年ストーラーはトランスセクシュアル研究に特化した「ジェンダー・アイデンティティ・プロジェクト」を設立したロサンゼルス地域の精神分析家グループの一員だった。[5] その共同研究者としては男性におけるアイデンティティ形成を研究していた精神分析学者ラルフ・グリーンソンや、内分泌学者ハリー・ベンジャミン、後年にはマネーの元指導生だったリチャード・グリーンも参加した。[6] 四年後、ジェンダー・アイデンティティ研究クリニックがＵＣＬＡメディカル・スクールの援助によって設立された［Meyerowitz 2002］。これはこの種のクリニックとして米国西海岸では最初のもので、ジェンダー・アイデンティティ・プロジェクトはこれがあって継続できた。[7]

マネーのジェンダー理論に対するストーラーの最初の介入は、ジェンダー・アイデンティティとジェンダー役割を分割することで、マネーの元のジェンダー概念を解読することだった。そのとき彼の目的は、男性あるいは女性としての自己意識と行動における表示、および所属するジェンダーにともなう社会的期待という三つを明確に区別することにあった。こうすることで彼は、文化的というより心理的な現象としてのジェンダーに焦点を当てることができた。ストーラーはジェンダー・アイデンティティ(8)というタームを「ある人がどちらの性別に所属しているのかということ、つまり『自分は男性だ』あるいは『自分は女性だ』という意識」[Stoller 1964a: 220] を持っているという心理的な感覚について論じるために提起した。ストーラーとラルフ・グリーンソンは、一九六三年にストックホルムにおける精神分析学会大会でおこなった研究発表でジェンダー・アイデンティティというタームを用いた。その後ストーラーはこのタームを導入したのは自分たちであるとした [Haig 2004]。ジェンダー・アイデンティティは「性に関係してはいるが、生物学的な含意に直結しない」[Stoller 1968: ix] あらゆる心理的現象を説明するのに役立つタームとして提起されたのだった。

歴史を振りかえってみると、こんにち私たちがジェンダーとして理解しているものと互換的な英語としてもっとも一般的だったのは「セクシュアリティ」、「性的外見」、「性的アイデンティティ」、「サイコセクシュアル・アイデンティティ」といったタームの範囲に収まっていた。これらのタームに比べてジェンダー・アイデンティティというタームはストーラーに多くの利点をもたらした。旧来のタームはどれも曖昧さに囚われており、アイデンティティだけでなく、性的な行動や欲望にも及んでしまっていた。ジェンダー・アイデンティティという比較的新しいタームはそうした概念的負荷を持っていなかった。そのうえ、アイデンティティという言葉でジェンダーを理論化することは、ストーラーにとって特別の効用があった。そうすることで彼は、性的存在としての人間の自己イメージに焦点を当てることができ、役割の概念につきものである諸議論をひとまず脇に置くことができたからである。ジェンダーを社会的期待の観点で理論化するという仕事は、ストーラーが社会科学者たちに残した課題のひとつである。社会的役割の切り離しは、トランスセクシュアリズムの理解という仕事に携わっていた精神分析家にとってはたいへん道理にかなったことであった［Hausman 1995: 103］。

その間、マネーは一九七〇年代はじめ、「ジェンダー・アイデンティティ／役割」というタームを――G－I／Rという略号で――導入することによってジェンダー概念に一体性を取り戻そうと試みていた。マネーはこれら二つは一枚のコインの二つの面である、として断固譲らず、ジェンダー・アイデンティティとジェンダー役割の概念的な統一を同語反復的な仕方で説明しようとしていた。きわめて単純にも「ジェンダー・アイデンティティはジェンダー役割の私的な経験であり、ジェンダー役割はジェンダー・アイデンティティの公的な表現である」［Money & Ehrhardt 1972: 284］と。ジェンダーの概念的統一を回復しようというマネーの試みは成功しなかった。ひとたびアイデンティティと役割のあいだに区別が設けられてしまったら最後、それは二値論理へと二分しようとする衝動の餌食になってしまったのだった。このことは間もなく学問の動向に反映されていった。社会学はジェンダー役割を、自ら理論化すべき適切な領域として接収しようとした（その権利の幾ばくかを社会心理学に認めたものの(9)）。

こうして役割をアイデンティティから分離することによって、ストーラーは、ジェンダー・アイデンティティがどのように表明され、あるいは実際に経験されるべきかに関する社会的期待に必ずしも拘束されないジェンダー・アイデンティティの可能性を提起することができた。社会的期待が時間の経過とともに変化してゆくことを認めつつ、その影響を受けて変化することのないジェンダー・アイデンティティの可能性を提起することもできたのである。このように少なくとも表面上は、ストーラーの介入は、それに対するマネーからの応答よりも（フーコー主義的な意味において）顕著に生産的だった。ストーラーはジェンダーのダイナミズムを作動させたのだった。たくさんの政治的、社会的な運動や、文化的、経済的な変革などによってもたらされた巨大な認識論的かつ存在論的な変革の時代、ストーラーはジェンダーに、生き残りを確実にする流動性を吹き込んだのだった。しかし次節に明らかになるだろうが、それと同時にストーラーの介入は、さまざまを可能にするものであるのと同程度にさまざまを抑圧するものでもあったのである。

本質としてのアイデンティティ

ストーラーの第二の介入は、生後一八カ月のあいだに起こるジェンダー習得の第二臨界期の帰結のためにタームを作ることだった。マネーはすでに第一言語の習得と比較してその過程を説明はしていた。ストーラーはその過程の帰結を「コア・ジェンダー・アイデンティティ」と呼んだ。ストーラーはそれを、人が抱く、自分は男性である、あるいは女性であるという明らかに変更不能な感覚として定義した［Stoller 1964a: 223］。彼はそれをつぎのように記述している。

「男性らしさの感覚」という言葉によって、私は「自分は男性だ」という自覚を意味している。この本質的に変えることができないジェンダー・アイデンティティのコアは、これと関連はするが同じではない信念、つまり「自分は男っぽい」（もしくは男らしい）という信念からは区別されるべきである。後者の態度は、より不判明かつ複雑な発達の結果である。それは子どもが、自分の両親が自分に男らしさを呈示することをどのくらい期待しているのかを学んだ後にのみ現われる。「自分は男性だ」という知識は、ジェンダーよりも生物学的な意味を持つ。それは「自分は男らしい」という感覚よりもずっと早くに発達しはじめるのである。［Stoller 1968: 40］

この区別の捉え難いところを解きほぐすには「私はものすごく男らしい男というわけではない」という言明を想定してみるとよい。こう言明する人は男性としての自分のコア・アイデンティティの明確な感覚を持っているが、同時に、彼が自分の男らしさを規定する仕方については、男とはどのような存在なのかについての社会文化的な期待にあまりうまく応えていないという認識を持っている。ストーラーによる、マネーのもともとのジェンダー概念の精密化は、ジェンダーの言説的な力を主体性のレヴェルにまで拡張することによって、それをいっそう変容させることとなった。この拡張によって、ジェンダーにかかわる個体差が調停され、またどんな人にもある変動の可能性が強調された［Hausman 1995］。マネーと同じように、ストーラーは何が男と女、女児と男児の適切な特性や行動を構成しているのかについては明確な確信を抱いていた。それらのいくらかはこんにちではひどく時代遅れに見える一方、多くのものがいまだ引き継がれている[10]。

コア・ジェンダー・アイデンティティの概念が社会的期待に対してもつ意義が拡大してゆくことは、ストーラーのトランスセクシュアリズムに関する思考にとって枢要なことだった。彼の分析はコアという観念によって条件づけられていた。このコアというものは、すべての人が所有しており、それゆえ主体性にとって決定的な意味を持った。男性から女性へのトランスセクシュアルのコア・ジェンダー・アイデンティティは、ストーラーの考えでは、母親との有害あるいは病理的な関係、窒息型という粗雑なタームで表現される関係によって台無しになっていた。長期にわたって自分の男の乳児に（文字どおりにも比喩的にも）極端に密着した母親は、子どもがうまく自立していくための能力を阻害するというのがストーラーの見解だった［Stoller 1968: 97–103］。

ストーラーはマネーとともに、身体の解剖学的な特徴と、親とのあいだの相互作用が、トランスセクシュアリティを生みだす主要な要因である、という見解を抱いていた。ここにこそ私たちはストーラーが精神分析家であるということの最大の意義を見いだす。外性器の「自然な見た目」はアイデンティティ発達に寄与するが、そのことは、誕生時の性別の割り当ての適切さ以上の意味を有した。ストーラーによれば外性器は性的感覚の観点でも機能を果たしており、それゆえ「最初期の身体の自我、自己の感覚、ジェンダーの認識」［Stoller 1964a: 223］に寄与している。これらの感覚が本質的に外見の構造に由来することから、女児の場合、自我、自己、ジェンダーは膣から生じる「ぼやけた感覚」にも由来している、というのがストーラーの見方であった［ibid.: 223］。このぼやけた感覚を説明する証拠は述べられていない。ストーラーのこの見解は、精神分析パラダイムのいくつかの側面——とくにフロイトによる、成人女性のセクシュアリティにおける、陰核によるいわゆる未熟なオーガズムと、膣によるいわゆる成熟したオーガズムの区別——を彼が是認している証左として解釈できる。

乳幼児＝親関係に関してストーラーは、同性の親は子どもにとって、受け取るべき期待の源泉であると同時に同一化の対象そのものでもあり、期待への適応と同一化は相乗的に進行すると想定していた(11)。

この説明によれば、男親、女親おのおののジェンダー・アイデンティティの構成が、ジェンダー習得過程における重要な要素である。マネーも同じ見解だった。他の重要な要素としては「前エディプス期とエディプス期に発達する他の多くの側面同様、親子関係におけるリビドー的充足と不充足」［Stoller 1964a: 223］があった。自分の土台であった精神分析に反して、ストーラーは、マネーと同じく、ジェンダー・アイデンティティ形成の最初期の兆候として虚勢不安や男根羨望の特権視に反論した。虚勢不安、男根羨望といった考え方の説明力を損なわないようにきわめて注意深く議論し、精神分析家仲間から疎外されることのないよう配慮していたものの、ストーラーは、形成期におけるジェンダー・アイデンティティ、すなわちマネーの言う臨界期が古典的な精神分析で理解されているファロス段階に先立つと主張することで、自分の批判的な立場を正当化した。ジェンダー・アイデンティティの発達は、出生後の臨界期に確立されたコア・アイデンティティを土台にして、彼の説明によれば青年期の後半までずっと続き、コア・アイデンティティを包み込んでゆく過程だった。ストーラーは虚勢不安や男根羨望はすでに確立したコアに影響を与えることはあっても、それらがジェンダー・アイデンティティの形成において役割を担っているとは主張しなかった。

ストーラーは男性から女性へのトランスセクシュアルの説明を展開することができた一方、女性から男性へのトランスセクシュアリティは把握できなかった。ストーラーは、女性のコア・アイデンティティの発達は自分よりもましな人々、つまり男性とされる人々がいるという意識の形成に先行した、非トラウマ的な学習過程である、と主張した［Stoller 1968: 50, 52］[(12)]。フロイトに反してストーラーは、女児は女らしくなるために自分の母との関係を乗り越える必要はないと主張した。娘は自分の母親と屈折のない関係にあると仮定すると、当然そう主張することになる。彼は、母親が女らしいほど、女児は「適切な」ジェンダー・アイデンティティを容易に作りあげることができると信じてもいた［ibid.: 263］。このアイデンティティ形成の容易さが、ストーラーによれば、女性から男性へのトランスセクシュアリズムが比較的希少であることを説明する。一般的に女は乳幼児を世話する主要な責任を負っている可能性が非常に高いからである。[13] ストーラーが女の発達という点においてフロイトからラディカルに離反したことによって、女性から男性へのトランスセクシュアリズムを理論化する可能性を狭めたのは明らかだ。しかしながらストーラーは、いくつかの稀な事例においては心理的な母親不在と、子どもと父親とのあいだの過度の肉体的および感情的親密性からなる家族動態が原因かもしれないという考えを示すことで、その現象を説明しようと試みた。彼は「過剰な父親と過少な母親が女児を男らしくするということが手がかりかもしれない」［ibid.: 204–205］と示唆している。ストーラー自身の臨床的証拠が彼の理論のそんな都合のよい倒置を支持しなかったため、彼はその着想が完全に推論にすぎないことを認めざるをえなかった。女性から男性へのトランスセクシュアルの存在は、しかしながら、おそらく生物学的な諸力が何らかの形で、規範的なジェンダー・アイデンティティだけでなく、その失敗した形式の原因にもなっているかもしれないとの仮説へとストーラーを誘導した。

フォースは汝とともにあり（汝のなかにあり）

すでに述べたように、ストーラーがアイデンティティを役割から分離したことはジェンダー概念に、四〇年間続いた根本的な認識論的諸変容を生き残るのに十分な柔軟性を授けるのに役立った。コア・アイデンティティという考え方もまた、ジェンダーの今も失われていない生命力に貢献したと言える。コアというターム《ヽヽヽ》それ自体が何らかのかたちの本質性をほのめかしているからだ。一見すると、生物学的な諸力を引き合いに出すことは（神秘的ではあるが）、ストーラーに少なくとも部分的にはジェンダーを身体によって根拠づける方法を提供したように見える。マネーはずいぶん前に、このことをストッカードの出生前臨界期の理論を引くことで、そして学習は中枢神経系を通して成立する生物学的な機能であると主張することで達成していた。身体的なものとの明確なリンクを維持することは、ストーラーにとってはマネーほど容易でなかった。というのも、ストーラーは「セックス」と「ジェンダー」を別範疇として捉えていたし、デカルト的二元論がもたらす制約に対して、マネーほどの強い懸念を抱いていなかったからである。その正反対である、とストーラーは主張しているが、彼はじっさい身体や生体について語ることをずいぶん怖れていた。自己の感覚が常に必然的かつ不可分に身体に縛りつけられていることを考えれば、身体から逃れようとするストーラーの試みは破綻すべく運命づけられていたと言うほかない。

自分のデータに説明を与えるために生物学を引証することが本当に必要なのか、とストーラーは問うた。断定的に「そのとおり」と答えることができなかったことを認めただけでなく、ストーラーは自分自身のバイアスについても認めていた。「生物学的な器質が、いくつかの学習理論が言うほど無力であるとは、私は信じていない」［Stoller 1968: 83］と述べつつも、ストーラーの言う生物学的な諸力は不定型なものだった。彼はそれを内分泌系や中枢神経系から（当時の支配的な諸言説を支持しながら）分泌されていると思われる活力として描いた。そしてそれらはジェンダー・アイデンティティの形成や、通常の発達過程における適切にジェンダー化された行動の形成に影響を与えるとした。

この点でストーラーは、生物学的な諸力の役割は測定不能だが人格発達にとって本質的であるというフロイト説に賛成していた。フロイトを踏襲して、意識と無意識の両方から隠されていて、それゆえ患者によっても臨床家によってもすぐにはそうと知られないものの、それら諸力は少なくとも何らかの「駆動力」をジェンダー・アイデンティティに与えると思われる、とストーラーは述べた。ストーラーは神経学的、医学的研究の発達によって、いつの日かこの課題に光が与えられるだろうと相変わらず楽観的だった。じっさいには、これ以降こんにちまで六〇年あまりのあいだ何も起こらなかった。彼の同僚の内分泌学者ハリー・ベンジャミン――ジェンダー・アイデンティティ・プロジェクトにおける共同研究者――は、当時現役だった多くの臨床家たちが認めただろうよりも、身体はアイデンティティの異常な形成にずっと大きな影響を与えると理解していた。ベンジャミンは、遺伝的およびホルモン的な過程がそうした「不全・障害」を発生させる条件となっているのではないかと考えていた。曰く「身体は『基礎的なコンフリクト』が諸々の神経症を育てる『肥沃な』土壌となっている」[14]。ベンジャミンはすでにトランスセクシュアリズムの専門家として認められており、ストーラーの研究集団の重要な一翼を担っていたため、彼の考えはかなり重大な影響をストーラーやジェンダー・アイデンティティ研究クリニックの精神分析家や心理学者たちに及ぼしていた。ここにふたたび、まるで問題が問題でないかのように身体からの仮定的離脱を図ろうとするストーラーの試みの無益さという論点が出てくる。

ストーラーの臨床における基本的な焦点はトランスセクシュアリズムに合わされていたものの、彼は自身の理論的な試みが半陰陽者にもっとも有益だということにも気づいていた。彼がいつも「自然の実験」として引き合いに出していた半陰陽者は、彼の見解では「非常に明確に」前述の生物学的諸力の影響を証拠立てているように見えていた。半陰陽者は「（形態学的諸変数の）不在がいかにして（ノーマルな発達の）過程を歪めているのか」[Stoller 1964a: 220][15]を検証するために、形態学的な諸変数を除去したり操作したりした結果を検討する機会を提供してくれると、ストーラーはまじめに心から信じていた。ここで「明確に」と述べられていることが注意を要するのは、つぎに見るように、彼が提出した例証が、ジェンダー・アイデンティティが外性器の解剖学的特性からも、親の態度からも、容易に説明できない人々だったことを考えると信頼できないためである。

どのような力がその過程に含まれているのかを特定する物理的な証拠がなかったため、ストーラーは結局その力学を理解することができなかった。ストーラーは自分が切望した諸力の特性を思弁的に論じる以上のことをほとんどできなかった。内分泌学的研究も神経学的研究も決定的な答えをまったく提供できなかったのである。

化学的、あるいはおそらく遺伝的

マネーのジェンダー概念を引き継いだ一方、ストーラーは神経テンプレートというマネーの考えには与しなかった。マネーのテンプレートがジェンダー習得のフロイト派の説明を参照した仕方を考えると、これは幾分迂闊と見えるだろう。ストーラーがあんなにも必死になって探し出そうとしていたまさにそのもの〔ジェンダー・アイデンティティを起動する生物学的諸力〕のモデルを、マネーの神経テンプレート説は提供していたのだから。彼がおこなったのは良くても、いつかそのような力が「いまのところ私たちには詳しく特定できない多数の神経解剖学的中枢の活動や神経生理的機能のハイアラーキーの代数学的合計」［Stoller 1964a: 224］として特定されるかもしれないと示唆することだけだった。彼はつぎのように提案している。

> 男性における男らしさや女性における女らしさへ向かう、性別と関連した遺伝的生物学的傾向は胎児の段階から静かに、しかし効果的に働いている。それを出生後の環境の影響が包み込む。生物学的なものと環境的なものの働きは男性における男らしさの優位、女性における女らしさの優位を生み出すことに、大なり小なり調和的に働いているのである。いくつかの側面では生物学的な要因の影響がある程度強く、その他の諸側面ではその影響は弱い。［Stoller 1964a: 225］

これはマネーのジェンダーマップの不出来な繰り返しである。しかしストーラーが性別の身体的な徴表に男らしさと女らしさの基盤としての特権を明白に与えたことは、マネーならば拒否した考えだった。彼は胎児の性腺が分泌するホルモンはどんな人においても男らしさと女らしさの双方をコード化する認識図式を発達させる原因であると信じ切っていた。より重要なことに、マネーは育ちの性別が不明瞭さを残さず「正しく」決定された場合、生物学的諸力が育ちの性別を覆すだけの力を持つとは断固認めなかった。どっちつかずにジェンダー化されたアイデンティティは、マネーの見解によれば常に親や医師たちの、子どものジェンダー・アイデンティティに対する確信のなさや誤魔化しの影響だった。別の言葉で言えば、それは経験および環境の直接の影響だった。

ストーラーはそれでも納得できなかった。下等哺乳類の実験にもとづく研究がストーラーに利用可能だったなかで最強の証拠を提供したが、彼はその限界も認めていた。研究成果を下等哺乳類から推論することは「刺激的ではあるが危険である。なぜなら動物は高等になればなるほど、行動の断片を観察することによって、その生物学的由来から究極的目的までをたどるのが困難になるからである」[Stoller 1968: 8]と彼は考えた。「自然の諸実験」はいくらか安全性の高い選択肢であったため、それによってジェンダー・アイデンティティ形成の過程を理解することはストーラーの特権的な主題となった。このような考えにいたったのは彼ひとりの責任ではない。彼は単に医科学および性科学の長い伝統を継承しただけのことである。彼やその同世代の者たちの前にはフロイトがこのような説を唱えていた。

彼の関心は半陰陽者が「解剖学的にも内分泌学的にもノーマルな人において可能であるのよりも純粋な培養地で、ジェンダー・アイデンティティの発達」[Stoller 1968: 220. 強調引用者]を観察する機会を与えてくれるとの信念によって動機づけられていた。「これら各要素の相対的重要性をノーマルな人々において[16]」研究するのははるかに困難である。彼によればそれは、ある要素の影響を他から区別するのがどうしようもなく困難だからである[ibid.: 40]。すでに前の議論で記したように、そのような研究を思いつくためには、半陰陽者が(そのあらゆる可能な形態が)不完全な発達形式の所産として理解されねばならない。この点においてもやはりストーラーは医科学と性科学の長い伝統を踏襲している。この伝統はノーマリティの境界線を、何らかの程度でアノマリーを示している身体および/あるいは主体性を有する者に着目することによって引こうとするのである。規範的な二つを越えた性差はアノマリーや不適合者とさえ呼ばれず、いつもあからさまに「アブノーマルな」、「欠陥のある」、「未完成の」、そして最近では「不全・障害の」と形容される。

もっとも好奇心をそそるのは、医学の訓練を受けたストーラーが神秘的なものに訴えて自説を論じたことである。彼は半陰陽者における（神秘的なまでに強固な）セックスとジェンダーの諸変数を「運命に操られている」[Stoller 1968: ix] としたのである。マネーが性別の身体的な徴表をジェンダーの究極的な決定因と信じないよう努めていたのに対して、ストーラーは生物学的諸力が、ジェンダー習得を説明するための二つの最重要の変数、つまり外性器の見た目と親の影響という変数を覆す可能性があるという意見に賛成していた。

自分の外性器の見た目および育ちの性別と矛盾したジェンダー・アイデンティティを発達させた人は、ストーラーにとって生物学的な（神秘的な）力を証明するものだった。「貢献」論文においてストーラーはこの主張を支持する二つの事例研究を持ち出した。第一はメアリーという名の子どもの事例である。メアリーは出生時点では特記すべきところのない女児に見えていた[17]が、一四歳のとき身体検査と染色体検査を受けてY染色体、勃起する小さなファロス構造、尿道下裂が見つかった[18]。ストーラーは彼女を、幼少期から子ども時代全般を通じて「活発で力が漲って」おり、まったく「温和さが欠けている」と描いた。このことは母親、ストーラーが「上品で、女らしく、神経症的にマゾヒスティックな『完璧な女性』」[Stoller 1968: 67] と描いた母親にとってはまったくの失望だった [ibid.: 221]。母親の報告によれば、メアリーはいつも男友だちと一緒におり、遊びにおいて「男の役割」を引き受け、小さな女児に対する一般的な社会的期待に沿うようメアリーの行動を変えようとする家族成員たちのすべての試みを忌避した。

ストーラーの事例ノートは、メアリーの行動以上の問題があることを示唆している。母親はモノで釣ったり脅したり、その他さまざまの手段を弄してメアリーを「服装、歩き方、座り方、話し方、考え方、感じ方、その他の行為を女らしくする」[Stoller 1964a: 221–222. 強調引用者]ために途方もないエネルギーを注いでおり、しかもそれがまったく無益だったと報告されている。ストーラー自身がアイデンティティと役割を隔てていた——前者は自己イメージであり、後者は行動である——ことを考えると、この文言における行為と感情および思考の並置は、控えめに言ってもかなり興味を引く。ハウスマンは、それはストーラーの分類法や問いの発し方に内的な混乱があることを示唆していると述べた。私も同じ疑念を抱く。「役割に適っていると自分自身で感じる」[Hausman 1995: 109]ことはいかにして可能だろうか。ストーラーはこの事例研究に言及したいかなる論文のなかでも、行動諸変数の壮観な分類表のなかにこんなにも枢要なアイデンティティの諸要素を混ぜ込んでしまったことについて何ら説明を与えていない。これを、彼が行動の一側面を、彼自身の言葉によれば「その生物学的由来から究極的目的まで」たどることに懸命に取り組もうとしたときの気分の高揚に起因すると解釈することも可能かもしれない。

ストーラーと同僚たちは診断の後、単にメアリーが女性的な服装でいると臨床家たちから見て「グロテスク」[Stoller 1964a: 222]に見えたというだけの理由からではなく、メアリーには「相応しい」性別を伝えるべきだという判定を下した。メアリーはその知らせに強い感情的な反応を示すかもしれないという予想に対して、むしろ当たり前のこととして受け止めた、とストーラーは報告している。臨床家たちはこの「落ち着いた、よく統合された反応」を、自分たちが正しい判断を下した結果として肯定した［Stoller 1968: 70］。正反対のすべての証拠にもかかわらず、初めから本当は男児であったと分かっていたかのようにメアリーはジャックとなり、ストーラーが報告するには、その後転換は容易に進展していった。

生物学に対するストーラーの信仰が、ホルモンにおける因果性についての仮説から染色体へと、大した根拠も思考もなしに拡大適用されたことは註記に値する。なぜそうなるのかと困惑するほかない。ストーラーはホルモンと染色体のどちらか、あるいは両方が影響していると信じたのかもしれないが、そのことは彼の議論のいかなるポイントにおいても決して明確にされてはいない。むしろ染色体とホルモンの両方が体内に存在すると述べるだけで十分だったのではないかと思われる。

半陰陽者への診断と、その子どもが「相応しい」もしくは「本当の」性を持っているという考え方のあいだの矛盾もまた明白である。ここで「相応しい」とは、男性か女性としての、どちらか一方のみの性別という意味で相応しいということである。マネーおよびその先達、同僚、そして継承者の多くと違って、ストーラーは雌雄同体者としての主体性の可能性を認識していたが、彼はメアリーの事例において、「前＝意識的にその『女児』は、（正真正銘の男としての）彼の本当のジェンダー・アイデンティティを常に分かっていたに違いない」［Stoller 1968: 71. 強調引用者］と主張した。この文言はストーラーが、正反対を支持する圧倒的な証拠に直面したにもかかわらず、二形的な性差を断固として支持したことを際立たせる。メアリーが男の友だちと同一化したことは、一九六〇年代中頃における女児にとっての適切な行動への期待への、そして母親が彼女のジェンダーを操作しようと懸命になっていることへの、手段を選ばぬ反抗だったかもしれない可能性を等しく議論すべきだろう。「適した」や「本当の」という言葉使いにはっきり表われた、セックスとジェンダーの二値論的概念は、物事がどうあるか、どうあるべきかを反映しているというよりも、性差が思考されてきた、そしてこんにち思考されている仕方をよく描き出している。

二値論理への加担という陥穽がもっとも明白にあらわれるのは、ストーラーがジェンダー・アイデンティティにおける生物学的諸力の威力という自分の理論を支えるために提出した第二の事例研究である。「貢献」論文におけるストーラーの第二の事例であるアグネスは、[19] 関与したすべての医療専門家によって半陰陽者と推定された。アグネスはストーラーの論文のなかで、生物学的な諸力の威力の手本となる事例として特徴づけられた。ストーラーが描くには、アグネスはとても女らしく見える身体を持ち、女らしくふるまい、同時によく発達した陰茎と陰嚢を有していた。報告によると、男児として育ったあと、思春期を迎えたアグネスは自然と女性の第二次性徴を発達させた。ストーラーはアグネスの診断を固めるためにたくさんの臨床家のもとを訪ね、最終的に精巣女性化症候群（Testicular Feminization Syndrome: ＴＦＳ）という結論を得た。この名称は内分泌学に起源をもつが、より最近ではアンドロゲン不感性症候群（Androgen Insensitivity Syndrome: ＡＩＳ）という名称に置き換えられている。[20] その状態はＸＹ核型と女性型性腺を持つ、出生時には特記すべきことのない女性と見える人に特有である。なぜなら、アンドロゲン不感性症候群という現代の診断用語が物語っているように、彼らの細胞受容体は、胎児の性腺が分泌するテストステロン（男性ホルモン）に反応することができないからだ。その細胞は代わりに、精巣が分泌するエストロゲン物質（女性ホルモン）にもっぱら反応する。[21] 結果として、この人々は特記すべきところのない女性の外性器を持って生まれ、その後、女性の形態をともなう第二次性徴を発達させる――ただし月経はない――。

精巣女性化症候群の診断を下すには女性形の外性器を有していることが必須だが、アグネスは完全な陰茎と睾丸の両方を有していたため、形態学的にその診断基準には明らかに適合しなかったし、適合しえなかった。[22] しかし一度診断を下すと、ストーラーとその同僚たちはそれを強固に守る姿勢を示した。このことはアグネスの事例が論文のなかで「独特な事例」として描かれているという事実によって裏づけられる。アグネスの女らしい外見を説明する他の可能な説明としては唯一、思春期における合成エストロゲンの摂取しかないが、子どもが正しい量のエストロゲンを厳密に正しいタイミングで自己投薬できるとは、彼ら臨床家には考えられなかったため、この説明は考慮から外された。トランスセクシャリティが彼の最初の専門領域であったという事実にもかかわらず、アグネスの見た目が男から女へと（あるいは男から半陰陽へと）自然に変化したことは、ストーラーにとってたいした問題ではなかった。生涯にわたる女性のジェンダー・アイデンティティのほうがよほど不思議に思われたのである。自分自身を概念的な窮地に追い込んだストーラーには、しかしひとつだけそこから逃れる方法があった。

それだから私たちは、その子どもが外見上ノーマルな男児に見え、遺伝的に男性でもあったにもかかわらず、コア・ジェンダー・アイデンティティが女性であったという事実を説明するために、生物学的な「力」にふたたび依拠することとなる。［Stoller 1964a: 225］

アグネスは二〇歳のとき、彼／女の望む手術を受けることができた。陰茎と睾丸を切除し、膣を形成する手術であった。術後、アグネスの性腺組織を検査した病理学者は、彼女の睾丸は思春期以降大量のエストロゲンを分泌していたと結論した。数年後アグネスはストーラーに、彼／女は男性として生まれ、実は自分の母親に処方されたエストロゲン錠剤（スチルベストロール）を青年期のかなり長いあいだ自分で服用していたことを打ち明けた。思春期における性別の自然な変化というアグネスの物語は、手術をしてもらうための計略だったのである。一九六〇年代後半までには、性別再適合手術は、単一の身体的性別を、それを持たずに生まれた人々に刻みつけるための手段として完全に合法化されていたが、トランスセクシュアルの人が同じ手段を用いることは、健康に機能している器官の切除もしくは加工についての医師たちの行動規定によって制限されていた[23]。

要するにジェンダー・アイデンティティにおける生物学的諸力の威力を立証するためにストーラーがもっとも重く依拠していた事例のひとつは、実は虚偽だったのである[24]。しかし自分の理論を再検討するよりも、ストーラーは単にアグネスが提供した素材を使う別の方法を見いだした。彼の経歴のほとんどを捧げたプロジェクト、つまりトランスセクシュアルの「習得」という彼の理論の発展を支持する事例として用いたのである。

アグネス事例において註記に値するのは、医療専門家全員が、見たところ議論の余地のない――説明はつかないものの――アグネスの物的根拠を、自分たちの仮説や理論的立場が決して損なわれないように解釈した、その方法である。アグネスの診断（精巣女性化症候群、ＴＦＳ）は、完全に形成された陰茎と陰嚢の存在によって明白に否定されていた。しかし臨床家たちは子どもが「正しく」自己投薬できるはずがないと思い込んだために、精巣女性化症候群の診断を下してしまった。一度下してしまったら最後、アグネスの診断は単に病理学者による検査に影響を与えたというにとどまらず、アグネスの性腺組織が成人男性に通常見られるより二倍以上のエストロゲンを含んでいるという事実に対する病理学者の解釈をも、実際に決定づけたのである。現実には、アグネスの性腺が通常期待される以上のエストロゲンを含んでいた原因はアグネスの自己投薬にあったのであって、その性腺が過度のエストロゲンを分泌したことはまったくなかったのである。

しかしストーラーは、未知の生物学的諸力がジェンダー・アイデンティティの発達に不可欠であるという着想を捨てようとしなかった、もしくは捨てることができなかった。彼は精神分析学の聴衆に向けて、自分の仮説が論争的であることを認めた。彼の精神分析家仲間は生物学的、体質的な要素がセクシュアリティや人格の発達に影響を与えるという着想を受け入れたであろう。しかし彼はそのことを以て、多くの人がそのような生物学的諸力に生殖器の外見や親の影響を覆すほどの威力があるとの意見に賛成するだろうと強弁した。自分自身を——本心とは裏腹に——同僚たちと衝突に導くような立場に置きながら、ストーラーは、性的行動にリビドー的なものとの明白な連関がないとしても、フロイトが「生殖はすべての性的行動の背後にある根本的な目的である」と主張した点で正しかったと信じていた [Stoller 1968: 6]。彼はまた、男らしさ、女らしさ、セクシュアリティはすべて本質的には器質的であると主張した点でもフロイトに賛成していた。

（器質的な）両性愛者の事例において、私たちは、幾人かが主張するように脳はタブラ・ラサではないのだということを見いだすことができる。新生児は環境によって情報を書き込まれるきわめて適応力に富む中枢神経系を有しているが、私たちは中枢神経系が中立もしくは中性であると言うことはできない。[Stoller 1972: 210]

生物学的諸力を求めて、ストーラーは身体の全体を、身体を貫いて探し回った。ホルモンから染色体、中枢神経系、ニューロン、そしてまたホルモンへ。そのような生物学的諸力がどのような形をとりうるのかについては何の考えも持っていないことをすぐに認めた一方、ストーラーは一貫してジェンダーにおけるそれらの役割を手放すことは拒否した。このことは私の言う「探し回り」をある程度説明する。明確な証拠を見いだすことができない現象に対して因果性を付与することは、間違いなく難しい。

ストーラーによる生物学的諸力の「探し回り」を説明するより重要な二つの要因がある。第一にはストーラーがデカルト主義の伝統に忠実に、セックスとジェンダーを切り離して考えたことの結果だったと言える。精神と身体を区別して概念化することは、ストーラーにとっては維持不能であると分かっていたが、それはとくにトランスセクシュアリズムの支配的な医学＝精神分析的理解——それはストーラーの初期の理論的プロジェクトに他ならなったのだが——が、人の感覚における自己と肉体における自己のあいだの不調和な関係を提起するからだった。それと同じくらい重要なのは、ジェンダーは器質的な基礎を有するというフロイトの信念にストーラーが賛成し傾倒していたことである。これは、なぜストーラーが男らしさと女らしさの両方およびアンドロジーンをコード化する神経テンプレートというマネーの仮説を採用しなかった（もしくはできなかった）ことも説明するのではないだろうか。マネーはジェンダーの器質性を否定した一方、フロイトのアイデンティティ形成の理論についてはジェンダー習得を部分的には説明するものとして評価していた。

雌雄同体としての主体性という問題について

ストーラーは、雌雄同体のジェンダー・アイデンティティの可能性を認めた二〇世紀中頃の数少ない臨床家のひとりだったが、その一方、そうしたアイデンティティを担う者がよく適応している、つまり心理学的に健康であると認めることには乗り気でなかった。「半陰陽の患者におけるジェンダー役割変更」と題された論文においてストーラーは、雌雄同体者におけるジェンダー・アイデンティティは人生の早いうちに固定されるため、ジェンダー再割り当ての試みは危険をともなう、というマネーの主張に反する報告の増大に取り組んだ［Stoller 1964b: 164–165］。ジェンダーの再割り当てをおこなった半陰陽の子どもと大人についての代表的な事例報告としてストーラーが言及する報告は、一見しただけで、マネーが言うような問題をはらんでいないことが分かった。これらの報告によれば、子どもの人生の最初の数カ月は、マネーが主張するほどにはジェンダー・アイデンティティにとって重要ではない。

ストーラーが報告を概観した後に発見したのは、どの事例も発達期における子どものジェンダーにある程度の不明確さがあることによって特徴づけられるということだった。したがってそのような人がジェンダー変更に成功しえたこと、もしくは臨床家たちが肯定的な結果を報告できたことは、さほど不思議ではなかった。明確に自分は男性もしくは女性であると信じている人だって、自分自身についてそのように捉えているものだ。しかし自分自身を男性かつ女性であると信じている人、あるいはどちらでもないと信じている人々にとって、曖昧な状態から「二つのふつうのジェンダーのうちのひとつ」への変更に成功することも完全に可能だった［Stoller 1964b: 165］。ストーラーによれば、これらの事例において「ジェンダー役割を変える能力は、ノーマルな人がジェンダー・アイデンティティを変更できないのと同じくらい、そのアイデンティティの代替不能な一部分である」［ibid.: 165. 強調引用者］[25]。そのような人々は、ストーラーにとっては雌雄同体としてのアイデンティティ、第三のジェンダーを意味していた。

男性と女性を「ふつうのジェンダー」とすることは、雌雄同体のアイデンティティについての議論のコンテクストにおいて期待される多様性への承認をともなう。しかし男らしいあるいは女らしいジェンダーから雌雄同体のジェンダーへの移行を本気で願う人――あるいは実際に実現した人――がいることを、ストーラーは暗黙のうちに拒絶していた。トランスセクシュアルの性別再割り当ての場合、移行の成功は二つのふつうのジェンダーのあいだで一方向にだけ作用する動きとして定義される。ストーラーの続く著作は、移行の問題を「ただ二つの可能な性別のうちのひとつ」［Stoller 1968: 34. 強調引用者］への動きとして定義した。この文言におけるジェンダーとセックスのあいだの隙間は興味深い。ストーラーはセックスを身体の物質性を指し示すタームとして明確に定義していたのだからである。しかしより重要なのは、セックスにおいて何が可能であるのかについてのストーラーの表現が、性の多様な変種についての彼の知識とのあいだで明らかに矛盾したということである。この議論のコンテクストにおいてストーラーは、半陰陽者は「自分は男女どちらにも属していないのに、世界にはただ二つだけのセックスしかないと同意するという、特異な位置」［ibid.: 34. 強調引用者］に居ると述べて、半陰陽者を結果的にホモサピエンスという種の外に置き放すこととなった。

ストーラーは、宣言すべき第三のジェンダー・アイデンティティにとって必要な諸条件と彼が信ずるものを精緻化した。結果的に、彼の説明は曖昧でないジェンダー・アイデンティティを確立するために必要な諸条件についてのマネーの図式とは完全に正反対になった。曖昧に見える外性器は、子どもの「適切な」解剖学的性別について親の不確信を招く。その結果、親はそのような子どもを曖昧に扱い、曖昧に社会化させる。これによって子どもは親の態度をうまく処理できなくなり、不適切なジェンダー・アイデンティティがもたらされる［Stoller 1968: 23］。ストーラーがそのようなアイデンティティを有する人が心理学的に健全・健康であるということはほぼありえないと考えたのはさほど不思議でない。マネーは雌雄同体のジェンダー・アイデンティティについては可能性さえも、いわんやその正統性など、一貫して拒絶していたのである。マネーの見解によれば、男らしい、あるいは女らしい——たしかに、ステロタイプ的で理念化されたものではあれ——人々はあまねく存在する。つまり男らしさの唯一の代替物は女らしさであって（逆もまたそうであって）、雌雄同体ではない［Money 1988: 41, 81］。

雌雄同体の主体性はストーラーにとって可能性の範囲にはあった。しかし雌雄同体者に完全な人間性を認めることはほとんどできなかった。ストーラーによれば、彼らには三つの選択肢がある。彼らは第一に「男女いずれかのジェンダーに帰属できるように調整される日を待つことができる」。第二、第三にはつぎのようにできる。

人類という種に本当には属していないという（自らの）運命に従う。あるいはジェンダーを交互に変えながら快適に生きているように見える希少な雌雄同体者がそうであると思われるように、両方の世界で最善を（尽くす）。［Stoller 1968: 35. 強調引用者］

ストーラーが第三の性という補足的なカテゴリーに陥れた人々に提案している選択肢は、私の読みによれば「順応するか、さもなければ破滅する（こちらの方がありそうだ）」というものだ。このコンテクストにおける「順応」とはその程度が測定可能ということである。完全に順応するには男らしくあるいは女らしく外科的な手段や化学的な手段によって変形されて、その人、あるいはその身体が「固定される」必要がある。ここで固定は安定しているという意味も含む(26)。

二つのセックスを、したがって二つのジェンダーを相互に排他的で対立的なタイプとする、二形的な性差という二値主義的な枠組への自らのコミットメントを、ストーラーは裏切った。男女を交互に変えることで、その雌雄同体者は人類の一員となるかもしれないのに対して、第一あるいは第三の選択肢を拒めばその人は人類から排除される。彼らが帰属するのが人類以外のどのような種なのか、ストーラーは指し示していないが、もしかするとそれは「怪物」という種と似たようなものかもしれない。

「馬鹿げた脱線」

雌雄同体者について語るためには、人間は二つを超える種類から成っているという生きた現実をある程度認識する必要がある。この見地から見ると、可能な性は二つだけしかないと主張することは、当為へのコミットメントを裏切るだけでなく、経験的な証拠をも偽ることになる。性分化によって人間の諸類型が生みだされるという理解は、生殖パラダイムによって性を理解する医療言説によって恒常的に包摂されている。これが、女性または男性だけが人間の身体の「自然な」状態であるという観念がいかにして、そしてなにゆえ絶えず再発明され続けているのかを説明する。[27] すべての身体と主体性をこの仕方で捉えようとすることは、ロビン・ワイグマンの言を借りれば、「(二形的でない) 身体を『自然』へ返そうという、凄まじく皮肉な望み」[Weigman 2001: 364] によって動機づけられている。

エルキュリーヌ・バルバンに関する論文のなかでフーコーはつぎのような問いを提起していた。「私たちには本当に本当の性別が必要なのか」、本当に問題になっているのは間違いなく「身体のリアリティとその快楽の強度」[Foucault 1980: vii] であるのに。マネーとその共同研究者たちは「最良の」性別という考えを提起することで、曖昧な身体のうちに隠れている「真の」単一の性別という観念をどうにか払拭しようとした。しかし真の単一の性別という観念は、こんにちでもそうであるように、単一でない仕方で性を帯びた身体についての医療言説および多くの文化的言説を下支えし続けている。あらゆる人の身体は単一の性別を有しているという観念は、ここ二〇〇年近く私たちと共にある [Laqueur 1990; Schiebinger 1988; Spanier 1991; Turner 1987]。それはつぎの二〇〇年を持ちこたえそうにはないと私は思うが、フーコーの問いは、私たちが二形的な性差や、欲望の対象について二値論理や基礎的な性的アイデンティティという観念に賭け続けている限りにおいて首肯的なものであり続けるだろうと思われる。

セックス／ジェンダー分離

それではジェンダー理論におけるストーラーの第三の、もっともよく知られている介入、つまりジェンダーのセックスからの概念的分離へと考察を進めよう。彼がおこなった第一、第二の介入——ジェンダー・アイデンティティの、ジェンダー役割からの分離、マネーの言う出生後の臨界期の所産に「コア」アイデンティティという新造語をあてること——は、第三の介入のための準備段階と見ることができる。ストーラーにとってセックス／ジェンダー分離は、出生後の環境的諸要素がノーマルなジェンダー・アイデンティティと異常なそれの両方に対して果たす役割に、より鋭く焦点を当てることを可能にする理論的な移行だった。彼がセックスとジェンダーの繋がりを断ち切ることができなかったのは、性科学のタームを用いる人々の多くを回避する（ジェンダーのダイナミズムへの彼ら自身の貢献にもかかわらず）必要からだった。

知ってのとおり、ストーラーはセックスというタームを、その生物学的な含意ゆえに忌避した。同様にセクシュアリティというタームも、その意味の多様性ゆえに忌避した。ジェンダーはそうした概念的な負荷をともなわないため、きわめて有望と思われたのだった。より重要だったのはジェンダーによって、ストーラーが肉欲や肉体の穢れたリアリティから解放されたということだ。ジェンダーはストーラーに、思考、行動、人格のような心理学的な現象をひとつひとつ切り離して議論することを可能にした。セックスについてはほとんど何も言う必要はないと主張したにもかかわらず、それはジェンダーに関するストーラーの論文の随所にあらわれた。彼の研究の目的からセックスとジェンダーをデータの上で分離して考えることによって、ストーラーはそれらのあいだに一対一の関係性は何ら必要ではないと述べることができた。それらは同義的とも思われるにもかかわらず、また、それらの「避けられないもつれ」［Stoller 1968: ix］にもかかわらず、彼はいくつかの例証によって、その二つが完全に独立に機能していることを示そうとした。ジェンダー・アイデンティティをジェンダー役割から分離することが理論的な効用を持ったように、ジェンダーをセックスから分離することも同じ効果を持つだろうと考えたのだった。

ジェンダー理論へのこの第三の介入は、その概念史における決定的な瞬間、つまり当時の想像をはるかに超えた諸帰結をもたらした。ストーラーによるジェンダーとセックスの再定式化は、新たに現われたフェミニズム――および社会理論一般――にとってとくに有益だった。というのはストーラーの再定式化は、生物学決定論の束縛から（少なくとも理論的には）自由になった男と女のあいだの社会的、政治的な不平等の分析を許す、二つのタームの二分法的関係を打ち立てたからだ。フロイト派精神分析を復権させ、幼児期の発達における非＝葛藤的な女性のアイデンティティ形成を論じることで、ストーラーの研究は信頼性を増した。議論に用いられるタームは過去四〇年以上のあいだに相当に変化したが、セックス／ジェンダーの二分法は英語圏全体において――そしてそれを超えた諸地域でも――、人々のあいだの対話や、学校、大学の教科課程において、ジェンダーそれ自体と同じ程度に定着した。セックス／ジェンダー二分法の有効性はフェミニストや文化研究、セクシュアリティ研究において熱く議論され続けているが、重要な部分では皆同じであると思われる(28)。

この議論を締めくくる前に、私はジョン・マネーに、とりわけ過去四〇年以上のあいだジェンダーという夕ームを有益と考えた人々とともに彼が取り組み続けたことに戻りたいと思う。マネーのジェンダー習得理論は、学習は生物としての機能であるという考えにもとづいていた。それは中枢神経系によって媒介された神経経路をともなうからだ。彼はセックスを生まれの属性とし、ジェンダーを育ちの属性とするような還元主義に対してきわめて批判的であり続けた。（マネーはストーラーの説を特別進んで厚遇したが、自分と異なる理論的立場をとる人々に愛して好意を向けるなどということはマネーのやりそうなこととは思われていなかった。）論じたように、マネーは臨界期という概念を、生まれ／育ちの区別という分断に架橋するために発生学から借りたのだった。さまざまな立場の人々が、セックス／ジェンダー区別の批判を最初に発展させたのはフェミニズムであると自明の所与として信じている。しかしマネーの研究は、当時彼の主張に反応があったかどうか、彼の説が聞き入れられたかどうかにかかわりなく認識される必要がある。マネーはセックス／ジェンダー分離やその効果を嘆いていたが、同時に、それが広い読者層に対しては驚くほど有用であることも認識していた。彼の見方では、それは明確に「言語上の欠損を埋め、多くの人の概念的な欲求を満たす——私が定義づけた際の欲求と同じでない仕方で人々はその夕ームを採用し、各々勝手な定義を与えているのだが——」［Money 1985a: 282］。

マネーはこのことをまったく悔むべき概念の転回であり、ジェンダーを事実上劣化させる傾向であると断じたのだが、しかしジェンダー概念がそれほどの重大な変容を経験し得たという事実は、その力とダイナミズムを示しているとも言える。マネーは元来、性的存在としての社会的刻印を指し示すための単一の夕ームがない状況で用いていた言葉の冗長さを取り除くために、ジェンダーという夕ームを採用した。ジェンダーは、身体と、性的主体性のセクシュアリティの諸側面を内包する包括的なタームとして概念化された。それゆえセックス、ジェンダー、セクシュアリティは強固なトライアドへと統合されていた。このトライアドはしかしながら、ジェンダーを明確に頂点におくハイアラーキカルな関係だった（ジェンダーを参照せずにはセクシュアリティについて考えられないことを見よ）。くわえて、その身体に対する関係は、同様に、それらのタームのハイアラーキーの下に置かれた。アイデンティティと身体の形態とのあいだでミスマッチが起こると、身体はいつでも精神、アイデンティティ、ジェンダーに道を空けなければならないのである。

マネーにとってたいへん残念だったのは、ストーラーのように性行動をセックスのカテゴリーに追放してしまうと、結果的に「身体と精神の形而上学的区分」が復興することであった。

> セックスは生物学にあけわたされた。ジェンダーは心理学と社会科学にあけわたされた。かくして旧体制は復活した。［Money 1985a: 282］

セックスとジェンダーはしばしば同意語あるいは反意語に用いられているが、マネーはそれを間違いだと主張し続けた。セックスを出生時における男か女の性別として定義し、ジェンダーを獲得物として定義することによって、「ジェンダーは生殖に属する汚れた肉欲的な器官のないセックスとなった」［Money 1988: 52. 強調引用者］(29)。じつに、ひとたびセクシュアリティがセックスを通して生物学へと追いやられた途端、ジェンダーはもはや欲望を含むことができなくなったのである。

結論

ロバート・ストーラーによる介入は、それによってジェンダーというタームが性科学の外で用いられるようになったという点において、直接の影響を持った。彼の概念的転回は、ジェンダー概念によって理論的に何ができるのか、そして実際に何がなされたのかを開示したが、同時にセックス／ジェンダー分離によって、ジェンダーについて考えるための他の多様な方法を抑圧した。セックスと肉体に関するすべての含意を取り去ったことによって、ジェンダーは一九七〇年代初頭における女たちの運動において政治的効用をあらわした。ストーラーの研究は、とりわけ出現しつつあった第二波フェミニズムに訴えかけるものを持っていた。その影響には二つの要素があった。第一にそれは非＝葛藤的な女性のアイデンティティ形成を精神分析の教えから奪還した。そして第二にセックスから切り離された領域としてのジェンダーは、男性と女性の身体的な差異を、男女の平等について議論する際には脇においておくことを許した。純粋に社会的な創作物としてのジェンダーの理論化は、生物学還元主義的な分析が歴史的に繰り返し陥ってきた「他者化」、つまり人種主義や同性愛嫌悪を通じた、あるいは女性の従属化などを通じた「他者化」の陥穽を回避すべくデザインされていた。

セックスというカテゴリーを出発点にすると、性的身体はどういうわけか批判されない（あるいは批判を超えた）ものとなった。その後、セックスとジェンダーの隔たりを図式化する試みはフェミニズム理論における中心的な関心のひとつであり続けた。これは、セックスが生の肉体的なものを表示し、ジェンダーはその上で作動する「より完全に洗練され、強固に二分された男性と女性のアイデンティティと行動の社会的生産および再生産」［Sedgwick 1990: 27］を表示する、という考えを強化することに貢献した。ジェンダー・アイデンティティ・パラダイムは究極的にはフェミニスト諸議論を、理論家たちがこんにちでもそこから自由になろうと努力し続けている二値論理へと封じ込めたのだった。(30) 同時に、セックス／ジェンダー分離が内蔵していた諸問題を目に見える形で発見したことは、フェミニストによる身体と二形的な性差の理論化におけるすべての努力を鼓舞するのに役立った。

第3章　フェミニストがジェンダーと出会う

はじめに

フェミニズムの理論形成にとって、ジェンダーが分析対象としても分析道具としても必要不可欠であるということは、あらためて述べるまでもない自明事のように思われる。しかしジェンダーの歴史的遺産が検討に値するものになったのは、まさにジェンダーがそのような地位を獲得したからこそのことなのである。存在論的なカテゴリーとしてのジェンダーの歴史がきわめて特異で、英語圏内においては比較的新しいこと、そしてそれが技術の進歩と政治的意図と複雑にリンクしていることは繰り返し述べる必要がある。本章は、フェミニスト学者が一九七〇年代の道行きを通してマネーやストーラーの研究にどのようにかかわってきたかを探索することによって、ジェンダーの概念史を継続する。本章の中心となるのは、第二波フェミニズムがジェンダーを介して半陰陽者とどのようにかかわってきたかの考察である。[1] それがここでの私の資料選択を決定した。当時の社会理論にとっては性差別主義に反論することが決定的に重要であり、フェミニストがそのための証拠や概念を求めて性科学を参照するようになった時から、このかかわりはフェミニズム理論に対して、また半陰陽者の生の現実に対しても、顕著な効果を持ったのだった。

ジェンダー概念へのフェミニストの貢献は広範囲にわたるものであり、いままでよく記録されている。大学において、女性研究を通してジェンダー研究が制度化されたことは、ジェンダーが概念装置として導入されたことを証しているのと同様に、そうした介入の効果をもよく証している。フェミニズムのジェンダーへのかかわりは、その概念の歴史のなかのひとつの重要なエピソードであるが、それは過去二五年ほどのあいだにおける多くのエピソードのなかのひとつであるにすぎない。にもかかわらずジェンダーは、あたかもジェンダーがフェミニズム伝統の範囲を越えた歴史を持っていないかのように、しばしばフェミニズムの産物とされてきた。ジェンダーはフェミニズムの発明だということが、あたかも自明の所与のようになってしまったのである。[2]

初期のジェンダーが持っていた性科学との関係が背後に姿を消しはじめたちょうどその頃に、フェミニストはジェンダー概念を自分たちの貢献として用いはじめたと思われる［Haig 2004: 94］。[3] フェミニストは生まれ／育ちの二分法による二値論理に対して強力な批判を提起したのだが、その一方で、「セックス」のカテゴリーと「生まれ」のカテゴリーの歴史的なリンクは初期の第二波フェミニズムにおける争点とはならなかった。[4]「セックス」というタームへの理解は、文化的なジェンダーが乗る生物学的な基盤であるという考えを中心にして固まっていった。[5] セックスは自然と同じく受動的なもののカテゴリーとされ、文化的なジェンダーという能動的なもののカテゴリーとは対立的とされた。身体の不変性と、セックスの不可避性が与件とされた。その結果、男と女、男性と女性というカテゴリーについてまわる本質主義が検証されないままになってしまった。じじつ「女」という記号の実体化の核心には本質的な女らしさへの依存があった。概して「セックス」のカテゴリーは、ジェンダーの場合に比べるとかなり長いこと検証を免れたまま、あるいは検証を越えたまま残されてきたのである。

ストーラーの『セックスとジェンダー』は、精神分析学の範囲を越えて広く読まれ、とくに社会科学におけるフェミニストによって大いに受容された。セックス/ジェンダー分離は初期の女たちの解放運動に、生物学決定論を拒否し、両性の平等の必要を主張するための強力な理論的基盤を提供した[Curthoys 1998: 180; 2000: 21]。ストーラーのジェンダー概念を用いた初期のフェミニスト学者たちは、デカルト的二元論の伝統における精神と身体の関係を想定していた。セックスは身体において、身体に基礎づけられるものであるとされ、ジェンダーは心、精神、そして社会的なものと同一視された。この分析は、女および男の自由は社会制度の再組織と性的主体たちの再教育を通して達成されうるとの主張を可能にした。ジェンダーがフェミニズムにとってきわめて有望に見えたのは、それが順応性に富み、変化を受け入れやすいという一面で理解されたためであった。ジェンダーを文化的に刻み込まれ、学習によって習得された属性と考えることで、「まだ学ばれていない」可能性や、あるいは「まったく異なる何かによって取って代わられるかもしれない」という可能性を構想できるようになったのである。

セックス/ジェンダー区別を、身体と意識の区別として捉えるこの理解は、必然的にデカルト的二元論にもとづく理想主義にその擁護者を見いだすこととなった[Gatens 1983]。ジョン・マネーは、そのような見解に強く反対論を唱えた(6)。マネーは、セックスはジェンダーの反対というよりはジェンダーの一要素にすぎないという考えを長く擁護していた。

にもかかわらずマネーの研究はフェミニズムの役に立った。それが、半陰陽者がひとつのジェンダーに社会化されることが可能であることを示す経験的な証拠を提供したからである。フェミニストはジェンダー概念を、女性の従属的な社会文化的地位、政治的および経済的な地位は自然でもなければ避けられないわけでもないことを示すものとして解釈したのだった。むしろジェンダー概念はそれ自体がまったく文字どおりに文化によって生み出されたのだが。

ジェンダーを概念装置として用いようとした初期のフェミニストのなかには、一九七〇年代を通じて、フェミニズム聖典の基礎部分を成すこととなったテクストを生み出した者もいた。たとえばケイト・ミレットやジャーメン・グリアの概念的な仕事は、彼女らの後に続く多くの理論形成および政治運動に影響を与えた。これから私が展開する議論のほとんどは社会科学におけるフェミニスト学者の研究に集中することになるが、まずはミレットとグリアという二人の文学研究者から始めよう。この章が格別関心を持つのは、ジェンダーが性科学からアカデミック・フェミニズムへと移動していった経緯であり、またフェミニストの学問が半陰陽者を持ち出したさまざまなやり方だからである。

本章の分析の焦点は社会学、人類学、そして心理学に向けられている。いずれの学問分野も同じ分析対象、すなわち社会的関係を共有している。一九七〇年代に現われた多くの学際的なフェミニストのアンソロジーに見られるように、これらの分野は互いにアイディアを交換し合っている。そのことはフェミニストの諸論文が指摘しているとおりである。心理学が「男らしさ」や「女らしさ」に、そしてアイデンティティや人格の形成に特別の関心を持っているのに対して、一定の方法論的および理論的枠組を共有している社会学と人類学も同様である。私の選択は、マネーが人類学や社会学からたいへん多くを学び、最初の学問的訓練を心理学において受けたという事実によっても影響されている(7)。この思想のトライアドはそもそもの初めから彼の研究を特徴づけていた。その線を踏襲して考察を進めることが、ジェンダーの概念系譜学のために相応しいと思われる。

　私はまた、ジェンダーがフェミニズムのなかで正確にはどのように理解されていったのかにも関心がある。ジェンダー概念がフェミニストの思想に容易に、静かに着地しなかったのは明らかだからである。ジェンダーは一九七〇年代の大半において、巨大な論争の的であった。フェミニズムにとってジェンダーには使用価値があるとされてゆくにつれて、ジェンダーの意味をめぐってフェミニストの学問の内外で激しい論争が巻き起こった。それを考えれば、概念的な混乱の痕跡がこの時期の多くのフェミニストの分析に見られるのはとくに不思議ではない。性役割や性的アイデンティティのようなタームは広く使用され続け、一九八〇年代に入ってもよく通用していた。一九七〇年代を通じて、ジェンダーはますます多くの論文のタイトルや書籍の章のタイトルとして現われるようになっていったが、そうした利用は、本文中でもそのタームが使われることを何ら保証しなかった(8)。

　本章ではそのようなフェミニストたちを取り上げるのだが、じつはそれ以外の多くの有力なフェミニスト学者たちは、一九七〇年代にはジェンダーというタームをまったく使用しなかった。概念としてのジェンダーが、こんにち英語話者たちが自分自身を個人として、社会的な存在、政治的な存在として理解する仕方に枢要な位置を占めているのは確かである。しかしサンドラ・ベムやベティー・フリーダン、シェリー・オートナー、そしてアドリエンヌ・リッチのような大物の重要な初期の仕事におけるジェンダーの欠如は、彼ら各々の分析能力を弱めはしなかった［Bem 1971; Friedan 1963; Ortner 1974; Rich 1977］。これらの大物たちは何本かの急進的フェミニストの論文［Firestone 1970; Rich 1977］とともに、ジェンダーの代わりに性役割や性的アイデンティティといった古いタームに依拠して、その後ジェンダーの独壇場となってゆくこととなる領域の研究を進めたのだった［Hausman 1995］。

マネーとストーラーの研究を読んで性科学からジェンダーを援用した人たちは、彼らの主張の多くを支えている前提を検討することなしに援用する傾向があった。これから私が示すように、半陰陽者はフェミニズムの反＝決定論の企てによく役立ったが、その関係は互恵的なものではなかった。しかし七〇年代中頃までにはマネーの理論や方法論に対するフェミニストの批評が数点あらわれた。ある者は、マネーが文化的に粉飾した生物学決定論を提供したとして、マネーが身体をジェンダーに譲り渡すことを拒否したとして非難した。別の者はマネーの巧みな言語操作を問題にし、また別の者は彼の考えが性別の固定観念を強固にするのに役立ったとして問題視した。ただ一人だけが半陰陽者の身体をジェンダーに引き渡そうとするマネーの考えを批判した。これらはともに、マネーの研究への第二の水準における関係をも表現している。後に明らかにするように、これらの批評は半陰陽事例管理の持つ意味に十分に取り組むところまでは進むことがなかった。これらの批評の主眼は相変わらず、ジェンダーは言語、理論、あるいは社会的役割を通じて構築されているという、ジェンダーの構築性にあったのだからだ。その文字どおりのセックスの構築、つまり半陰陽者への性器手術が顧みられることはなかった。

ジョン・マネーとフェミニストとの対話は、しだいに一方通行になっていってしまったが、三〇年近く続いていた。じじつ、彼の最もよく知られた初期の著作のひとつ『男と女、男の子と女の子』（一九七二年）の索引には、女たちの解放のために「引用可能な部分」として五〇項目以上が登録されている［Money & Ehrhardt 1972: 310］。これはフェミニストの論争のタームを枠づけるためのマネーの側からの試みだったのだろうか。おそらくそうだったろうが、しかし彼の影響は結局のところ限定的なものとなった。おそらくマネーにはセックスから分離されたジェンダーが享受していた人気に対抗する能力がなかったのである。それにもかかわらず、マネーのいくつかのアイディアがきわめて強い影響力を持ち、そののち自明の理にまでなったのは、フェミニズムがそれらを熱狂的に取り上げたからなのだ。

私としては、フェミニストが正確にはどのようにしてジェンダー概念にかかわったのかについて関心があるだけでなく、彼らがいかに事実としての半陰陽者にかかわったかにも関心を持っている。フェミニズム文献から明らかに読み取れるのは、半陰陽者に対してフェミニスト学者が示すある種のアンビヴァレンスである。このアンビヴァレンスは雑多な仕方で表現されているが、結局そのいずれもが半陰陽者の惨めな立場をさらに惨めにする役目を果たした。半陰陽者が男女いずれかのジェンダーへと社会化される方法について議論することもなければ、社会化への「助力」が彼らに与えた苦悩を問題にすることもなかった。

ジェンダーがフェミニズムに出会う

初期のフェミニストのなかで、性科学を直接参照してジェンダー概念を用いたのは、ジャーメン・グリア[9]とケイト・ミレット[10]であった。オーストラリアに生まれ、英国を本拠にした、無政府主義の運動家にして性の急進主義者であったジャーメン・グリアは『去勢された女』[Greer 1970] を世に問うた。多くのフェミニスト仲間と同様、グリアは医科学や身体の科学の行動計画に疑念を持っており、性差を容赦なく誇張することが誰の利益に適っているかを問うていた。グリアにとって、

> 科学の教条主義は、法則の不可避の結果として現状を説明する。身体についての議論の背後にある新しい前提は、私たちが観察できるすべては別様でもありうるということである。[Greer 1970: 14. 強調原著]

グリアは、女性たちに、何が女らしさの「ノーマリティ」を形づくっているかについてのもっとも基本的な前提を問うよう促した。これこそが、彼女の信念によれば、女たちの解放が成功するために、また、別の仕方で知ることの可能性を拡張するために、肝要なことであった。グリアは科学への不信を露わにしていた。にもかかわらず、二形的な性差が生物学に何の根拠も有していないという自身の主張を支えるために彼女が参照したのは、ストーラーだった。『去勢された女』において「ジェンダー」というタイトルがつけられた章が、ほとんど染色体のヴァリエーション、すなわち女らしさと男らしさを示すXX、XYという配列以外のヴァリエーションの議論に費やされたことは註記に値する。こうして彼女は、性科学には遺伝子による説明がぜひ必要であるという、現代的なコンテクストを予示していた。

グリアは性染色体のヴァリエーションを、二形から成る性差の自然さに挑戦するために用いた。彼女

は動物や植物などの諸種に広くみられる性の多様性を強調することによって、二分法的な性の観念を覆そうと努めた。しかし人間の多様性に関しては、グリアの料簡はかなり狭かった。彼女は、女児のよく発達した陰核について、そして男児の「発育不全の、奇形の、あるいは隠されている」[Greer 1970: 28] 外性器について言及した。ストーラーを引用して、グリアは、医学的な検査によってそのような人の正しい性別を特定でき、美容外科手術によって「こうした困難のいくつか」[ibid.: 29] が解決されるだろうとした。グリアはこの人々が手術によって男女いずれかのジェンダーの枠に押し込められてきたという事実に向き合うこともなく、自身が除去しようと努めていた二分法的な性差の観念そのものを、意識することなく強化してしまったのだった [Fausto-Sterling 1993: 24]。二値から成る性別、つまりジェンダーの枠組から逃れるのはかくも難しく、それを破壊しようとするグリアの能力をも掘り崩したのだった。

では私たちは、身体について観察されるすべては「別様でもありうる」というグリアの宣言から何を受け取るべきだろうか。より大きなプロジェクトの一部として、グリアは、Y染色体の傷つきやすさと、それに関連した諸症状、すなわち男らしさという条件を持つことに関連した諸症状を指摘することによって、男性の優越性を疑おうとした。

胎児はそのとき、男らしさとともに、伴性（sex-linked）と称される多くの弱点を受け継ぐ。なぜなら、それらはY染色体にのみ見られる遺伝子から、あるいはY染色体が抑制できないX染色体のなかの突然変異した遺伝子によってもたらされる。そうした遺伝子は女性によってのみ伝達され、

しかし男性においてのみ作動する。[9][Greer 1970: 26]

グリアの議論は二分法的な性の観念を解体することこそできなかったが、私としては彼女が「性のヒエラルキーを別様に観察すること」にはかなり成功していたと言いたい。Y染色体の壊れやすさに関する彼女の説明に焦点を合わせると、男性の優越性には何の自然な根拠もないことの説得的な説明を提供したことは確かである。

グリアによるセックスとジェンダーの区別は、ほとんどの同時代人とは異なっていた。この点は後に明らかにする。同時代人によるセックスとジェンダーの区別では、セックスはもっぱら性愛の行動や性的実践を意味していた。ジェンダーは性愛との結びつきを除去されていたものの、まだ身体との強い結びつきを保持していた。[11] グリアによれば「私たちが他の何であれ、あるいは、自分を他のどんなものに装おうとも、私たちはたしかに私たちの身体である」[Greer 1970: 29]。

ケイト・ミレットのきわめて影響力の強いテクスト『性の政治学』[Millet 1971]は、女の服従を正当化し、維持するメカニズムとしての知識生産を分析した。彼女のフェミニズムへの貢献、そしてより一般的に社会科学への貢献は、それが明示的に「他者」の立場からの社会理論の発展を促したという点で重要であった。ミレットは、ジェンダーは文化的な創造物であり、家父長制下の社会的アレンジメントは文化的な要請を基盤としているのだから、不可欠的に必要なものではないという彼女の主張を立証するために、マネーやストーラーの研究に注意を向けた。グリアと違って、ミレットは科学にかなりの信頼を置いていた。彼女は、自然科学によって性のあいだに設けられた区別は、社会科学によって推進されたそれよりもかなり妥当で、それゆえ信頼できると考えていた。彼女の見るところでは、科学は「明瞭で、具体的で、計測可能で、中立的な」理論を提供する一方、社会科学が生み出す理論は「曖昧で、不定型で、しばしば宗教まがい」であった［Millet 1971: 28］。ミレットは、自然科学と生物科学の客観化能力の信頼性を高く評価していたため、つぎのように宣言した。

重要な新研究は、パーソナリティの違いが生得的なものである可能性がこれまで考えられてきたよりも薄いことを示しているだけでなく、サイコ＝セクシュアルなアイデンティティの妥当性と持続性に対する疑問すら提起しており、したがってジェンダー、すなわち性別カテゴリーによるパーソナリティ構造が圧倒的に文化的な性質を持っていることを示すかなり具体的で肯定的な根拠を与えている。［Millet 1971: 29］

ミレットの科学に対する信頼とは、明白な根拠が決定的に欠如していることを認識しながら「外性器の解剖学的、生理学的状態とは無関係に、ジェンダー役割は出生後の諸力によって決定される」という見解への全面的な支持を表明してしまう体のものだった［Millet 1971: 30］。ジェンダー化されたアイデンティティは、すべての人間のもっとも基礎的で第一の、もっとも持続性があり浸透力の強いアイデンティティであった。その証拠としてミレットが示したのは、「間違った」ジェンダーを割り当てられた半陰陽者に性別変更手術をおこなうことが、間違ったジェンダーのなかで生涯にわたり社会化し続けるよりも容易だと示唆する性科学の報告だった。

半陰陽者の身体は社会心理的なアイデンティティよりも適応力が強いという観念は、初期フェミニストの精神と身体の関係をめぐる思考のなかに浸み渡っていた。雌雄同体者の身体の形態は、確立された社会心理的なアイデンティティよりも、手術によって難なく変更できるというマネーとストーラーの考えは額面通りに受け入れられたのである。同時に、生物学的な性別、半陰陽でない人の生物学的な性別は不変のものとして理解されることになった。その結果として生じる緊張に、初期フェミニズムにおけるジェンダーの支持者たちが気づくことはなかった。

フェミニスト社会学

つぎに、フェミニスト社会学へとジェンダーが（心もとなく）定着する過程をたどろう。一九七〇年代の社会学についてのレヴュー論文を読むと、他の学問分野におけるのと同じく、社会学でもジェンダーは一九七〇年にはすでに使われていたにもかかわらず、容易にも迅速にも、その理論体系には統合されなかったことが分かる。社会学がジェンダー概念を主流化したことは間違いないのだが、「ジェンダー社会学」という固有の研究領域が地歩を固めはじめたのは一九七〇年代の終わりのことだった［Curthoys 2000: 25］。それは、一九六〇年代の終わりから北米の大学で教えられはじめた性役割についてのコースからゆっくりと発展していった［Hughes 1973］。各大学の社会学専攻が六〇年代後半から七〇年代の初めまでのあいだに、ますます多くの女性研究者を雇い、昇進させはじめたのにともない、提供される「性役割」コースも増大した。この傾向は社会科学や人文学の多様な学問分野にわたって生じ、社会理論におけるパーソンズの思想の引き続き支配的な状況を反映していた［Curthoys 1998; Daniels 1975; Gould & Kern-Daniels 1977; Laslett & Thorne 1997］。

歴史的に女たちの問題にはほとんど注意が払われてこなかったため、もちろん社会学にも大きな空白があった。その空白は、しばらくのあいだ精神分析学、心理学、人類学、そして性科学から借りた性差についてのデータで満たされていた。コース主任たちはまた、女たちの運動の初期の声明文やアンソロジー、そしてエスノグラフィーも参考にした。広く引用されたローザック・コレクションはその一例である。ローザック・コレクションはレッドストッキングス、ロビン・モーガン、そしてヴァレリー・ソレイニスによる急進的フェミニストの資料を含んでいる［Rozack & Rozack 1969; Lasky 1975］。これらのテクストは、影響されるだけでなく、影響を与えもするという、学界に対する女たちの運動の互酬的な関係を暗示している。

このように多岐にわたる資料が、セックスとジェンダーを専門的に扱ういわゆる本物の社会学テクストの登場までのあいだ、北米の大学キャンパスでは教材の主力を担っていた。後に登場した専門テクストも、やはり他の学問分野からの知見を組み込み続けた。これはとくに協同の学問に向けたフェミニストの傾向であると主張されてきたが、こうした協同が社会科学の学際的な伝統に非常によく馴染んだのも事実である。

第一章で論じたように、パーソンズの役割理論は一九五〇年代の中頃以来、社会科学を支配してきた。しかしながら一九六〇年代の道行きのなかで、新しい諸理論が、その分野のために新しい方向性を示していくつかの攻撃を仕掛けはじめた。二〇世紀を遡って社会学をたどりなおしながら、フェミニスト批評家はつぎのように主張した。たいていの社会学的分析が女たちに注意を払わなかったのは、社会生活の重要な要素を男性至上主義的な見地から見ていたことの直接の結果であったと。アン・オークレーが初めて家事の社会学的な分析に着手することを提案したときに発見したように、女たちの活動は歴史的に、科学的な研究には値しないと考えられてきたのである。

社会学の分野に参入するフェミニストが増えたことは、それに対応して定性的な調査の増加という結果をもたらした。しかし、フェミニストの分析の衝撃が本当に見えはじめたのは一九七〇年代の中頃を過ぎてからだった。女の従属は長く課題であり続けていたが、概して男性の社会学者によって無視されてきた。しかし物事は変わりはじめた。じっさい女たちの問題についての論文を退け、あるいは無視し続けることは査読雑誌の編集会議にとってますます困難になった。かくしてそのような諸課題は学界内で一定の信用を得るようになり、より広い学界の読者たちに公開されることとなったのである［Daniels 1975］[12]。

フェミニストの視角の発展が知識社会学への重要な寄与をおこなったことに示されるように、一九七〇年代中頃は、社会学の歴史におけるある種の分水嶺であった[13]。これによって広大な範囲に及ぶ新しい研究課題群、すなわち経済的機会や就業機会の配分、生活の質に性的な階層性が及ぼす影響、社会理論や教育学に浸透した性差別主義などの研究課題群がもたらされた。これらの分野のそれぞれに注目することが、本当に女たちの生きられた経験を反映する社会研究の形を決定するのに必要と考えられた。

私たちは、ハリエット・ホルターの『性役割と社会構造』［Holter 1970］という社会学的なテクストのなかに、ジェンダーへの最初の言及のひとつを発見する。ホルターはオスロを拠点としていたが、北米の心理学や社会学に深く依拠した社会学者であった。彼女は「ノルウェイ社会における性役割の分化」のパターンについて経験的な説明を与え、彼女がノルウェイ社会に特有の過程と考えたものを特定した［ibid.: 52］。そのなかでホルターはジェンダーというタームを自由に用いているが、彼女のテクストにはストーラーにもマネーにも直接の言及がない。ホルターは肉体的な性を「性分化」というタームで枠づけ、ジェンダーのような「男と女のあいだの関係性」とは区別した［ibid.: 17］。ただしホルターの説明における生物学的なものは、文化によって操作されるだけの受動的な実体ではなかった。ホルターは、もっと大きな関係のなかで生物学的なものが持つ意義に鋭く気づいていた。彼女にとって、生物学的な説明がそれ単体ではジェンダーの諸差異の原因を説明するに不充分なのは、生物学的なものがいつも「社会的な、経済的な、そして技術的な諸要素との相互作用のなかで」［ibid.: 18］作動しているからであった。これはマネーが七年後に『性の署名』で述べることになるのとまったく同じ議論である。

ジェシー・バーナードの『女性と公共利益』［Bernard 1971］は、ジェンダーというタームを効果的に展開するための、もうひとつの最初期の社会学的フェミニストの分析だった。[14] バーナードは後の結婚制度の研究でよく知られているが、ここでは女たちの利益と公共一般の利益（public interest）のあいだにつきものコンフリクトを強調して、女たちが公共政策に対してもっている関係の分析をおこなった。バーナードによれば、ジェンダー関係がきちんと現代の生活に役立つものとなるためにはジェンダー関係は大改革されうるし、されなければならない、文化的な、それゆえ人為的な現象だった。註記しているように「こんにち私たちが生きているのは、種としての人類が遺伝子プールから引き出すことができるあらゆる能力を――それを宿す身体の性を問わず――動員することを必要とする暮らしである」

［ibid.: 277］。しかし、見ることになるように、バーナードは全員（あらゆる身体 everybody）を考えていたわけではなかった。

性科学に目を向けた多くのフェミニストはマネーの雌雄同体研究を、しばしばストーラーの『セックスとジェンダー』を読むことを通して学んだ。バーナードはそのようにして、ジェンダーがじつに社会的なものであり、習得されたものであることを主張するための根拠をえた。彼女による彼の使用はいくぶん風変わりだった。ストーラーの論理を歪曲して、彼女は「身体の誤り」を抱える人々の存在は「セクシュアリティの領域におけるいくつかのありうるアノマリー」を際立たせると同時に、「男性と女性のあいだに重なり合う部分はない。それらはカテゴリーとして別なのだ」［Bernard 1971: 14–15］ということを際立たせると論じている。

ストーラーの研究のそのような解釈は、私が前に言及した、半陰陽者とのアンビヴァレントな関係をよくあらわしている。半陰陽者の相対的な希少性は、一方で、ジェンダーにおける生物学的な要素をこれ以上考慮する必要がないことをバーナードに示した。同時に他方でこの希少性は、半陰陽者は社会学的研究の対象としての価値を有さないということを意味したのである。

これらの人々は私たちに、セックスとジェンダーのノーマルな諸側面について多くのことを教えるけれども、これらの人々が社会学的な分析の俎上に乗ることはありえない。これ以上議論すると希少な例外を過度に強調し、事の全体像を歪めてしまうことになるだろう。［Bernard 1971: 19–20］

私は同意しない。それ以上関与すればバーナードは、性差が彼女の信じたほどには明白ではないことの発見へと導かれたはずだ。そのようにまったく相互に排他的な二形的な性差の固定的なモデルは、間違いなく維持できなくなったはずなのだ。現に、バーナードの同時代の全員がまったく疑問を持たなかったわけではなかった。オックスフォード大学で教育を受けたアン・オークレーは、非常に早い時期にジェンダーというタームを使用したもうひとりの重要なフェミニスト学者だった。オークレーの研究は、ジェンダーというタームに注目した北米のフェミニストたちによって広く引用された。[15] パーソンズ的機能主義は、オークレーが自著を公刊する頃までの三〇年近いあいだ、社会学を越えた影響力を維持していた。オークレーやその同時代の人々はたしかに、その終焉にかかわった。しかし同時に彼らの見解もまだパーソンズの役割理論の影響を払拭していなかった。よく言われるように、オークレーやその他のフェミニスト社会学者は、パーソンズの機能主義に新たな生命を吹き込んだのだった［Curthoys 1998］。フェミニストの分析の重要な焦点は性別によって組織化された社会的役割の抑圧性だったのだから、このことは不思議でもなんでもない。同時にジェンダー・アイデンティティは、彼女たちのいわゆる分析レーダーには引っ掛からなくなった。そしてセックスと同様に、それはしばらく批判を免れることとなったように思われる。

多くの同時代の人々と同様に、オークレーは、社会科学を支配していた理論に代わる男らしさと女らしさの理論を発達させ、表現しようとした。彼女はまた、身体および生命の科学の全域で通用している諸概念を信頼していた。マネーの研究はとくにオークレーにとって有用だった。彼女はマネーを広範に参照し、マネーの多くのテクストに登場する胎児期の分化を描いた解説は彼女のテクストにも現われた。

じっさい彼女のテクストはマネーの多くの見解をほとんど逐語的に繰り返している。彼女の『セックス、ジェンダー、社会』［Oakley 1972］は、マネーのジェンダー習得に関する研究や理論をフェミニズムへと伝達するための重要な媒体となった。

マネーの知見はオークレーに、男らしい、あるいは女らしいアイデンティティへと向かう傾向は、文化的な学習によって「はっきりと、かつ深々と」書き換えられうるから、人の「ノーマル」なジェンダー・アイデンティティの決定因としての生物学的なものの関与はきわめて小さいと確信させた。彼女が言うには、その証拠は「雌雄同体の病とジェンダー・アイデンティティの問題に携わり、文化の力を強く認識した結果、生物学を完全に無視するようになった」［Oakley 1972: 170］研究者によって提供された。オークレーは社会学的研究に対する半陰陽者の有用性についてバーナードとは異なる見解を持っていた。

> 多くの点で、半陰陽研究は生まれ＝育ち論争に光をあてるようになった。それらは無視するにはあまりにも価値が高い。たとえば、女性として育てられた半陰陽患者たちは、実質的に女性ホルモンがまったく欠如しているにもかかわらず、きわめて女らしいファンタジーを生きており、セクシュアリティの傾向も女特有のものを持っている。［Oakley 1972: 165］

ここでオークレーが書いている、女らしいファンタジーとセクシュアリティの傾向とは「ロマンティックな宮廷恋愛、結婚、そして異性愛的な性愛行動」［Oakley 1972: 165］から成るとされた。

オークレーにとって、性間不平等は、男性と女性が互いに違う仕方で行動し、互いに対して異なる社会的行動を期待するよう、生まれてこのかた教えられ続けてきたことの結果であった。しかし彼女は、自分が証拠とした事実に対して、自分の分析が持つ意味をまったく考えなかった。オークレーのジェンダーと身体の理解は、あたかもマネーの理解と同じであるかのように読める。彼の研究は、ジェンダー化された行動は身体の形状によって必然的に決定されるわけではないと示すことで、身体からジェンダーを分離させたかのように見える。オークレーは書いている。

> 生物学的な性別は、混乱や社会的な嘲笑を受けるリスクなしに、人に彼あるいは彼女のジェンダー役割を演じることを可能にするために再構成されうるし、しばしば再構成されている。ここでは、文字どおりの意味で可塑的で、アイデンティティに適合するよう作りかえられるのは生物学的性別であって、生物学的性別によって形づくられるアイデンティティではない。［Oakley 1972: 165. 強調引用者］

事実としてはジェンダー・アイデンティティが可塑的であって、生物学的性別がそうでないのは明らかである。しかしオークレーが言及したのは万人の性別ではなかった。彼女が言及したのはただ半陰陽者の性別だった。多くの同時代人と同じように、自分が言及する医療実践と、外性器手術の歴史的な使われ方、つまり手に負えない女や女児の行動を修正するための「道具」として陰核切除をおこなうようなこととのあいだを結びつけなかった。

オークレーの考えによれば、同性愛やトランスセクシュアルの研究もジェンダー習得を理解するための価値あるデータを提供する。ここでも彼女はマネーを引いて、同性愛をジェンダーのクロス＝コーディングとして理解する彼の見解に言及している。概念的な混乱を周到に避けて、オークレーは半陰陽を生物学的状態として、同性愛とトランスセクシュアリティを不全・障害として、つまり「ジェンダー役割とジェンダー・アイデンティティの社会的＝文化的な習得における不全・障害」［Oakley 1972: 167］として定義した。マネーのセクシュアリティ論が常に不全・障害の幻影に囚われていたことを思い出してほしい。

マネーは二値的なジェンダーを二極的なセクシュアリティのモデルを解釈する枠組としていた。そのためマネーによれば男に対する欲望は、男が抱くのであれ女が抱くのであれ、端的に女らしい欲望であり、女に対する欲望は、誰が抱くのであれ男らしい欲望である（欲望の男らしさ女らしさが、欲望される側のあり方に依存する形で規定されるため非常に複雑である）。オークレーが明らかにしたかったのはジェンダーと女のセクシュアリティのあいだの、まさにこうした絡まりあいだった。

ストーラーが再構築したジェンダー、つまり文化的な人工物としてのジェンダーだけでなく、マネーの仕事も明らかに、多くの側面においてオークレーに対して大きな価値を持っていた。オークレーにとって「セックスの恒常性は認めらなければならないし、ジェンダーの流動性もまた認められなければならない」［Oakley 1972: 16］から、ジェンダーとセックスとの区別は重要だった。「男性」と「女性」、「男らしさ」と「女らしさ」の区別も同様だった。不変的なセックスと可変的なジェンダーという対比と、可塑的なセックスと固着したジェンダーの対比という、見たところでは明らかな矛盾は、しかし詳細にみればまったく矛盾ではない。セックスは男性と女性において不変と想定され、ジェンダーは男と女、女児と男児において可変だと想定された。しかし半陰陽者においては逆の仕方で理解されたのだった。

ジェンダーをセックスから解き放つことによって、オークレーは、人間性のドグマティズムに対して「見識をもって、そして事実の陳述から価値判断を切り離し」[Oakley 1972: 17] つつ対抗できると思った。だが、マネーとストーラーの両方の主張を無批判に繰り返したため、オークレーは彼女自身のなかに生じた本質的な矛盾に立ち向かうことができなかった。結局、社会科学の既存のドグマに対する彼女の挑戦は目標を達成しなかった。彼女の考えは別の伝統の同じくらいドグマティックな主張を強化したのだった。マネーにとってはジェンダーもセックスも、ある意味では必要不可欠ではなかった。というのも、いずれも外科的なメスおよび／あるいは文化的変容によって操作されうるからである。だが、他の観点ではジェンダーとセックスは必要不可欠だった。なぜなら、オークレーが論じた身体はそのもっとも可塑的な形においてすら、マネーやその先人たち、および自分のプロジェクトにとっての彼らの仕事の有用性を認めた人々によって理解された意味でのセックス、つまりセックスは男女いずれかを選ばざるをえないという二者択一の考え方にしばられていたからである。

フェミニスト心理学

心理学はマネーが最初に学問的訓練を受けた分野だったのだから、ジェンダーというタームを最初に使用したなかにフェミニスト心理学者がいただろうと期待するのは不合理ではない。しかしそういう事実はない。一九七〇年代の心理学のトレンドは、社会学と人類学の場合と同じく、ストーラーによる概念再構築やマネーが示した証拠に依存したフェミニスト学者の影響を受けていた。本節では、私はナンシー・チョドロウ、ドロシー・ディナースタイン、ドロシー・ユリアン、そしてローダ・アンガーの研究に目を向ける［Chodorow 1974; 1978; Dinnerstein 1976; Ullian 1976; Unger 1979a; b］。チョドロウの学問的なバックグラウンドは社会学だが、ここで論じることにしたのは、彼女がきわめて深く精神分析の枠組に依存しており、げんに精神分析医と大学教員という二つの職業を兼ねていたためである。

社会学者や人類学者によるフェミニズム的研究の多くは社会的役割や構造の動態の問題にかかわっていたが、心理学のフェミニズム的研究においてはもちろんアイデンティティ形成や人格発達の問題が最重要だった。フェミニズム学問の心理学分野における二つの強力な理論的伝統のあいだには、生まれ／育ち論争を焦点とする緊張が明らかに存在した。男女間におけるパーソナリティの差異の基礎的な根拠として解剖学的な差異を置くフロイト派の概念にもとづくモデルは自然の優越性を支持していた。もう一方の側では、男女間におけるパーソナリティの差異は環境条件という観点から理解されていた。

一部のフェミニスト心理学者たちは、生物学理論と社会的学習理論の諸要素を組み合わせたモデルを提示することで、二つの伝統を合流させようと試みた。たとえばドロシー・ユリアン［Ullian 1976］[16]は、環境の影響と生物学的な影響は、子どもの多様な発達段階でそれぞれ違った意味で重要であるとした統合モデルを提案した。彼女の主張によれば、子ども期におけるジェンダー・アイデンティティ形成は、その過程そのものが発達的であるゆえ、本質的に不安定である。この点、ユリアンのモデルはマネーのモデルにおいて非常に重要な臨界期の概念をよく補足するものだった。

ローダ・アンガー[17]は、研究の政治、より正確にはセックス研究の政治に注意を向けた［Unger 1979a］。アンガーがとくに関心を持ったのは性差に焦点を当てた研究だった。アンガーは、伝統的な学問が持つ正統化機能に対する強力な批判をおこなった。伝統的な学問によれば、正しい知識とは、その産出において制度的あるいは個人的な利害関心が何の役割も果たさなかった知識である。性差の研究に固有の偏向についてより広く批評するなかで、アンガーは半陰陽事例管理の分析こそおこなわなかったものの、出生時の強制的な性別判定を、部分的にであれ批判した。

アンガーが『女性と男性』［Unger 1979a］を刊行したとき、セックス／ジェンダー区別はフェミニストの学問において、ほとんど完全に確立されていた。にもかかわらずマネーの雌雄同体研究はアンガーには非常に役立った。アンガーはマネーとイアハートの『男と女、男の子と女の子』［Money & Ehrhardt 1972］[18]全体を広く参照し、雌雄同体の用語体系に関する議論に二〇ページ近い紙幅を割いている。アンガーがマネーの研究を参照したのは、動物種間の比較研究によって人間の状況についての説得的な説明を提供できるだろうとは信じていなかった（私の見解では、アンガーは正しかった）からである（もちろんマネー自身は、経験的な支持が十分に得られないままいくつかの主張をおこなった際、動物研究に依拠したことがあったのだが）。

アンガーにとって、マネーが提示した証拠は、彼がその証拠に与えた解釈に比べれば問題が少なく見えた。この点でも私はアンガーに同意する。マネーが提示した証拠と解釈を検討した後、アンガーは、マネーの定式によれば「女性のジェンダー・パタンの構成要素――未熟さ、劣った社会的、知的能力、弱い自律性など――は、彼あるいは彼女の生物学的性別にかかわらず、私たちの社会に生きるどんな人に対しても適用不能である」[Unger 1979a: 145] と結論した。彼女はそこからさらに進んだ。

生物学的性別は、ほとんど常に二分されている有機体の性別についての一連の選択、判断の結果であるように見える。男女の区別は機能する陰茎を有しているか否かにもとづいている。いままで誰も「曖昧な性」というラベルを貼られてはいない。[Unger 1979a: 145. 傍点引用者]

誰も永久に「曖昧な性」というラベルを貼られないのは真実かもしれないが、アンガーによるマネーの読解は、半陰陽者が、一時的ではあれそのようなラベルに苦しめられるのがふつうだという事実にもっと注意深くあるべきだった。右の引用が示しているように、アンガーは、女性の主体性の「適切な」呈示についてのマネーの初期の解釈には非常に批判的だった。[19]

マネーのデータに注目した多くの人たちと同じく、アンガーは自説に経験的な証拠を供給してくれた人々の人間性をほとんど保護しようとしなかった。一例としてターナー症候群と診断された人々についてのアンガーの記述を見ると、これらの人々を「異常な女性ではなく、外性器が女性に似た、本質的に中性の人々」と断じている。「彼らは、性の二分的分類体系の不備が原因で女性と定義されてしまった」[Unger 1979a: 112. 強調原著]。分類体系それ自身に不備があるという彼女の認識は、重要な事実は二値的な枠組によっては決して充分に理解できないことを認めている。アンガーのこの主張は、ターナー症候群の診断を受けた人々が空間＝形式の関係を概念化する能力についての議論、および「ノーマルな女性」が同様の認知困難を経験していることを示す比較研究を論ずるコンテクストでなされた。アンガーは、偽物から本物を区別することを重要視したことを説明したが、これは半陰陽者を完全な人間の領域の外側に置き放すことを結果した。アンガーがジェンダー概念をセックスから分離することで、「未特定の性を有する人々をついに理解できるようになるための有効な道具が手に入る」〔Unger 1979b: 1093〕だろうとの期待を述べていたのは皮肉というほかない。

　アンガーの研究は、ストーラーの再構成されたジェンダーがフェミニズムの学問において、どのようにしてマネーの原型よりも概念としての普及を遂げたのかを例示している。アンガーにとってセックスというタームは記述的な意義しか有さなかったのに対して、ジェンダーというタームは説明的な力を持っていた点で有用だった。ジェンダーはセックスのような生物学的な含意を持たなかったので、男らしさや女らしさとみなされる特性や特徴について論じるために使いやすかった。またセックスについての生理学的でない諸側面を検討するためにジェンダーを用いると、生物学と心理学のあいだにあるとされる行き違いを緩和できた。いいかえればジェンダーは、生物学決定論者による社会的、関係的な現象の説明に対抗する手段を提供したのだった〔Unger 1979b: 1086〕。

　ドロシー・ディナースタインの広く読まれた『性幻想と不安〔原題はマーメイドとミノタウルス〕』〔Dinnerstein 1976〕は一九七六年に出版された[21]。ディナースタインはジェンダー関係を、すべての他の社会的アレンジメントを調整する中心母型として位置づけた。現存するジェンダー関係は、彼女の見解では、近年における科学技術の急速な変化を考えると持続不能であった。ディナースタインは、若年者をケアすることへの女たちの責任が、現代の生活に特有の神経症、フリーダンの言葉を借りれば人間の倦怠感の基礎となっている、社会的、政治的、個人的神経症の核心にあると考えた。

一般的に流布しているジェンダー関係は事実上時代遅れになっていると彼女は主張した。また、それらが残っているのは「私たちの集団の生存がかかっている現実に対する自滅的な構え」［Dinnerstein 1976: 231］へのノスタルジックな愛着のゆえであるとした。ディナースティンの分析は複雑だったが、その変化に対する解決策はそれほど複雑ではなかった。彼女は、男たちの育児参加を増やすと同時に女たちの育児参加を減らすことによって、社会組織に革命がもたらされるだろうと信じた。単純な解決策はさておき、現代の議論に対するディナースティンの研究の重要性は、いったんジェンダーがフェミニストの学問のなかに落ち着きはじめると、ジェンダーが、セックス／ジェンダー区別のおかげで社会的なものの唯一至高の徴表となってゆく過程を示す好例を提供しているという点にある。『性幻想と不安』にはジェンダーというタームが多く用いられているにもかかわらず、その用語定義のセクションにジェンダーが現われないことには注目すべきである。これはジェンダーの意味がすでに十分に理解されていたことを示唆していると思われる。

もうひとり、ナンシー・チョドロウも、男と女のパーソナリティ上の基本的な相違は社会的な環境の異なった経験から生じるという考えを提起した［Chodorow 1974; 1978］。チョドロウもディナースティンと同じく、生物学決定論者の主張によっても、社会化のパターンを特権化した主張によっても説得されなかった。彼女の見るところ袋小路から脱する道は、特定の行動が諸個人間の関係を介してどのように意味づけられているかを理解することにあった。チョドロウによれば、子どもの養育に対する責任ゆえに、女性は自身の女らしいパーソナリティを当然にも他者との結びつきにおいて理解するようになった。[22] 他方、男らしいパーソナリティは個人化によって、そして個人化と残存している依存とのあいだのある種の緊張によって構成されるものである。したがって、チョドロウにとって男らしいパーソナリティの発達は、女らしいパーソナリティよりもかなり問題を含んでいた。彼女は、その緊張によって男は「女に対する社会文化的優越を自身に保証しているにもかかわらず、心理学的に防衛的で不安定」［Chodorow 1974: 66］であるという結果をもたらしたと主張した。チョドロウにとって男性と女性の関係は、植民地主義の関係と同じだった。そこでは現存しているジェンダー役割が圧政の主要な道具として役立っていたからである。

チョドロウは、ジェンダー差の認知がどのように生産され、再生産されるかについての自身のモデルを提起するにあたって、ポスト＝フロイト派の臨床と理論に関する諸著述を援用した［Chodorow 1979; 1998: 390］。コア・ジェンダー・アイデンティティについてのマネーやストーラーの考えを参照して、チョドロウはジェンダー差の認知としてのアイデンティティを、ジェンダー化された自己についての認知的感覚として、つまり人が自分が男性である、あるいは女性であると知っているという感覚として定義した。チョドロウはマネーをそっくり真似て、このコア・アイデンティティは人生の最初の二年間で確立され、そのうえに、男性である、あるいは女性であるというジェンダーの妥当性の感覚が構築されるとした。チョドロウによれば、そうした感覚はアイデンティティのもっとも「基礎的な」要素を変えないだろうし、変えたくとも変ええない［Chodorow 1998: 390–391］。

男らしいコア・アイデンティティは女らしいそれとは質的に異なり、その相違は男と女のパーソナリティの相違の核心に由来するというのがチョドロウの主張であった。この洞察が、性差への心理的コミットメントおよび価値コミットメントがどれほど感情的な重荷になっており、人が自己の一貫した感覚を持つためにジェンダー・アイデンティティ、性役割についての期待、そしてジェンダーの一貫性がどれほど重要か［Chodorow 1974: 43］

を理解するための鍵となった。チョドロウは自身の分析を、リュス・イリガライのようなフランスのフェミニストによって進められたラカン派の考え方と、ジュリエット・ミッチェルのアプローチのようなよりオーソドックスなフロイト派の両方と対比させることによって、性差の本質主義的な説明に対する強力な反論をおこなった。チョドロウは、中心的な構成概念としてのジェンダー差の尻を追いかけまわすことがフェミニズムに何かメリットをもたらすだろうかと問う。ジェンダー差は「絶対的、抽象的あるいは還元不能」［Chodorow 1979: 384］などではありえないのだから。彼女は、ジェンダー差は社会的、経験的、心理学的に、つまり関係的に作られたものなのであって、それらはそれら自身では存在できないと断固主張した。

チョドロウは、男性と女性の身体がジェンダー差の問題に関連していることについてつぎのように主張した。

私たちの暮らしは具象的で一体的なものである。私たちは、私たちを生理学的に男性あるいは女性と定める生殖器や生殖能力、ホルモン、そして染色体とともに生きているのである。［Weeks 2003: 61］

しかしながら彼女は、解剖学上の性差についての認知は生物学的でない要素によって形づくられていると認めるのに苦心した。チョドロウによれば、ジェンダーのない、「性によって組織化されていない世界」において、子どもが自分の身体をどう考えるか知ることは不可能であって、「主要な特徴が生物学的な性差に、ジェンダー差に、あるいは別のセクシュアリティに求められるかどうか明らかでない」[Chodorow 1979: 395, fn. 18]。チョドロウは精神分析に強く依拠していたが、彼女のパースペクティヴは、このような関係モデル、対象関係理論として知られるモデルを通して生まれ／育ちの二分法に架橋することを試みた。チョドロウの分析が多くの部分でマネーによるジェンダーの説明に共鳴するものとなったのは、とくにそれがコア・アイデンティティの観念を用いていたためだった。チョドロウはまた、男児と女児が異なる社会化を遂げることがジェンダーの主要な構成要素であることを認め、マネーがジェンダーの相互補完性として概念化したものの根拠を、関係性を強調しつつ説明した。さらにチョドロウのモデルは、他の多くのフェミニストが身体について語ら「ない」方法としてジェンダー概念を捉えていたなかで、彼女たちの分析ができなかったやりかたで、身体に対するジェンダーの関係を保持していた。

フェミニスト人類学

人類学は、諸文化における男と女の社会的諸関係に長く関心を持ってきた。マーガレット・ミードの『三つの未開社会における性と気質』[Mead 1935/1963]や『男性と女性』[Mead 1962]のようなテクストは人類学の古典の地位を得ていた。しかしそれらは男と女の関係の人類学的分析としては標準というよりむしろ例外を表わしていた。人類学者の大部分は、ヒントを直接生物学から持ってきて、最初期の性分業は女の生殖と養育の能力の直接の結果であったという古くさい議論をおこなっていた。[23] この点についてはミードも例外ではない。社会的諸関係の狩猟／採集理論は、諸文化に共通してみられる男性支配を説明する人類学の自明の所与だった。

人類学的フェミニズムへのジェンダーの参入は、一九七〇年代の中頃に、『女たちの人類学に向かって』［Reiter et al. 1975］の出版とともに始まった。この論文集は女性についての伝統的な人類学的言説への応答だった。編者のレイナー・レイターはつぎのように説明している。

フェミニストたちは、主流派の人類学者たちが客観的だと呼んでいた著述群に対して不信認を突きつけるために、私たち自身についての、そして他の社会の女たちについての情報を探して、第三世界の人々、アメリカの黒人、アメリカの原住民と結びつかなければならなかった。［Reiter 1975: 13］

一九六〇年代以来、西洋のコンテクストにおいて女の地位の問題化が推し進められたにもかかわらず、とくに女の観点を考慮した人類学的資料は不足していた。そうしたものは主流の人類学研究や教育では周辺に追いやられ、レイターの言うフェミニストのゲットーに押し込まれる傾向にあった。[24]『女たちの人類学に向かって』は、類似の運命に向かって進むかに思われたが、ゲイル・ルービンという若い大学院生によって書かれたエッセイを含んでいたためにそうならなかった。[25]

ルービンは、私が調べ得た限りでは、印刷物でジェンダーというタームを用いた最初のフェミニスト人類学者である。彼女は社会生活を調査するための分析用具としてジェンダーを使った最初期のフェミニスト人類学者であったため、彼女の研究は多くの後続する政治的、理論的プロジェクトの土台となった。オークレー、ミレット、そしてグリアのようなフェミニストの影響力が大きかったのも疑問の余地はないが、セックス＝ジェンダー・システムというルービンの概念はそれ自身の特別な重みを持った。ルービンは自身の分析の対象を「女性を原材料として用い、飼いならされた女を製品として生産するシステマティックな社会的装置」[Rubin 1975: 158] と定義した。ルービンの論文題目「女たちの交換」が示唆しているように、彼女は諸文化に共通してみられる女性主体の商品化を分析した。ルービンは、女の抑圧や服従の背後にある社会的諸条件の核心に達しようと、マルクス主義的、構造主義的、そして精神分析的アプローチを組み合わせて用いた。ルービンにとって、ハイアラーキカルなジェンダーから解放された社会を創造するために何が必要とされるかを正確に究明するためには、女の抑圧の根本原因を特定することが重要であった。彼女は、（贈り物としての）女の交換に依存している親族体系がその問題の核心にあると論じた。こうした諸関係が「性的なアクセス、家系の威信、リニジの名前や祖先、権利や人々」[ibid.: 177] の交換を可能にしている、と。

　ルービンの用語体系は、同時代人（グリアは除いて）のそれとはいくらか違っていた。ルービンはセックス＝ジェンダー・システム、すなわち「ひとつの社会が生物学的なセクシュアリティを人間の活動の産物へと変換する際に用いられ、変換された性的欲求がそのなかで充足される、一組のアレンジメント」[Rubin 1975: 159] について論じた。ルービンは（レヴィ＝ストロースに続いて）性分業は同一性に対するタブーとして機能していると主張した。生物学的な違いを際立たせることで、男性と女性は二つの互いに排他的なカテゴリーとなる。ジェンダーを作り上げたのはこれだったのだと彼女は言う。彼女の分析において、ジェンダーは単に社会的に強いられた区別であるだけではなく、「セクシュアリティの社会的諸関係」の産物でもあった［ibid.: 179］。

ルービンによれば、男と女のあいだにある類似性を抑圧することは異性愛の利益に資する。彼女の分析の大部分はこの点にかかわるものだった。彼女の考えによれば、ジェンダーは男女どちらかの性別の同一化以上に多くのことを含意している。すなわちそれはまた必然的に、性的欲望が自分と反対の性へと方向づけられることを要求する。性分業は、一人の男と一人の女から成る以外の性的アレンジメントに対するタブーとして役に立ち、かくして異性愛結婚はその文化に属する成員に押しつけられた。要するにジェンダーが必然的に異性愛という結果を要求したのであった。ルービンにとって「もっとも一般的な水準で、性別の社会的組織はジェンダー、強制的異性愛、そして女性のセクシュアリティの抑圧にもとづいているのである」［Rubin 1975: 179］[26]。

ルービンはフロイトを援用して、子どもが単一の性別、単一のジェンダーへと変形されてゆくメカニズムを説明している。ルービンにとって、フロイトの分析は「性が分割され、変形されるメカニズムの記述、そして両性愛やアンドロジーンの子どもが男児や女児へと変形してゆく手段についての記述」［Rubin 1975: 185］を提供した。彼女によれば、子どもが単一のジェンダーへと文化適応してゆくのは、前エディプス期の子どもの比較的構造化されていないセクシュアリティの不安定さ、すなわち「人間が採りうる性的可能性」すべてを包含する構造の結果であった［ibid.: 189］。どのような社会でも、適切でないとされたジェンダーは禁止されるため、こうした諸可能性のうち実際に採ることができるのはわずかである。エディプス期の終わりまでに、子どものリビドーや単一のジェンダーとしてのアイデンティティは、訓育文化の規則に順応するよう完全に組織化される。

ジェンダーと異性愛の結びつきを明確にすることで、ルービンの分析は、彼女が一定程度、マネーのジェンダー概念に依拠していたことを示していたが、「女たちの交換」には、彼女がそのタームを取り上げたことを示す箇所は見られない[27]。このことは残念だった。というのもセクシュアリティおよびリビドーの実践はマネーのジェンダー概念にとってきわめて枢要であり、マネーが相互補完性という考えによってフロイトによるジェンダー習得の説明に潤色を加え、より十分に——偏向があったとしても——その過程を説明できるようにしたのだからである。ジェンダーとセクシュアリティの結びつきを保持することで、ルービンはほとんどの同時代人（そして彼女の後継者たちの多く）とは違っていた。彼らの使用したストーラーのジェンダーは事実上、その枠組から欲望を放逐していたのである。

マリリン・ストラザーン[28]がステロタイプの形成過程について分析を提出したときまでには、ストーラーの再構築されたジェンダーは人類学の著述のなかに定着していたと思われる。このことは、ストラザーンがジェンダーを文化的なステロタイプを指す概念とし、セックスを「差別のための生理学的な基盤」を指す概念としたことによって明らかである［Strathern 1976: 49］。ストラザーンは、ジェンダーの構築物は象徴化の源泉として性差に依拠しているだけでなく、また社会的関係を秩序づける様式として作用していると論じた[29]。彼女によれば、ジェンダーは男と女のあいだのどんな実際の違いをも包み込み、かつそれを超えて、物事の意味を理解可能にするための言語ツールとして機能している。しかしながらジェンダーはその作動において、男性と女性のあいだに境界を設定し、かつ、これら二つの明確に相互排他的なカテゴリーのあいだのコミュニケーションのためのルールを供給する。

ストラザーンは、西洋人たちの自然/文化区別への熱中は、科学的な研究を、そして、ますます成長するフェミニスト理論の全体を支持し動機づけたと論じた。男らしさと女らしさの文化的、生物学的な構成を理解するためのその執拗な探究は、その核心に常に差異を含んでいた。ただしその差異は（歓迎されたのはもちろんだが）多様性を意味する差異ではなかった。それはまったく別の意味での差異であった。その差異は男性と女性のあいだの二つに分かれた関係性を、そしてその拡大適用によって自然と文化のあいだの関係性を象徴化し、強化するために用いられていったのである。

競合する諸意味、混乱する概念

一九七〇年代の中頃までに、ストーラーの再構築されたジェンダー――セックスと区別されたジェンダー――がとくに人類学および社会学のフェミニストの著作のなかに定着していたことは明らかである。定義について論争が続くなか、多くの学者はセックス/ジェンダー分離の概念的な困難に取り組んだ。ジェンダー・セックスや性役割などのタームを互換的に用いることの有効性を問う論文記事が、フェミニストやさらにもっと一般的な学術誌や論文集のなかに現われた。この論争は三つの鍵となる領域に焦点を合わせた。すなわち、セックスとジェンダー両方の一貫性のない矛盾した使用、ジェンダー役割と性役割のあいだのずれ、そして、役割というタームとアイデンティティというタームのあいだの関係である。その論争にかかわった誰もが、あるひとつの点では意見がまとまった。すなわちジェンダーの厳密な分析をさらに十分に発展させたいなら、一貫した語用法が必要であるということだ。

社会学者ジャネット・ソルツマン・チャフェッツ[10]の研究は、なぜ概念的な明晰さが必要なのかについてとくに分かりやすい事例である。『男らしい、女らしい、あるいは人間らしい?』の初版［Chafetz 1974］の序章において、チャフェッツはジェンダー役割と性役割というタームの意味について検討した。彼女は「先天的ジェンダー」を「習得されたセックス」と対比し、「性役割はジェンダーとは別個の現象である。それに相応しいタームは、ジェンダーを意味する形容詞『男性の』と『女性の』ではなく、『男らしい』と『女らしい』である」［ibid.: 3］との結論を下した。しかしそれとは対照的に、第二版［Chafetz 1978］で「生物学は宿命か?」と題された同じ序章にはつぎのように書いてある。「ジェンダー役割はセックスとは別個の現象である。それに相応しいタームは、セックスを意味する形容詞『男性の』と『女性の』ではなくて、『男らしい』と『女らしい』である」［ibid.: 3］。

初版はマネーにもストーラーにも言及していなかったが、第二版はマネーとイアハートの『男と女、男の子と女の子』［Money & Ehrhardt 1972］を引いて、ホルモン、染色体と、態度とのあいだの潜在的な結びつきについての三ページにわたって議論している。適切な語用法についてフェミニズム内での論争に油を注ぎ、概念的な明晰さの要求を鼓舞したのは、まさにこうしたでたらめなジェンダーの使用法であった。このことは、概念としてのジェンダーが、フェミニストの著述において、もっと厳密な概念へと進化してゆくのに時間がかかった事情をよく説明している。ジェンダーはセックスと互換的に、社会的態度や期待（つまり社会的役割）を指し示すタームとして使われ続けた。ジェンダー・アイデンティティというタームは一九八〇年代まで、性的アイデンティティと競合し続けた(30)。

メレディス・グールドとロシェル・カーン＝ダニエルズの考えでは、フェミニスト理論における語用法の混乱は、女に割り当てられている非常に多くの役割（子どもの世話のような）が、女の生殖上の役割から出てきた、あるいは、それらと何らかの緩やかなつながりを持っていたという事実から生じた。セックスとジェンダーが切れ目が分からないほど混じり合っていると見えるのはそのためだ、と。しかしながら彼女たちは、その切れ目が見えないことをよく検討しないでおくことの危険性については警告を与えた。「この重複を永続させると、社会における女の役割や活用をめぐる新フロイト派の議論を暗黙のうちに追認し、それゆえある種の解剖学的特徴を社会的宿命として追認することになる」［Gould & Kern-Daniels 1977: 184］。

グールドとカーン＝ダニエルズは、セックスとジェンダーの社会学を可能にするために言語使用を整合的なものとすべきだと強く主張した(31)。ストーラーの区別を維持して、生物学的な特性と社会文化的な差異は互いに入れ替え可能でないのだから、セックスとジェンダーも互いに入れ替え可能ではない、と彼女たちは考えた。ジェンダーの本質的な社会性とは、それが「社会的に構成され、社会的に維持され、そして社会的に変更可能な」［Gould & Kern-Daniels 1977: 184. 強調引用者］すべての行動や態度を含むように使用できることを意味した。ストーラーにしたがって、グールドとカーン＝ダニエルズは社会的なコンテクストにおいて男らしさや女らしさとして認識されるすべてにジェンダーを用いること、そして生物学の領域へと追放しうる、社会的なものの外側のすべてを意味するものとしてセックスを用いることを提唱した。こんにちではこのような語用法は所与となっているが、しかし、ずっとそうだったわけではまったくないのである。

他の人々は、役割のようなタームの意味をいっしょに問題化することで語用法の論争に加わった。たとえば社会学者ヘレナ・ロパタは、性役割というタームよりも、性的アイデンティティ——そして後にはジェンダー・アイデンティティ——を好む、と言明していた。彼女の見方では、社会的役割は、子育てや友人関係、専門職（医師や教師によって遂行される役割のような）のような社会的機能を、よりよく記述する。興味深い部分で、ロパタは（共著者バリー・ソーンとともに）ジェンダーは「生物学的なセックスの線に沿って分化した、習得された行動」[Lopata & Thorne 1978: 719] を表わしているため、役割の概念はジェンダーに全面的に適用できるわけではないと主張した。そう考えると、性役割かジェンダー役割か論じることは、「人種役割」について論じることが意味をなさないと同じ程度に意味をなさない。ロパタにとって役割というタームの唯一の長所は、文化適応の意味を喚起する能力にあったが、そのことは高い犠牲をともなった。性役割というタームは、それが大きな社会構造よりは個人の社会化に焦点を合わせるものであるため、権力と不平等という問題を隠蔽したのである。その過程で、経済や歴史、そして政治の問題は脇に放置された。

彼女の分析は、きわめて長く社会科学を支配してきたパーソンズの伝統に対する批判として解釈可能である。ロパタの意図は社会的相互作用における男らしさ、あるいは女らしさの特徴を否定することではなく、「広く浸透している性的アイデンティティ」が殆どすべての社会的役割を下支えしているという本当の問題を際立たせることにあった [Lopata & Thorne 1978: 719; Lopata 1976: 172]。ロパタにとって、ジェンダーは、果たすべき特定の役割を人に注ぎ込む、何か基盤的なもの（したがってほとんど変化しないもの）を意味していた。結局のところ「女であるということは社会的役割ではない。それは社会的役割の選択ないしその他者たちによる割り当てへと導く、浸透したアイデンティティあるいは自己の感覚であると思われる」［Lopata & Thorne 1978: 721］。この説明によると、セックスによって組織化された社会的役割は、期待のひとまとまりというよりは関係のひとまとまりとして、より適切に理解される。したがってそれはセックスとしての自己の感覚、つまりジェンダー化された自己の感覚よりもかなり変動しやすい。そこでロパタは単にセックスとジェンダーを区別するのではなく、ちょうどストラーが一〇年以上前にすでにやっていたように、アイデンティティを役割から分離した。セックス／ジェンダー区別のコンテクストのなかで生物学的なセックスに与えられたような不変性や強固さを、ロパタはジェンダー・アイデンティティに与えたのである。ジェンダー・アイデンティティの事実性は（セックスのように）前提とされるようになり、それゆえ問われえないものとなった。他方、まったく文化的なものとしてのジェンダー役割の方はというと、こちらは問われうるものとされた。ジェンダー役割は目下抑圧的かもしれないが、可塑性があるゆえに必ずしもいつまでも抑圧的であるとは限らない。

人類学者マリリン・ストラザーンもジェンダーの用法を問題化した。ジェンダーを使うことでフェミニストが権利主張できるようになったことは認めつつ、彼女は、一部の人々の使い方には批判的だった。家父長制が生物学によって何ら根拠づけられるものではないと示すことでその正統性を掘り崩すという試みは、文化を、改革のための現実的な媒体とはなりえない抑圧の手段とみなしてしまった。社会的関係というその観念自体に挑戦するという改革主義的あるいは革命的な目的は、永久にいわゆる不変の生物学的事実に正統性の根拠を置いた社会形式に限定されるだろう。つまりこれらの戦略は、革命家や改革者が廃止しようとしたまさにその本質主義への回帰を導くだけなのである。

ナンシー・チョドロウは、フェミニストが分析の中核的な構成的カテゴリーとしてジェンダー差を用いることに同様の懸念を抱いた。彼女は、西洋の自然／文化の分離への没入が、当時ますます成長していたフェミニスト理論の全体のための土台になってゆくことへの不安をあらわした。フェミニズムにとっての問題は、男らしさと女らしさの文化的および生物学的な構成を理解するという不断の探究のなかで、性差が自然と文化の二分法を象徴し強化することに用いられてきたという事実にあった。チョドロウはこのとき、セックス／ジェンダー区別を実質的に批判していたのである。

これらの語用法の論争のうち、ある者はセックス／ジェンダー区別に焦点化し、他の者は役割とアイデンティティに焦点を当て、さらに別の者は性愛行動のコンテクストにおけるジェンダー役割（学習された行動や期待としての）を性役割から区別することを求めていた。これらの論争の多くは、意味論への関心を中心としていたが、しかしそこにはまた、自身にとっての構成的規準としてジェンダーを用いることがフェミニズムにとって適切なのかどうかをめぐる重要な論争があった。その論争は、それ自身、フェミニストの用語集のなかにジェンダーを確立する過程にとって必要だった。そして論議の深さは、たしかにフェミニストの言説に対するジェンダーの重要性を反映していた。

チョドロウを除いて、ストーラーとマネーのアイディアを用いた初期のフェミニスト――明示的にか暗黙にか、どちらにしても――は、セックスの二分法的な性質についての医学的な説明を無批判に受け入れており、そうすることによってセックス＝ジェンダーを二値から成るものとする命題を強化し、再生産していた。一例をあげれば、ルービンの分析は明らかに身体を、ジェンダーがその上で作動する原材料として位置づけた。生物学的なセックスをこのように位置づけることで、生物学決定論の中心性を掘り崩そうとする試みがそれ自体を呼び起こす役目を果たす。この時期のフェミニストの多くの著述は、女と男を区別する現実の生物学的諸現象の存在を受け入れていた。諸文化に共通して、本質的に類似の方法で男性と女性の、男と女の区別が生み出されていた［Nicholson 1994: 80］。結果として、生物学決定論を掘り崩そうとする試みはいつも一種の「生物学的基礎づけ主義」［ibid.: 82］へと逆戻りする文化決定論に特権を与えることになっていった。この概念的移動は事実上、半陰陽者を二形的な性差の幻想のなかへと吸収しようとする、現在進行中の営みに対する暗黙の支持となっている。第二波フェミニズムはマネーの臨床研究と親しいにもかかわらず、また女の身体を医療の対象にすることについては強い批判を向けるにもかかわらず、しかも女の身体やセクシュアリティを女自身がコントロールする権利をめぐる力強い活動をおこなってきたにもかかわらず、半陰陽事例管理は一九七五年まではフェミニストの厳しい批判に曝されることがなかったのである。

半陰陽事例管理と二値的なセックス＝ジェンダーに対する初期フェミニストの批判

半陰陽者への言及は一九七〇年代のフェミニスト文献のあらゆるところにみられたが、マネーの理論や方法に挑む数点の批判が現われはじめたのは一九七〇年代中頃であった。本節ではそうした批判に目を転じよう。それらはすべてマネーのプロジェクトのさまざまな側面に対してとくにフェミニストの観点から分析をおこない、その不備を指摘する小さな研究である。初期の資料と並置することで、私たちは過去三五年間における半陰陽者に対するフェミニズムの関係の転換を見ることができる。しかしマネーの思考に対する強い批判は、まだ必ずしも半陰陽者の主体の回復まで、あるいは半陰陽事例管理の批判まで拡がってはいなかった。

雌雄同体者の事例管理についてフェミニストがおこなった最初の実質的な批判は、私が述べたように、一九七五年に提起された。半陰陽者を病理学から救出しようとしたのは、事実上このたった一件だけだった。社会心理学者デイヴィッド・トレセマーの論文「ジェンダー役割に関する諸仮定」［Tresemer 1975］は、フェミニストがほとんど見過ごしてきた、普及した処置モデルに対して明敏で注意深い解釈をおこなった(32)。トレセマーは、多くの仲間と同じように、生物学における性差の知識は、観察の結果もたらされた知識であり、したがって観察される性差は、生物学における性差の知識に従属する、という前提仮説を除去しようと試みた。彼は、二極性という前提仮説が、知覚された性差の誇張を必要としていることに気づいた。痛烈な批判のなかで、トレセマーは、レヴィ＝ストロースやピアジェのような影響力のある社会理論家が二値的概念の原初的な性質を指摘しているにもかかわらず、つぎのことを示した。

> 半陰陽者を分類不能の怪物として扱い、外科的かつ／あるいは行動学的エンジニアリングによって人をある役割あるいは逆の役割に適応させようと試みているのは、私たちのより進歩した文明なのである。このように二極性は、性差が必然的に何であるかということより、むしろ性差について私たちが何を考えているかをよりよく物語っているのである。［Tresemer 1975: 314–315］

トレセマーは、半陰陽事例管理の医療実践を下支えし、多くの生体医学の研究を駆動している、ある／べき区別に狙いを定めた。彼が言うには、ジェンダーの二値的な「本性」は、前提とされるべきものではなく、議論されるべきものである。なぜなら、そのような観念が半陰陽者の正統性を否定しているのだからである。トレセマーは技術がイデオロギーを強化するために用いられる仕方、半陰陽者を投薬や手術によって二値的な性別の論理に回収する仕方を効果的に示してみせた。

> 恐ろしい「それ」が少なくとも部分的にであれ受容可能な「彼」あるいは「彼女」になるよう助力することが医師に求められている場合、生物学的雌雄同体者の事例に対して二つ一組の役割システムが適用される。［Tresemer 1975: 326］

トレセマーの分析は半陰陽者の生の現実に対する批判的なかかわりの模範として、こんにちまで読み継がれている。ローダ・アンガーの研究について前に言及した際、私は、彼女が広く性差を研究するなかで半陰陽事例管理に対して、限定的なものではあったが分析をおこなったことを指摘した。アンガーの分析もやはり心理学や生命科学にあらわれている、ある／べき区別を批判していた。彼女は問うた。ただ二つだけの性別が社会的に規定されており、その結果ただ二つだけの性別が本当に存在すると思われている西洋の社会のなかで生きる半陰陽者にとって、ジェンダーの二値的な構成は何を意味しているだろうか。半陰陽の子どもの誕生は必ず周囲の大人に一種の「『性別の構築』ゲームに加わる」ことを要求する（あるいは、もっと正確には、強制する）と思われる［Unger 1979a: 12］。アンガーの見方では、ジェンダーはいつも外性器の見た目に関連づけられているため、外性器の「曖昧さ」に対する斟酌はほとんど、あるいはまったくない。その結果「ノーマル」な外性器を構成する解剖学的諸要件から外れた子どもは、男らしい、あるいは女らしい見た目を与える外科的な処置の可能性に直面することとなった。アンガーは、技術によって二値的な性別のイデオロギーを強化することを可能にする諸条件を究明し、適切な女らしい、男らしい行動が何であるかについてのマネーの考えを批判した。しかし彼女の分析は性別の具体的な産出へのかかわり、したがって半陰陽者へのかかわりを欠いている。

最初のフェミニスト社会構成主義者の分析のひとつは、スザンヌ・K・ケスラーとウェンディ・マッケンナの『ジェンダー――エスノメソドロジーからの接近』[Kessler & McKenna 1978] であった(33)。ケスラーとマッケンナがこのテクストを書いていたとき、社会構成主義はすでに一〇年以上社会学のなかで流通していたが、その方法論は当時フェミニズムには好まれなかった。ケスラーとマッケンナは社会構成主義を、「二つの『性別』の世界が社会的に共有され、成員が現実を構成するのに使っている、自明視された方法の結果である」[ibid.: vii] ことを示すために用いた。社会構成主義のパースペクティヴは、研究者や理論家を含む社会の全成員を、日常生活の社会的相互作用のなかにしっかりと位置づけた。

ケスラーとマッケンナの議論の重要部分は、ジェンダー付与は決して出生のとき一回限りの出来事ではなく、日常生活の儀礼的過程として作動しているという事実に支えられている。彼女たちは最初のジェンダー付与を「ジェンダー割り当て」と呼んで、それをすべての後続の出来事から区別した。ジェンダー付与を過程として捉えることによって、一連のリサーチ・クエスチョンが生まれた。そのなかには「二つ、ただ二つだけのジェンダーから成る世界のリアリティの感覚は、相互作用のなかでいかにして

構成されているのだろうか」［Kessler & McKenna 1978: 45］という問いがあった。さらに、

存在するのはただ男と女だけであり、このことは特定の事例に依存しない客観的事実であるという感覚を私たちが生み出しているあらゆる具体的な場面において、私たちはどんな態度に対して、どんなルールを適用しているのだろうか。［Kessler & McKenna 1978: 5–6］

こうした課題に取り組むために、ケスラーとマッケンナは、複雑な相互作用過程としてのジェンダー配分の考えを提起した。彼女たちの指摘によれば、ほとんどの相互作用において、相互作用の当事者はジェンダーを相手に配分することと、相手からジェンダーを配分されることの両方に同時にかかわっている。もちろん人は自分自身に対してもジェンダーを配分している。科学者集団の成員たちがジェンダーを概念的に、そして文字どおりに、どのように構築しているかを検討するために、ケスラーとマッケンナは半陰陽者に関する医学的研究と生物学的研究に向かった。彼女たちの本はこの課題にたいへん多くの紙幅を費やしている。ケスラーとマッケンナは、除去したかった諸観念の構築性を強調するために、女／女児あるいは男／男児であることを構成する諸側面のうち、染色体あるいはホルモンのような、伝統的に生物学的と理解されてきた諸側面にさえジェンダーというタームを使った。

　彼らの研究は、二分法的な性別の観念、相互に排他的で対立するカテゴリーとしての性別の観念が、半陰陽者に携わる人々に、その半陰陽者が本当に男性である、あるいは本当に女性であると信じさせていった仕方について説得的な説明をおこなった。すなわち半陰陽者は、決して半陰陽者としてではなく、

実在する二つのカテゴリーの混合あるいは組み合わせとしてのみ概念化されており、言説においてもそのように位置づけられているのである。もちろん性的曖昧性の概念も、二つの、ただ二つだけの正統なカテゴリーによって構築された概念枠組のなかでのみ意味を持つ。ケスラーとマッケンナによれば、半陰陽者の事実性はジェンダー配分の過程を際立たせるものである。

彼女たちの本は、生物と医療の諸科学における二分法的な性別の産出に関する明敏で高度に批判的な分析をおこなった。しかしその方法論的枠組をもってしても、彼女たちがそんなにもその産出を批判しようとした資料それ自体に依拠してしまうことを防げなかった。フェミニストの学問のどこにでも見られるようなアンビヴァレンスを示しながら、ケスラーとマッケンナは、染色体、生殖に関連する体内器官、外性器、そしてホルモンに結びつけられた「さまざまな生物学的なアブノーマリティをともなって生まれた」[Kessler & McKenna 1978: 47. 強調引用者] 人々に言及した。彼女たちはまた、人のジェンダーは生物学的に決定されているという考えに反論するために有効だとして、マネーやストーラーのジェンダー研究を見いだした。彼女たちが依拠したのは、マネーによって提供された、半陰陽者が規範的にジェンダー化され成長できるということを示す証拠だった。たとえば、彼女たちは標準的でない性染色体を有する人々について検討し、「人に、ノーマルな女性という以外の何かのジェンダー・アイデンティティを発達させるように影響を与えたアンドロゲン不感性症候群（Androgen Insensitivity Syndrome: ＡＩＳ）の報告は一件もなかった」としている [Kessler & McKenna 1978: 50]。彼女たちの分析は、この問題ないジェンダー習得の記述が依拠している規範的な諸条件を検討するところまでは進まずに終わってしまったのである。またこのことは、彼女たちの考察が、臨床家たちの具体的な実践や彼らの文字どおりの性別の構築、つまり性器手術は精査せずに終わってしまったことも示している。彼女たちは半陰陽者にとってのジェンダーの生の現実を探索することもなかった。要するにケスラーとマッケンナの研究は、アンガーと同様、フェミニストの学問は二値的な構造の特権化された極点から外れた人々に対して、極点を明確化するための刺激としての役割を与えつつ、そのような極点が存在することの結果としての役割も与えるという、アンビヴァレントな態度によって特徴づけられていることを、際立たせているのである。

同じアンビヴァレンスはまた、医療倫理学者ジャニス・レイモンドの研究においても明白である。彼女はマネーの研究に対して強力な批判を提供したひとりだった。レイモンドは、マネーの研究が危険であると思っていた。それはフェミニストに広く受け入れられていただけでなく、「性差に関する一種の聖典」になっていた [Raymond 1979: 132][34]。レイモンドにとって、性転換手術（彼女の分析の鍵となる焦点）は、外科的処置を行動修正の様式として正統化する医療実践の歴史的な流れを推し進めるものである。彼女は一九世紀における陰核切除や現代の北アフリカにおけるそれには言及したし、マネーの読解を通して、その中心に半陰陽事例管理があることを十分に理解していたにもかかわらず、不思議なことに、現代の半陰陽事例管理における陰核切除については沈黙を守った。また彼女は子どもや大人に対する半陰陽事例管理の手術をはっきりと受け容れていたが、そのことは、トランスセクシュアルの性別の再割り当てについての彼女の立場と食い違っているように思われる[35]。

レイモンドはトランスセクシュアリズムや性別変更「産業」を公然と非難し、そのなかで、マネーの相互作用論的アプローチは本音としての生物学決定主義を隠蔽する単なる策略にすぎないと主張した。

彼女の見方では、生まれ／育ちの論争は時代遅れだとするマネーの主張は、単に論争のタームを、生物学は宿命に等しいとする観念から社会化が宿命に等しいとする観念に変える役目を果たしたにすぎなかった。さらにレイモンドは、マネーの自然法則に対する考え方、とくに社会化が胎児期のホルモンの影響の上にマッピングされるというマネーの考え方を批判しつつ、結局マネーのパラダイムを踏襲して、ジェンダー・アイデンティティの形成における社会化の力を認め、それが絶対的なもの、静態的なものになってゆくと考えた。いずれにせよ彼女は、半陰陽者にとってジェンダー・アイデンティティが持ちうる抑圧的な性質、つまりジェンダー・アイデンティティが身体を外科的、化学的に変形すべしとの命令を発するようになり、またそのような変形の結果としてしか獲得できないものになってしまうという性質について考察するところまで、批判を広げることはなかった。

マリリン・ストラザーンも同じようなマネー批判をおこなった。彼女によればマネーのようなジェンダーの説明は、たぶん他のいずれとも同様に、思想を反映しているだけで、具体的な現実を反映してはいなかった。曰く、

> ジェンダーについての思想が基礎を置いている性差は、解剖学的な諸特性の全体と、行動やメンタリティの質的な差異の両方にかかわっている。そのためほとんどの社会では、ジェンダーは自然なセックスの特徴の直截の表現であるかのようにあらわされている。［Strathern 1976: 50］

マネーが自然／文化の対立を調停しようとしたのは本当だが、他の二値的な概念に依存する傾向とメタ

理論化への衝動が、いくつかの彼の見解を、高度に複雑な現象を直截に表現する、魅力的なものにしたのも事実である。ケイ・デューが注意を促しているように、これは男らしさと女らしさのほとんどの概念に言えることである［Deaux 1987: 301］。

『女に注目した生物学に注目する女』と題した論文集［Hubbard, Henifin & Fried1979］のなかで、バーバラ・フライドは、言語の使用が現実の知覚を形づくり、そしてさらに現実の記述を——とくにセックスとジェンダーの「現実」の記述を——形づくるという観点から、マネーの研究を参照した［Fried 1979: 37–59］[36]。フライドはマネーのジェンダー習得理論と、彼がジェンダーを第一言語習得に結びつけていることに注目した。フライドは言語が単に「ある人のセックスとジェンダー・アイデンティティのつながりを伝えるだけでなく、実際にそのつながりを形成」［ibid.: 59. 強調原著］してゆくための諸手段を示すために、ジェンダーと第一言語習得の結びつきを用いた。フライドにとって、

> アプリオリなセックスとジェンダーの二元性を現実の基本的な構成として受け入れることにともなう根本的な問題は、セックスとジェンダーについての私たちの議論のすべてがこの構成体のなかでおこなわれなければならなくなるという点である。これまでジェンダーに対するセックスの関係についての研究がしてきたことのすべては、男性と女性という二つのカテゴリーにおける人間の活動の考察から、男性、男らしさと、女性、女らしさという二組のカテゴリーへと私たちを移動させることだった。［Fried 1979: 52］

フライドはまた、生物学的なものと環境のあいだの関係は非常に複雑で、多くの側面で理解不能だが、マネーたちのような研究者はそれらの諸関係を分り易く、容易に接近できる二分法で枠づけたと主張した。そうすることで、マネーは、いわゆる現実がいかにして彼自身や私たちによって知覚されるようになるかに影響を及ぼす内的メカニズムを不問に付した。マネーが彼以前に記録された事実を解釈した方法についての彼女の綿密な読みは、彼の科学的な解釈がどれほど文化に拘束されていたかを示した。

フライドもマネーの方法論を精査した。彼女は問う。半陰陽者を「基準」——半陰陽者といくつかの特性（階級、知能指数、そして「家族状況」のような）を共有している非＝半陰陽者——と比較することがどれほど役立ったのか、と。フライドの見方では、半陰陽者グループと非＝半陰陽者グループのあいだの態度の相違は生物学的な相違に帰されうるという想定は、人間の意識を見落とした、結局のところ、それが立証した以上のことを仄めかす誤謬である。

フライドは方法論的な観点からマネーに挑んだだけではなく、彼女の分析はまた、英語それ自身が持っている同語反復的構造、すなわちジェンダーによるセックスにしたがって分化した言語の構造にも注目した[37]。フライドによれば「言葉というものは二元論的な世界における私たちの信念のためのシンボルにほかならず」[Fried 1979: 55][38]、ジェンダーは定義からして二元論的な概念であった。そしてその信念こそが「一般にこの、そしてあらゆる既知の社会における女と男の生活は否定の余地なく異なっているという人間の経験を整序するのに、きわめて根本的な役割を果たしてきたのである」[ibid.: 55]。マネーについて議論するなかでフライドは、思考しうることの諸可能性そのものを言語がいかにして形づくり、規制しているかについて論じざるをえなくなったが、これは、マネーにとってジェンダーが言語とのあいだにきわめて複雑な関係をもっていたということを省みると、瑣末なことではない[39]。とはいえ、マネーの研究に対するフライドの批判もまた、まったく問題がないというわけではなかった。彼女のマネー理解は、もし何かがセックスでなかったら、それはジェンダーにちがいなく、逆もまた同様というものだった。これは私に言わせれば、当時の解釈から現在のよく知られた主張にまで見られる誤認、マネーにとってジェンダーは「育ち」に関するすべてであるという誤認の一例である。

これらの批判のほとんどは一九七〇年代末までに出現し、セックス／ジェンダー区別についてのマネーの断固たる態度とあいまって、フェミニストがマネーから距離を置くことに間違いなく寄与した。マネーの研究から離脱することによって、フェミニストの視界からは半陰陽者が脱落する結果になった。かつて雌雄同体研究がアングロ＝アメリカン・フェミニズムの経験的根拠の主要部分を形成していたが、一九八〇年代に入るまでにすでに、わずかな歴史的人物とサイエンス・フィクションの奇妙な登場人物を除いては、半陰陽者はフェミニスト著述のなかからほとんど姿を消した[40]。フェミニズムの半陰陽者に対する関係は、多くの意味で問題を含んでいたが、それでも半陰陽者は性科学的研究へのフェミニズムの関与が継続したあいだは現在に存在（*present in the present*）していた。その後の撤退によって、フェミニスト言説は半陰陽者を今ここから追放し、神話的、歴史的な領域への追放、そしてしばらくのあいだは憧憬の領域への追放を帰結したのだった。

あぁアンドロジーン、愛しきアンドロジーンよ

私がつぎに取り組みたいのはアンドロジーンの形象、より厳密に言えばフェミニズム内における理想型としてのアンドロジーンの躍進である。アンドロジーンの人気はフェミニスト学者のあいだでは明らかで、フェミニスト言説一般では一九七〇年代から八〇年代にかけて採り上げられた。つぎの諸事例が示すように、半陰陽者の苦境に対する配慮を欠いたフェミニストの著述群の生産は、アンドロジーンの、ジェンダーレスな（あるいはジェンダー＝フリーな）世界についてのユートピア的構想と並行して進行した。ふたたび、アンビヴァレンスがフェミニズムと半陰陽者の関係を特徴づける。

ゲイル・ルービンにとって、フェミニスト革命の全体的な要点は、人間性をジェンダーの拘束から完全に解放することであった。

もし性分業が、両性の大人が等しく子どもを養育するというようなことであったなら、基本的な対象選択は両性愛であったろう。もし異性愛が強制的でなかったら、この原初的な愛情関係が抑圧される必要はなかっただろうし、陰茎が偏重されることもなかっただろう。もし男を女より優先する権利を持たないような仕方に性的所有制度が再編成されたなら（もし女の交換がなかったら）、そして、もしジェンダーがなかったら、エディプス・コンプレックスのドラマは完全に歴史の遺物となっただろう。［Rubin 1975: 199–200］

ルービンにとってアンドロジーンはノスタルジックな憧れを表わしていた。彼女の分析において、アンドロジーンは根源的で汚染されていない、純粋な幼年期の状態、アンドロジーンの子どもたちが男児と女児へと「分割され変形される」より前に存在した状態であった［Rubin 1975: 185］。哲学者アリソン・ジャガーは「現在の男性と現在の女性の両方の文化」［Jaggar 1977: 105］のもっとも肯定的な諸側面を合体させた文化の再創造を求めて、類似のアンドロジーン的感性に訴えた。ルービンやジャガーにおいては理想化されているけれども、アンドロジーンはまったく現存しなかった。それは過去のどこかに、あるいはより望ましい未来のどこかいるのである。

　ほかはそんなに穏健でない。心理学者ジューン・シンガーは、「女性の価値」を特権化したモデルを提供し、後の文化的フェミニスト、大文字のWを用いた「女性（Woman）」概念の先駆者であったろう。シンガー曰く、アンドロジーンは分化したジェンダーの抑圧から自由な世界を、団結してもたらすことができる、並はずれた意識の状態である。彼女の世界ヴィジョンは、協同、集団的目標の追求、直観、そして結びつきといった、伝統的に女に結びつけられてきた諸価値が、競争、個人主義、合理性、そして権力、暴力よりも好まれるというものだった［Singer 1976: 29］[41]。要するにアンドロジーンの人は、典型的な女らしさの具現として表象された。アンドロジーンは、このように規定されたものとして捉えるならば雌雄同体でも両性愛でもないが、しばしばそれらのどちらか、あるいは両方と間違えられた。シンガーにおいて、雌雄同体は「反対の性別の性的特性が一人のなかに見られるような生理学的なアブノーマリティ」［Singer 1976: 30. 強調原著］を意味した。彼女が言うには、文芸や神話において「雌雄同体者は虚弱者か怪物で、いずれにせよアノマリーである」［ibid.: 30. 強調原著］。他方、両性愛は、シンガーの信じるには、ある人の男らしさや女らしさについての混乱や、ジェンダー・アイデンティティの明瞭さの欠如から生じた心理学的状態であった。病理化しようとする衝動がここに如実にあらわれている。雌雄同体の生理学的状態と両性愛の心理学的状態は、本質的に同じ方法で病理化されている。これは、私が検討の対象とした資料群の随所に見られるモノセクシュアル偏向の、もっとも極端な表現である。シンガーは半陰陽者を断固として人間性の領域の外に位置づけ、両性愛をすでに常に不全・障害として位置づけている。

アンドロジーンは異性愛を通して、あるいは、より厳密には「ジェンダー・アイデンティティを解消した性交を通して」[Singer 1976: 37]、その究極の身体的な表現を見ると言われた。この考え方の下では、明白で安定したジェンダー・アイデンティティがその解消のために必要な前提条件になっている。そしてもちろん、安定したジェンダー・アイデンティティのための必要な前提条件はとくに、性的身体と異性愛の性的指向である。理想型としてアンドロジーンを奨励した他の人たちはこれほど勇ましいモノセクシズムには陥らなかったけれども、(42) シンガーの研究は、ジェンダーやセクシュアリティについてのマネーの考えから展開可能で、じっさい展開されてきた行き過ぎの一例であった。(43) マネーは、アンドロジーン的アイデンティティの可能性を考慮に入れていたが、そのようなアイデンティティは、彼の見るところ実現可能な存在様式ではなかった。マネーにとって、アンドロジーンは半陰陽者における適応不良の徴候だった。

トレセマーはここでもやはり、ユートピア的なアンドロジーンと半陰陽者のあいだにアンビヴァレントな関係を認めた少数のフェミニスト学者のひとりだった。雌雄同体に結びつけられてきたアノマロスあるいは奇形的なものとしてのすべての否定的な含意にもかかわらず、「心理学的なアンドロジーンのメタファーとして生理学的な雌雄同体者を敬い、畏敬する」強い伝統が、たとえばユングの研究において、または歴史的な記録においても認められる、としてその関係を歴史化した。

一九七九年以降、一九八五年に登場したアン・ファウスト＝スターリングの『ジェンダーの神話』を除いては、フェミニストの言説のなかでは半陰陽者について何も述べられなかった。もちろん半陰陽者は医科学や性科学の言説のなかではその存在を維持していた。しかしフェミニズムがふたたび半陰陽事例管理やマネーの研究に対して精力的なかかわりを開始するまでには、さらに一〇年を要したのである。一九九〇年代のフェニストの学問についてはつぎの章で論じよう。

世話した揚句、手を噛まれる

本章を締めくくる前に、マネーのフェミニズムに対する、しばしば不愉快ではあってもしばらくは互酬的だった長いかかわりに注目しておこう。じっさい、時の経過とともにマネーの研究のフェミニズムに対する関係は、まさに「飼い犬に手を噛まれる」という体のものに変わっていってしまったかもしれない。マネーは当初、自身をフェミニストのプロジェクトの盟友として位置づけたが、歳月を経るにつれてしだいにその方向性に批判的になり、その中心から疎外されていった。本章の議論が証したように、多くの意味で互いに幻滅が募っていった。

すでに触れたが、マネーのもっとも広く読まれた『男と女、男の子と女の子』の索引には、「女たちの解放、引用可能な部分」［Money & Ehrhardt 1972: 310］という項目がある。この項目の下に、読者を本文中の特定の部分、すなわちマネーが解放運動家の指針に役に立つものと考えた部分へと導くたくさんのエントリーがある。この索引が、マネーがどのようにフェミニストの論争にかかわろうとしたかについての、おそらくもっとも明確な例証である。私が言及したエントリーのなかには、「分化における女性の優先[44]」という挑発的なものがある。指示されているページを開くと、読者はつぎの文章を見つける。

専門的でないタームで述べたが、胎生期の解剖学から得られるのは、男性より女性を作る方が自然にとっては容易だという知見である。胎生期について、そして胎児についてのおおかたの一致した見方によれば、男性が生まれるためには何かが付け加えられなければならない。ことによると同じパラダイムがジェンダー・アイデンティティの分化にも適用可能かもしれない。ただしこの仮説の決定的な証拠はまだ得られていない。［Money & Ehrhardt 1972: 147］

一九八〇年代後半に「イヴ／アダム原則」の名でマネーがふたたび論じることになるこの理論は、フェミニズムのなかで熱狂的に推進されるより前、一九五〇年代、六〇年代の医学や心理学の研究サークルにおいてかなりの牽引力を持っていた[45]。マネーの初期の研究を引用して、たとえばミレットは『性の政治学』においてつぎのように断言している。

現在では、妊娠のある時期に、アンドロゲンの作用がY染色体とともに胎児を男性にするまで、胎児は原初的に、生理的に、女性であると考えられている。[Millett 1971: 30][46]

胎児の成長についてのこの理解は、フェミニストのあいだですぐに公理のような地位を獲得し、こんにちまで依然として自明の所与とされたままである。すべてのヒト胎芽が（雌雄同体というよりむしろ）女性として生命を開始するというこの見解は、男性の優先性が自然であるとする生物学決定論者の主張を拒否するための、フェミニストにとっては思わず釣り込まれずにいられないような証拠を提供した。それはまた、伝統的に「女らしさ」に結びつけられた価値を物象化することによって男性／女性のハイアラーキカルな関係をひっくり返すことを求めたフェミニストたちの利益に適うものでもあった。残念ながら、このような理論に訴えることにはたくさんの問題がともなう。

第一に、始原（default）としての女性の概念は、能動性を男らしさに結びつける（何かがたまたま男性を「作る」）、そして、受動性を女らしさに結びつける（女性の身体は何も起こらないことの結果であり、したがって「怠惰（default）な性」である）という陳腐な想定に支えられている［Fausto-Sterling 2000a: 197–205］。第二に、ハイアラーキーをひっくり返すことは、それを断ち切り、挑戦することにほとんど有効でない。というのはそれに本来備わっている権力関係が維持されてしまうからである。しかも新たなハイアラーキーは再度のひっくり返しに対して脆弱であらざるをえない。第三に、その訴えはそれ自身、男性／女性の二値的な対立を強固にする。生理学上の両性のあいだのいかなる類似点（類似点もたくさんあるのだ）も隠蔽するだけではない。それは男性のなか、女性のなかにある多様性も隠蔽し、二値的構造からこぼれおちる人々を抑圧する役目をも果たす。これは、まさにフェミニストと医科学の身体と主体性についての理解との関係がいかに複雑で、しばしば矛盾していたかを物語る、もうひとつの事例なのであり、多くの部分で、これらの矛盾はいまだ解かれないまま放置されているのである。

マネーは女たちの解放のプロジェクトを当初は支援していたが、ジェンダーがフェミニストの学問や運動において持たされた意味をめぐって失望が募り、ついにマネーはその辛辣な批判者へと変わっていった。彼の失望はセックス／ジェンダー区別の強固さに集中していた。彼はその区別について、学習メカニズムや中枢神経系の役割を説明できない間違った二分法であると常々主張していたのだった。マネーがそのことを確信したのは、セックス／ジェンダー区別がセックスをジェンダーから切り落として好色な肉体の悦楽のなかに投げ込み、そうすることでジェンダーを首尾よく中和したという事実によってであった。その中和された形式におけるジェンダーは北米の文化を支えている性＝否定的なネオ＝ピューリタニズムに合流してしまったというのがマネーの見方だった。

ジェンダーの中和は、新たな反＝セクシュアリズムの潮流の一部である。それは反＝セクシュアリズムの専制時代を到来させうる政治に、その邪悪な食指を伸ばしている。アメリカはピューリタニズムの反＝セクシュアリズムにその歴史的起源を有するため、この点、とくに脆いのである。

[Money 1985a: 287]

マネーは、「ポルノグラフィに反対する女たちの会」のような団体やアンドレア・ドゥウォーキンのような個人が表明したラディカルなフェミニズムによるポルノグラフィ分析を見てますます失望を深めていった。すべてのポルノグラフィを暴力的な、女の品位を下げるものとしたそれらの分析は、彼の見るところでは、格別粗野な、それ自体女の品位を下げるようなものであった。それが粗野だと言うのは、それがポルノグラフィの各々のジャンルの特性や、ジャンルごとの読者の特性を認識できていないためであった。彼はその分析が女の品位を下げると思っていたのは、それがすべての女を、見境なくどうにも暴力的な男性のセクシュアリティの被害者——あるいは少なくとも潜在的な被害者——として描いていたからである。

ポルノグラフィに敵意を燃やす女たちによって開始された一連の社会的ドグマの一教派においては、サドマゾ的な暴力あるいはレイプの画像だけではなく、すべての性愛的な画像がポルノグラフィと同一視されている。すなわちすべてのポルノグラフィは、その教派の定義によれば、男のセックスの対象としての女の服従、男の権力と暴力の被害者としての女の服従と同義なのである。[Money 1985a: 287]

マネーの失望は激しい怒りとなって、女を不運な被害者として位置づけ、性＝否定的な文化に道を開いたフェミニズムおよび社会構築主義への非難をもたらした。このことは、最終的にはジェンダー平等の掘り崩しにまでいたった。

ラディカル・フェミニズムにおいて、レイプは性的な攻撃あるいは強制の行為ではなくて、男性が女に対して永久に犯し続ける暴力および侵害の行為として、ラディカルに再定義された。フェミニストの運動はその対抗者を生み出してしまった。その運動は第一歩を踏み出すためにまず、より弱い性である女は、男の保護の力に依存しているという伝統を存続させる必要があるのだろう。女の役割は苦難だと人目を忍んで囁き合わねばならず、彼女たちを犠牲にする男の救いなき被害者でなければならず、助けなしには何もできない無能者でなければならないらしい。［Money 1995: 74–75］

マネーの怒りは、すべてのフェミニストを「アメリカの性的危機のスケープゴート」［Bockting 1997: 413］にしてしまった。さらにそれは、多くの意味で彼自身の主張を補足するものとなった性＝肯定的なフェミニストたちの分析から彼の眼を塞いでしまった。

結　論

歴史的な大変動の時期、ジェンダーはついに政治的、学問的フェミニズムの語彙として定着した(47)。主に白人中産階級の運動として始まったものが、「女」という実体的な記号のもと、表象・代表の政治をめぐって、ますます内部からの、とくに有色の女たちからの挑戦に直面した［Moore 1994］(48)。それらの挑戦は政治的な戦略の変化、すなわち平等の政治から差異の政治への変化と同時に生じた。一九八〇年代はまた、フェミニスト理論の構造主義的転換、顕著な理論的細分化をともなう転換の時期でもあった。[49]

続いて起こった認識論的な論争は問題の核心に到達し、自然を「知る」こと、性を知ること、そして「身体を」を知ることがいかにして可能かに関連して、それらの論争に用いるターム群を整備した。フェミニスト哲学者は、自然を知ることは不可能だという観点、一九八〇年代、一九九〇年代に身体についての多くのフェミニスト批評の要点を提供した観点を主張することで、この論争に加わった。セックスの明白な自然さ——かつて疑問視されることのなかったカテゴリー——が注目され、セックス／ジェンダー区別それ自身が精査されはじめた。かつて、あるレヴェルのフェミニスト分析にとって非常に実り多かったその区別は、二元主義的な論理のなかに徹底的に埋め込まれてゆくにつれ、しだいに束縛へと化していった。[50]

けれども同時にこうした束縛は、セックス／ジェンダー区別に固有の諸問題の発見に役立ったという意味では高度に生産的であった。その発見は、身体の差異や性差をフェミニストが理論化しようとする努力を鼓舞するのに役立った。一九九〇年代までは、フェミニストの学問の主要な関心事は、セックス／ジェンダー区別によって作り出された「問題領域」であった［Butler 1990; Gatens 1983; 1996; Nicholson 1994; Sedgwick 1991］。[51] ある意味、現実への接近という問題に取り組むこと（徹底的に哲学的な探求）によって、そして英語を操作することを求めることによって、これらのフェミニスト理論家は、マネーが身体と分かりやすい関係を持たないアイデンティティを説明するための概念を探すなかで直面したのと類似の問題に取り組んでいた。

多くのフェミニスト学者が半陰陽事例管理や半陰陽者の苦境にふたたびかかわり合うことを始めたの

も同じ時期、二〇世紀末であった。フェミニスト学者はもういちどその視線を、ほとんど問題にされないままになっていた主要な医療実践に向けた。後の章で私は、半陰陽者やその支援団体が、そして盟友としての学者たちがジェンダーを説明する方法を探究する際、その主要部を考察する。そこで示すこととなるように、ジェンダーは、これまでのフェミニズムにおけるのと同様に、大いにその領域内で告発され、異議申し立てに直面している。

この章では、一九七〇年代のフェミニストの学問におけるジェンダー概念の変則的で一貫しない使用を可視化し、ジェンダーの概念史全体のなかのひとつのエピソードとして「フェミニストのジェンダー」を位置づけるために、半陰陽者に対するフェミニズムの矛盾した関係を強調してきた。ジェンダーがフェミニストの言説に入ってきたのは一九七〇年代の初めのことだったが、概念的な明晰さや一貫性に対する要求は一九七九年に至ってもまだ続いていた。これは、フェミニズムにおけるジェンダーの定着が問題なしというにはほど遠かったことを示す説得的な証拠である。マネーの理論や方法に対する多くの初期の批判にもかかわらず、そして主要な構成原理としてジェンダーに依存することについて、一部のフェミニストたちが早い時期にはっきりと不安を述べていたにもかかわらず、フェミニズムの理論的および政治的なプロジェクトに対するその概念の有効性は、結局そのような心配に勝ったのである——少なくともしばらくのあいだは——。

概念としてのジェンダーは、人がひとつのジェンダーとして具体的に経験する暮らしと同様に、歴史的および政治的な特定の時点における予期せぬ変化に翻弄される、動的なものである。一九七〇年代の道行をつうじてフェミニズムのなかでジェンダーがどれほど疑問視されていたかを考えると、こんにちにおけるその主要な構成概念としての優越性は驚くべきものという以外の何物でもない。フェミニストの思想に埋め込まれはじめてから五年のうちに、ジェンダーは、あたかもそれが常に存在していたかのように、あたかもその意味が普遍的であるかのように、そして、あたかもジェンダーがフェミニズムそれ自身の発明であったかのように記述され、語られるようになったのである。

フェミニズムは、階級、人種、年齢層、およびコンテクストが「女」という記号とどのように交わるかを知り、それらとかかわりあうために活用されてきたけれども、最近まで、性の多数性と直面し、かかわりあう必要がなかった。皮肉にも、このことは明らかにマネー自身が最初からずっと直面し、かかわり続けてきたことであった。ますます明らかになってきたように見えるのは、セックスというカテゴリーに対するフェミニズムのアンビヴァレントな関係である。そして批判的に物質の問題（matter of matter）にかかわることへのフェミニストの気乗りなさは、ジェンダー、セックス、そしてセクシュアリティの性科学的、そして医科学的な理解の中心をなす二値論理が強化されることを意味した。ビディ・マーティンの指摘によれば、

> ジェンダーは、男性と女性のセクシュアリティを含むレヴェルで、二値的な対立関係を安定させ普遍化させるという仕事、つまりかつて生物学的な性差の想定がおこなっていた仕事をするようになった。［Martin 1994: 104］

故意であろうとなかろうと、セックス＝ジェンダーの二値論理に賭けたことの帰結のひとつは、半陰陽

者がいつまでもただ中間にしか存在できないということである。そこから彼らが未完成であるという観念までは紙一重である。その特殊な論理は臨床の枠組では何らかの意味を持つだろうが、私は社会文化的な文脈におけるその有効性に疑問を感じている。私はグリアと同様、私たちがどうすれば別様に考えることができるかに関心がある。どんな介入ならば、二形的な性差をめぐる現代の論争を捕らえ続けている循環的な思考を断ち切ることができるだろう。どうしたら間違った性別を持たされた身体の生の現実へのかかわりが性差の観念に影響を与えるだろうか。これらが、私が最終章でより徹底的に探究する問題の一部である。なぜか。なぜなら半陰陽者が文化のなかにひとつの場所、より明確には今ここにひとつの場所を確保するにつれ、これらの問題が緊急性を増しつつあるからである。

第4章　「ラヴマップ」とリマレンス

はじめに

本章では、欲望の問題を採り上げて、マネーの「ジェンダー」の性愛的な要素に関する分析に目を向けることにする。ジェンダーとセクシュアリティのどちらについても、流布している公理の多くは、直接にマネーにさかのぼることができる。そして、彼がジェンダーを理論化するうえで中核をなし、また常になし続けていたものこそが欲望だったのだが、それは当然の成り行きであった。マネーによる説明を思い返してほしい。ジェンダーという概念は包括的なタームとして機能しており、性愛的なものに限定されているわけではないにせよ、それを含んでいるのである。

厳密かつ正確に用いるなら、ジェンダーは、概念的にはセックスよりも包括的である。それはひとつの傘のようなものであって、性器や性愛、また生殖に関するものも含め、性差にかかわるさまざまな構成要素をそのうちに納めているのである。［Money 1988: 52–53］

ジェンダーをセクシュアリティとの絡まりから解きほぐすのはひどく難儀な仕事だが、それも無理のないことである。これまでジェンダー概念の系譜学においては、性愛的なものについて考察されることがなかったため、事実上その概念を中和することになったのである。マネーが言っていたように、「汚らわしい肉欲」［Money 1988: 52］とのいっさいの結びつきを取り除いたのだ。[1] こうした切り捨てもまた、セックス／ジェンダー区別——筆者が試みてきたのはこの区別に対する分析と抵抗の両方である——を強化する働きを担うこととなった。

マネーが一九五〇年代の中頃にジェンダーという概念を導入してからというもの、多くの人がその概念にいろいろの介入をおこなってきた。前の二つの章ではその様子に焦点を当てて時間的な軌跡を追ってきた。第二章では、精神分析医ロバート・ストーラーがジェンダー概念に加えた数多くの介入を考察した。彼は一九六〇年代の中頃にジェンダー・アイデンティティとジェンダー役割を区別したのだが、それ以上に重要なのは彼がジェンダーからセックスを概念的に分離した最初の人物だったことである。セックス／ジェンダー区別がもたらしたインパクトは甚大であった。かつてはそれ自体が傘のように、自分らしさのうちに含まれる生理学的、心理学的、性的、文化的な諸々の構成要素を包摂していたセックス概念は、生物学的な事柄（つまり「生まれ」）だけを表わす標識となった。そしてジェンダーが、主体性をなしている諸要素のうち社会文化的なもの（つまり「育ち」）を表わす標識となったのである。

セックス／ジェンダー区別は、ストーラーにとっては理論的に有用だったものの、その区別を支持する者たちが性的なるものを取り扱う仕方を制限することとなった。

第三章では、ストーラーの介入の後、一九六〇年代後半から一九七〇年代後半にかけて女たちの運動が採り上げたジェンダー概念を追った。ジェンダーというものがフェミニストに与えたのは、男女関係に関して、ある理論的および政治的な立場を表明する手段であった。ジェンダー概念によってフェミニズムは、女性が社会的、経済的、政治的に低い地位にあるのを生物学決定論をもちだして説明するやり口に、敢然と立ち向かえるようになったのである。セックスはジェンダーの作動を下支えする生物学的な原料と見なされた。つまりセックスは、社会文化的な意味でそれに対応するもの、つまりジェンダーに対して受動的、それどころか従属的だとされた。ジェンダーは、セックスや肉欲に結びついた含意が取り除かれることで、強力な概念的道具になり、分析の中心的対象にもなった。「ジェンダー」がフェミニズムの語彙として定着するまでにはほぼ一〇年を要したが、にもかかわらずそれは、ほどなくフェミニズムのプロジェクトにとって欠くことのできないものとなった。実際にどれくらいなくてはならなくなったかというと、一九八〇年代、そして一九九〇年代にわたって、フェミニズムは、ジェンダー概念を自分たちの発明だと主張するようになってしまったほどである。だが時がたつにつれて、フェミニズムの理論を打ち立てるうえで、セックス／ジェンダー区別に由来する諸々の制約が現われはじめた。二値論理によって課された制約である。同時にそれらの制約のおかげで、セックスとジェンダーのあいだにある厄介な距離を対象とするような研究領域が、ひとつまるごと活性化されることにもなった。

先行する二つの章での筆者の意図は、何をもって人間であるとするかを理解するために、セックス／

ジェンダー区別から生じる諸々の帰結に光を当てることであった。ストーラーは事実上、デカルト的な心身二元論を復活させた。マネーが五〇年以上に及ぶ理論構築の営為のあらゆる局面で、頑なに受け入れを拒んだ二元論である。フェミニズムはフェミニズムで、セックス／ジェンダー区別に傾倒したがためにその二元性を補強し、さらに深く刻み込むことになってしまった。ストーラーもおおかたのフェミニズム理論家も、性的なるものをジェンダーの地平の外側にあるものとして考慮の埒外に置いてしまい、そのため、実際のところいったい何が性的なるものを構成するのかに関しては、一九七〇年代、一九八〇年代を通じて大して語らずじまいだったのである。(2) だがセックス／ジェンダー区別へのこうした傾倒は、半陰陽者にとっては重大な含意があった。というのもジェンダーは、たとえどんなふうに表現されていたとしても、こんにちに至るまで、彼らを人間未満の存在へと降格させることに頼ってきたからである。それと同時に半陰陽者は、半陰陽でない人たちのほうこそが完全な人間であり、また完全な人間だとされ続ける、根拠のひとつをなしているわけである。

第一章ではマネーが最初期におこなった理論化の作業に目を向けたが、ここではマネーのジェンダー概念のうち、彼が自分の着想をより広範な人々にまで適用した後のエロトセクシュアルな構成要素に焦点を当てることにする。(3) これまでの諸章で、半陰陽者の立場を、より広いジェンダー概念とのかかわりのなかで求めたのとちょうど同じように、以下ではまず、半陰陽者が初期の性科学の諸理論との関係でいかなる位置にあるかを示す。雌雄同体者の形姿は、エロトセクシュアルな欲望に科学的方法が適用された最初期からずっと、性科学の理論や分類法が発展するうえで決定的な役割を果たしてきた。半陰陽者がそこかしこでジェンダーに、そしてその延長でセクシュアリティに結びつけて語られるのは、逆説的に思われるかもしれないが、性科学にとって二形的な性が普遍的だとする根本的な証拠となったのが、歴史的に見ると彼／彼女たちの存在だったからなのである。

続いて私が考察するのは、欲望、とくに同性間でのそれや他のかたちのいわゆる異常性欲が性科学のなかで歴史的に理論化されてきた、そのさまざまな仕方である。マネーの考えは真空のなかで生まれたわけではない。彼の理論は、性科学思想の歴史のずっと広い文脈のうちに位置づけることができる。初期のセクシュアリティ言説は、こんにちの目には「ヘンテコ、トンデモ、笑えるくらいに馬鹿げている」［Gallagher & Laqueur 1987: xv］と映るかもしれないが、しかし同時に、現代の性科学研究に浸透している諸々の支配的想定の連続性を明らかにしてもくれるのである。以下ではそうした主張がマネーの仕事を緻密に読むことで支持される。

私としては、まずは性科学に含まれるいくつかの方法論上の特徴を吟味するところから始め、そのあとで、性科学理論が作り上げて長らく命脈を保っている、問題含みな五つの原理に立ち入ることにする。議論される諸々の方法論と原理はすべて、カール・ハインリッヒ・ウルリヒスの遺産である。(4) 彼が自分の考えを小冊子のかたちで公刊しはじめたのは一八六〇年代後半のことである。ウルリヒスの仕事は性科学の発展を先取りするものであった。彼自身は医学ないし科学の訓練を受けていなかったものの、性愛的なものについての研究に科学的方法を適用したのは彼が初めてだったからである［Kennedy 1997a: 125; Kennedy 1997b］。

マネーの理論はさまざまな新しいタームを提供し、分類体系を刷新したものの、それらの理論および方法論を支える基本原理は決して新しいものではなかった。マネーは、半陰陽現象に関して網羅的な用語体系を与えようとしたのと同時に、あらゆる種類の欲望をマッピングして名付けることに自身のキャリアの多くを捧げたが、それは性科学の伝統に沿いつつおこなわれたのだ。[5]彼は、それまで「倒錯的」とカテゴライズされてきた欲望を受け入れ正統化しようと努力したが、二形性の枠組にはまり込んでいたため、男性への欲望は常に最初から女らしいものであり、女性への欲望は常に最初から男らしいものとしてしまった。つまり、「同性」への欲望は完全に正しいものであるはずがない、というわけだ。じっさいマネーはそうした欲望を転位した欲望の表われとした。その結果、彼の性欲理論は性対象逆転理論の範疇に分類される。マネーは生まれ／育ちの区別を拒否していたにもかかわらず、また育ち論者との世評にもかかわらず、彼の着想には、人の解剖学的特徴は心理学的特徴と一致しているという考え（もちろん半陰陽の場合は除くが）、そして個人の性愛的な指向には何らかの生まれもった基礎があるという考えがつきまとっているのである。彼が概念的に苦しい立場に追い込まれていったのも無理はないことだった。

性科学思想における雌雄同体者

一九世紀後半は、性科学が誕生した時代であった。歴史家たち、なかでもフーコー（そしてさまざまな分野における数多くの後続者たち）は、同性愛という主体を発明したのは性科学者だとしている[Foucault 1990]。しかしながら、歴史上の記録はそうした主張を直接には支持しないと主張する人たちもいる。そこで示唆されているのは、医学と精神病理学の言説のほうがむしろ患者たちの産み出した物語からの流用なのであって、性の改革者たちの言説と共謀して臨床の準拠枠内で用いられるようになったということだった［Bristow 1997: 179］。(6) それどころかこの説明によると、公式の医学や科学の言説というのは、あえて実名で語った人々の産み出す言説に対する、一種の対抗言説として記述するほうがより正確だということになる。しかしこうした捉え方はどれも、ある人物が一世を風靡し、影響力を発揮したことを勘案していない。すなわち改革者にして性の科学者、なおかつ同性愛者という、主体としての位置を複数同時に占めた人物が存在したのである。

無秩序な身体に関する多様な表象が、規範から逸脱したセクシュアリティに関する表象へと収束するようになったのは、一九世紀中のことだった。そして初期の多くの性科学者がセックスと欲望とについて過剰なほどの分類や理論を作り出していくにあたってひとつの科学的根拠としたのが、雌雄同体者の形姿だった。(7) 初期の性科学者の構想にとって好都合なアナロジーが、一九世紀の中頃から後半にかけての胎生学の文献によって用意された。すなわち、どのヒト胎芽も性別上は未分化な形態で発生するという理解、および陰茎と陰核が、(8) 卵巣と睾丸の場合と同じく相同構造、つまり同一組織から発達するという事実に由来したアナロジーである。ヒト胎児がある段階までバイセクシュアルないし男女いずれに向けても発達しうる状態にあるという考え方は広く知られていった。そしてそれによって、性に関する初期の研究者たちは異常性欲がどのように発達し、またその起源がどこにあるかを（二値主義的な仕方で）理解する手段を手に入れたのである。(9)

胎生学のアナロジーは別の側面でも機能した。当時、雌雄同体は、こんにち同様、一般的には男女どちらかだけの性質と考えられている特徴を混ぜ合わせたものとして理解されていた。したがって雌雄同体者と同じようなものとして同性愛の非＝雌雄同体者を捉えることができると考えられた。男性に性的魅力を感じるということは、欲望している当事者が宿る体が男女どちらであるのかには関係なく、変更のきかない女性的欲望だと見なされた（逆もまたしかり）のである。言うまでもないが、こんにちでもジェンダーがセクシュアリティやセックスに絡まってしまっているのを解きほぐそうと懸命な人たちほど、こうしたもつれを引きずっている。セクシュアリティを科学的に説明しようとした最初の人物はウルリヒスだった。彼は素朴に、同性愛とは心の雌雄同体をなすものと考え、雌雄同体と同性愛とのあいだに関連があると見なした[10]。これがあったから彼は「第三の性」という、男女と同格だが男女いずれとも質的に異なるあり方を提案できたである。

第三の性という観念には、さまざまな歴史的文脈における多様な意味がともないつつも、プラトンの著作にまで遡る長い歴史がある[11]。第三の性は、もとは逸脱した身体のことを一般的に表わすために言及されていたのだが、一九世紀後半以降、それはしだいにセクシュアリティの逸脱を指すのに用いられるようになった。ウルリヒスは第三の性のことを、プラトンの『饗宴』から言葉を借用して「ウルニング」と名付けた。彼にとって、ウルニングないしウラニアン（天王星人）が自然の産物であることの証拠となったのが、雌雄同体の存在だったわけである。しかし彼の理論は論争を引き起こさずには済まなかった[12]。

ウルリヒスの仕事が引き起こした議論のなかには、彼が医学の訓練を受けていないという事実に起因するものもあった。精神分析や医療の同業者界隈に身を置く多くの人たちにとって、そのことは彼の考えを却ける十分な根拠となった。さらに追い打ちをかけたのが、彼が自分もウルニングだと公言していたことだった。これのために多くの批判者たちの目には、彼は耳を傾けてやるよりも治療のほうが必要な人物だと映ってしまったのである。ホモセクシュアルという言葉を初めに（一八六九年頃）発案したとされるカロリー・マリア・ベンカートのような人たちからも、やはりウルリヒスの考えは攻撃された。というのも、ウルリヒスの説明によれば、男性のウルニングは「女性のこころ」を持っていることになるからである。ドイツ領邦諸国の統一によって特徴づけられるこの時期は、著しく男性中心主義的な文化が進展していたために、ホモセクシュアルというタームの発案者たちは男性同士の欲望を女性化してしまうことには強い反感を抱いたのだ。同性愛概念のうちでも、逆転とか交差といった考えにもとづいた同性愛概念と、純粋で理想化された男の絆のあり方として男性同士の欲望を奨励した同性愛概念とのあいだには、最初から緊張が存在したのである［Bullough 2000; Hekma 1994］。

第三の性という言葉を大衆化した責任は、マグヌス・ヒルシュフェルトにあると言われている。規範から外れたセクシュアリティや主体性について彼が提案した図式は、雌雄同体者の形姿にひどく頼ったものだった(13)。実際のところ、ヒルシュフェルトのモデルに示される諸々の類型は、それぞれがひとつの雌雄同体の類型を表わしている。すなわち生殖器が曖昧な場合を指すのが生殖器型であり、（つぎの類型とあわさって）私たちがこんにち半陰陽と解しているもの――身体の、身体だけの条件――に関連する。第二次性徴期に脂肪組織や体毛、声のトーンなどが曖昧な場合を指すのが身体型である。当人が主観的にトランスセックス化している場合を表わすのが心理型である。そしてこれらの類型が同性愛をともなうと、サイコセクシュアル型に含まれるとされた［Bauer 2006; Steakley 1995］。このようにしてヒルシュフェルトは、自分流に第三の性モデルを修正したのだった。

私たちの語法では通常、精細胞を担っているほうを素朴に男とし、また卵細胞を所有しているほうを平たく女と記述しているだけである。男っぽい特徴を有する女や、女っぽい特徴を有する男は存在する。そして、性的中間者という表現で理解されているのは、これらの混合形態のことである。以上については、性差を四つのカテゴリー〔男性的特徴を有する男、女性的特徴を有する女、女性的特徴を有する男、男性的特徴を有する女〕に分類すれば、もっとも明瞭に整理することができる。[Hirschfeld 1991: 97. 強調引用者]

規範から外れた欲望や主体性を雌雄同体と結びつけた初期の性科学者はもうひとりいる。それは『性の精神病理』[Krafft-Ebing 1886/1998] の著者リヒャルト・フォン・クラフト＝エビングである。彼の仕事の土台は精神分析医学の臨床の枠内にあった点で、初期の多くの性科学者や改革者とはかなり違っていた(14)。性行動と主体性について、一九世紀末の精神分析の臨床において支配的だったパラダイムは、退化をめぐる諸々の考え——退化すれば進歩の競争と人種間の競争に敗れるという点で、植民地支配にとって不安の源泉になる——に取り憑かれていたのである(15)。医療の重心が物質的な身体から、自己を内に含んだ身体へとシフトしたのは、こうした風潮のなかでだった。とはいえつぎの引用がはっきり示すように、クラフト＝エビングのような精神分析医が自分の主張の理論的基礎としたのは、あいかわらず生まれもった有機的身体のままだった。

男の純粋型と女の純粋型とのあいだに中間的な諸段階はありうる。それは胎児が元来バイセクシュアルな性質を持っているのと完全に一致する。こうした中間諸段階が存在するのは、胎児の両性愛からの退行の条件、とくに遺伝的な退行条件にもとづく私たちの現在の（身体的な性的特徴と心理的な性的特徴とが一致している）モノセクシュアリティに、何らかの干渉がなされたためかもしれない。［Krafft-Ebing 1998: 30］

クラフト＝エビングにとって、セクシュアリティは欲望や性的指向、性的行為以上のものを指していた。それはパーソナリティ、思想、意志、感情までも包摂するものだったのである。彼の分類体系には四段階からなる発達モデル、進歩の図式が含まれていた。その諸段階の両極には、もっぱら同性愛で、異性愛の傾向をほとんど有さない人（サイコセクシュアルな雌雄同体者）と、生理学的な変形をともなう正真正銘の「アブノーマルな性的素質」［Krafft-Ebing 1998: 258］を有するもっとも極端なタイプが置かれた。この後者のカテゴリーに入る人は「反対の性の」パーソナリティや感情を有しているだけでなく、身体上の変形もともなっていると考えられ、そのため「人間学的には反対の性と」［ibid.: 258］似ているということになった。ここで言われている変形とは、身体の形状、脂肪の分布、声の高さや質、また人と接しているときの顔貌に関係しており、したがってヒルシュフェルトの言う身体的雌雄同体者と似たものだった。

右の問題は、性愛的なもののいくつかの側面とこんにちジェンダーとして知られているものとが、進歩や純潔、堕落といった観念とどのような仕方で混ざり合ったのかを示す申し分ない例を与えてくれる。胎児の発達を頼りとしたことで、一九世紀後半の多くの性科学者たちや性の改革者たちにちょっとしたジレンマが生じたのである。その理由はまさに、彼らの理論が植民地主義の社会政治的環境のなかで展開されたことにある。性の二形主義は、より進歩した人種的発展の印だと信じられたのだ。つまり二形的な性を有する人が多ければ多いほど、その人種は文明化されていると言われた。身体と精神においてモノセクシュアルであればあるほど文明度の高いというのである。この結果、同性への欲望に対して、ある曖昧なイメージが現われることとなった。すなわちホモセクシュアルは一方では本来的な異性愛からの退行として表象されつつ、他方では文明化される以前の多種多様なセクシュアリティへの先祖返りとしての回帰として表象されるようになったのである［Bleys 1995］[16]。

雌雄同体者の形姿をめぐる矛盾した表象は、男性と女性の優れた部分すべての統合体を表象する神話的観念と、過剰な奇形の怪物としての雌雄同体者の観念とのあいだで、古典古代より交互に入れ替わってきた。エリザベス・グロスツの指摘によれば、歴史を通して重大視されてきた奇形の多くは過剰性の怪物としてのそれ、つまり「二つないしそれ以上の頭部や胴体、あるいは腕や足を有していたり、生殖器が重複していたりする」［Grosz 1996: 46］人だった。フーコーはこうした過剰性を別の観点から採り上げ、こう示唆していた。すなわち歴史的には、奇形と見なされたそれらの人々は自然の秩序に対する二重の冒瀆——半人半獣——を表わし、そのため同時に「不可能かつ禁止されたもの」とされたのである［Foucault 1997: 51］。

医療技術の進歩によって、二〇世紀初頭までには身体的な性に関する支配的な理解は混乱しはじめていた。人の身体の性別が絶対的な基準として依拠できるものでないことが明らかになるにつれ、臨床家たちが生理学的な根拠だけによって雌雄同体者の性別割り当てを正当化するのは難しくなった。性別を割り当てる際に、社会的アイデンティティや性的指向のような心理社会的要因が重視されるようになっていったコンテクストはこれである［Hausman 1995: 77–84］。アルバート・エリスにおいて明らかなように、一九四〇年代中頃までにはそうした心理社会的要因の重視は完全に地歩を固めたのだった。

異性愛の雌雄同体者とは、自分の育ちの性別にとっての異性に対して性的欲望を向ける雌雄同体者のことである。同性愛の雌雄同体者とは、自分の育ちの性別に属する人々に対してリビドー的欲望を向ける雌雄同体者のことである。両性愛の雌雄同体者とは、男女どちらとして育てられたかにかかわらず、両性に性欲を向ける雌雄同体者のことである。［Ellis 1945: 109. 強調原著］

エリスはクラフト＝エビングの見解に共鳴して、個人の性愛的な傾向と指向は、たんに養育過程の結果であるのみならず、当人の心理社会上の男らしさあるいは女らしさを構成する、切り離せない部分でもあると考えた。このために彼は半陰陽者を、異性愛、同性愛、両性愛（代わりに「サイコセクシュアルに未成熟」とも言われる）という枠に当てはめたのである［Ellis 1945: 109］。

半陰陽者の社会心理的な性質に関するエリスの理解のなかに、完全に二値的な論理が染み込んでいたのは明らかだが、しかしそのこと自体は、雌雄同体者に対して彼が異性愛、同性愛、両性愛という枠を当てはめたのに比べれば大したことではない。エリスは雌雄同体者のエロトセクシュアルな性質を二極的な論理の内部で理解したことで、結果的に第三の性という形象を無用なものにした。こうした概念の移動の結果として、雌雄同体の主体は、認識論的にも存在論的にも消し去られることになったのである。

本章では追ってジョン・マネーの仕事に議論を戻し、エリスの考えがマネーの理論形成に対して有した意義を明らかにしたい(17)。

性科学の方法論についての考察

初期の性研究者たちは、いまなお引き継がれている一群の概念的指針を産み出したのに加え、性科学の伝統に深く植えつけられることになる多様な方法論を採用した。ウルリヒスの仕事は性科学が学問の一分野として発展する先駆けとなった。その領域が多くの点で依然として彼に負っていることは歴史的記録から明らかである。

ウルリヒスは事例研究というかたちで情報を集め、包括的な分類図式を発展・洗練させ、行為とアイデンティティを区別してデータを蓄積した。またこれらを道徳的評価に立ち入らない仕方でおこなった[Bristow 1997]。事例研究は性科学的探究の特質となり、こんにちまで継続されている。これが性科学の第一の方法論的特徴である。事例研究とはドキュメンテーションの方法のひとつであり、たいてい個人の自己呈示の様子、その医学的診断、個人史などを微に入り細を穿って記述するのが特徴だとされる。事例研究の注目すべき特色は、個人たちに自分のこれまでを語る機会が与えられ、それらの語りの多くが症例記録として一字一句そのまま記録されることである。そうした自分語りは、臨床家の解説が逐一添えられている場合を見かけることもあるが、解説抜きで単体で記録されるのも珍しくはない(18)。

性科学の第二の方法論的な特質は、性類型の包括的な分類をたえず発展させていることである。こうした科学的方法を支持する者たちは、それを適用することでありとあらゆる性の謎を明らかにできると期待している。科学的方法の中心的要求のひとつは、分類とカテゴリー化とに題材がしたがうことだからである。性科学者たちはみながみな、分類システムを発展させて絶え間なく洗練させることで、規範から外れた欲望のカテゴリーを完全に網羅しようとしてきたし、また多くの場合、性類型ないしパーソナリティ・カテゴリーを形成しようとした。ウルリヒスは多くの同時代人たちの冷笑の的だったが、彼の諸々の図式は、それらカテゴリーの細目と複雑性の両方において依然として意義深いものである。

性科学の第三の特質は、性的行為を性的指向から区別したことである。その区別はウルリヒスによって早くも一八六八年には明示されている[19]。その区別がもっとも明白なのは、おそらく彼がつぎのような男たちについて論じているケースだろう。すなわち、本来的には女に惹きつけられるのに、ときどき他の男とセックスする、という男たちについてである。彼はそうした男たちのことをウラニアスター(Uraniasters)と呼んだが、それはウラニアンとはまったく異なるものだった。なぜならウラニアスターは「男であり、ずっと男のままだからである。男としての彼の本性が背後に押しやられるのは一時的にすぎない。女の愛に対する彼の男性的な感受性が途絶えることはない」[Hirschfeld 2000: 40]。こうした性的行為と性的指向の区別は、クラフト゠エビングの仕事においても明白である。彼は、臨床家たちが自分の診断の完全さを主張するには「倒錯」と「変態」を明瞭に区別する必要があると強調した。曰く、

性的本能の倒錯は、性的行為における変態と混同されるべきではない。なぜなら後者は心理゠病理

学的以外の条件によって誘発されることがあるからである。具体的な変態行為は、たとえどれほど異様でも臨床的には決定的ではない。病気（倒錯）と背徳（変態）のあいだを区分するには、個人のパーソナリティ全体と、変態行為へと導くもともとの動機とを調べなければならない。そこに診断の鍵が見つかるだろう。［Krafft-Ebing 1998: 53］

ウルリヒスが初期の性科学者たちに授けた第四の遺産は、データの収集において道徳的判断の余地はないとする考えだった。多くの性科学者たち――クラフト＝エビングは明らかに違ったが――は、ウルリヒスの見解を真剣に受け取った。その見解とは、自分たちは専門職として責任があるし、たしかに人間のセクシュアリティのあらゆる現われ方を、道徳的判断の影響抜きに記録する義務があるいうものである。たとえばハヴロック・エリスやマグヌス・ヒルシュフェルトは、性的「アノマリー」（つまり生殖につながらない性的行動）について膨大な量のデータを集めることにキャリアを捧げ、またその際、そうした性的行動やその実践者たちを病人扱いしないという人たちのなかにいた。ヒルシュフェルトは、この件について自分の立場をつぎのようにはっきりと示した。

いかなる感情的な表現も抜きに、真に事実にもとづいた仕方で表わすことが、第一の戒律である。つまり可能な限り客観的たること、可能な限り事実に重きを置くこと、そして、あらゆる点で偏見に捉われないことである。［Hirschfeld 2000: 27］

ウルリヒス、エリス、ヒルシュフェルトといった人たちは、規範から外れた欲望を病気扱いするのに抵抗したが、しかし自分たちの仕事を他の人々がどう利用するかについてはほとんどコントロールできなかった。じっさい、彼らのデータは当時診断の参考として利用できた範囲の情報を補うために、医師や精神分析家たちに使われたのである。だが性の研究者たちの後続世代は、ヒルシュフェルトの戒律を固く守り通した。たとえばアルフレッド・キンゼイは、性の研究は「道徳的価値や社会的慣習の問題からは完全に切り離された科学的事実の蓄積」に取り組むべきだと固く信じていた［Kinsey et al. 1948: 3］。マネーのアプローチも同様であり、それがもっとも顕著に表われているのは、倒錯という呼び名を改称し、再分類することだった。倒錯という語をパラフィリア〔11〕というタームに差し替えることは、倒錯というタームに結びついた道徳的な含意を避けるための、熟慮のうえでの試みだったのである。

性科学の諸公理

性科学思想はその当初から、鍵となる五つの公理に貫かれており、それらはこんにちでも残っている。それらは性科学の領域では欠かせないため、疑問に付されることはめったにない。これらの公理は、セクシュアリティに対する理解だけでなく、性科学におけるジェンダーの理解をも支えている。

これらの公理のうち第一の、そして間違いなくもっとも根本的なのは、種の再生産・生殖こそが人間存在の究極目的を表わしているという考えである。この考えはチャールズ・ダーウィンの祖父エラスムスによって一八〇〇年代初頭に人口に膾炙するようになった。彼は性差と有性生殖は「自然の傑作」

［Darwin, E. 1803: 35–36］だと力説した。この原理にしたがうなら、性行為は、快楽の追求よりもむしろ生殖の命令に駆り立てられていることになる。だがこれを前提にすると異性愛の鋳型から外れた性の表現諸形式を説明できないばかりか、異性愛の鋳型に収まるはずの性行為、たとえば陰茎の挿入をともなわない表現形式すらも説明できなくなってしまう。

一九世紀の中頃から後半にかけてのダーウィニズムの興隆、もっと正確に言えばその人間の社会的存在への応用は、物質的身体が社会的身体との関係で理解されるようになる仕方に重大な影響を及ぼした。ダーウィン革命は結果として、こんにちに至るまで依然として生物学的探究と社会的探究の中心にある生殖パラダイムを制度化した。その「積算効果」［Herdt 1994: 32］として、二形的な性差は、時空を通じて安定的だとされる二値原理へと変換されたわけである。このことは多くの重大な帰結をともなっており、うち二つは目下の議論と関連がある。第一に、前戯という言葉が裏づけるように、生殖につながらない異性愛の行動はすべて、メイン・イヴェントのための準備段階という役回りを与えられた。その帰結をキャロル・ヴェンスが雄弁に論じている。すなわち「生殖にかかわるセクシュアリティ（異性愛における挿入のこと）は、セックスのメニューにおいては肉とポテトに該当する主菜として現われ、食前酒や野菜、デザートとして配置される他の行動をともなう」［Vance 1999: 44］というわけである。

第二の副作用は、生殖につながらない性行動はすべて、ノーマリティと病理のあいだの連続のうえに位置づけられる、一連の症候とされるようになったことである。生殖が規範的なセクシュアリティの試金石となったとはいえ、潜在的には誰もが倒錯者の汚名に塗れうる。結果としてノーマリティと逸脱のあいだの境界線はどんどんぼやけることになったが、それというのも、ノーマルとされるセクシュアリティが、常にその内部に倒錯的な欲望の諸要素を含んでいたためである［Padgug 1999］。もっぱら医科学だけが「骨や器官についての反駁しようがない現実」に迫る存在となり、医科学に自然の「真理」を洞察する能力があると信じられるようになるにつれ、その真理は道徳秩序の正当な基礎として支持されることになった［Laqueur 1990: 239］。人間の性別には男性と女性の二つが、その二つだけが存在するという原理は、そうした、反駁しようがないとされる医学的真理のひとつだったのである。

性科学のプロジェクトの中心に当初から位置している第二の公理は、性はその見かけにおいて二値的ないし二形的だという観念である。ここで私が性と呼んでいるのは、男性らしさ、女性らしさの、中間のないカテゴリーとして身体にインデックスされた性と、性愛行為や欲望、妄想や趣味に対して付されたインデックスとしての性である。初期の分類体系には、あらゆる形態における生命が二形的な性に基礎づけられるとの想定が染み込んでいた。性的欲望は異性同士が惹かれ合うことだ、という考えにもとづいて理解されていたためである［Bristow 1997; Herdt 1994; Kennedy 1997b］。以降、多様な分類図式がこの原理の上に確立されていくが、それらの原型としてふたたび用いられたのがウルリヒスの命名法であった。ウルリヒスはこう提案していた。男が女に「自然に」惹きつけられ、逆もまた然りであるのに対応して、ウルニングの場合、男性的なウルニング（Mannlinge）が惹きつけられるのは常に女性的なウルニング（Weiblinge）である。要するに、男らしさと女らしさは、互いが正反対であることをもって相互補完的だと考えられたのである。

時がたつにつれ、ウルリヒスの理論構築にとってこの想定は問題含みであることがしだいに判明した。しかしウルリヒスは彼の中心原理として性の二形性は放棄せずに、性の諸変種について「眩暈がするほど並べ立てられた膨大な数のカテゴリー」〔Kennedy 1997b: 33〕を創り出して対応した。とはいえウルリヒスは胎生学の文献を読み、最終的には男性と女性のあいだの差異があまりに強調されすぎていると確信した。ウルリヒスからすれば、男性の身体構造に女性器官の残滓があり、その逆も同様にあること――とくに女性にウォルフ管〔分化・発達すると男性の輸精管や貯精嚢になる〕が残存し、男性にミュラー管〔分化・発達すると女性の輸卵管などになる〕が残存すること――は、身体の性と精神の性とが正反対という人がいることの証拠だったのである。こうした洞察はあったけれども、性の二形性は当時の性科学に強固な影響力を維持していた。半陰陽者の臨床に従事している人たちのあいだでさえ（あるいはこれらの人たちのあいだでとくに）そうであった。これまでの性研究者と理論家たちは、性の二形性という考えに疑問を挟むべき証拠が揃っているのに、あいにくその射程や有意義さに異議を唱えず、むしろその原理に「適合」するよう自分たちのデータを解釈してしまう傾向があったのである。

性科学思想の歴史を通じて作り上げられた第三の教義は、「同性」に向ける欲望あるいは指向は規範に適った標準的な欲望の逆転を表わしているという考えである。規範に適っているということでこのコンテクストで考えられているのは、男性への欲望を必然的に女らしい特徴、女の正しい属性とし、逆に、女性への欲望を男らしい特徴、男の正しい属性とすることである。性対象逆転モデルの原型を用意したのは、またしてもウルリヒスの理論だった。彼の諸々の造語は時間の試練に耐えることができなかったけれども、彼の思考と方法の痕跡は依然として残っている。

性対象逆転モデルは、初期の性科学者たちの用いた唯一のモデルというわけでなかったのは確かだが、ハヴロック・エリスやエドワード・カーペンターなどの仕事のなかでは、妥当なものとしてその領域を支配するようになった。この点について（性科学にかかわる多くの歴史家や批評家たちがしてきたように）注意しておくと、性対象逆転者はこんにちの同性愛者と同義ではない。逆転という言葉はむしろ、マネーのジェンダーのように、包括的なタームとして機能した。そのタームによって逸脱的な諸々のセクシュアリティがひとつの範囲に取りまとめられていたのであり、同性愛はそれら多くの逸脱的なセクシュアリティのひとつにすぎなかった［Bleys 1995; Prosser 1998a; Storr 1998: 11–26］。つぎに論証するように、人間のセクシュアリティとジェンダーに関する現代の理論は、逆転という幻影を土台にし続けているのである(20)。

性科学思想の全体を通じて見られる第四の公理は、規範から外れた逸脱的な欲望には何らかの器質的ないし先天的な基礎があるという観念である。この原理は一般に、セクシュアリティの起源は、ジェンダーと同じく胎児の発育の最初の三カ月間にあるという考えとして表現されている。そのうえ胎児期の発育を頼みとすることには、ある効能がある。その効能は、遺伝学的説明によって与えられるそれと似てなくもない。どちらにも、変わらぬものという意味が暗に含まれるからである。ウルリヒスは未分化な胎児とのアナロジーを引き合いに出したおそらく最初の人物だった。彼にとって子宮内での分化とは、三つのありうる結果をもたらす過程であった。男性、女性、ウルニングの三つである。ウルリヒスは雌雄同体の形象を援用することで、ウルニングの胎児は雌雄同体の精神を発達させているのだと論じることができたのだった。

当時の多くの医者や精神分析医には、倒錯者というラベルを貼られた人たちは、生まれもった条件のために病気を患っているのだと考えられた。もっと進歩的な医者は、ある種の逸脱的な性的行為――かっては不信心者や犯罪者のおこないと見なされた——は、実際には、個人のパーソナリティ全体のうちの無意識の部分の発露なのだと主張した。要するに、それらの人たちは「そう生まれついた」というわけである。医者たちは、倒錯者の治療は、刑法よりもむしろ医療にかかわる事柄だと主張し、医療の領域を拡げることができたのだった［Katz 1995: 92］。さらにパーソナリティを強調することによって、当時生まれつつあった精神分析（そして後には心理学）という領域が、異常な欲望を管理するうえで重大な役割を果たす道が開かれたのである。

性科学において一貫して堅持されてきた第五の公理とは、外性器の形態が人の感情における性別を決定しているとする考え方である。二値的性差の概念にもとづいてある種の生物学が発展し、それはどうやら性別間の差異を信頼できる仕方で表象する手段となったようだった(21)。外性器の解剖学的構造が、心理学の織物に編み合わせられたのである。これは「陰茎か陰核かのどちらかというのとまさに同じ意味で、感情は男性的か女性的かのいずれかだと考えられるようになった。つまり解剖学と心理学は等しい」［Katz 1995: 51–52］ということを意味した。ヘルトによって示唆されているのは、アノマロスな個人という問題が、ヴィクトリア期後半における性科学者たちと性改革者たちの双方の第一の関心事になったということだ。そうした関心が分類図式の増殖を招いたのだった。すなわち、性的二形性の原理を拒むような精神、行動、そして／あるいは身体を発見し説明するためにデザインされた分類図式の増殖である。なかでもクラフト゠エビングの仕事は「不健全な愛」と解剖学的なアノマリーとの結びつきを論証しようと試みている点で特筆に値する［McLaren 1999: 91］。どういうわけでそうした熱烈な関心が生じたのだろうか。二値モデルの限界が理由だろうか。性の諸変種を包含したり説明したりできないがために、説明への衝動が産み出され刺激されたということだろうか。同性愛がひとつの主体・主題として誕生したのは栄えある一八〇〇年代後半だという考えが、フーコーのおかげで広く受け入れられるようになった［Foucault 1990］。検査され、発見され、暴露されるべき主体・主題が、その瞬間に生まれたのである。こんにちではそうした仕事――医学においても治療術においても――に欠かせない諸技術が現に存在するということも等しく重要である。フーコー的権力分析を、性的逸脱に対する一九世紀後半の関心――権力が物事をおこない、物事を産み出すのはそこにおいてである――に適用して言えるのは、アノマリーを産み出しその増殖を引き起こしたのは、二形主義それ自体だということであった［Foucault 1977］。これを中心にして、こんどは思想ならびに臨床実践の勤勉な努力が結集することとなったのだった。

心理学と解剖学を合成することでもたらされた遺産は、言うまでもなくこんにちでも明白である。パーソナリティの諸々の特性をジェンダーの観点から再解釈する動きが進展中であり、それは心理学の理論と実践でも、医療や性科学や生物学の研究でも、そして人文科学や社会科学内部の多くの諸分野（膨大な数のフェミニズムの理論構築を含めて）の隅々までも、そうなのである。もっとずっと単純化されたかたちにおいてではあるが、メディアや大衆向けの文献もまた、自己治療産業[12]によって産み出されたテレビ番組や映画、印刷物、文献を通じて、この動きに寄与している。ジェンダー化の強化と、それへの支持はこれほど多くの領域から、これほど広範にもたらされているのである。その顚末として、この観念は永遠の真理を偽装するまでになったのである。それでは、心理学と解剖学の合成は、マネーが性と欲望についての理論を形成するうえでどのように現われていくだろうか。

マネーによるセックスと欲望の理論

ジョン・マネーのセクシュアリティ理論は、ジェンダー理論と同じく半陰陽者に負うものであった。ジェンダーへの規範的な適応は、規範的なセクシュアリティへの適応、つまり異性愛への適応を含んでいた。半陰陽者が、割り当てられた性別に対して感じる違和はさまざまなかたちであらわれたが、たいていは各々の性生活を通じてあらわれた。性的な違和感が、両性愛的あるいは同性愛的な欲望を通して、ジェンダーに対する違和になっていったのである。

マネーは、処置を受けたたいていの事例、つまり「臨床的に認定された」半陰陽者で、女児として育てられた人は、成長すると曖昧さを残さず完全な異性愛の位置を取るようになったと主張し続けた。思い出してほしい。マネーとハンプソン夫妻の初期の仕事において、人の心理学的な健康を測定するうえで、当人たちが表わす性的指向、および／ないし、実現した性的指向は、尺度として決して小さなものではなかった。[22] 女に対する欲望を表明するような女児は、マネーたちによると子宮内で何らかの男性化の過程を被っているに違いない。彼らは胎児期、とくにジェンダーの最初の臨界期を、発達中の脳に対して特定の刺激が作用することが可能な期間と考えていた。ただし彼らは、この過程がどう働き、また何を引き起こすかを語ることはできなかった。半陰陽事例管理実施要項の立案者としてマネーが強い関心を持っていたのは、「異性愛の半陰陽者」を産み出すことにこの実施要項が役立つかどうかだった。彼の治療モデルの正しさの証拠となったのは、とりわけ異性愛という基準だったからである［Money

1988: 127]。半陰陽者は模範的な男性、女性となるよう期待されただけでなく、立派な異性愛者となるよう期待されたのである。

マネーは、ジェンダーとは自然か文化いずれかの産物ではなく、むしろ双方の複雑な相互作用だと主張したが、セクシュアリティもまさにそれと同じだと考えていた。また彼は、アルバート・エリスおよびその多くの性科学の先人たちにならって、セクシュアリティとは主体性を構成するひとつの独立要素というよりは、むしろジェンダーの構成要素だとも主張した。マネーは、社会決定論や生物学決定論の説明に対してつねづね批判的だったのに、それらとは別の決定論、つまり発達決定論の利点には賛成したのだった。マネーにとって、人の性的な位置取りないし指向は、胎児期を含めた発達史の結果だったのである。個々の決定因が先天的か後天的かはどうでもよく、マネーにとって重要だったのは、それらが決定因になったということそれ自体だった。彼は、性的な位置取りと指向はジェンダーと同じ仕方で脳のなかに固定されていくと確信していたからである。「適切」とされる発達の道筋からのどんな逸脱も、いかにしてそうした逸脱が生じたのか、より正確に言うと、何がいつ間違ったほうに行ってしまったのかについて説明が必要となる。

マネーの仕事には、約一五〇年前にウルリヒスによって初めて展開された基本的な教義と方法論のほとんどすべてが、はっきりとあらわれている。彼のジェンダー理論において明白であるのとまったく同じように、ウルリヒスの思考の痕跡は、マネーのセクシュアリティ理論の全体に見られる。マネーが提起したのは、すべての人はジェンダーのコードを指定したテンプレートだけでなく、それとよく似た構造のセクシュアリティのテンプレートを持っているという考え方だった。セクシュアリティのテンプレートは、ジェンダー・テンプレートで覆われているとされた。一九八〇年代の中頃、マネーはこのテンプレートのために「ラヴマップ」という新語を造り出した。これは人の将来の性的スタイルと性愛的な嗜好の、第一決定因を表わすものだった。マネーの定義によるとそれは、

心と脳とにおける、人それぞれに異なる発達の表象あるいはテンプレートのことであり、理想化された恋人であるとか、心象や理想のなかに投影されたその恋人と耽る理想化された性愛行為のプログラムとか、あるいは現実にその恋人と耽るそれを描くものである。[Money 1988: 127]

ここには、人のセクシュアリティには器質的な基礎が存在するという考えがマネーの理論でどのような仕方で現われているかを示す一例があらわれている。このラヴマップは子宮内で発達するだけではない。それは、出生後の環境の刺激を受けて脳に固定されていくのである。ジェンダーのコードを指定するテンプレートと同様、人のラヴマップもひとたび固定されたら最後、どうやら変化を受けつけないらしかった。刷り込みには不変性の含意があるが、固定という概念も同じだというわけである。マネーのジェンダー理論は臨界期という概念に依存していた。そこから考えれば、彼がセクシュアリティを同じ仕方で説明したとしてもたいして意外ではなかろう。彼はエロトセクシュアルな位置取りについて発達的な説明を与えたが、それは胎児期において始まる一連の段階ないし順序を含んでいた。胎児期における発達のある時点で、一定範囲のセクシュアリティの二形的特質が脳内に定着し、それが異性愛、同性愛あるいは両性愛といった特定のエロトセクシュアルな指向にその人を向かわせるというわけである。彼が

主張したのは、性的な位置取りは、他と同等にジェンダー・アイデンティティの構成要素だということであった。

マネーは、いかにして万人が性的指向を持つにいたるのかを説明するために、実験にもとづいた動物の研究や、「胎児期の発達においてホルモンのレヴェルがアブノーマルだった経歴が分かっている人々」[Money 1988: 123]を直接の証拠として引き合いに出しながら、またしても自分の考えを、半陰陽者から人々一般へと拡大適用した。これは「アブノーマル」から「ノーマル」へという思考の転移が、マネーの仕事のなかでどう現われたかを示すもうひとつの例である。マネーの見るところ胎児期は性的指向の唯一の決定因ではなく、またこの過程のうちで始原的な、つまり最重要と解されるべき段階でもなかった。人の性的指向の原初的起源は同じ発達期でもむしろ、ジェンダー・アイデンティティが男性か女性かに分化する乳児後期と幼児期早期のほうにあると考えられた。そしていったん確立されれば、後の思春期におけるホルモンの変化によってその性的指向が完全に発現するというわけである。

セクシュアリティに適切な理論を与えんとするマネーの試みは、セクシュアリティの起源を人生最初の数年のうちに封じ込めたがために閉塞してしまった。人生の経過の途中で性体験、性行為には明らかな変遷が生じるものであって、それは静止や固定化を物事の完成形とみる理論的な構えではほとんど説明不能である。性的指向が人生の最初期に確立されてから(そのうちいくらかは胎児期に確立される)、それが個人の性生活を顕現させるまでに時間的懸隔があることも問題であった。これは彼自身が認めるように、とくに人の性生活の質的次元に関するデータがほとんど存在していなかったためである。

にもかかわらずマネーは、人の性的な位置取りはパートナーの身体の形態と外性器(言うまでもないが、相応しいと目される外性器）にもとづいて定義されるとの見解を、断固として維持した。それはつぎの定義から明らかである（セクシュアリティをジェンダーとして枠づけている点に注目されたい）。

ジェンダー・アイデンティティが同性愛的か異性愛的かを決定づける特性は、恋に落ちる対象にできるパートナーの身体の形態と外性器の構造が示す性別が、それぞれ自分のものと同じか違うかである。両性愛者にとってはどちらも有資格だろう。［Money 1988: 32］

女性に対する男性の性的なパートナーシップは、男性に対する男性の、あるいは女性に対する女性のパートナーシップと比べて広く認められるので、同性への欲望は、マネーにとっては、性別に相当するコーディングが何かの要因で混線してしまったことを意味した［Money 1988: 103］。マネーは二値主義を断念することができず、あるいは断念しようともせずに、自縄自縛となり、自ら概念的な困難に陥った。それは彼がホモセクシュアルないしレズビアンの欲望を病気ないし悪と見なしたことではない。というのも彼は、すべての善良なる性科学者たちと同様、道徳的に中立的な立場から自分の仕事に取り組んだのだからである。それはたんに彼のモデルが、異性愛規範を（偶然ないし故意に）破る人たちのことを、何か失敗したものという観点から説明できてしまったことである。同時にマネーが主張するには、ゲイ、レズビアンそして両性愛者におけるクロスコードは、人のジェンダーのコード化にとって単なる一構成要素――エロトセクシュアルな構成要素――を指しているだけだった。なぜなら、同性愛においてはクロスコードされたものがほとんどないかもしれず、実際これが、完全に男らしいジェンダー・コードを有している——彼らが愛の対象とするパートナーの性別を除いては——ゲイの男たちについて言えることである。そしてレズビアンにとっては逆が言える。［Money 1988: 103］

ここに私たちは、ホモセクシュアル主体とレズビアン主体を回復しようとする試みを見る。人の性的な位置取りは、ジェンダーに関するほかのすべての構成要素（職業、遊びにおける興味、知的な関心、家庭生活）のいずれからも切り離して考えることができた。にもかかわらず最終的には、諸々のステロタイプを混合したすべての行動と興味関心とが、マネーの図式においては、クロスコードあるいは転移現象とされたのである。

マネーは決定的な証拠が欠如している場合でも、因果的説明を提起せずにはいられないのが常だった。マネーが性的指向の決定因子として、胎児期と思春期におけるホルモンに与えた重みは、入手可能な証拠を上回っていた［Money 1988: 114］(23)。こう述べることで私は、ホルモンが人のセクシュアリティの質ないしリズムに関与していることを否定しようとしているわけではない。マネーの主張の強さと、明白な証拠の欠如とのあいだの齟齬を指し示しているのである(24)。彼は、胎児発達の特定段階におけるホルモン浸透が、その人の二形的な性の分岐および欲望の方向性の引き金を引いたという決定的な証拠を産み出すのに、性的指向の内分泌学的研究が失敗してきたことを認めていた。そこで出生後の環境の決定諸因を考えたのだった。

マネーは当時の性科学が、非＝半陰陽の子どもにおける異性愛、同性愛あるいは両性愛と、それを促進するかもしれない生育歴上の条件の類型とのあいだを関係づけるいかなる仮説も受け入れないことを知っていた。だがそれは、彼が決定因として有望と信じたさまざまな諸条件を見つけ出そうとすることを思いとどまらせはしなかった。それら諸条件とは、解剖学を心理学と同一視する、つまり、その人の外性器がその人のジェンダーを決定することを示してくれるもののことである。非＝半陰陽者が同性愛者や両性愛者になることについて、マネーはそれぞれ予備的な必要条件をともなう三つのシナリオを提供した。第一は少年少女期に性的な予行演習をして遊ぶことに対する社会的な禁止を予備条件とするシナリオである。第二は同輩集団によるスティグマ化を予備条件とし、第三は敵対的な親子関係を予備条件とするシナリオである。

マネーによると、第一の予備条件、つまり少年少女期に性的な予行練習をして遊ぶことは、彼らの将来の性的な位置取りおよび性的な健康にとって不可欠であった。彼の見るところ西欧諸社会における子育ての主たる特徴は、幼少期に、禁止、叱責、仕置きという誤った対処をおこなってしまう点にあった。誤った対処がなければ、少年少女時代の性的な予行演習の遊びは、何の問題もない目的論的な様式で、異性愛の予行演習へと必ずや発展するはずのものだった。そうした環境で育てられた子どもたちは「思春期に同性間の社交よりも異性間の社交に親しむようになり、こうして彼らのセクシュアリティが形成される」と言われた。その含意は、少年少女期の性的な予行演習の遊びがその人を異性愛へと導き、ジェンダー・アイデンティティを発展させるよう働く、というものだった。むろん、そうした遊びの抑圧とセクシュアルな指向のクロスコーディングとのあいだにいくらかでも直接の因果的関係が存在するのかどうかについては、マネーは確実なことは言えなかった。だがマネーは、ある民族誌的記録によって、そうした因果関係があるかもしれないという思いに導かれた[25]。その記録は「少年少女のあいだでの性的な予行演習の遊びが罰せられたり妨げられたりしない諸社会では、大人の同性愛が存在しないか、稀である」理由を説明するとマネーは言う。

少年同士あるいは少女同士での性的な予行演習の遊びは、それが慣習によって許されていないわけではないところでは、両性愛的な適応性をもたらすことはあるかもしれないにせよ、成人期の同性愛をもたらすことはない。[Money 1988: 124]

しかし問われなければならないのは、もし西欧諸社会の子育てが、マネーの示唆する仕方で、つまり誤った対処によって同性への欲望の形成に寄与しているとするなら、なぜそれら西欧諸社会は同性愛的あるいは両性愛的な指向を有する人をもっと多く生み出さないのか、という疑問である。そうしたコンテクストで育てられたほとんどの子どもたちは、まさにマネーが指摘するところの禁止に従属しているのである。

子どもの将来のセクシュアリティに対する同輩集団の影響すなわち第二の予備条件については、その人のジェンダー・アイデンティティの確立における同輩たちの役割を思い返してほしい。あるジェンダーたるべく学習することは、あなたのジェンダーにとって何が適切で何が適切でないかを学ぶことを含意していた。これがアイデンティティ形成と相互補完の過程を含んでおり、自己と他者を確立するのであった。

このパースペクティヴからは、子どもの生育歴における何かが、同性愛あるいは異性愛へと向かう、予め存在する傾向に作用しなければならなかった。その何かというのが、おそらくは子どもの同輩たちの影響だった。

マネーは同輩の影響の肯定的作用と否定的作用、つまり彼らがどのような「同調、強制、賞罰、そして反逆者に烙印を押す様式と基準」[Money 1988: 72] の下に置かれているかについて書いた。「解剖学的にノーマルな」外性器を有する子どもにとって、規範的なジェンダー役割とステロタイプ的な行動への彼らの非同調に対して烙印が押されてしまうことは、将来の発達の決定因として作用した [ibid.: 73]。半陰陽者については、マネーは、人が女児と男児のいずれとして育てられるかに左右されるクロスコーディングを説明するために、分岐する二つのシナリオを考えた。女児として育てられた半陰陽者に対して、彼は、胎児期における脳の男性化を必要な予備条件として特定し、また男児として育てられた半陰陽者に対しては、同輩たちからスティグマを付与されることに原因があるとした。マネーは形が異なる外性器を有することと同性への欲望(その人のパートナーの身体の形態が引き合いに出して)のあいだに直接の相関を作ったのである。人と異なる外性器がスティグマ化を招き、幾人かはそれによって「ちゃんとした男の子」[ibid.: 72. 強調引用者] でいることができなくなったのである。この説明によって、ゲイの欲望が遊び場から生まれるのに対して、半陰陽者におけるレズビアンの欲望の発生原因を胎内に見つけ出すことができた。たとえ失敗した自然だとしても、半陰陽レズビアンも自然の産物だというわけだ。つまり彼女の同性愛は「天然もの」であり、彼の同性愛は文化によって作られたというのである。

外性器手術はまずは、子どもの同輩たちによるスティグマ化に備えた保険として、したがって両性愛あるいは同性愛として現われてくる、交差ないし移調されたジェンダーの発達に備えた保険として要求されたのである。

「正しい」外性器が適切なジェンダーを保証するという考えは、生理学的な性別が人の感情の性別を決定するという一九世紀の原理とともに維持されている。少なくとも西欧的コンテクストのほとんどにおいて、女児には、ジェンダー化された行動に関して男児よりもはるかに広い自由度があった。結果として「お転婆さ」は、その男性の等価物である「女々しさ」が男児には認められないような仕方で、女児には認められている。にもかかわらずどちらも「クィアネス」の証拠として言説において関係づけられているのである。私が言及する言説は、性科学者たちの言説編成を含んでいるが、しかしそれに限定されてはいない。なぜならそれらの言説は、多くのゲイ男性とレズビアンたち、彼ら彼女らの両親や兄弟姉妹、そしてより広範な文化の物語的な説明において展開されているからである。

マネーが幼い男児におけるクロスコーディングの起源のために提供した第三の説明は、原＝同性愛(protohomosexuality)の起動における父親の役割に関係していた。こんにちならジェンダー不安定と考えられるであろう、マネーはある五歳の男児の両親との診療相談から、父親がいかにして「息子のG－I／R(ジェンダー・アイデンティティ／ジェンダー役割)におけるフェミニズム[つまり女性化]の発生」[Money 1988: 82]に寄与するかについての新しい仮説を展開する着想を得た。精神分析的な説明にひねりを加えて、マネーは、幼い男児の男親と女親のあいだの敵対的な関係が、父親がその息子に忠誠を求める段階を設定し、かつ必要な環境条件が構成された結果、子どもを「――現在でないとすれば——未来における妻の代用」［ibid.: 82］という役割にキャスティングしてしまうのだと推測した。この特異な仮説は、マネーの創造性の頂点を標しており、それゆえここで、夫婦の不和に対する男児の反応についての彼の見解を長めに引用しておこう。

息子は一方で、両親の離婚を防ぎ、父親を一家に繋ぎとめるための定型的な対処として、父親に忠誠を求めるだろう。たとえ父親がすでに家を出ていたとしても、あるいは死んでしまっていたとしても、息子のジェンダー転位はパパの奇跡的な帰宅を請い求めるのに役立つのかもしれない。彼の人生は、パパの花嫁になろうとする少年の生きた寓話となるのである。というのも、妻が受け入れ準備を整えればパパが家に戻ってくると期待できる根拠は十分にあるのだからである。幼い息子は自分に、［妻となるべく準備している］娘の役割を割り当てるようになり、かくして完全な家族を維持する接着剤となる。そうした息子が、かの接着剤の役割をそのまま維持してしまった結果、同性愛的、あるいはおそらく希少な事例ではトランスセクシュアルあるいは服装倒錯愛好的なジェンダーの立場で成人期に達するのである。［Money 1988: 82–83］(26)

続けてマネーは「未発表の、新しい予備的証拠」を引用している。それが示唆するところによると、この種のクロスコーディングを矯正できるのは、その子が家族を繋ぎとめるという自らに課した責任から解放された場合である。言い換えると、その子のセクシュアリティを異性愛規範へと向け直すのは可能だということである。この華麗な仮説はただひとつの事例にもとづいて考案されたものではあったが、それでもジェンダー・アイデンティティ不全・障害と思われる子どもには医療的に対処するという、米国の成長産業としか言いようのないものに照らして考えると、その含意は重大である。こうした医療的対処はとくに、子どもが成長してゲイにならないことを保証するようデザインされているのである［Burke 1996; Sedgwick 1993］。

性の相対性

文化的な相対性の危険を認識する一方で、マネーは、彼のセクシュアリティ理論が、彼のジェンダー理論と同じように、普遍的な適用性を持っていて、異文化間の差にも応えられるものと確信していた。それは正確にはいかにして可能だろうか。文化的な相対性を扱うにあたっての彼の忠告は、ただそれを寛大に取り扱うことだけであった。マネーが指摘したのは、遺伝的な相対性、および女らしさとは単に二つのX染色体に関する事柄であり、男らしさとは単にひとつのXとひとつのYとに関する事柄であるということだけであった。他の多くの配置（XXX、XYY、およびXOが代表例である）が存在することを示す、異論の余地のない証拠が存在するにもかかわらず、である。同じように、人間の性科学では、男は陰茎を、女は外陰を有しているという観念が、半陰陽者ではそれらに相対性があるにもかかわらず、許容されていた。だが陰茎／外陰という基準は、たとえそれが理想とはほど遠かったとしても、マネーにとって「男性のおこないが男らしく、女性のおこないは女らしいとの規定で、十分な近似値が得られる」［Money 1988: 80］ものであり続けた。セクシュアリティがジェンダーとジェンダー役割に結びつき、これがこんどは生殖器の解剖学的構造に結びつけられる。かくしてセクシュアリティとジェンダー、外性器という三つが、安定を求めてトライアンギュレーションを構成する。ジェイ・プロッサーは、この過程とその結果をつぎのように明確に述べている。

セックス、ジェンダー、そして欲望は、異性愛を第一かつ基礎的なものとして表象することで統一されている。女性、女らしさ、女は、安定的で、かつ男性、男らしさ、男に対立することで結びつけられたタームとして現われる。ジェンダーは別の言葉では、アイデンティティとして現われる。その結合を安定化させ、その二つ一組を分離させ対照的なままにするものが、異性愛的な欲望の明白な自然さなのである。［Prosser 1998b: 30–31］

自身のジェンダー理論、セクシュアリティ理論は相対性に耐えられるというマネーの主張は、人間の社会的存在に対する科学的方法の適用に浴びせられる最強の批判のうちのひとつに説得力を与える。つまり複雑で不安定な現象——性的なるものもたしかに複雑で不安定である——を科学的に扱うにあたっては、分析上の便宜のために、単純化し均質化せざるをえない。その結果「セクシュアリティの多種多様な諸意味は、基底的な同一性へと溶かし込まれてしまう。その同一性は」ある社会的反応を正当化しようとして持ち出されるにもかかわらず「その社会的反応を超えて、何かを明るみに出す以上に何かを覆い隠してしまう」［Simon 1996: 21］。さらに、科学的分析の本性としての分類の営為そのものが、その対象を、何らかの程度で永続的あるいは安定的なものと考えさせ、それら対象を何か非歴史的なものにしてゆく。マネーは、ポスト構造主義およびフェミニズムにおける文化的な相対性の使用法（およびそれらの反生物学主義的傾向）が不満だったため、一斉攻撃を仕掛けた。一九九〇年代中頃マネーはフーコーを「ポリティカリー・コレクトな学問の高僧」［Money 1995: 27–30］と呼んでいた。

マネーが性差についての「文化的固定化」［Money 1998: 52］の影響を完全に認識していたのは、彼の著述から明らかである。彼が論じたのは、この固定化が「知らぬ間にある性科学に感染している。その焦点は性間の類似ではなく性間の差異を説明することにある」［ibid.: 52］ということだった。こうした批判的な意識を持っていたにもかかわらず、マネー自身の仕事は、まさに性間の差異の強化に大きく関与していた。このことは、人間の性にはただ二つだけ、男と女だけが存在するという考えに彼が揺ぎなくコミットしていた不可避の帰結である。「もし男性がそれをするなら、それが男らしく、もし女性がそれをするなら、それが女らしい」という考えは、人々が現実に何をしているかを正確に反映するよりも、むしろ人々が何をするべきかを反映したイデオロギー的規範にもとづいていたことが明らかだ［ibid.: 80］。マネーは、イデオロギー的規範が一定の諸基準に依存していることを認識していた。それらの基準は「永遠の真理」にもとづくように見えるが、「現実には、文化的に拘束された、歴史と権威、そして文化的遺産のドグマ」［ibid.: 52］であり、始終それらまったく同じドグマを補足し再生産する諸理論を創出し続けるのである。

マネーの仕事において明白な、もうひとつ別の長年にわたる性科学の原理とは、行為とアイデンティティの区別である。マネーは自身のキャリアの相当部分を、セクシュアリティをそのすべての現われにおいてマッピングし、説明することに捧げた。セクシュアリティに関する彼の用語体系は多層化され、さまざまなサブカテゴリーを含んでいる。そのひとつは異性愛であるべき性的アイデンティティから外れた性行動をする人、もっとも明白なのは、異性愛的なアイデンティティを有するとされるのに、違うコンテクストでは他の男と性行動を持つ男性を説明するためにデザインされていた。マネーは彼の先駆者の多くと同じくつぎのように考えた。

性的な位置取りあるいは性的な指向は、性行為と同じものではない。永続的な同性愛の位置を取るよう運命づけられることなしにも、甘言でたぶらかされたり、あるいは強要されることによって同性愛行為に関与することはありうる。そしてその逆は異性愛にも当てはまる。[Money 1988: 12]

マネーが例として提供したのは刑務所ないし全寮制の学校といった、セックスから隔離された施設に縛りつけられた人々であった。それらの人々は「縛りつけられている」期間は彼らの仲間たちとの性行為にかかわり、そしてひとたびそのコンテクストの外に出るともっぱら異性愛的な、あるいは同性愛的な行動を再開するのである。

モノセクシュアリティ

マネーは、セクシュアリティに関する彼の理論を展開していく経過で、性的な位置取りを、モノセクシュアリティ対アンビセクシュアリティという観点から枠づけることに価値を見いだした。これによって彼は、異性愛と同性愛を比較的明瞭にマッピングできるようになった。マネーの説明によれば「胎児期の強い性癖」[Money 1988: 81] は生後に強化されて、同性愛であれ異性愛であれモノセクシュアルな結果をもたらす可能性を増す。結果が異性愛だった場合、この過程は「同性愛への弱い偏向を持っていようが持っていまいが」生じるだろうし、「逆のことが同性愛に当てはまる」[ibid.: 81]。異性愛はノーマル――統計的およびイデオロギー的の両方の意味で――なので、単純な発達的説明と大差なかった。しかし同性愛には注意を要した。なぜなら同性愛は非＝規範的で、マネーの説明では、それゆえにもっと複雑であるにちがいないからである。

マネーは、同性愛という結果が生じるには、ジェンダーのクロスコーディングを出生後にしっかりと強化あるいは奨励する必要があると示唆した。マネーはその言明の意味を限定するために、ここに言う「奨励」は多くのレヴェルでおこなわれうるものであって、それは必ずしも子どもが同性と外性器でおこなう遊びを奨励することと同じではないと強調した。それが奨励されれば同性愛のクロスコーディングの定着にもちろん役立つだろうが、「外性器の性別」は、マネーのジェンダーの多くの構成要素のうちのひとつにすぎなかったのである。男児が他の男性とのあいだで外性器を接触させることは、それ自体においては成人の生活における同性愛的な位置取りの基礎を形成するには十分でなかった。マネーの見方によると「小児期後期に明確な性的関係および外性器の接触を通じて、年上の小児愛好的な男性との関係を確立した男児が、青春期および成人期になって同性愛的な位置を取るべくして取るというわけでは、必ずしもない」[Money 1988: 81]。だがこの言明は、同性愛的に方向づけられた人においては、ジェンダーのエロトセクシュアルな構成要素のクロスコーディングは「単独で存立しており、あらゆる他の構成要素から独立している」［ibid.: 103］と考えるべきだとする彼の主張と一致しない。上の引用箇所は、マネーのもっと挑発的で論争的な主張のうちのひとつに直接に結びついている。すなわち世代間の性行為はそれ自体としては子どもには有害でないという主張である。彼は、そうしたコンテクストにおける害は強制や暴力の結果であって、性行為の結果ではないと考えていたのだった［ibid.: 135］。

それとは対照的に、クロスコーディングが子どもと別の男性、とくに父親とのあいだの感覚的および／ないし愛情ある（つまりはっきりと非＝性的な）関係によって奨励されることは、マネーの見解ではまったく可能なことだった。男児の父親との愛情ある関係をこうした仕方で定めることで、マネーはその関係性に、幼児期の性体験が生み出すのではない仕方での同性への欲望を産出する力を与えたのだった。一九九〇年代後半以降、いわゆる男らしさの危機という差し迫った状況を強調する向きが増えていったことは註記に値する。もっとも頻繁に引用される、そうした危機を回避ないし軽減するための戦略のひとつが、まさに父親（ないし父親像）とその息子とのあいだの、こうしたタイプの関係を促進することなのである［Biddulph 1998; Lashlie 2005; Lashlie & Pivac 2004］。マネーの論理を現在のコンテクストに適用すると、父親と息子のあいだのこうしたタイプの愛情ある関係を促進すると、同性愛および／ないし両性愛の男性の出現率の上昇につながるだろうという議論を提起できたはずである。ただしそれを支持する経験的証拠は存在しない。

アンビセクシュアリティ

マネーにとって、モノセクシュアリティとアンビセクシュアリティは、程度の問題および時間性の問題として理解すべきものだった。彼がそれらの区別をおこなったのは、一部では、キンゼイの仕事に対する応答および反論としてである。これが本節の最後にさらに深く掘り下げたいポイントである。マネーの見方では、男と女の双方に均等な割合で惹きつけられる両性愛者はほとんどいない。彼は、人は両性愛への「胎児期の性癖」を持つことがあると考えたが、しかしその性癖は同じ割合の出生後の力の作用を受ける必要があるだろう。だが彼の見方では、これはほぼありそうになかった。というのも「社会的な引力」は常にモノセクシュアリティの方に向いており、少なくとも子どもは「両性愛的な実存様式」［Money 1988: 81］の役割モデルに遭遇することがほとんどないからである。男と女の両方に等しく惹きつけられるというきわめて希少な事例について、マネーは、男と女の双方への同程度の性愛的な反応能力は「彼らのなかに最初から組み込まれていた」［ibid.: 107］と示唆した。真の五分五分の両性愛的指向の基準は、彼の見解によると、男と女の双方と等しく恋愛する能力であった。しかしマネーは等しいということで何を意味しているか、あるいはそれはいったい測定しうるものなのかについては態度を明確にしなかった。彼がリマレントな経験と呼ぶものを、一生のあいだに男と女とに対して同じ回数持つ必要があったのだろうか。正確に同じだと言えるような二つの性的体験など存在しないのとちょうど同じように、恋愛をしている者同士の経験が質的に同じ経験などとは言えまい。ならばいかにして等しさを規定できるのだろうか。

性的な位置取りがアンビセクシュアルである人は、男ないし女のそれぞれへと不均衡に惹きつけられるということのほうが、もっとありそうだと彼は示唆した。マネーは、自身の性癖仮説へと立ち戻って、主に異性愛的な形式の両性愛者、つまり同性より異性のほうを好む両性愛者にとっての必要条件とは「胎児期における異性愛への強い性癖と、出生後の同性愛への強い転換」であり、「逆のことが主に同性愛的な両性愛に当てはまる」［Money 1988: 81］。彼はまた、この、両性愛者に見られるセクシュアリティのもっとも一般的な様式は、制約性によって特徴づけられるとも考えていた。人が誰と恋に落ちるかの可能性はその人が主な関心対象とする性別に限られるだろうからである。

その論理的帰結だけ言えば、この見解によればこうした主体たちはじっさいには心の底では同性愛か異性愛なのだということになるだろう。要するに心の底ではモノセクシュアルなのだと。ここに私たちはセクシュアリティに関する近代主義の認識論が両性愛を永遠に今ここから追放する仕方の一例を見る［Angelides 2001］。私たちの目下のセクシュアリティのモデルは技術的には二値的というよりも二極的であるのに対し、じっさいのセクシュアリティは二値的なジェンダーと複雑に結びつけられ、それに従属させられている。その結果セクシュアリティは、ジェンダーの二項的な特徴を模倣しているように見える（あるいはそう見えるように作られている）のであり、すべてがどちらか／一方という観点で把握されることを要求するのである。両性愛を理解できるものにする数少ない方法のひとつは、両性愛は「本当はゲイ」とか「本当はストレート」というような性的なカテゴリーを正当化する二者のうちの、一方ないし他方への吸収であるように見える。誰かが「本当は両性愛者」と見なされることは依然として稀なのである［Ault 1996; Eadie 1993; Esterberg 2007; Hemmings 1993; 2002］。結果として両性愛は今ここには存在しないし存在することのできない、抽象的な理論的概念となる［Angelides 2001; Hemmings 2007］。抽象化された両性愛は現存から追放され、自明視されたモノセクシュアルな秩序の自然さとそのなかで特権化された諸カテゴリーとを強化することになるのである。[27]

時間性に関して言うと、マネーは並起的（concurrent）な両性愛と継起的（sequential）な両性愛を区別した。並起的な両性愛とは、その名が示唆するように同時的な様式で男性と女性に向けられる性的な表現および／ないし性的な欲望を指す。この形式の両性愛を「両方の世界の良いとこ取り」と捉える人もいるが、マネーにとってはその下腹部は暗がりに覆われており、悪意という名の亡霊がたえずうろついているのだった［Money 1988: 108］。マネーの考えでは、その悪意は騒々しい同性愛嫌悪のなかに姿をあらわしていた。彼は北米のコンテクストにおける悪性の両性愛者の例を挙げていった。そのリストにはジョン・エドガー・フーヴァー（ＦＢＩ初代長官）や、ジョセフ・マッカーシー（第二次世界大戦後の赤狩りの首謀者）の弁護士であるロイ・コーンのような人々、マネーが「宗教的右派の狂信的な同性愛嫌悪の超保守主義者たち」［ibid.: 109–110］と評した政治家たち、そして多くの保守的な宗教的指導者たちが含まれていた。

悪意のある両性愛者と見なすことのできるほかのものには、ゲイ叩きをする人たちである。これらの人は表向きは「ストレート」だが、ゲイ男性を拾って性行為に及ぶ（合意にもとづくにせよもとづかないにせよ）のであり、マネーの言葉によると自分たちの犠牲者を攻撃ないし殺害することで「自分自身の同性愛の罪を祓い清めている」［Money 1988: 110］のである。悪意ある両性愛者は、マネーが悪魔払い症候群と呼ぶものに罹っていて、そこではその人の内面化された「同性愛嫌悪が自分自身の同性愛と戦っていて、それが他人の同性愛に対する戦いへと外在化される」［ibid.: 109］。興味深いことにマネーは、社会は全体としてこの症候群をより軽度にしか持っていないことの証拠を示していると考えた。にもかかわらずどうして、と彼は問う。どうして他の点ではまともな人たちが「恋愛とセックスにおいて違った仕方で人間であることを運命づけられた」［ibid.: 110］人々に対しては寛容であるよりも、ゲイやレズビアンを迫害したりその迫害に寛容であったりするのだろうか。じっさい悪意ある両性愛者の代々伝わる温床を形成しているのは、まさにこの形式の不寛容さだと彼は考えていた。この点はたしかに反論するのが難しい。

並起的な両性愛に対して、継起的な両性愛の様式がある。マネーによれば継起的な両性愛は並起的な両性愛と比較すると著しく温和であった。その発現率がどのくらいかを推定するのはマネーによれば難しかった。というのもその拡がりは「現代の西欧文化においては同性愛の発現率統計の背後に隠されている」［Money 1988: 107］からである。言い換えると、それは異性愛者あるいは両性愛者として生きた後に同性愛をカム・アウトする人を、最初から「本当はゲイ」だったことにしてしまう性的アイデンティティ政治のレトリックによって隠されてしまっているからである。[28]

継起的な両性愛はマネーの見方では比較的温和だったが、しかし完全にそうだったわけではない。同性愛はそれ自体としては病理的でもパラフィリックでもないというマネーの主張にもかかわらず、彼が与えたのは同性愛は失敗の産物であるという説明、また多くの事例では心的外傷に塗れた説明だった。いくつか例を挙げれば、マネーはモノセクシュアリティの一方の形式（異性愛）から他方の形式（同性愛）への移調が自動的に起こりうる一方で、それは破綻した家庭環境、親の死、あるいは「夫婦間での性的無関心」［Money 1988: 108］からも等しく帰結するだろうと述べた。長く異性愛の期間を過ごした後に同性愛を表現することは、彼によれば同性愛的なポテンシャルを覆い隠してきた「病気ないし衰弱からの回復（たとえばアルコール中毒からの回復）と結びつけられ」［ibid.: 108］さえしている。逆向きの移行（つまり同性愛から異性愛への移行）は、まさに規範に向かう運動だからという理由で、治療的な介入が成功した結果と見なされやすく、じっさいそう記録された。同時に、同性への欲望はたとえ幼いうちは防ぐことができても治癒はできない条件であった。

マネーは同性愛を治癒するのに成功したと主張する人たちを格別軽蔑した。彼は、成功した結果（それらの代弁者たちが治癒と認定した結果）の主張は当てになるものではなく、左利きの治癒という主張とほぼ同じ錯覚だとして譲らなかった。両方のケースにおいて、異性愛／右利きへと向け直すのに成功したという見かけは、両性愛／アンビセクシュアリティがたえず根底に存在することを暗示していた。この意味で、人の性的な位置取りにおけるいかなる移行も、現実には、アンビセクシュアリティからモノセクシュアリティへの移行であった。

マネーはこの議論のコンテクストにおいて、ここぞとばかりにキンゼイたちの仕事を厳しく批判した［Kinsey et al. 1953］。キンゼイ尺度の一次元性が意味していたのは、それが一生を通じた同性愛的な出会いの数について、そうした出会いが個人の異性愛的な出会いと順次的か並行的かについて、いかなる情報も得られないということだった。マネーにとって最大の問題は、一生を通じて数千人の性交渉の相手を持った人が、たった二人しか性交渉の相手のいなかった人、あるいは二度の性体験しかなかった人と、尺度上、同じ順位を記録することがあるという事実であった。この理由により、彼はキンゼイ尺度が、同性愛、異性愛、両性愛という人々の性的な位置取りについてほとんど何も明らかにしないナマクラだと考えた。たしかにキンゼイの仕事が多次元的な連続体よりも一次元的な連続体に依存していたことは批判できる。しかしマネーのポイントは性的実践と行動は特定の類型（たとえば同性愛者、異性愛者）を構成しないということにあった。キンゼイ報告の二巻本が刊行されるずっと前に、キンゼイは、実践においてもっぱら同性愛的ないしもっぱら異性愛的といった人がいる一方で「真相は、同性愛と異性愛のあらゆる組み合わせのあいだの無限の変移」［Kinsey 1941］なのだと強く主張していた。キンゼイは同性愛と異性愛というタームは実名詞としては決して使われるべきではない、なぜなら人が実際に語ることができるのは同性愛的あるいは異性愛的な行為や幻想、および／あるいは性愛行動だけだからだとして譲らなかったのである［Kinsey et al. 1948: 617］。

マネーのセクシュアリティ理論は決定主義のフレームにもとづいていたため、彼はとくに性行為における対象選択という概念には批判的だった(29)。むろん主意主義は決定主義の完璧なアンチテーゼである。マネーにとって、対象選択という考えは、異性愛と同性愛が主意的な選択を含んでいるとする科学的誤謬を表わしている。マネーにとって主意主義を頼りとすることの危険は、セクシュアリティが恣意的判断によって説明され、かくして「科学的ニヒリズムの誤謬を成す」［Money 1988: 85］という点にあった。彼にとってこれはよくよく言わねばならないことだった。

同性愛者（あるいは両性愛者、異性愛者）であることは、選好でも選択でもない。それは、外性器の生殖上の機能と一致したり一致しなかったりする位置取り、あるいは、両方の可能性からなるアンドロジーン的な組み合わせである。同性愛、両性愛、異性愛の究極的な基準とは、単にその人自身の生殖器官を共有する相手の性別なのではなく、恋愛に夢中になる経験の相手の性別なのである。

[Money 1998: 70]

ここで私たちはマネーについて、恋愛こそが究極的に人のセクシュアリティを決定すると考えるようなロマンティックな一面を垣間見る。だが重要なのは、こうした仕方で彼が外性器を捉えたことで、人のセクシュアリティの存在理由として、ふたたび生殖が特権化されてしまうということである。外性器が生殖器の解剖学的部位のひとつを表わすのだとすると、自分自身とよく似た外性器を有する人々と性行為をし、恋愛する能力を持った人々にとって、外性器の「生殖上の機能」が自身のセクシュアリティとどう関連しているのかは全然分からない。またそれは陰茎と膣の接触および／あるいは精液の注入とほとんど関係のない性行為を好む人々にとっても明瞭ではない。

パラフィリックな欲望

マネーは変態についての、一世紀を経過した諸カテゴリーを、彼が「主たるパラフィリア的戦略」[Money 1994: 205–207][30]と呼ぶ六つのメタ・カテゴリーへと組織化することによって再構成した。それら六つのカテゴリー内部に、彼は五〇以上の違った類型を割り振った。[31]マネーが分類した多種多様なパラフィリアについて徹底した探究をおこなう紙幅はないが、それらに言及することなしに、それが性的指向との関係で認められた地位を所与として、セクシュアリティに関する彼のモデルを検証するのは怠慢というものだろう。同性への欲望をパラフィリアとする過去の分類は科学的には支持できないというのがマネーの見方だった。なぜなら「パラフィリアは、異性愛あるいは同性愛のどちらかの、あるいは双方を結びつけた両性愛のラヴマップへの、日和見的な侵入のこと」［Money 1988: 131］だからである。誰もがパラフィリア的傾向の影響を受けやすい。というのも、パラフィリア的傾向は歪んだ「ジェンダー・マップおよび／あるいはラヴマップの破壊」［Money 1988: 134］という結果をもたらすものだからである。(32)

人の性的指向の決定においてホルモンが果たす役割について、正確には決定的な証拠がないのとちょうど同じように、パラフィリアのセクシュアリティにかかわる生理学的要因についても決定的な証拠は存在しない。にもかかわらずマネーは、目下最善の仮説は「側頭葉あるいは辺縁系が胎児期の段階で癲癇性の機能障害にかかっており」［Money 1988: 133］、出生後の発達的要因の作用を受けた結果だと示唆した。同様にそれは、性的な予行演習の遊びをして罰を受けたことから来る屈辱や心的外傷といった、生育歴上の体験から帰結したのかもしれない。ちょうどクラフト＝エビングが、倒錯（性的本能としての）と変態（性行為としての）を区別するよう主張したように、マネーもそうしたのである。

通常の性的活動の装飾として表現される類の、ふつうでない性的活動は、マネーの見方ではパラフィリアではなかった。パラフィリア的な行動は、他の手段でオーガズムに達する能力を無効にしてしまうような、強迫的で衝動的、あるいは常習的な要素をそのうちに有している必要がある。彼が言うところによると、強迫的なパラフィリアは、ある人における貞淑な恋愛形式から、堕落した色欲の形式を分離する計略として役立つ。パラフィリアが改善されることはありうるが、本質的に治癒することがあるとはマネーは信じなかった［Money 1988: 172］。性的な趣味は一般的に、青春期よりも前に固定されていて、その後に顕現するというのが彼の持論だったからである。

性的なるもの——ジェンダーの構成要素としてのそれ——についてのマネーの思考は、ちょうど彼の「身体」の理解がそうであるように、二値的な論理の犠牲となったのだった。次章で私は、雌雄同体に特有の性愛を採り上げるが、それは、そんなことは性的なるものに関する現在の概念化の内部では不可能だと例証するためである。だがそれ以上に私がそうしたいのは、ますます多くの半陰陽者がつぎのことを要求するようになっているからである。すなわち、いまのところ私たちが使うことのできる認識論的枠組の内部では捉えきれない——ましてやパラフィリアとしてさえ理解できない——性愛の諸形式について、私たちが考えたり語ったりする空間を創り出すために、性的なるものに対する自分たちの理解を拡張しなければならないのである。

マネーの「セックス」の限界を探る

セクシュアリティに関する現代の理論家たちの多くが、性科学とのより広範なかかわりの一環として、マネーの思考との批判的な対話に参入してきた。皆が関心を共有しているのは本章の第一節が究明した、性科学の五つの基本原理に対するマネーのコミットメントの帰結についてである。彼らはまた、性愛的な欲望、趣味、そしてスタイルは極度に複雑で、コンテクストにもとづいた因子分析がきわめて重要であり、人々は自分たちの性的な体験と関係に意味を与えるものだという認識も共有している。デボラ・トルマンとリサ・M・ダイアモンドは、マネーがしたように、性の研究における相互作用主義のアプローチのほうが、生まれ対育ちというふつうの二分法に比べて利点があることを説得的に論じた［Tolman & Diamond 2001］。相互作用主義は、理論的には生理学的、社会文化的、そして政治的な要因が、主観的で性的な欲望、スタイルおよび行動を産出するのにいっしょに働く仕方を説明するための有効な手段を提供してくれる。にもかかわらずマネーの仕事は、たしかに生物学的なものと社会文化的なものとの相互作用が考慮されるときでさえも、そうしたアプローチがトルマンとダイアモンドが思い描いたような形で研究へと結実する保証はないというひとつの警告としては役に立つに違いない。

現代の性科学では、複数の同性愛が存在することにはあまり注意が払われていないし、異性愛の複数性にいたってはなおさらである。同性への欲望に関してマネーは、性のある程度の多様性を認識していたが、にもかかわらず彼の考えは、科学的方法の要である分類が持つ同質化の衝動の犠牲となってしまう(33)。ウィリアム・サイモンによれば性の多様性を認識することの主たる障害になっているのは「器官、孔部（orifice）および系統発生学的な遺産にかかわる性的なるものの諸概念にコミットすることで、性的なるものを自然化してしまうこと」であった［Simon 1996: 27］。器官、孔部、系統発生学的遺産の三つすべてにマネーの仕事が浸透している。人の性的な位置取りに関する彼の説明は恋愛可能な相手の身体の形態に焦点を置いているが、しかしエドワード・ステインが論じるようにマネーが外性器の形態および身体の形態に焦点を合わせることによって可能になると考えた仕事が本当に可能なのかどうかは明らかでない。ステインは厳しく問うている。マネーは正確には「同じ」ということで何を意味するのか、さらに二つの身体の形態が同じだと見なすことができるにはどれくらい似ていなければならないのかと［Stein, E. 1999］。マネーにとって二つの質問に対する答えは端的なものだった。彼は、すべての身体は男女の二種類に分けることができるし、分けるべきであるとも考えていたからである。性的指向についての彼の説明は、身体の形態に関する人々の嗜好が劇的なまでに多様であることを見逃している点で問題があるが、より重要なことにそうした人々の嗜好は性的指向から独立しているのである。つまりある人の性的嗜好の全貌のなかで、身体の形態への好みと外性器の形態への好みを、二つの別個の要因と考えなければならないケースがあるのだ。

系統発生学的な遺産という概念は、[34] エロトセクシュアルな役割および生殖上の役割を含んだ男性役割と女性役割とを説明するために、マネーの仕事のなかにあらわれている。セックスとジェンダーにおける男女間の相互依存性という考えにもとづいて、マネーは、同性愛の関係も異性愛におけるのと同様に、相互補完性という観点から捉えた。つまり当事者双方の「身体の性」が男女どちらかにかかわらず、一方には男の役割が与えられ、もう一方には女の役割が与えられた。彼は当事者同士のあいだで性癖や指向が一致することは、相互補完性の一要素であると捉えていた。二人のラヴマップがうまく調和することはその人の性的健康と幸福にとって肝心であり、その人を取り巻く人々の幸福にとっても重要であった。しかしながらその考えは、常にマネーの異性愛規範の色眼鏡によって、意識的にか無意識的にかフィルターをかけられていたのである。

第三の概念に関してはマネーは、性行為における孔部についての妥当な理論がなく、実際、「口唇や乳首、陰核や膣、陰茎や陰嚢を用いた性行為」[Money 1988: 104] についての科学的説明が欠如していることを嘆いていた。彼はそうした作業が重要だと信じていた。というのも、どの器官や孔部が最大のオーガズム的満足をもたらすかは人々のあいだで差異があるからである。さらに言うと、彼はこのタイプの仕事は「どれほど多くの異なったオーガズムのスペクトルが存在し、またいかなる仕方で各人を適合的な相手に正しくフィットさせるか」［ibid.: 104］を決定するのに必要だと考えた。マネーの見方ではそこが今後の性科学の挑戦・試練の領域である。

ワルター・ボックティングの見方では、マネーの発達論的な枠組への依存は同性への欲望を転位もしくはクロスコーディングという形式で捉えることで、その限界を露呈させていた。四〇年以上にわたる研究のすえ、ゲイ男性の関係性におけるジェンダー役割の相互補完性を支持する証拠はほとんど生み出されなかったのである。このことはジェンダー役割の相互補完性が同性愛関係におけるひとつのモデルであることを否定するものではないが、しかし唯一のモデルではないし、必ずしも支配的なモデルでもないことを示している。多くの人の性的アイデンティティ、ジェンダー・アイデンティティの中心には生殖のための異性愛的な性行為があるが、それが全員に当てはまるわけではないのと同じである［Bockting 1997］。

性的な「行為者」によって意味がいかにして作られているかに関心を向けることは、おそらく性愛的なものに対するより洗練された理解を発展させるための機会を創出するだろう。性科学は近年、いかにして人々がそうした意味を作るのかを探究してこなかっただけでなく、主観的経験という課題に関心を払ってこなかったということでも厳しく批判されている。トルマンとボックティングは、発達モデルよりもむしろ記述モデルのほうがジェンダー・アイデンティティと性的指向とのあいだの相互関連性（あるいは無関係性）を理解する、はるかに生産的な手段を提供すると主張している。記述モデルはまた、性的欲望のどれほどさまざまな形式が、生理学的なものとコンテクスト的なものとのあいだのさまざまな種類の相互作用に依存しているかに関する、より豊かでより有意義な理解を発展させるために用いることもできる。きわめて厄介で複雑な事柄つまり性的なるものを通して考えるにあたっては、コンテクストの役割、およびそれと身体的過程や時間的な変化のあいだの相互作用を検討することが直感的な感覚を与えてくれる。

マネーのように二値的なセックス＝ジェンダーと相互補完性の考えに没入し、発現率や頻度に拘泥している限り、私たちは最善でも人間のセクシュアリティについて限られた理解しか得られない。私が示してきたように、たとえ彼の説明が単純さからはほど遠いにせよ、こうした概念道具は総じて、無限に複雑な諸関係を過度に単純化するほうへとマネーを導いた。マネーはアイデンティティとしての精神内部の経験を観察可能な行動つまり役割に絡ませたが、それは必然的に、社会的現実と心理的現実のあいだの直截な並行関係を想定している。このことが彼をして「自己の性的側面および自己の他のすべての諸側面と、ジェンダー役割が個人の歴史と、その人を取り巻く社会生活の歴史との結合を反映する仕方とのあいだの、結びつきの複雑さを無視」［Simon 1996: 25］させることとなったのである。

性的なるものに関するマネーの理論構築は、神経生理学および身体の生化学の説明力に彼が過度の信頼を寄せたことによって制約された。彼の主張を支持するいかなる確かなデータも提供できないにもかかわらず、マネーは因果性の領域に足を踏み入れるのを、その危険を自ら警告したにもかかわらず回避しなかった。彼は同時に、動機づけという概念にもとづいたセクシュアリティの心理学的説明に対してはきわめて批判的で、軽蔑的でさえあった。

マネーのテクストの多くにおいて、事例記録から取り出された長大な自伝的な語りが、セクシュアリティの主観的な質と、彼のたくさんの患者たちにとってのセクシュアリティの意味とにいくらかの光を投げかけている。が、彼はほとんど、それらの諸要素を立ち入って探究していない。彼にとって重要だったのは、そのデータが彼の理論的立場の正しさを支持しているということであって、自身の理論的立場がセックス＝ジェンダーの規範的な理解を――強めるのであれ、弱めるのであれ――複雑化させるかもしれないということではなかった。

ただしエドワード・ステインが述べるように、マネーの説明は性的指向について、二値的なカテゴリーとしてのセックス＝ジェンダーにはもとづかない、別の読み方をする余地を与えている。ステインの説明では、精神構造（アイデンティティ）と行動（役割）に対するマネーの言及は、彼の焦点を身体それ自体よりも、むしろ社会的なものがどのように身体を覆っているのかを問う方向へと移動させていると思われる。マネーが保とうとしていた、性的指向に対する単純な一次元的見地は、まさに彼がそれをジェンダーと結びつけたことによって掘り崩されているとステインは言う。その結果マネーの性的指向の研究は、マネー自身は解剖学や生理学の研究に分類されるべきものと思っていただろうが、むしろ文化の研究に分類されるものとなったように思われる［Stein, E. 1999: 63］。それは彼が胎児期の発達を性的指向の最初の決定因――しかし基礎的あるいは最重要の決定因ではない――として位置づけたことの結果である。ただしジェンダー習得に関するマネーの理解の価値は、身体を、ステインの分析が示唆するような文化的な書き込みに対する受動的な受け手ではなく、自らが存在する社会文化的な環境と常に相互作用関係にあるものとして捉えるところにある。このポイントはあとの章でふたたび採り上げる。

対象との距離を詰めすぎず、広げすぎもせずに並走するのが本書のたどってきた軌跡である。その軌跡を維持しながら、私は本章を、性科学思想における雌雄同体者像の歴史的役割を追跡することから始めた。これによって半陰陽者が歴史的に、人間の主体性に関する性科学的諸理解と、その知識総体内部におけるそれらの重要性とにかかわってきた、さまざまな仕方を論証することができた。一九世紀中頃から後半の幾人かの性科学者は、非規範的な諸々の主体性に関する広大な分類体系を展開するために、胎児の発達に関する胎生学的な理解と雌雄同体に注目した。ほかの、アルバート・エリスのような二〇世紀中頃の人たちは性差を概念的かつ存在論的に封殺し、それとともに「第三の性」という冗長物を招来したのだった。これによって二〇世紀後半、雌雄同体者の存在論的な消去がもたらされた。

マネーが一九五〇年代中頃に研究を始めた頃にはすでに、半陰陽者は、マネーの博士論文のタイトルが証拠立てるように、「人間のパラドックス」となっていた。同性愛、異性愛、両性愛の規範的な（二極の）枠組内で、雌雄同体者のエロトセクシュアルな位置取りを理解しようとしたことで、雌雄同体者をパラドクシカルなものとして概念化することが可能になったのだった。この同じ規範的な枠組は、二形的な性差と生殖の要請という公理によって支えられながら、半陰陽者を部分的あるいは不完全な男性あるいは女性とする、一見問題のない理解を可能にしたのだった。私は次章でそれらの諸要因がもつ含意を検討し、そこでジェンダーに対するまったく異なる見解を紹介する。つぎの章ではいかにしてジェンダーが、その源泉となった人々によって理論化されたかを探究するために、半陰陽者を採り上げる。

第5章　危険な欲望——主体性としての半陰陽

私たちは、何だか自然の外に存在するように思いこまされてきました。それはまるで、王様は服を着ていると教えられ続けて、私たちも、彼が裸ではないと本当に信じこんで、自分の二つの目を信じないでいたようなものでした。現に私たちはそんなふうに生まれてきたのです。（ジェシー）

はじめに

ここまで私は、性科学、医学、フェミニズムにおける幅広いジェンダー理論家たちの思考を検討してきた。本章ではそれらとはまったく異なる形態の専門家、つまり現代の半陰陽者に目を転じよう。すでに示したように、ジョン・マネーのオリジナルなジェンダー理論の起源は半陰陽者にあった。本章に採り上げる幾人かは、五〇年以上も前にマネーによって発案された、当時最新だった半陰陽事例管理の実施要項にしたがうことになった、第一世代と第二世代である。

半陰陽に関する言説の総体は増大し続けている。それを読解するにあたっては性のヴァリエーション（医学用語では性的曖昧性、最近では性発達障害（Disorder of Sex Development: ＤＳＤ））についての医学的理解に言及しないわけにはいかない。医科学は私たちに雌雄同体の「真実」を教える特権的な地位にあるのだからである。一九世紀後半以来、医学や性科学の膨大な資料が生み出されてきた。そのうちいくらかはこれまでの各章で議論してきた。この著述群が示すのは、半陰陽事例管理にかかわった臨床家が、ヒトという種は（他の種と同様に）[1]性的に二形的であるという想念に対して揺るぎない支持を与え続けてきたことである。この想念はどんな生物学的事実にも基盤を持っていない。その基盤は社会的な虚構に深く埋め込まれた諸概念にあるのだ。マネー自身の研究の経緯が示しているように、潜在的には拡張的なモデルであってさえも、二形的な色眼鏡で半陰陽者たちを解釈すると、彼らに二値的な論理のパラダイムをふたたび刻みつけ、それを再生産してしまう。

曖昧な性別という考え方そのものが逆説的である。それは女性と男性という二つの規範の形態学的な特徴を示しつつ、そうした規範自体を超越しているのだからである［Epstein 1995: 104］。発生学者は、第七週より以前の胎児は男性あるいは女性へと分化しておらず、雌雄同体的な状態として描写できるようなかたちで存在していることをずいぶん以前から知っていた。ならば私たちはこの分化していない胎児を、両能性（*bipotentiality*）でなく多態性（*multipotentiality*）を有する実体として考えられるのではないだろうか。この観点から見れば、半陰陽者を、そこから典型的な男性と女性が派生してくるような規範として描くことが可能となるだろう。[2]七週目あたりから私たちの多くは男性形か女性形へと分化しはじめるが、残りは雌雄同体として発達し続ける。

しかし胎生発達は医科学や生物科学ではそのように理解されていないし、その延長線上で、もっと広い社会的領域でもそのようには理解されていない。逆説的なことに、二〇世紀の中頃から女性という形態は性の始原・惰性態として捉えられ、大きな変化なく不活発に生まれてくるものとして理解されるようになった。第三章の註（45）に記したように、この考えは、ウサギに関するアルフレッド・ジョスト［Jost 1953］の発生学的研究に由来している。[3] ジョストは出生前におけるアンドロゲン分泌の急上昇を、男性への分化、発達の決定因として特定し、他方で女性の胎児にはそうした劇的な出来事がない――女性の胎生発達はただ単に起こる――ように思われたため、発生学の理論では、女性は性の始原とされるようになった。[4] ジョストは当初、女性の発達にはもっと微妙な過程がありそうだと警告していたものの、彼自身の研究がこの課題をこれ以上探求することはなかった。[5] 女性胎児を受動的な存在と見なすことで、二値的な性別のハイアラーキカルな支配＝従属関係が再生産される。さらに目下の議論の目標にとって重要なのは、女性始原仮説は女らしさを「人間らしさ」の基礎と位置づけるのであって、私がここで述べたい、半陰陽という規範から可能な多様な派生体のひとつとは位置づけないことである。

雌雄同体者および半陰陽者は時間、場所、文化をまたいで存在するにもかかわらず、雌雄同体として生きる雌雄同体者という主体の経験や、半陰陽として生きる半陰陽者という主体の経験に焦点を合わせた歴史記録はほんのわずかしか存在しない。[6] 彼らが病理的でない何ものかでありうる、あるいはあるだろうという可能性を想定した歴史記録はもっと少ない。これは雌雄同体者自身の歴史と同じくらいに根深いと思われる、四つの互いに関係した想念から来る直接の結果である。その第一は、問題は純粋に身体的、生理的なものだという想念である。第二は、あらゆる身体はただひとつの性別だけを有するはずだし、有さなければならないという想念である。ひとつの身体にひとつの性別というこのモデルは、第三の想念につながる。それは、社会的な性別（もしくはジェンダー）には二つ、ただその二つだけがあるという想念である。ここから第四の想念までにはほんの少しの飛躍しかない。それは、セクシュアリティには、社会的な二つの性別を準拠点とした二つだけが、つまり異性愛と同性愛だけが本当には存在し、その他すべてはそれを中心に配置されるという想念である。半陰陽者や雌雄同体者としての存在論的な地位は、こうした同語反復的な枠組のもとで不可能にされているのである。ジェンダー・トラブルについて語るがよい！　ボーヴォワールの警句「人は、女に生まれるのではない」に（ジェイ・プロッサーにならって）新しいスピンを与え、こう言おうではないか。人は女に、あるいは男に生まれるのではないが、しかし男か女どちらかにならねばならないのだ［Prosser 1998b: 32–33］(7)。

　半陰陽者の存在は、男／女、男性／女性といった二値的なカテゴリーや、異性愛者と同性愛者といったセクシュアリティのカテゴリーがとにかく自然だとすることの虚構性に光を当てる(8)。文化的な理解可能性を超えた身体の形態（それが医学的には当然に理解可能であるとしても）、つまり半陰陽として生きた経験を理解可能にすることに積極的にかかわっている人々にはこのことはとくに重要だ(9)。それは半陰陽アクティヴィズムとして知られる広範な政治運動の一部であり、二〇世紀後半に特有の医療実践とその実施要綱によって引き起こされた運動である。この運動の鍵となった関心事は、彼らの経験を支えているこの実践と理論自体を問責することであった。

　半陰陽政治は、ジェンダーが構成される雑多なやり方を不断に形づくり、またそれらによって不断に形づくられる、さまざまな知識総体によって活気づけられてきた。半陰陽政治に対する医学と性科学の言説の影響は明らかであったが、ジェンダーとセクシュアリティについてのフェミニスト、ゲイ、レズビアン、クィア理論も同じくらい影響を与えたし、女性身体の医療化についてのフェミニスト批評も影響した(10)。こうした政治的、分析的、言説的な諸技術を参照しながら、半陰陽活動家たちは——多かれ少なかれ――セックス＝ジェンダーの認識論的、存在論的な境界に対して戦いを挑んできた。

この本はジェンダーの系譜学だから、この言説領域で流通している諸観念にはとくに関心があるし、半陰陽者がジェンダーを理解するさまざまなやり方にもとくに関心がある。本章の議論を支えている疑問はつぎのようなものだ。すなわちこれらの知識総体において、どの程度ジェンダーは重要なマターなのか。半陰陽の成人たちが、彼／女らが実際に（それぞれ違ったかたちで）経験したことと、世界のなかで彼／女らがいったい何者なのかということのあいだにある複雑に入り組んだ関係を理解するには、どういったやり方があるのか。この章では数多く、性質もさまざまな資料を引用する。そこには支援団体によって作成され、インターネットを通じて配信されたような組織の公式文書もあれば、インタヴュー・データもある。[11] さらにウェブサイト、学術雑誌、学術研究書において、彼／女らの語りを公にしたような個人の著述もある［Atkins 1998; Dreger 2000; Harper 2007; Holmes 1994; 1995; Kessler 1998］。私たちは、こうしたさまざまなテクストすべてから、医学的言説から、理論的、政治的な言説の全域にわたって生起しているジェンダー概念の収束を見ることができる。

この章は四つの節から成る。第一節では、広範囲にわたる半陰陽政治がＩＳＮＡ（北米半陰陽協会、Intersex Society of North America）の先導で一九九〇年代の前半に北米で始まった歴史的な諸条件の概観を与える。ＩＳＮＡの考え方は、決して小さくない部分でインターネットの拡がりに支えられて比較的短期間のうちに牽引力を強め、英語を第一言語とする地域ではとくに、しばらくのあいだこの政治運動の支配的な声となった。[12] この地位は部分的には他の支援団体や学術エリート、ＬＧＢＴ諸組織、それから印刷メディアとテレビメディアによってＩＳＮＡの考えと理想が再生産されることで達成された。

第二節では半陰陽言説におけるジェンダーの理解を特徴づけてきたさまざまな種類の知識、およびこの人々がそれをおこなってきた個々の実際例についても論じる。この領域では医学的な知識の痕跡はいたるところで見られるものの、フェミニズム、ゲイ研究とレズビアン研究、そしてもっと近年のクィアのプロジェクトの言説用具の痕跡も見られる。互いに競合する利害や考えが結果的に混合していることから、一連の緊張が生じている。そうした緊張のいくつかは医学の知識を政治的な目的のために用いることの結果である。こうした戦略によって何が可能になるのか、また同時に何が抑圧されるのかに私は関心を持っている。医学的なモデルの中心にはアノマリー、アブノーマルなものをノーマライズさせようとする傾向が存在するが、それは医学と政治の同盟関係に対していかなる影響をもたらすだろうか。半陰陽者の将来世代にとってこの同盟関係の実践的な影響は何だろうか。

この本の草稿を準備していたあいだに世界中で、活動家および医療従事者がひとしく準拠してきた半陰陽の医療用語体系に重要で劇的な変化が生じた。それに続いて生じた論争は以下で明らかになる理由のために、緊迫したものである。用語体系の変化はケアのモデルを改訂しようとする、より広範なプロジェクトの一部である。上記の問いに対する答えはもはや仮説的なものではない。未来は現在にあるのだから。医療用語にかかわってゆくことの便益とリスクはますます明瞭になりつつあるが、その多くはこの新用語体系のコンテクストにおいてさらにいっそうはっきりしてきた。

半陰陽の政治はジェンダー概念に理論的な関心を寄せるもっとも新しい領域として、これまで約二〇年にわたってこの概念と格闘してきた[13]。歴史的に、半陰陽者はそのジェンダーを他者たちの手で（これには司法と医科学が含まれる）管理され、規制されてきたため、政治的な領域では自己決定が常に中心的な関心事であった。半陰陽アクティヴィズムは他の社会運動と同様に分裂によって特徴づけられるが、ひとつコンセンサスがあるのは乳幼児や小さい子どもに対するルーティン的な整形治療を終わらせる必要があるということだ。こうした整形治療にはファロス組織を部分的にあるいは完全に切除することや、膣を作ったりすることが含まれる。「性発達障害の管理に関するコンソーシアム（The Consortium on the Management of Disorders of Sex Development）」という組織と、より近年の主流派の活動家団体「合意同盟（Accord Aliance）」によれば、新しい用語体系が実現を目指しているのは患者へのよりよいケアと並んで、整形治療を終わらせることである[14]。

これまでロビイングの多くは子どもや乳幼児の権利に焦点を当ててきた。そうすることで成人半陰陽者のニーズを議論の範囲外においてしまうことになった。彼ら、成人半陰陽者の運命はどうなのだろうか。乳幼児、子どものような将来世代のニーズを守ることや、身体にメスを入れない彼らの権利を守ることを過剰に強調すると、心的外傷の語り以外に、雌雄同体者としてあるいは半陰陽者としての自分らしさを、語ることはもちろん概念化することにさえほとんど余地がなくなってしまう[15]。私がインタヴューした人たちのあいだにおける差し迫った問題のひとつは、性的主体として自分自身を意味あるものにするというプロジェクトだった。そのようなことのための唯一使える枠組――性的対象との関連におけるセクシュアリティ――は、雌雄同体／半陰陽としてのエロトセクシュアルな位置取りを説明することはおろか含むことさえできないため、この課題はきわめて容易ならざるものとなる。この事情から本章の第三節は欲望の問題に立ち返る。これは人が自分自身を「意味あるものにする」過程で重要な問題である。

第四章の分析にもとづいて私はとりわけ雌雄同体的もしくは半陰陽的な性愛の観念を検討したい。ここで私が半陰陽者を何かフェティッシュな対象として扱うつもりがないことは強調する必要がある。そうでなくて私はまさしくこの性愛の観念によって、セクシュアリティおよび拡大すればジェンダーの現行の概念化を攪乱する諸方法を探究したいのだ。そうした性愛の諸形態は参照点としての男性らしさと女性らしさに依存したり、到達点としての同性愛や異性愛に依存したりする一次元的な構成物を超えている。雌雄同体者（近年では、半陰陽者）が歴史を通じて持続してきたという事実と、こんにち雌雄同体者／半陰陽者の一部が主体として承認されることを要求しているという事実は、司法当局の一部がおけるそうした主体性を法的に承認しはじめているという事実とあいまって、私たちが現在有している身体、ジェンダー、セクシュアリティを捉えるための方法をどうすれば拡張できるのか、そろそろ真剣に考えるべき時が来たことを示唆している。

最後の節では身体の不可侵性・不可侵権（bodily integrity）に目を向け、エリザベス・グロスツによるメルロ＝ポンティの身体現象学の読解を考察したい。グロスツの分析は人の身体と、その身体が損なわれていない程度、およびその人が世界のなかに存在するということを分離せずに、いくつかの問題を通じて考えるための方法を提供してくれる。私たちが身体を——その穢れた栄光において——、世界を経験するための主要な道具および媒体として位置づけることによってこそ、何がセックス＝ジェンダーとセクシュアリティを構成するのかを、別の仕方で考える可能性を創造しはじめることができる。そこでならば、これまでの体制によってもっとも周縁化されてきた人々のために居場所を見つけることくらいはできるかもしれない。[16]

本章では三つの議論が織り合わされる。第一はデカルト的二元論が半陰陽の身体に関する医学的な理解や実践においてだけでなく、支援団体や半陰陽者自身の一部が自身を主体として理解しようとする際にも重大な役割を果たしているという議論である。関連する第二の議論はセックス／ジェンダー区別の驚くべき回復力を扱う。つまりもっとも周縁的で目立たない性的主体にとってさえも、セックスは社会的・文化的に構成されたジェンダーに対抗する「自然な」身体を表わすものであり続けるということである。第三点は二値的なジェンダーのカテゴリーが、それを超え出る人々によって複雑化される、つまりある人たちによって挑戦を受け、他の人たちによって積極的に強化され、その結果が多様であるという議論である。

ＩＳＮＡの歴史――小さな発端群から

一九五〇年代後半、男性とされ、チャーリーという名を与えられたある乳児が生後一八カ月で性別の再割り当てを受けた。彼はシェリルと改名され、突然、彼の小さな陰茎が、担当医たちの目には、彼女の肥大した陰核、許容範囲を超えた大きな陰核として映るようになった。シェリル・チェイス(17)は自分が二一歳で陰核切除術を受けることになった理由を明らかにしようとして、自分の医療記録のいくつか(18)を入手した(19)。それから一五年たって初めて、彼女はそれらの症例ノートに含まれている情報を精読しはじめた。その情報には「真雌雄同体」という臨床診断が含まれていた。このタームが持っている怪物性と奇形性の含意に、チェイスは激しく動揺した。彼女は、過去に真雌雄同体は一二症例のみが記録されていると述べた、一九五〇年代後半当時の医学論文を発見したが、このことで彼女のディストレスは強まっただけであった。誰か他にも彼女と同じような人が世界には存在するのではないか、あるいは彼女とよく似た経験をしている人が存在するのではないかとチェイスが思ったのは、まったくもっともなことだった。

そして彼女はじっさいにそういう人々を見つけたのである。チェイスは自分のことを知り合いや友人たちに話し、一年のあいだに六人との接触を得た[20]。そのうち四人は外科手術を受けていた——チェイスの言葉では「性器を台無し」［Chase 1998: 213］にされていた。こうしてＩＳＮＡが誕生する運びとなった[21]。当初この組織は、彼／女らを一方の性別へと固定するための処置モデルによってほとんど不可視化されてしまった人々のために、コミュニティとしてというほどではないにせよ、つながりの感覚を提供するようなピア・サポート・グループとして設立された[22]。チェイスは一九九三年『サイエンス』誌の編集者に手紙を書き、半陰陽の幼児に外性器手術を課すことの誤りを主張したアン・ファウスト＝スターリングの論文［Fausto-Sterling 1993］に呼応してＩＳＮＡが設立されたことを伝えた。この手紙によって、他の半陰陽者たちがチェイスに連絡してくるようになり、それぞれ孤独と羞恥の物語を語った——それらの物語は彼女自身の物語と共鳴するものだった[23]。その後まもなく、ＩＳＮＡはピア・サポートから、自身の臨床実践とその動機の正しさを確信している臨床家たちの頑なな沈黙の態度に対する戦術的な対処として、当事者の支援・擁護（advocacy）へとその焦点を拡大させた。

それに続く一五年間、ＩＳＮＡの政治的エネルギーは、ピア・サポートを止めてしまうことはなかったにしても、「望まれない性器手術」と彼／女らが呼ぶものを終わらせることに注ぎ込まれた[24]。性器手術に対するこの組織の立場は、整形手術は、個人がリスクと利益を測り比べ、したがって完全に情報を与えられて決断できるようになるときまで残しておかれるべきだというものであった。つまり手術は選択肢でなければならないのだと。しかし手術に対する患者の関係の持ち方にそれだけ大きな変化が起こるためには、早期の医療的対応を支持し合理化していた臨床家たちの態度に、同じくらい大きな変化が必要であった。

もしこのことが医療実践に対して何らかの影響を持つとすれば、医療従事者のコミュニティと戦略的な同盟関係を築き、コミュニケーションの経路を開くことが決定的に重要だとＩＳＮＡは理解していた。したがってＩＳＮＡの過去数年間の取り組みの主要な情報源は医科学だった。ＩＳＮＡは数多くのやり方で現在の臨床実践に対抗する立場を取った。その立場は「患者中心の」モデルとＩＳＮＡが呼んだ、代替的なケアのモデルを発達させることによってもっとも明瞭に示されていた。「患者中心のモデル」は、これまでの「隠蔽中心のモデル」に対抗してのネーミングだった[25]。

医療従事者たちの多くは、ＩＳＮＡとの対話に参加してほしいという招待を一九九〇年代を通じて拒み続けていた。いくつかの医師団体や個々の臨床家たちが、自身の医療実践に対するＩＳＮＡの挑戦に反応したやり方のひとつは、単にＩＳＮＡの正統性や主張を認めることを拒むことだった。当初チェイスはピケを張るという考えを撥ねつけていた。医者たちはデモをおこなうような活動家に対してよりは、理路整然とした討論の方に耳を傾けるだろうし、半陰陽者本人の話の方に反応を示すだろうという見方を、チェイスは持っていた。しかし米国連邦議会下院で、文化的・宗教的な目的による陰核切除術を米国内でおこなうことを禁止する法案が通過し、にもかかわらずこの法律による保護の対象から半陰陽の子どもが除外されたことを受けて、ようやくＩＳＮＡはピケ隊に加わるようになった［Hegarty & Chase 2000: 11］。半陰陽活動家とその支持者たちは一九九六年一〇月二五日、ボストンで開かれたアメリカ小児科医学会（ＡＡＰ）の年次総会でピケを張った(26)。会議に先立って、ＩＳＮＡはＡＡＰのスタッフに手紙を送り、臨床家たちを会議の前、間、あるいは後に対話しようと招待したが、ＡＡＰは反応を示さなかった。代わりにこの会議のＰＲ代表は、半陰陽の手術の理想的な時期は生後六週間から一五カ月であるというプレス・リリースを発表した。このプレス・リリースはまた、ＡＡＰのスタッフは、報道機関とは個人的に接触するが「おきやんなふたなり（Hermaphrodite with Attitudes）」の誰とも話し合いに応じるつもりはないとも宣言していた(27)(13)。

この時点からＩＳＮＡは、どこにおいてであれ対話が可能であれば対話をおこない、彼／女らの主張が聞く耳を持たれなかった場合には組織のメンバーたちがデモをおこなった。最初のデモから一〇年を経て、ＩＳＮＡは「ピケのラインから始めて、医師の会議に一席を獲得するまでになった(28)」と正当な主張をおこなうことができるまでになった。二〇〇三年、ＩＳＮＡは自身の目的に好意的な小児科内分泌学者、医療倫理学者、遺伝学者、精神分析家、そして他の職業医師たちからなる独自の「医療勧告委員会」を設立した。医療専門家たちとかつてなく緊密な同盟関係を築き上げたことで、ＩＳＮＡが用いるレトリックにはっきりと目立った変化が生じた。ＩＳＮＡは、セックスとジェンダーという規範的な、つまり二値的な概念に挑戦しようとなどということはもとより、その安定性を崩すことにももはや関心を持たなくなった。同様に、半陰陽に関する医学的な見解の主導的な地位に対して挑戦することもＩＳＮＡの関心ではなくなった。つまり、いまや自分たちの観点から医療に携わることに力点が置かれるようになったのだった。ジェンダーはもはやＩＳＮＡのアジェンダではなくなったのだ(29)。

当初ＩＳＮＡは半陰陽をつぎのように概念化していた。「半陰陽者は『一人で二つの性を持つ』のではなく、彼／女らのそれぞれの形態を持つ、生物学的に固有な存在である(30)」。半陰陽者は差異の離散的なモデルのなかにおける、少なくとも三つある人間の類型のうちのひとつとして位置づけられた。この類型は、血液のグループを分類するのに用いられるものに比せられうるもので、そこではそれぞれの型がひとつだけの軸の上に収まるものの、個々のケースをどう配列するかについては明確に規定しない[Stein, E. 1999]。これは補足的な概念〔男性と女性に、もうひとつの性を補足する概念〕というよりも、連続的な概念〔男性と女性を両極に置き、そのあいだに半陰陽を位置づける概念〕である。二〇〇二年の後半までに、ＩＳＮＡの公式の言説におけるジェンダーというタームの周辺化ははっきりした。半陰陽はもはや、厳密に二値的な枠組の外側にあるものとは考えられなくなった。半陰陽はむしろ二値的な枠組へ吸収されたのだった。翌年までにはＩＳＮＡの綱領は修正を加えられ、そのホーム・ページには「半陰陽はスティグマと心的外傷の問題であり、ジェンダーの問題ではない」と記された。この文言はその後さらに修正を加えられ「半陰陽は本質的にスティグマと心的外傷の問題であり、ジェンダーの問題ではない」とされた。いまやジェンダーは、問題なきカテゴリーであるように思われ、一方に男たち／少年たち、他方に女たち／女児たちという、二つのクラスから構成されるように見える。

このようにジェンダー概念が半陰陽の論点として否認されたことは、ＩＳＮＡの、親たちに向けた情報資料と、半陰陽の子どもをどうやって育てるのが最善かに関する勧奨においてもっとも明瞭である。ＩＳＮＡのウェブサイトの「よくある質問と答え」の部分と、『保護者への助言』と題されたダウンロード可能なパンフレットには、半陰陽の子どもをどのようにジェンダー化するかのガイドラインが示されている。いずれの文書も、半陰陽に関する多くの「誤解」をやめさせ、現行の医療実践と望ましい用語体系についてのＩＳＮＡの立場を表わしている。『保護者への助言』の内容は、『保護者のためのハンドブック』と題された一三〇ページの文書のなかに、少しだけの修正を経て組み込まれた。これは二〇〇六年「性発達障害管理に関するコンソーシアム」の執筆により、ＩＳＮＡから出版された（これは二〇〇八年にいわば「店じまい」する前のＩＳＮＡの、最後のイニシアティヴとなった）。この『保護者のためのハンドブック』には臨床家と主流支援団体の両方のジェンダー理解が示されており、医師と一部の活動家の半陰陽理解の交差の、もっとも流布している例が示されている。この『保護者のためのハンドブック』はある面では、一部の活動家と医師の利害の混ざり合いの産物としてみることができる。『保護者のためのハンドブック』と『臨床ガイドライン』は、半世紀以上前にマネーが開発して以来初めて半陰陽事例管理の実施要項の実質的な徹底見直しをおこない、一連の臨床実践とケアのモデルを体系化した。マネーの実施要項もそうだったように、この新実施要項も半陰陽者をサポートし、適切なジェンダー・アイデンティティが得られるようにすることを目的としている。

半陰陽の子どもを育てることに関して『保護者のためのハンドブック』が提供するアドヴァイスには、ジェンダーを半陰陽の問題とすることへの強い否定が表われている。しかし同時に、半陰陽事例管理の新実施要項では、臨床家の観点から、ジェンダーは従来と同じ程度に半陰陽の問題とされている。『保護者のためのハンドブック』はケア提供者に対して情報と助言を与えており、そのなかには医師に尋ねておくべき質問項目（とこれに続く注記）もある。これらの質問項目は、親たちとケア提供者が知識を得たうえで子どもを代弁し、決断を下せるようにデザインされている。これらの質問のひとつは目下の議論にとくに重要なかかわりを有する。「質問七」は、親たちに、担当の臨床家にこう聞くよう助言している。すなわち「この子には、どちらのジェンダーを割り当てる（男の子か女の子か）べきだとお考えですか。この子が育って大きくなったとき、この子は自分がどちらのジェンダーであると感じることになりそうだとお考えですか。そう考える理由は何ですか」[31]。『保護者のためのハンドブック』によると、医師は「長い眼で見て、あなたのお子さんが自分を男の子と感じそうか、女の子と感じそうかを、あなたが思い描く助けになるような、さまざまなDSD」に関する近年の知識を使うことができる。想定されている読者は、つぎのような助言も受ける[32]。医師はどのくらい「あなたのお子さんの脳が、出生前にアンドロゲンに曝されたか」を考慮しなければならない。「なぜなら高レヴェルの男性ホルモンに暴露された子どもは自分を男らしいと感じるように育ちやすいからである。しかし成長して男女どちらのジェンダーと感じるようになるかについては、（DSDでない子でも）確実なことは何も言えません」[33]。最後に、「質問七」は、手術を遅らせることはその子を第三のジェンダーとして育てることに近いと医師がどんなに示唆しようとも、あまり本気にしないよう親たちに強く勧めている。なぜか。「あなたのお子さんが――男の子であれ女の子であれ――ひとつのジェンダーを選択するということは、半陰陽でない子の場合と同じようなことなのです。つまりあなたは知識を得たうえでの選択をおこなう際の、よく知られたやり方を用いるだけのことです」[34]。もし万一、子どもが成長してジェンダー的に非典型的な行動を示すようになっても、親は自分を責めなくてもよいし、あるいはその子が病気なのか間違って割り当てられたのかと考えなければいけないわけでもない。「それが意味するのはただ、あなたのお子さんが統計的な平均と少し違っているということだけであり[35]」、その人が人であるために愛情と支援を、平均と同じかそれ以上に必要としているというだけのことである。

こうした助言から数多くの問題が生じてくる。第一にジェンダーというのは厳密に二者択一の命題なのだという考え方を繰り返している。ジェンダーは付随するテクストのなかで二度、男児と女児――男たち／男児たちと女たち／女児たち――を指して用いられている。ジェンダー役割とジェンダー・アイデンティティのあいだの横すべりや、男児や女児だという「ように感じること」（自己の感覚）という考え方と、ジェンダー的に「非典型的な」やり方で行動すること（行動と自己呈示）という考え方とのあいだの横すべりも註記に値する。この文言は、ある種の行動は男性の特徴で他の種の行動は女性の特徴だということを暗に受け入れてしまっている。さらにそれは二つの性別のあいだで逆転があることも示唆している。厳密に二値的なジェンダーが同語反復的に再記入されてしまっている。ここから、男性たち／男たちと女性たち／女たちは互いに反対をなす性であるという考え方へは、ほんのちょっとの跳躍しか要さない。これが結果的に意味するのは、ジェンダーには半陰陽の子どものための場所がなく、半陰陽の成人――半陰陽であるままに――のための場所もないということだ。ここに私たちは二値的なジェンダーがセックス／ジェンダー区別に交錯し、この区別それ自体に依拠してしまっている有様を見ることができる。しかしながら『保護者のためのハンドブック』で用いられるこうしたセックス／ジェンダー区別は、セックスが生物学的なものを指し示し、ジェンダーが社会文化的なものを指し示すというような、セックス／ジェンダー区別のより一般的な概念化とは少し異なっている。こう言うからといって、そうしたより一般的な語用法がＩＳＮＡが推し進めた考え方の多くを下支えしていることを否定するものではない。むしろセックス／ジェンダー区別が有用である理由は別のところにあるのだ。セックス／ジェンダー区別によって、第一に、ジェンダーはセックスの秩序とは完全に異なる秩序であるという概念化が可能になる。というのはジェンダーは二値的でセックスは二極的だからだ。ある連続体の両端の極点を特権化する、したがって二極的なモデルの場合、二値的なモデルにおけるほどには境界が明瞭でない。したがってセックス／ジェンダー区別はそうした並立的な編成を考えるために依拠すべき地盤として役に立つのだ。このことは半陰陽をふたたび身体という側面に、身体のみに還元する。ジョン・マネーも同じように論じていた。

第二に出生前の男性ホルモンに関して親たちに与えられる助言（すなわち子宮内におけるテストステロンの急騰が脳の男性化をもたらすという説明）は、ミルトン・ダイアモンドの理論と、脳の性別の場所を探すのにかかわった研究者たちの論文群に由来している[36]。マネーに対抗して、ダイアモンドはしばらくのあいだ、ジェンダーの獲得は出生前における男性ホルモンの急騰の結果として子宮において生じると論じていた。この理解は男性への分化と性分化はまったく同じ事態であるとする、睾丸中心主義的観念に依拠している。要するにこの説明によればジェンダーは育ちによって補完されるものの、本当にすべてが生まれに起因するのである[37]。この考え方は男性らしさをアンドロゲンの存在、女性らしさをその欠如と等置し、女性を性の始原とし、女性らしさを受動性と等置する考えに支持を与える。こう言ったからといってＩＳＮＡが意図的に存在／欠如モデルを推し進めようとしたと示唆したいのではない。半陰陽の幼児が高い割合で、臨床家たちがそのファロスを適切と思われる大きさの陰茎へと膨らますことが文字どおりできなかったため女性の性別を割り当てられてきたという事実を、ＩＳＮＡはいつも批判していたのである。ＩＳＮＡは長くこのことを臨床実践に特有の性差別主義の結果と捉えてきた。チェイスは最初期の公刊著述のなかで、自身の物の見方にフェミニズムが与えた影響を明示しながら、存在／欠如モデルを公然と非難していた。

> もし私が自身の手術後の解剖学的特徴を女性と言い表わしてしまうなら、私は外科医たちに、身体パーツを切除することで女を創造する力を帰することになる。私は「欠如としての女」という彼らのアジェンダに同意し、私自身の半陰陽としてのアイデンティティを禁止することに協力することになってしまう。[Chase 1998: 214. 強調原著]

この文言においてジェンダーは明瞭にマターしている。しかしここ一〇年近く、ＩＳＮＡとその関係諸団体（ＩＰＤＸのような）は不明瞭さを残さない仕方で、半陰陽事例管理の下で確立された医療実践の結果としてもたらされたことのなかで半陰陽者にとって重要なのは、ジェンダーではなく心的外傷と羞恥であると述べている[38]。そこで問題とされるのは陰核切除術、反復される性器検査（しばしば多くの人の前での）、医学的な写真撮影、診断や医療記録に関する情報の非開示などである。ＩＳＮＡ自身の半陰陽事例管理への勧奨は手術をおこなわないという選択肢を含めて、成人の半陰陽者に処置の選択の自由を与える助けになっている。

医学的に不必要な手術は患者の合意がない限りおこなわれるべきではない。半陰陽状態の小児は、医師たちが選んだのと異なる外性器（生まれたままの性器であれ、外科的に形成された性器であれ）を必要とするかもしれないのだからである。外科的に形成してしまうと、「原状」回復は不可能ではないとしてもきわめて困難であり、出生とともに、あるいは幼児期に性転換された小児は総じて、医師が与えた性別にとどまらざるをえない(39)。

選択による手術という考え方は、消費者の選択によって実現される自己決定の可能性を開いてくれる(40)。しかし注意を要する。長い時間をかけて外科技術はたいへん高度になってきたと臨床家たちは言うが、身体を二値的な性別の諸要素に適合させようとしてきた医学的探究が繰り返し失敗に終わってきたことも忘れてはなるまい(41)。単に性器手術を義務的なものから選択的ものへと変更するだけでは、状況は変わりそうにない。しかもこのコンテクストにおいては選択はかなり限定的なものにとどまっている。これはホブソンの選択の一種であって、あなたがあるジェンダーであることに不満な場合、唯一正統な選択肢はもう一方のジェンダーになることだけなのである。目下のジェンダー体制下では人のジェンダーはなんとしてでも安定化されなければならないのである（それが他のどこよりも明らかなのは半陰陽事例管理においてである）。事実上、あるジェンダーから別のジェンダーへの移動は一方向的で一回起的な出来事でなければならない。外科技術も医療の介入もそれ自体としては問題化されないままであって、半陰陽であることは治療的な処置を要する「症状」であり続ける。医療的処置は不要だと言いたいのではない。男性固有、女性固有の健康リスクがあるのと同じように、いくつかの診断カテゴリーに関連する固有の健康リスクがあるのだから。たとえば易感染性の電解質異常や腎機能不全などにおいては、安定化の必要があるのは否定の余地がない。ここで私が問題にしたいのは、性の変種はそれ自体としては生命の危険を及ぼさないのにもかかわらず、間違った性別を割り当てられている状態それ自体を、医療を要する状態とする考え方である。要するに半陰陽であるということは二形的な性別、二値的なジェンダー、そして規範的なセクシュアリティつまりモノセクシュアリティの明白な自然さという文化的な慣習に違背しているのである［Epstein 1990］。

『保護者のためのハンドブック』の第三の問題点は、子どもが成長するにしたがってどのようなジェンダーを身につけてゆくかを予想する臨床家の能力に対する過度の信頼である。臨床家たちはマネーの半陰陽事例管理の実施要項に大部分したがって、過去半世紀以上にわたってもちろんそれをやってきた。ジェンダー割り当ては予想される「最善の性別」にもとづいておこなわれるのだからである。この助言は医師に占い師の能力を授けている。しかしもっと悪いのは、この助言が医療専門家（心理学者と精神分析医を含む）を並び立つもののないジェンダー専門家として、その権威を強化するという点である。半陰陽はジェンダーを問題にしないと強調することで、ＩＳＮＡはジェンダーを生産する権威を医学に譲り渡してしまっている。結局ＩＳＮＡは半陰陽事例管理がジェンダーのために、適切なジェンダーに向けておこなわれているという事実を批判することができなくなったのである。

ＩＳＮＡは半陰陽者によっておこなわれている違背が文化的なものであることを認識しているものの、医療技術によって支援された二値的ジェンダーに毒された聖杯によって維持されている二重の問題についてはロをつぐんでいる。半陰陽を医学的な問題として枠づけたＩＳＮＡのケアモデルには、医学の権力基盤を維持するために働いている三つの中心的なメカニズムが見て取れる。第一にジェンダー割り当てがスティグマとからかいに対する予防的ケアの形式として機能している。第二に半陰陽が医科学の管轄下で枠づけられ続けることとなり、したがって問題は半陰陽に医療的に取り組むことの是非ではなく、どのように、いつ取り組むかにとどまっている［Zola 1972］。結果、このモデルは間違った性別でいる者は二つのうちいずれか一方のジェンダーを適切に身につけるために医療化されなければならないという考え方を無傷のままに残してしまう。二値的なジェンダーを措定することで、身体は半陰陽の「問題」の知識の主要な場となり、さらに言えばその改良の主要な場となったのだ。

用語体系をめぐる論争

言語は幅広い機能を有する。言語は、それを通じて権力関係が構成され再生産される、もっとも根本的な媒体である。なぜなら権力の行使にとって、正統化ということは決定的に重要だからである［Foucault 1977; Foucault 1997; Swartz 1997］。私たちはここまで、性科学と半陰陽事例管理において言語がどう作動しているかを見てきた。ここからは言語が半陰陽の言説においてどう作動しているかを見ていこう。ＩＳＮＡはロビイングと当事者支援・擁護の作業に成功したので、半陰陽でない人々が半陰陽について書いたり論じたりするやり方にますます関心を抱くようになった。そのイニシアティヴのなかには、ＩＳＮＡが研究者や文筆家のために開発した一連のガイドラインがある。それらのガイドラインは半陰陽者について、問題がないと思われるやり方で話したり書いたりする「許容可能」なやり方の例を提供している。しかしこれらはどれだけ想像力を広げてみても、決して問題がない事柄ではなかった。「二値的な性別の社会的構成を例示するためだけに半陰陽者を利用すること」に対して警告が向けられた。というのも「半陰陽者は、ジェンダー役割や強制的な異性愛規範を解体させることに対して、せいぜい他の人々と同様の責任しか有さない」からだ(42)。その主張はフェアなものだった。すなわちこの警告が、つぎなる大反響を呼ぶこと間違いなしの事件として半陰陽をこれ幸いと受け入れようとしているポスト構造主義者やクイア学者たちに向けられていたのは明らかだった。この警告はまた、つぎの事実から言ってもフェアだった。すなわち半陰陽の誰もが割り当てられたジェンダーに疑問を抱いているわけでも、性差を「二」の秩序とする思想に問題を感じているわけでもないのである。

ＩＳＮＡのガイドラインはまた、半陰陽でない人々に向けて警告を発し、半陰陽者を彼／女らの物理的・身体的な状態に還元することを避けるように言った。代わりに「半陰陽の問題のほかにも利害や関心のある、立体的な人間として(43)」彼らを思い描くようにと警告したのだ。しかし逆説的に、ＩＳＮＡ自身は半陰陽を、その肉体的な（ひとつの、あるいはいくつかの）呈示にほとんど還元してしまった。そうなってしまったのは第一に「性分化障害(44)」や「非典型的な解剖学的生殖構造(45)」といったタームを用いることによってであった。また第二にＩＳＮＡは半陰陽を男性と女性の生理学的な変種と定義し、眼や髪の色におけるヴァリエーションと同じように、潜在的には無意味でありうる特徴とした。

ジュリア・エプステインの指摘によれば、医師が解剖学上の性別を操作する能力を持つことによって、半陰陽は（問題含みなことに）「口唇裂や多指症」に近いものになる。すなわち治療され、そして忘れられなければならないもの」［Epstein 1995: 116］となる。主流の半陰陽アクティヴィズムは、ますますアイデンティティ政治のまわりに固まっていったために、差異を取るに足らない変種へとしだいに還元していったことが見てとれる。二〇〇一年以降、ＩＳＮＡはつぎのように述べるようになった。すなわち半陰陽は「『標準的な』男性や女性といった型からの解剖学的変種」にすぎないのだと。「つまり、ちょうど皮膚や髪の色が幅広いスペクトラムに沿ってさまざまに異なっているのと同様に、性的な生体構造もさまざまに異なっているのだ」[46]。すべての人を平等に扱うというリベラルな伝統に訴えかけることで、「他とは違ったかたちで性を与えられ」ているという独特の差異は無害化される。半陰陽者はそれゆえ、まるで「隣家の人々」のようであり、まるで比喩的な（ありきたりな）「あなたと私」［Turner 1999］のようである。差異を否認することは政治的に有用だ。その有用性は、同じであると訴えかけることは、そうした同質性に還元されえない主体性の形態が訴えかけるよりも、文化全般に対する脅威が小さいという事実にもとづいている。もちろんそれには副作用もともなった。

　男性と女性を標準的なものと位置づけることには多くの帰結をともなったが、なかでももっとも明らかだったのは、性の二形主義は明白に自然なものであるという考えを改めて裏書きしてしまったことである。その結果、他と異なる性を有する身体だけが、いつも説明されなければならなくなる。つまり「標準的な」男性や女性といった型は「その自然さを疑われることがない」［Valentine 2003: 220］ままになるのだ。しかしデヴィッド・ヴァレンタインとリキ・アン・ウィルチンスが気づかせてくれたおかげで、この、説明されねばならないという要請こそが吟味されなければならないことが分かる。というのは二値的な分割が自然化されることによって、すべての身体を――規範的な身体であろうとなかろうと――高度に複雑な意味の諸システムを通して理解することを可能にする諸過程が見えにくくなってしまうからだ［ibid.: 221］。

臨床家が診断に用いる諸カテゴリーは半陰陽者の一部にとってはたいへん重要であり、彼／女らの社会的アイデンティティに深く結びついている。アイデンティティの主要な標識として、たとえば性染色体の状態を用いるような人々もいる。メルは、インタヴューのあいだ多くのポイントで自身を「XXY」とアイデンティファイしていたし、他のポイントでは「両性者（epicene）」としてアイデンティファイしていた[47]。他の人々は、自身の診断カテゴリーをしっくり馴染まないものと考えており、それをアイデンティティの標識として用いることには乗り気でなかった。「私は、物理的・身体的には半陰陽であり、医学文献ではカルマン症候群として知られているような状態で生まれました」（ドリュー、強調引用者）。さらに別の人々は自分を診断カテゴリーからは完全に切り離していた。

私がインタヴューしたなかの幾人かは、こうしたやり方で診断カテゴリーを用いることに強い意見を持っていた。彼／女らは、人のアイデンティティを疾病や不全・障害の医学的カテゴリーによって基礎づけるのは愚かしいと力を込めて述べた。たとえばケリーが断固主張するには、

もし私にはこういう症状があって、あなたにはああいう症状があるとしましょう。ねぇ、そんなことでは私たちを私たち自身からますます分離するだけなのです。このことで、男性でも女性でもない、何かがありうるという可能性は否定されてしまいます。なぜって、いったん半陰陽が医療の対象だと認めてしまえば、その人は、こう言っていることになるし、しかもそれを受け入れていることにされてしまうのです。自分は本当に病人で、欠陥のある男性もしくは欠陥のある女性なのだ、と。

半陰陽の疾病視に対するケリーの拒絶を背後で支える理由づけは、多くの重要問題を指し示している。第一に診断カテゴリーは本質的に何かを病理的なものと見るのであり、それゆえスティグマと羞恥を克服する方法として診断カテゴリーが便利であるという捉え方には、やはり疑問が残るのである。つまりそうしたカテゴリーに頼ることで半陰陽の身体に疾病や不全・障害を刻印し続けることが確実になってしまうのだ。

第二に、こうした診断カテゴリーは、半陰陽状態を個人的な「災厄」と捉えることにより、半陰陽に対する人々一般の無関心を助長する。このことは半陰陽事例管理を推進し、また翻ってその臨床実践によって支持される社会文化的な要請・規範を脱＝政治化させる効果を持つ。つまり診断カテゴリーを用いると、半陰陽者が苦しんでいるのは社会文化的な環境が課してくるノーマル化の要請ではなく、ある生理学的な条件であるという考え方が強まってしまう。このポイントは身体障害者差別の概念と対応するところがある。障害者差別においてある人が障害を持っているということは、周囲の人々がその人に対して示す態度と、その人を取り巻く物質的な環境条件の結果なのである[48]。

しかし多くの人にとって、診断上のカテゴリーに頼ることへの強迫は驚くほど強い。それは、私たちが半陰陽について理解することのほとんどすべてが、直接間接に医療文献に由来するためである。ケリーの右の発言に照らして考えてみると、病理学に頼ることから私たちは何を得ようとしているのだろうか。診断が異なり、医療経験が異なるにしたがって、そこから受けるトラウマや羞恥の程度が異なるということは容易に想像がつく。またそうした診断や医療経験が半陰陽の政治を形づくるのに重要なのと同様に、アイデンティティ形成に重要なのも容易に想像がつく[49]。医療を受けていない半陰陽者が、自分が半陰陽政治のなかでどこに位置づくのか分からないと感じていたり、もっと悪いことに、他の半陰陽者ほど大きな被害をこうむっていないことに罪悪感を覚えたりしているという逸話もある。

もっと生産的な方面では、診断カテゴリーに頼ることによって、個別の「症状」に応じて仕立てられる、ニッチをターゲットとしたサポート・サーヴィスが普及してきたということがある。しかしサポート・サーヴィスの普及によっても、「私にはこういう症状があって、あなたにはああいう症状がある」というふうに私たちを分裂させる結果になるというケリーの主張が持つ力は失われない。診断カテゴリーに埋め込まれている病理化衝迫は分裂をもたらす潜在力とともに維持されるし、前述のように「問題」を個人化すると、それは脱＝政治化されてしまう。臨床家たちは半陰陽を過剰に政治化することに対して、何年も前から懸念を表明していた。臨床家の視角からすれば、半陰陽アクティヴィズムがなした前進は半陰陽の「過剰な脱病理化」へと導くものだったと思われるだろう。何かがなされなければならなかったのだ。

ＩＳＮＡはジェンダーから遠ざかり、それが半陰陽事例管理の問題であることを否認したが、それと同時に、半陰陽がそれ自体でひとつの存在論的な地位であるという考え方からも遠ざかった。半陰陽が存在論的な選択肢としてはありえないという主張の背後にあったのはつぎのような論拠であった。すなわち「半陰陽はいまも、そして今後も決して、男性と女性が生物学的カテゴリーであるのと同等以上の固有の生物学的カテゴリーではない(50)」。この論拠は一考を要する。議論の向きをひっくり返せば、男性と女性としてのアイデンティティの可能性も等しく疑問に付される。なぜなら男性と女性もやはり「いまも、そして今後も決して」固有の生物学的カテゴリーではないからだ。しかしもちろん男性と女性が固有の生物学的カテゴリーでないことが広く認められてきたからといって、言説が性差を「二」の秩序に還元しようとする力が消去されてきたわけではない。

半陰陽としての主体性や雌雄同体としての主体性を拒否することは、半陰陽を物理的・身体的な状態より以上のものとして捉えることを拒否することで可能になった。こうした立場を取ると、もうひとつの「ある／べき」区別がもたらされ、さらに、そうと気づきもせずにマネーのジェンダー習得理論を支持する証拠が提供されることになる。ジェンダーを連続体とみる考え方に対抗して主張をおこなうことで、この言説はジェンダーを二元的とする理解にきわめてよく似たものになっている。二値的なジェンダーの概念に対して支援諸団体が示した態度を検討することで、私たちは、これらの考え方がすべての半陰陽者に対して政治的、認識論的、そして存在論的にどのような影響を与えたのかを理解しはじめることができる。

この説明によれば、身体の観点からみると、女性と男性は形態学的な連続体における両極点を占め、半陰陽者のおのおのは両極のあいだのどこかに位置づく。こうした二極的なモデルの明らかな魅力は、それが二値的なモデルでは不可能だった仕方で、変種を説明することができる点にある。二値的なモデルは変種を、「二」の秩序に対する「二を超えたn」としてしか説明しえなかったのに対して、二極的なモデルは性のヴァリエーションを、モデル内で説明する方法を提供するように思われる。

しかし二極的なモデルも問題をともなう。二極のあいだにヴァリエーションをプロットしていくという作業には一考を要する。というのは、ひとつの軸だけでは生理学上ありうるすべての変種を説明することができないからだ。医療技術の発達によって、身体内部の微細な仕組にますます接近できるようになったが、性に関する限りそれは不確定性を減らすどころか増やしているのである。なぜなら物理的・身体的な側面において性別を単独で刻印する標識は存在しないからであり、一列に並んでいたり並んでいなかったりする多くの標識群が存在するだけだからである。一次元的なモデルは一度にひとつの変数しか扱えないため、こういう難問が生じる。こうした標識のうちどれを性の解釈に用いるべきだろうか。どんな単一の身体的徴表も、その解釈における立場は歴史的な偶有性のなかに置かれているのである。たとえば、こんにち幅を利かせているのは神経科学的説明と遺伝学的説明だ。これまで長いこと、たくさんの性の徴表が知られてきたが、離散的だったり連続的だったりする諸カテゴリーのいろいろのクラスターが互いに相関していることを認識し受容できるような、立体的な枠組を発展させることからは、私たちは今なお遠いように思われる［Stein 1999: 39–70］。

用語体系をめぐる論争　その2

半陰陽を身体の状態としてだけ概念化していると、間違った性別を与えられたり、あるいは間違ったジェンダーを与えられたりすることを理解するのは困難だ。それに加えて言語の制約がある。言語は人々が自分を理解するために用いることのできるもっとも基本的な道具だからだ。英語という言語は単にジェンダー化されているだけではなく、二値的にジェンダー化されている。このことが雌雄同体あるいは半陰陽であることについて存在論的な観点から考えたり話したりする私たちの能力を強く制約している。私たちが考えうることの範囲や角度は、現にある知識総体によって制約されているが、たとえば英語における代名詞——人を指示する代名詞 he と she など——に明らかなように、言語に埋め込まれた文法的な制約も同様の働きをもつ。ジェンダー自体が言語の制約の産物であることは想起してみる価値がある。英語は生きた言語であり、新語によって——それが新造語であれ、既存の語彙の拡張的応用であれ——生命の息吹を維持することができる。半陰陽者のますます多くが自身のこの側面を純粋に物理的・身体的な観点において知ることでは満足しなくなっているため、現存する語彙から何を用いればよいか——それによって、物理的な身体を超えて広がるやり方で半陰陽者を理解できるように——、考えてみる価値はある。

長いあいだ、半陰陽の政治における用語体系をめぐる論争は、雌雄同体と半陰陽というタームのどちらのほうが利点が多いかを中心課題としてきた。論争は加熱し、感情は昂ぶった。私はこの論争に少しのあいだ立ち戻りたい。そうすることで言語における最近の変化に対して文脈を提供したい。この論争におけるすべてのタームのなかでもっとも古いものは、雌雄同体である。これは医療化にはるかに先立つ長い歴史を持っており、数世紀に及ぶ啓蒙期の後の医科学において衰退していった。雌雄同体（ハーマフロダイト）は、ギリシャ神話の登場人物であって、男性同性愛の妖精サルマキスとヘルマプロディートス——ヘルメスとアフロディーテの息子——との融合によって生まれた存在である。神話的なものとのこうした連関は一部の人々の問題視するところである。しかしこのタームに対する最大の反対は、このタームが過去一〇〇年のあいだ医学言説のなかでの用いられ方、なかでも医学的な必要から「真性」と「偽性」という形容を付されたことに対して向けられている。半陰陽の活動家たちのあいだにはいろいろな違いがあるが、雌雄同体に対するこうした形容はある形態が本物で他の形態は偽物であることを含意するため侵害的であるという点については、広く意見が一致している。しかもこれらは、二〇世紀の遺伝学や内分泌学、胎生学によってもたらされた身体の理解に先立つヴィクトリア期の、時代遅れの用語体系の残滓を表わしている。[51] こうした理由から、雌雄同体というタームはスティグマを生み出し、誤解を与えるとして非難されてきた。誤解を与えると目されたのは、一部の人々にとってこのタームには二つの外性器の「完全な」一組を有しているかの如き含意があるからだ。つまりたとえば陰茎と陰核を両方有しているとか、外陰と陰嚢を両方有しているといった、物理的に不可能なことを想像させるためだ。[52] 雌雄同体というタームの使用に対する最強の批判者のひとり、IPDXのエミ・コヤマはそれを「誤解を招き、神話的で、スティグマをもたらすもの」としている。なぜなら生物学のタームとしての雌雄同体はとりわけつぎのような有機体を指しているからだ。

（カタツムリやミミズのように）「オス」と「メス」の両方の生殖器官を有する。ヒトにおいてはこの意味での「雌雄同体」は実際には存在しない。ヒトについて論じるときには、かわりに半陰陽という語を用いてはいけないだろうか。カタツムリは雌雄同体だがヒトはそうではないのだ。[53]

雌雄同体というタームは、それが歴史的に奇形学の論理に関係してきたため、またエキゾチックなセクシュアリティを想起させるため、ほかのタームとうまく噛みあわない。リー・ブラウンによると、「半陰陽状態で生まれた人々、生まれる人々は、エキゾチックな奇形や怪物の言説に囚われ続ける」[Brown 1995: 1]。しかし一部の人々にとっては雌雄同体というタームは大きな魅力を持つ。そういう人々にも理由がいろいろある。彼／女たちにとって雌雄同体というタームは部分的であるという感覚や不完全であるという感覚ではなく、現実的なものであるという感覚を与えてくれる。同様に意義深いのは、このタームによって引き起こされる曖昧性の感覚、すなわち両方の性別を指すものであるか、場合によってはまさしくどちらでもない性を指すという感覚である。これらの人々にとっては雌雄同体というタームによって想起されるあらゆる神秘的な含意が実際に魅力を持っている。

半陰陽というタームは多くの人々によって雌雄同体というタームに対する代替語として採用された。というのは半陰陽がまさしくどんな神秘的な含みからも自由であるように見えたからであり、どんな条件もともなわなかったからであった。この論争の高揚期、私的に経験されたり公的に促進されたりするアイデンティティ（いいかえればジェンダー）を指すものとしてのインターセクシュアルというタームと、医療診断としての半陰陽とのあいだに区別が設けられた［Kessler 1998: 84–85］。「半陰陽」、「インターセクシュアル」、「半陰陽者」はすべて、雌雄同体者たちは不完全な男性か女性であるという考えを早くから主張していたドイツの遺伝学者リヒャルト・ゴルトシュミットによって、一九一七年、診療の語彙として導入された。彼の見解によれば、哺乳類におけるすべての雌雄同体は子宮内で「性の逆転」を被った半陰陽である［Goldschmidt 1923］[54]。こうして半陰陽というタームはとりわけ医療でしか使われないタームであり続け、最近まで医療の外に歴史を持っていなかった。「インター」は字句通りにとればあいだを意味する。すなわち半陰陽とは二つの正統な性別カテゴリーのあいだに落ちることなのである。こうした枠組のなかで処理しようとすると、半陰陽者は常に未完成で偏った男性か女性ということになる。この考え方は生殖器の手術や、割り当てられた性別にとって過剰と思われた一部あるいはすべての組織の切除を含む医療的介入を正当化する理由を支持している。こうした方法は要するに、ある人のジェンダー・アイデンティティに対する何らかの脅威となりうるものを中和するものと考えられている。こうした意味で、半陰陽というタームの歴史は二形的な性差を神話化するような、より広い医学史の一部をなしているのである。

　半陰陽というタームは人気があるが、それは、そのタームの使用について権利を主張する人々すべてに、普遍的に流通したわけではなかった。たとえばリーはそのことについてつぎのように述べていた。

> 私は半陰陽というタームが嫌いです。このタームは私たちをどこにも連れて行ってはくれません。それは私たちをふたたび狭間に置き、私たちがなりうるどんなものも、私たちにまだ与えてくれはしません[55]。私としては雌雄同体という言葉を、その神秘的な含意とともに取り戻すために言いたいです。ほら、私たちは逃げ隠れせずここに居ますよ、と。私たちはずいぶん長いこと隠されてきました。でもほら、おーい、私たちはここに居ますよ、と。

半陰陽の「管理者」として医療が特権的な地位を持ったことの結果のひとつは、二〇世紀後半の外科技術や化学の発達が、半陰陽者の完膚無きまでの不可視化に役立ったということであった。このことは翻って、雌雄同体者は神話の産物に過ぎず、人間の領域を超えたところに存在しているという考え方を強化した。そのことは「私たちをどこにも連れて行ってはくれません。それは……私たちがなりうるどんなものも、私たちにまだ与えてくれはしません」という言葉に暗に示されているとおりである。ここでは二極を特権化する連続体という考え方の限界が認識されている。二極から成る軸の上に位置を得ることができない人は、少なくとも二形のうちどちらかの極に特権的な地位を占めている人々に似るよう、肉体を作りなおされるまでは性的主体として承認されそうにないのである。

二一世紀の最初の一〇年間が終わりを迎え、こうした論争はいまやすでに遠い過去の一部となった。二〇〇五年以来、事態はかなり大きく変化した。「性発達障害」というタームに見られるとおり、いまや焦点は半陰陽対不全・障害である。こんなにも論争が過熱したことはかつてなかったし、またこんなにもパーソナルになったこともかつてなかった。

ＩＳＮＡは長いあいだこの領域におけるもっとも影響力ある声だったが、論争の場がシフトしたこんにちでは、もはやそうではない。ＩＳＮＡは医療の現体制と医療用語をめぐって戦うため、言説における特殊な位置を取った。実際にこうした動きの効果は、これまでの一五年間にＩＳＮＡがおこなってきた医療への介入を見れば明らかである。その介入によって医療者のあいだで五〇年にわたって維持されてきた処置モデルのいくつかの側面の効果についての対話が生み出され、臨床家会議のテーブルにはＩＳＮＡのために席が確保された。さらにその介入は、臨床家と半陰陽者が互いに寛容な態度でおこなう手術結果研究の機運を生み出した。そうした研究の欠如は長いこと活動家と臨床家の双方を嘆かせ続けてきたのだった［Creighton 2001; 2004a; Creighton & Minto 2001; Creighton, Minto & Steele 2001］。どのような政治的な戦略でも同様であるように、医療的な言説を支持することによって、その政治的戦略はジュディス・バトラーが言うだろうように、事前には決して予測されえない意図せざる結果をもたらす。時間がたつにつれて、そうした意図せざる結果のいくつかが明らかになった。議論の余地は残っているだろうが、医師や、健康に関する他の専門家たちを同盟のパートナーとして選んだため、その組織の代表能力はいつも損なわれることになった[56]。ここで代表能力とは、その成員たちの（多様な）利害関心を代表するＩＳＮＡの能力である。近年は他の声がいろいろ聞かれるようになり、ＩＳＮＡの考え方の覇権、なかでも半陰陽はジェンダーを問題にしないという考え方の覇権に対して明らかな対抗言説が示されるようになってきた[57]。

ＩＳＮＡはそのアクティヴィズムの歴史から、多くの医師たちにとってはひどく政治的な存在だったし、多くの親たちにとっても不快な存在だった。しかしＩＳＮＡは同盟パートナーたちと共に前進するために、半陰陽の課題を脱＝政治化する選択をした。半陰陽というタームは病理学と歴史的なつながりを有しているが、それでもなお、このタームはセックス＝ジェンダー、医療の前提仮説や臨床実践、それに生命倫理といったことに関する膨大な問題点をすべて提起するような政治のあり方を促進していた。そんななか、ＩＳＮＡは本当に文字どおり半陰陽事例管理にスポットライトを当て、それを社会文化的な問題点として議題に乗せたのだった。またもっと最近では「性発達障害」というタームと半陰陽のための新しい用語体系を促進する陣頭に立ってきた。性発達障害はジェンダーの第三のタームである中性と同じような、政治的な垂れ幕のような言語である。じつは性発達障害は意図的に反＝アイデンティティ主義的であり、意図的に反＝政治的なタームである。性発達障害は、医療的な処置を必要とする分かりやすい症状であって、その用語体系は半陰陽の「問題」を個人へと差し替え、それを政治から撤退させているのである。

二〇〇二年後半、世界中から集まった半陰陽活動家の集団（ＩＳＮＡの以前のメンバーや所属者の何人かを含む）が幼児や子どものニーズを超えたところに目的を持つ組織を立ち上げた。「国際半陰陽協会（Organization Intersex International：ＯＩＩ）」は、北米のコンテクスト以外にいる人々のためにフォーラムを提供することを望んだ(58)。ＯＩＩは二値的なカテゴリーはすべての人に対して有害だと見ており、半陰陽を、半陰陽者であろうとなかろうと、すべての人に影響を与えるような人権の問題として枠づける。この理由からＯＩＩは国際連合の世界人権宣言を指導的な原理として用いている。この組織は戦略的な同盟関係を築くことに力を入れており、遺伝学研究者や社会科学研究者たちと共に働いているが、半陰陽事例管理の臨床家たちと同盟関係を築くにはいたっていない。

　ＯＩＩの目的はアイディアの交換を促し、さまざまな情報源とさまざまな地域から、半陰陽の諸問題に関する幅広い諸視角を集めることのできる空間を作り出すことである。ＯＩＩは、半陰陽であることが完全にジェンダーにかかわっているような成人や若者の諸視角を含め、半陰陽の諸問題に対する代替的な諸視角を代表しようとしている。ＩＳＮＡがジェンダーを否認したことに対抗して、ＯＩＩはジェンダーの重要性を半陰陽者へと還元してしまうことが、半陰陽者をその物理的・身体的な構造へと還元してしまい、半陰陽者を永遠に医療の対象とし続けてしまうと強く主張している。また、ジェンダーを軽視することによって、半陰陽事例管理がおこなっているのが（女児・女としてのあるいは男児・男としての）安定したジェンダー・アイデンティティを保障することにほかならないという事実が曖昧にされてしまう。結局のところ、半陰陽事例管理はジェンダーに関係しないと臨床家たちが示唆したことは、いまだかつて一度たりともなかったのである。

　二〇〇五年以来、ＯＩＩは半陰陽の新用語体系と不全・障害の言語体系に対抗してある強力な声を手に入れた。ＩＳＮＡがその用語体系を変更したことが明らかになったときは、まったくてんやわんやの大騒ぎになった。戦いの前線が截然と引かれた。そして明示的であるか否かにかかわらず、ジェンダーはふたたび、論争が交わされる戦場となった。新しい用語体系の提唱者たちは、生殖器の手術を減らすためには生殖器への強調を取り払う必要があると主張したが、批判者たちは、生殖器は半陰陽でない乳幼児の性別を読み取るために用いられているのだから、このように強調を和らげても望む効果をもたらしそうにないと応じた［Dreger et al. 2005; Dreger 2007; 2008］。用語体系を変更することによっていっそう正確な診断や、ヘルスケアの全般的な改善が可能になるという信念は、性発達障害の用語体系の健全性への疑いという形で挑戦を受けた。批判者が言うには、その信念は正確でないというだけではなく、細胞遺伝学的諸原則や診断の用語体系をじっさいに阻害している。不全・障害というタームが侵害的であることについて、新たな用語体系の提唱者たちは「それに慣れてくれ」と言い、その頭文字（ＤＳＤ）だけを使ってくれと言う。臨床家と効果的に意思疎通するための唯一の方法は、臨床家が理解できる言語を用いることである、つまり目的が手段を正当化するのだと［Dreger 2007; 2008］。これに対して批判者たちは、病理化する言語はどう糊塗しようと病理化する言語であると言う。それは半陰陽者の品位を落とし、その人間性を損ない、スティグマを付与するものだと。

性発達障害の言語に対するＯＩＩの最強の批判のひとつは、遺伝学研究が政治的で経済的な動機から促進されているという特質や、生命医学の知識生産に固有の権力諸関係を強調するものである。西洋の医学は「ヒトゲノム計画」に続いて、いまや「染色体の時代」へと突入している。これは新しい用語体系にも反映されている。ＤＳＤの枠組を形づくるさまざまなカテゴリーやクラスの説明はすべて、Ｘと

Yのような性染色体を変更する因子から始められている。しかし新しい用語体系において表現されている性染色体が実際に人の性を決定することはないのである。なぜなら性を決定するのは染色体というよりも遺伝子であって、それらの遺伝子のほとんどはX染色体やY染色体のなかではなく、普通染色体のなかに存在しているのだからである。DSDの枠組は性染色体の変更因子を、遺伝学的に根拠のない診断カテゴリーに応用してしまっているのである。いいかえればDSDの用語体系は、臨床的および分子論的な細胞遺伝学者が用いるこれまで受け入れられてきた診断用語体系の諸原則に反しているのである。

その結果、イタリアーノとヒンクルが言うように、新しい用語体系が実現してきたのは、実際にはその先行者たちが提供してきたより正確な診断を提供することなどできない、曖昧な医療なのである(59)。新しい用語体系は明瞭さどころか、いっそう大きな混乱をもたらすように思われるのであり、診断上の分類と食い違った症状を見過ごすリスクを増大させるように思われるのである。とすると、診断を目にした人々にとっては困った問題がある。合意文書に回答したある人が言ったように「本日、すべての患者が46XXあるいは46XYに関して意識的であり、したがって診断名は患者の育ちの性別――社会的な現実――にとっては不適切なものとなるかもしれない」[Damiani 2006]。また別のところでも、不全・障害の言語が、遺伝学パラダイムの昨今における特権化とあいまって、性の多様性を大規模にスクリーニングするような、優生学的ディストピアがもたらされるのではないかという懸念が惹起されている[Holmes 2008]。

ＯＩＩのアジェンダは多くの点で、ＩＳＮＡの最初期のアジェンダと共鳴し、また初期のゲイの権利運動とも共鳴して、セックス＝ジェンダーの二値的なカテゴリーに挑戦している。しかしながら、このことは相対的な限界を表わしているかもしれない。というのも半陰陽政治は、歴史的に理解されるところのアイデンティティ運動とは言えないだろうからだ。ＯＩＩは、「もうひとつの『固定的な』アイデンティティを打ち立てることには関心がなく、むしろ自分をアイデンファイする権利を促進すること——男としてであれ女としてであれ、半陰陽者としてであれ[60]」を目指している。この理由からＯＩＩのカナダ人スポークスマンであるジョエル＝シルス・ララミーは、半陰陽をＧＬＢＴに合流させることに警告を発した[61]。

＊
＊
＊

半陰陽の歴史は消去と同化の歴史だった。したがって半陰陽の諸課題についてははっきりと、多くの異なった視角から話すためには、人間共同体の全体とのあいだに橋を架けていかなければならないし、他のマイノリティと並ぶもうひとつの不可視のマイノリティになるのは避けなければならない[62]。

このことは同盟的な政治のもうひとつの異なる次元を指し示している。それはアイデンティティ政治の慣例——一九七〇年代後半から一九八〇年代を通じての性的マイノリティ政治の純正品——へと半陰陽を位置づけることを拒む。その理由はまさしくＯＩＩが証言しているように、半陰陽者のセクシュアリティがゲイ、レズビアン、両性愛という単純な分類を超え出ているからである。半陰陽者はありとあらゆるセクシュアリティの形にわたっており、いくつかの例では性愛の諸カテゴリーをクィアすることによって、セクシュアリティの現存する用語体系ではまったく意味をなしていないやり方で、セクシュアリティのカテゴリーを超え出てゆく。つぎに見たいのは欲望の諸問題についてである。

雌雄同体

医学的な見地からする「ノーマルな性生活」とは、陰茎の膣への挿入をおこなうことのできる能力を有することである。それは不妊が医療的介入によって直接にもたらされたような事例においてさえ、不可欠的に生殖の要件につながっている。この前提によって、半陰陽事例管理の専門家は異性愛規範を強制したかどで批判に曝されることになったが、私がすでに論じてきたように、すべての性的アイデンティティは二値的なジェンダーに浸されているのである。すなわちゲイ、レズビアン、そして異性愛者たちは、男児・男と女児・女を区別することができるのでなければならない。ジェンダーの二極的な構成によって、現在の処置モデルは下支えされ、動機づけられている。異性愛規範は、そしてまたそれらの「他者」つまり同性愛も、「二」の力によるジェンダーに依拠しているからである。

私のインタヴュー対象者たちが話してくれたことには、半陰陽を、彼／女らの自分らしさの拭いきれない部分として説明できるようなやり方で彼／女らの性愛的な欲望や嗜好を論じるのはきわめて難しい。クィアのプロジェクトがアイデンティティ概念の全体に疑問を投げかけた［Halberstam 2005; Sedgwick

1990; Seidman 1997; 1996; Simon 1996; Stein & Plummer 1996; Wilchins 2002b〕のに対して、半陰陽アクティヴィズムは人口の（拡散しており多様であるとはいえ）特殊なセグメントを代弁して権利主張をおこなった。これらの個別の主張は、義務的な医療化からの自由という水準において作動し、また、異なっていることへの自由、つまり完全に異なったものであろうとする自由という水準においても作動した。しかしジェンダーと同様、性的アイデンティティの諸カテゴリーを棄却することによっても、――ゲイであれストレートであれ両性愛であれ、またほかならぬクィアであれ――自身を性的に位置づけることへの圧力が消えるわけではない。というのも他の人々は、人は性的にどうなのか、人の性的欲望がどういった形をとっているかに強い関心を持っているからである。ほとんどの性愛的な欲望は、概して、依然として、身体的な特徴に結びつけて考えられている。そういうなかで雌雄同体あるいは半陰陽として自己を呈示することは、その人の性的自己、および、その人と情緒的に結ばれている人々にとっても重大な意味を持つ。そうした動きは間違いなくセクシュアリティに関する規範的な考え方に混乱を引き起こすが、そうした自己呈示をした人は死者の世界に放置される。チェイスはレズビアンというタームを使う理由をつぎのように表現している。

> 私はレズビアンのアイデンティティを主張する。というのも私に対して欲望を感じる女たちは、その欲望をレズビアンのものとして経験しているからだ。私は自分が性的なときは自分をもっぱら女性と感じていて、しかも私は女に対して、男に対しては感じない欲望を感じる。多くの半陰陽者は私のようなクィア・アイデンティティの感覚を共有しているだろう。たとえこの同性愛のアイデン

ティティを共有しない人々であっても。［Chase 1998: 216］

チェイスと同様にリーも、委任によるセクシュアリティとでも呼びうるものについて語っている。(63) Hirの関係性を定義することに対する他者の要求が信じられないほど強いこと、ひょっとすると強制的であることを見て取って、リーは愛する人のセクシュアリティによって定義されるそうした関係性へと話を進めた。しかしつぎの言明は「しっくりいく」ことに対するパラドクシカルな感覚に背き、またそのモデルのインタクト性を、それを超えてゆくものを差し置いて優先して理解している。リーが私に話してくれたように、

いつも他人が私を定義しようとします。私が誰と一緒にいるかによって、私がそういう詮索にどう反応するかによって、私の関係性を定義しようとします。そんなことについて彼らと頑張って議論したって意味がありません。でも恋人が私を何かとアイデンティファイしたら、その枠組でしっくりいくように、ある程度、私も私をそのようにアイデンティファイしなければなりません。

カナダ人活動家で学者であるモーガン・ホームズは、これに対して、ただのもうひとりの「幸せなhet」であることを拒否して、男性パートナーとの関係を大胆にクィアする。彼女の結婚は「男と半陰陽者のあいだの結婚だ」［Holmes 1998: 225］と人々は理解すべきだ、と彼女は主張する。これら二つの語りを比較することで私は、ハーム（herm、雌雄同体）であることによって自己とその欲望に対するhir自

身の感覚をクィアする効果にリーが気づいていない、と示唆したいのではないし、それが人々一般に対して持つ効果を指摘したいのでもない。つぎのコメントはリーの自覚がどれだけ鋭いかを正確に示している。

けれども、もし私が「雌雄同体」というラベルを負ってしまったら、私は性的アイデンティティを持つことができないでしょう。だって、私のための言葉はないのですから。これってどういうことでしょうか。そう、これって、私はレズビアンにもなれない、ゲイにもなれない、ストレートにもなれない、ということですよね。もうひとつラベルがないといけない。実際には両性愛というわけでもないし。自分自身と遊ぶようにすれば両性愛ですけれども（笑）。私は女とセックスしているとき、あるいは男性とセックスしているとき、いったい何者なのでしょうか。つまり男性とセックスしているとき、私はゲイなのでしょうか。女とセックスしているとき、私はレズビアンなのでしょうか。するとどんなときの私がストレートなのでしょうか。私は異性愛者になったことがないのですね。私が異性愛者になるのは不可能なのです。

こうした問いかけは、リーにおける、性的な自己と、自己についての全体的な感覚との、継続的な交渉の過程を物語っている。モノセクシュアリティ文化のなかで、この過程の恒常性は、少なくとも近年の傾向としては離脱不能と思われるほどにきわめて深く埋め込まれている、セクシュアリティと自分らしさの還元主義的で規範的な理想が日常化していることの結果である。

ＩＳＮＡは半陰陽の観念を、半陰陽それ自体として人格性の一形態とは認めなくなったので、欲望の問題についてはほとんど語らなかった（とはいえ、もちろんＩＳＮＡは半陰陽事例管理が性的能力に与える影響については多くを語った）。ＩＳＮＡは二値的なジェンダーに加担するようになったので、雌雄同体あるいは半陰陽の性愛を考慮に入れることも、考慮に入れる可能性さえも閉ざしてしまった。そのことが他のどこよりも明らかなのはＩＳＮＡのウェブサイト上の「よくある質問と回答」のページのひとつであり、そこでは半陰陽のさまざまな条件がリストされ説明されている。「黄体ホルモン起因性男性化症」の項目にはつぎの文言が現われる。

> 思春期が始まると子どもは、できれば愛する親やピア・カウンセリングの助けを借りて、あるいは手術の助けを借りて、女性か男性かのいずれかのセクシュアリティを表現できるようにと、選択肢を探すようになるかもしれません(64)。

この文言は「女性か男性かのセクシュアリティ」ということで何が意味されているのかという疑問を招来する。これ以上の情報が提供されていないため、これを読んだ人は、これは異性愛者の交際を指しているのだろう、ひょっとするとレズビアンやゲイ男性のセクシュアリティも指しているのだろう、どちらにしてもモノセクシュアリティを指しているのだろうと推測できるだけである。どのように解釈されたところで、リーが言及していたようなタイプの性愛のための場所はこのレトリックのなかには存在しない。しかしＩＳＮＡがどんなに拒絶しようと、そうした欲望は本当に存在するのである。ケリーが言

うには、

私たちは早くから、雌雄同体の性愛について話し合ってきました。ですから雌雄同体者も自身の身体で、その身体の快楽を受け取り、また誰かにその身体で、その身体の快楽を与えることができるということを、医者たちが理解することはとても重要です。それから、そうした欲望が存在することを医者たちが理解することも重要です。健康な性生活についての私たちの考えを拡張する必要があると思うのです。雌雄同体者である私たちが、雌雄同体の観点から性愛について語ることが私にとって大切なのは、こういった理由からです。

アンジェラ・モレノは北米を拠点にした活動家で、ＩＳＮＡが作った『雌雄同体者たちは語る』というビデオ作品の出演者である。モレノは一二歳のときに陰核切除術を受けた。そのとき彼女はすでに自身の生まれたままの「大きな」陰核に歓びを見いだしていたので、手術後の性的感受性と比べることのできる経験を持っていた。モレノは自身の手術前のセクシュアリティを何か「別の」もの、何か半陰陽に固有のものとして枠づけた。手術前のような外性器の強烈な感覚を失ったことを口にすると、「すごいセックス」ができなくなったという意味に解釈されそうで嫌だったのだが、モレノは自身の性的感受性が損なわれて「ちょっと心許ないもの」になったと表現している。彼女の見方では、

取り除かれてしまったのは、とても特殊な性愛、雌雄同体のセクシュアリティだった。それは人々

をひどく怖がらせ、とても大きな不安を呼び起こすに違いないものである。こういう特別な部分、私たちのセクシュアリティ、あの神聖なセクシュアリティが、私たちから剝ぎ取られてしまった。あの特別なセクシュアリティのあり方、性的興奮、それ以外にも雌雄同体に固有なセクシュアリティのすべてが取り除かれてしまったのである。(65)

身体を思い出す

性器整形手術の正当性根拠は、それによって人が「ノーマルな見た目の」外性器を得られるということと、「ノーマルな」社会生活とノーマルな性生活（つまり陰茎の膣への挿入）を送る機会を得られるということだ。しかし医療者たちも批評家たちも完全によく知っているように、手術はこの目標を達成することに失敗している。半陰陽者の語りが、ますます多く公共領域で流通するようになると、陰核切除術や膣形成術によって性的な感受性や機能の深刻な毀損がもたらされていることが知られるようになり、こうした手術が身体的・物理的な傷以上の傷を残すことを示唆している。(66) リーが私に説明してくれたように、

私がどんな見た目になるべきなのか、私の身体がどんな見た目になるべきなのか知らなかったから……。手術前に……あなたは分かるでしょうか。もし私が、私自身の望ましいあり方を知っていたとしたら、手術は絶対に受けませんでした。決して！　きついのは、私はメスを入れられたら、

自分の見た目がどうなるか、見当もつかなかったという点です。それで……そんなわけで、その悲嘆はもう、ものすごかったです。

幻肢についてのエリザベス・グロスツの議論は、リーのこの語りを位置づける方法を提供してくれる。[67] 幻肢、もしくは手術で除去されたどんな身体部位も、グロスツによれば（シルダーにならって）、身体の完全性や統一性への「ノスタルジアの表現」となる。それは身体的・物理的な傷だけでなく、心的な傷も表わしている［Grosz 1994: 73］。半陰陽者の語りに見られる多くの説明にノスタルジアがつきまとっているのは、間違いなくこうした事情からである。ホームズが痛烈に述べるように、「私の身体が実現しうるように成長してきたすべてのこと、すべての可能性は、切除された私の陰核といっしょに、廊下をまっすぐ進んでいって病理部にたどりついた。私の残りの部分は術後回復室に行き――いまも私は回復の途上にある」［Holmes 1994: 6］。最近まで、臨床家たちは（身体器官や組織を再建したり切除したりすることへの）自分たちの介入のインパクトを考慮に入れることができずにきた。[68]

第二章で議論したように、神経細胞と経験との相互作用について適切に意識していたマネーでさえ、医療的介入それ自体の影響を考慮に入れることはできずにいた。しかし手術による有害な影響に関する医学的な証拠文書が欠如していることは、有害な影響が存在しないことを意味しないのである。カトリーナ・ローエンはつぎのように説得的に論じている。人生の最初の段階でおこなわれた手術と精神療法による介入は、決して簡単に忘れられることがない。なぜなら「新生児に対して施された場合でも、身体は記憶している。処置の経験は消し去られることがない」［Roen 2004b: 102］。こうした処置にしたがってしまった人々が語らなければならなくなった物語の多くがこの指摘を支持している。

精神は身体と何らか分離されているという考えは、半陰陽事例管理への医学的なアプローチにつきまとい続けているデカルト的二元論の頑強さを示している。しかしながらこの考えは活動家たちによってますます多く挑戦を受けるようになってきた。精神／身体分離に反してグロスツのように考えるべきなのだ。

> 精神的な要素から生物的な要素を分離することの根本的な不可能性や、精神的なものと生物的なものの相互依存性、それに性的な特殊性の問題（生物学的な性差）と精神的なアイデンティティとの密接なつながり。〔Grosz 1994: 86–87〕

グロスツにとって性的な特殊性、性差とは、男と女との差異なのだが、彼女の議論は「二」の秩序を超える性差を考える際にも同等に適用できるものである。グロスツの主張は男性と女性の性的な特殊性を考えるときに十全な意味を持つし、同じくらいに半陰陽者に関しても意味を持つ。ジェシーが私たちに思い出させてくれるように、

> あなたは私の外性器についていろいろ詮索できますが、そのことは何も変えはしません。私は手術を受けた半陰陽者になります。それでも私の視角は、まだまだ半陰陽であることによって影響を受け続けますよ。

モーガン・ホームズは、強制的であれどうであれ身体の一部を切除されて身体の統一性を毀損された他の人々との比較を引いて、同じポイントを突いている。

外性器を切り取られたことで、私は半陰陽でなくなりはしなかった。それは単に私を、外性器を切り取られた半陰陽にしただけだった。それは外性器を切除された女がやはり女であり続けるのと同じであり、また手足を失った人がやはり人間であり続けるのと同じだ。

半陰陽が化学的、外科的、その他の手段では除去されたり治癒したりしない何かであると主張することで、病理化されたものとしてではない雌雄同体／半陰陽の主体性の概念化を開始できる。このことはもちろん、物理的・身体的なものを超え出て、精神の領域へと視野を拡大することを必要とする。病理化されスティグマを付された物理性・身体性を体現することと、人間的な経験の豊かさを表わすことのできる主体性の要素として半陰陽性を体現することとの著しい対照に光を当てるために、またここでジェシーに戻りたい。

私はずっと自分のことを奇形の男性、つまり私は肢体不自由の男だと思っていました。だから私にとって半陰陽は、単に肢体不自由の物理的・身体的な表われだと思っていたのです。このことが、私が物事を捉えるやり方、物事の見方に関係あるとは思っていませんでした。そのことが私を他の人たちより何か劣ったものにするという以外に、何か私の生活に影響を与えているとは考えていませんでした。

インタヴューを始めた時点では、自己についてのジェシーの感覚は、奇形の何か、という以上のものにはなりえていなかった。

半陰陽者であるとはどういう意味なのでしょうか、男性の男でなく半陰陽の男だというのは。私は奇形の何かではありません。実は遺伝的には私は女性なのです。そう、そんなふうにして半陰陽のことを本当に深刻に考えざるをえなくなって……。自分が持っているはずのないものを持っているのが分かったときはもう、爆発でした。私は自分のことを、陰茎が極端に小さい奇形の男性だと思っていたのです。つまり男から何かを差し引いたものが私なのだと。膣も持っているのが分かって、私はこんどは男に何かを足したものになったのです。

奇形性から統一性へのこうした視野の変化は精神的、感覚的、物理的・身体的な自己の要素の、相互結合性への気づきによって特徴づけられる。「私のジェンダーへの違和感のすべては性的な志向、つまり私が典型的なゲイで、気質が女々しいことに関係があると思っていました。それが半陰陽の表われでもあるとか、私が二つ以上のジェンダーでありうるとかについては思いもよりませんでした」。この点は何が一人の男を構成するのかの限界を押し拡げ、誰が一人の男でありうるかの限界をも押し拡げるにもかかわらず、ジェシーの「男性の男でなく半陰陽の男だ」という言明は、英語という言語がどれだけ人の気持ちに鈍感な言語であるかに光を当てるのに役立つ。男性であるとはどういうことか、女性であるとはどういうことかについての私たちの理解が、雌雄同体者についてのマネーの（また他の人々の）研究に由来しているということはいくらか逆説的だ。しかし身体のもっとも基本的なレヴェルにおいてでさえ雌雄同体／半陰陽であることについて話そうとする私たちの能力は、その意味を理解しようと努めはじめるだけでも、二値的な（男／女、男性／女性）論理を通じて水路づけられなければ何も理解することができないのである。このことが示しているのは性差についての二形的な理解がそれ自身の外側に零れ落ちるものすべてを、文字どおり中性化してしまうということだ。

メルロ＝ポンティの身体現象学を引きながら、グロスツは身体を「世界内存在」として読む方法を提供した。すなわち身体を、それを通じて私たちが情報、知識を受け取り、したがって意味を生み出すような主要な道具として読む方法を提供した。要するに私たちの身体は、私たちが世界を経験する媒体なのである。[69] この視角からすると自己を構成する諸部分――生理的、心理的、感覚的――は、とても密接に繋がりあっているのだから、半陰陽を純粋に生理的な状態として語ることは意味をなさないのである。

しかし私が論じてきたように、半陰陽事例管理はつぎの考えを前提としている。つまり半陰陽の身体から半陰陽の徴表を除去することで、半陰陽の状態から脱するという考え方である。非典型的な外性器は曖昧に男性的であるか、曖昧に女性的なのであり、したがって「矯正」されうるものと見なされてしまう。その結果、半陰陽者は医学文献の外側では事実上存在することを止めさせられている。批判者たちは、半陰陽事例管理がクレブスの「真性」、「偽性」という用語体系に似た機能を持つと言う。半陰陽事例管理はジェンダーの境界を強固にするだけでなく、雌雄同体の形姿を消去するのにも役立っている

[Brown, L.A. 2005; Dreger 1998c; Fausto-Sterling 2000a; Kessler 1998]。しかし半陰陽は治癒されうるべき症状であるというまさにその考えこそが、ケリーの言葉によれば、

危険な神話であり、問題を骨抜きにする神話です。この神話があるから人々は雌雄同体者など存在しないと思っているのです。けれども私はここに居て、ほら、私は存在しているし健康ですよと言っています。たとえば私が骨粗鬆症を抱えているかもしれないという事実は、私の問題であり、私に内在する問題です。けれども骨粗鬆症で病院に行って、医師にこう言われたら憤慨しますね。「さて、本当の問題はあなたが雌雄同体だということです。私たちとしてはあなたを治療しなければなりません。そうしてあなたは男か女になるのです」。絶対にいやです!

雌雄同体としての主体性を持ちうる可能性を医科学が棄却するのに対抗して、ケリーの語りは、単に固定を必要とする状態にあるとしか見られないことそれ自体の拒否に動機づけられている。そうした人々が半陰陽者、雌雄同体者のまま人間として承認され、議論のテーブルにつきはじめている。つまり男性や女性に授けられているのと同じ権利と責任が、半陰陽、雌雄同体として生きている人々にも授けられつつあることを意味している。北米において公民権運動の発端となったローザ・パークス事件を引き合いに出しながら、[70] ケリーはこう説明した。

私は、私の性が世界中のどこにおいても法的に認められるべきであると思うし、私は雌雄同体者と

して世界中のどこにおいても平等な人間の諸権利を持ってしかるべきだと思います。バスの後部座席になぞらえて言えば、私たちはまだバスに乗ってさえいないのです。しかし私はあなたにこう言いましょう。私はそこに立ってバスを待っていて、バスに乗ることを望んでいるのですよ、と。

二〇〇三年の西オーストラリアにおける記念碑的訴訟の判決は半陰陽者を半陰陽として法的に承認した。アレックス・マクファーレンは彼の性を適切に反映するパスポートを持てるよう数年にわたりロビイングを重ね、ついに彼の性別を半陰陽として承認したパスポートを授与されたのである。字句どおり「X」が性別欄に印された。アレックスはそれに先だって、出身州のヴィクトリアから、彼の性別を「不確定」とした出生証明書を獲得することに成功していた[71]。二〇〇六年にはオーストラリア統計局が、その年の全国センサスのデータフォームでは、半陰陽者には自分の性を入力する選択肢があると宣言した(もっとも、結果をソートするのに使われたソフトウェアではこれらのデータは集計されなかったが)[72]。次回には情報がまとめられることが望まれる。こうした小さな変化は、お望みであれば妥協と呼んでもよいが、局地的なものにせよリップル効果を起こすかもしれない[14]。ごく部分的な法的承認ではあるが、これは間違いなく承認であって、人格権が承認されたということは人格権の一部をなす身体不可侵権も承認されたことを意味する。活動家たちのほとんどが一致して掲げる要求は、義務的な性器手術を終わらせることである。この要求の核心はまさに身体不可侵権にある。これが重要なのはとても簡単な理由からであって、すなわち子どもの生殖器を無傷のままおいておくことが、彼／女らが成長して自身の身体の快楽を享受できるための一定の保障となるからだ。

結論

本章で論じてきたのは社会的、性的、そして政治的な生活・人生を構成する中心原理のいくつかは、いたるところに行き渡っているが脆くもあるということだった。私がここで中心原理と言っているのは、第一に、性差に関する二形的なモデル、第二に、ジェンダーの二値的なモデル、そして第三に、あなたがどこにフェンスを見てとるかに応じて二極的であったり二値的であったりするセクシュアリティのモデルだ。

「ジェンダー」概念に関する最近の政治的領域における語りを吟味することで私が論証してきたのは、二値的な概念はそれを超え出ている人々によって強固にされもし、複雑にされもするということだ。それが強固にされるのは精神と身体という一対の観念、セックスとジェンダーという一対の観念のようなデカルト的観念を頼ることを通じてなのだが、これらいずれの観念も、あらゆる種類の社会的、政治的介入に対して異常なまでの回復力を示してきた。と同時に、これらの観念が複雑にされるのは、それに包摂されない人々が現に存在するという事実によっている。すなわち「二」の秩序における「性差についての覇権的な言説によって理解される」ことが不可能な人々や、近年では半陰陽あるいは雌雄同体という主体として世界のなかに位置を求めて発言を始めた人々である［Morland 2005a: 335］。

雌雄同体としての主体性が二元論的に構成されていると示唆することで私がずっと抱いている意図は、人間であるということに関して、とくに、誰が人間であるのかということに関して、私たちが別様に考

いくつかに関して、別様に考えることの重要性を論じる。それらの問題は半陰陽者をはるかに超えて、
えはじめることができる場所を見極めることである。続く章では、これまで本書が提起してきた問題の

第6章　結論への途上で

ここまで、ジェンダー概念が多様な知識領域に入り込んだり、複数の領域を貫いたりしてきた動きを追跡してきた。ジェンダー概念が、より大きな物語全体のなかの一連のエピソードを成していることが分かっただろう。一九五〇年代半ばマネーが性の新しい概念的領域として提起し、英語の語彙となって以降、ジェンダーは英語圏のリベラル・デモクラシー体制において男らしさと女らしさ、そしてセクシュアリティを包括的に理解するための比類ない枠組となっていった。概念としてのジェンダーは一般的な言論において流通していったのはもちろんのこと、性科学、社会科学、フェミニズムから生み出された多くの理論的、政治的諸プロジェクトにとってまったく不可欠なものになっていった。またジェンダーの歴史は論争をともない、また論争に巻き込まれてきたのも明らかである。それは論争含みの領野であって、そのことが二〇世紀後半の偉大な概念的装置としてのジェンダーの立場をよく反映している。

この本における研究はマネーの業績、ジェンダー概念のフェミニスト系譜学、半陰陽事例管理に対する近年の文化的諸批評の検討を通じて生み出された。二〇世紀後半から二一世紀初頭までのあいだ、特定の歴史的諸時点に生じ競合したジェンダーについての諸言説は、認識論の水準だけでなく、ほとんど気づかれることがなかったが個人の水準でも重大な影響を与えてきた。私が示そうとしたのは、ジェンダー概念史における各々のエピソードがいずれも、ジェンダーの観念の中心に存在した、あるいはいまもそこに存在し続ける人々に重大で実質的な影響をもたらしてきたということだった。

半陰陽者がジェンダーとのあいだに持った枢要な関係は本書の随所に織り込まれた。それはなぜなら、彼らはあたかも二値的なジェンダーの諸カテゴリーに外在しているかのようでありながら、半陰陽者こそがジェンダーとは何か、それはいかにして獲得されるか、そしてもちろん、身体において何が「ノーマル」と目されるかについての諸理解の基盤を提供したからであった。パラドクシカルなことに、これらの想念それ自体が、少なくとも半陰陽者のジェンダーが「固定」されるまでは、最善でも半陰陽者を周縁にとどめ置き、最悪の場合には十全な人間ではないものとしてきたのである。

半陰陽事例管理諸実践を実質的に変えようと、またしたがって半陰陽者の生の現実を変えようと活動家たちが二〇年近く努めてきた結果、こんにちの政治的ランドスケープは一九九〇年代初頭のそれとは顕著に異なっている。そのあいだにかなり実質的な前進があった。いまでは半陰陽者に対する、および半陰陽者への医療の（誤った）対処に対するコミュニティの意識が高まっている。外科的処置の結果についての新しい研究がおこなわれるようになり、医療提供者側とその受け手が協力した研究もおこなわれるようになった。幾人かの臨床家たちは早期手術のやり方と得失について再考するようになった。半陰陽事例管理の倫理的、法的、社会文化的な諸側面に焦点を合わせた実質的な研究が増え、少なくともひとつの公的機関が半陰陽者をそのものとして認識するようになった。

しかしここにも二つの皮肉のうちひとつがあらわれている。私たちは半陰陽者に人格権を認める法的決定をかちとったが、しかし同時に、医療法学的諸条件のもとでは、半陰陽者は半陰陽者であるがゆえに人格権を認められていないのである。人格権に関するいかなる法的先例（判例）があろうとも、幼児に対する性器手術は推奨され、実行され続けている。こうした手術を止めさせようとする活動家やその支援者たちの道のりはまだ遠い。そうした手術が選択的なものとなるという希望が実現する日が来るまでは、まだ長くかかるだろう。さらに皮肉なことに、支援者たちがその実現に向けて努力してきたあいだ、半陰陽事例管理において性器手術が選択的なものにならなかったのに対して、それは一般の人々（そのほとんどは女性）にとっては選択的なものとして提供されていった。美容整形としての性器手術は商品化され、こんにち外形医療（appearance medicine）と呼ばれる最大の成長分野となっているといわれる［Braun 2005］。

半陰陽の再コード化にあたった二〇〇五年シカゴ・コンセンサス・グループのメンバーたちは、三年前、先天性副腎皮質過形成（Congenital Adrenal Hyperplasia: CAH）と診断された人々への処置についての合意文書を出した[1]。その文書は「技術的な容易さ」に照らして二カ月から六カ月の乳児への性器手術を推奨している。手術の三つの目的のうち、第一は「ジェンダーに見合った性器の外形[2]」とされている。この合意文書の複数の国の著者により執筆され、有力な医学ジャーナルに掲載されたため巨大な影響力を持つ。その後の半陰陽事例管理関係の文献を調べてみれば分かるように、それが医療研究者たちや臨床家たちに対してきわめて強い影響を与えたのは明らかである。

以前に臨床家たちが「性的アノマリーの過剰な脱＝病理化」[3]への懸念を示したとき、ＩＳＮＡは性の多様性を再＝病理化すると同時に脱＝政治化するよう、用語体系を変更するのに主導的役割を果たした。アリス・ドレガーはこのイニシアティヴにＩＳＮＡが果たした役割をつぎのように説明している。

ＩＳＮＡに属する私たちが、小児科内分泌学者がＤＳＤというタームを用いるのに追従しているかのように言うのは不正確です。表面的にみるとＩＳＮＡが長く戦ってきた小児科内分泌学者が医療化するタームを造語し、ＩＳＮＡはがっかりしつつもついてゆく決断をした、と考えるのが分かりやすいでしょう。でも事実は正反対なのです。しかしとにかくなぜ、半陰陽の脱＝医療化を議論していたときに、まず私たちの側から「性発達障害」などという医療化タームへの転換をおこなってしまったのでしょうか。しかも、私がどこかで説明したように、私が知る限りその契機の大部分は私たちに由来するのです。あれは「半陰陽」というタームが、半陰陽で生まれた子どもに対する診療を改革するために導入されたことを理解しはじめた頃でした。しかし、そのタームの傘の下で診療改革をおこなうという合意にまではいたることができませんでした。診療改革が目標だったので……。私の臨床協力者のボウ・ローレントと私は医療の「コンセンサス」会議なるものが言う「コンセンサス」がノーム・チョムスキーの言う製造された（manufactured）コンセンサスだということを思い知らされることになりました。私たちとしてはシカゴで製造された「コンセンサス」が性的アノマリーを有する子どもにとって正しいと私たちが考える形を確実にとるようにしたかったのです。だから会議（厳格に管理された、招待者のみの会合）に先立って、会議に出席するＩＳＮ

A関係者は何を主張すべきかについて話し合っていました。［Dreger 2008］[4]

こうした目標が賞賛すべきものであることは間違いないが、それを達成する手段は信じがたいほどにリスキーだったと思われる。こうした政治的退行は一九九〇年代後半のＩＳＮＡ関係者が夢見ていたものなのだろうか。レトリカルな問いは置くとして、この作戦では子どもの利益が前面に押し出されたが、必要なのは子どもだけでなく現に存在しているすべての半陰陽者の尊厳のための概念的空間を作り出すことである。不全・障害という語句は、一九世紀後半から二〇世紀初頭において真の雌雄同体者の存在が否定されたのと同じ仕方で、半陰陽者を今ここから追放している。半陰陽の成人、なかでもとくに半陰陽として体現してきた経験を、男性形として、あるいは女性形として体現してきた経験と同じように自身の存在論的リアリティの土台としている人々をどこに放置しようというのだろうか。批判的な性科学者ウィリアム・サイモンはかつて、いわゆる第一世界は性的なるものについてますます「パラダイムの危機」に直面しつつあると書いた［Simon 1996: 26］。半陰陽が医科学と渉り合い、医科学と「取引する」ということそのものが、こうした危機をもっとも強力に証拠立てているのではなかろうか。

　パラダイムの危機は、単に性科学の失敗や不十分性、欠点を反映しているのではなく、その成功の結果である。性科学研究者（存命中の人もいれば亡くなった人もいるが）がおこなった草分けの仕事はサイモンが言う「性的なるものの諸経験と、その別様の諸意味の供給」［Simon 1996: 26］についての意識を啓発することに貢献した。サイモンによれば、性的なるものに関する多くの古い概念が失効するのは、性的なるものの意味が変化し続けているのと同じくらい、性的なるものに関する人々のリアリティも変わり続けているためである［ibid.: 27］。まったく同じことはジェンダーに関する人々のリアリティについても言える。サイモンによればこのことは新しい諸概念が求められていることを示唆しているのだが、私が理解する限りでは本当に車輪そのものを発明しなおす必要があるとは思えない。私たちが二つを超える性差に対する理解を拡張するためのヒントはどこにあるだろうか。どんな既存の諸概念が、私が提案する概念的跳躍を助けうるだろうか。

イヴ・コソフスキー・セジウィックとアダム・フランクが言うには、多くのこんにちの社会理論、とくにポスト構造主義の、言説的なものを強調する理論（それに限らないが）の限界は、それが有する反＝生物学主義的な傾向に起因する。(5) 彼らが言うには、この傾向は「二値的な均質化に抵抗するための差異へのヴィジョン」を形成する機会をもたらす「思想の領域全体への概念的アクセス」を欠落させるため危険である［Sedgwick et al. 1995: 15］。

私の目標のひとつは、性科学の思考領域に戻るよりも良いかたちで、性的なるものの体現について別様に思考するための開かれた空間を尊重することができる方法を見いだすことにある。(6) 性的なるものの諸科学がさまざまな装いで性的多様性を病理化することに貢献し、その目的に有用だったことは歴史的に言って否定しようがない。マネーのいくつかの想念がはっきり示していたように、近代の性科学が男性的な男、女性的な女であるとはどういうことかを、両者の適用範囲を拡張しながら定義することに心を砕いてきたのも否定しようのない事実である［Irvine 1990: 11］。しかし性科学の理論にははるかそれ以上のことができるのである。ゲイル・ルービンがかつて述べたように、この領域は性的主体性を別の仕方で概念化するための素材の豊かな鉱脈なのである［Rubin 1993］。この領域への探究は、まさにルービンの指摘が含んでいる叡智を私に残してくれたと思う。

私が提案したいのは、ジェンダーの潜勢力に注目すべし、ということだ。ジェンダーの概念としての影響力が変容に耐える能力のおかげだとすれば、それは今後どのように変容されうるだろうか。ジェンダーはそれによって歴史的にもっとも周縁化された人々の諸利益のために使われうるだろうか。ジェンダーの許容限界はどこにあるだろうか。ジェンダーをクィアしようとする人々であれ、「率直にやる」ことを好む人々であれ、共有している「ジェンダーへの欲望」は根強く、どうやら不屈と思われるから、こうした問いは理論的、政治的、あらゆる仕方における努力にとって意味を持つだろう［Weigman 2007］(7)。

私は、セックス／ジェンダー区別に依拠する近年のジェンダー概念の諸解釈に比べて、マネーのそれが有しているメリットを重く見ている。彼の理論の力強さは、それが生殖細胞・神経細胞と環境、そして経験のあいだの入り組んだ諸関係を認識する際に、またその枠組を時間的、社会文化的な変化にただちに対応する際に、セックス／ジェンダー区別を否定するところからきている。こう言ったからといって、マネーの思考が問題ないものだったと言いたいのではない。本書の全体を通して、多くの場面で、私はどれほどマネーの諸理論が問題含みであり、なぜそうなったのかを際立たせるべく努めてきた。いわんや、マネーの思考を半陰陽者たちの生に適用することのきわめて現実的な諸帰結を省略する意図などない。

半陰陽者はあまりにも長いあいだ、性差に対するもっとも狭い見方、つまり性差を「二」の秩序に容赦なく還元しようとする生体医学的、文化的コミットメントの、もっとも高い対価を支払い続けてきた。

生体医学のコンテクストにおいて、二形的な性差へのコミットメントは、生殖としての性に対して生物学が寄せる強い関心と、機能主義の宿命論的な衝動に帰せられうる。第五章で示したように、エラスムス・ダーウィンによる、生殖と身体の性差は自然の傑作であるという悪名高い宣言が残した認識論的遺産は、生物学的、生体医学的、文化的な諸言説にいまも影を投げかけているのである。生殖パラダイムは完全に適用不能というところまではいたっていないものの、その説明枠組としての限界はあまりにはっきりしている。というのは——ここで私は思い切って、一般化の滑りやすい坂にあえて突進するが——、ほとんどの人にとってほとんどの性的出会いはほとんどの場合、生殖よりも快楽にかかわっているのだからである。ロバート・パドガッグが気づかせてくれるように、生物学的なセクシュアリティ(さまざまの器官、孔部、化学物質などからなる)は人間のセクシュアリティに必要な前提条件だが、それは単に前提条件、「一組の潜勢諸力」[Padgug 1999: 21]にすぎない。生物学的要因は人間行動を複雑に条件づけているが、人間行動を引き起こしているのではない。

＊　＊　＊

ジェンダーのどこに半陰陽者の居場所がありえるか、という私の提起した問題を考えるために、まずジェンダー習得の中心的なメカニズム、つまりマネーがジェンダーマップと呼んだ神経テンプレートに対する、マネー自身の説明を再検討することから始めてみたい。彼のジェンダー習得モデルにしたがえば、私たちは男らしい、女らしい諸行動をコード化した神経テンプレートを持って生まれてくる。このテンプレートは出生後の刺激に対して受け身にあるが、その反応はテンプレートにフィードバックされる。そうした相互作用によって主体たちはどのような行動が男性、女性にとって適切かを知るようになり、多くの場合、[8]そうした行動が割り当てられた性別に沿って体現されてゆく。二言語習得の場合と同じように、男女両方の刺激に曝されること（マネーはこれをバイ＝ジェンダリズムと呼ぶ）は、ジェンダー習得に不可欠の条件である［Money & Ehrhardt 1972: 163］。したがって第一次的枠組は性によって組織化された人間行動にかかわっている。[9]

マネーのジェンダーマップは、性格や行動の豊かで複雑な配列をコード化する神経の骨格である。それはおそらくデータベースのようなもので、行動や情動的反応、体現された経験など規制し、かつそれらによって規制される、知識の生きた貯蔵庫である。私たちがどのような行動が正しく男らしく、女らしいかを学んでゆくということは、つまりジェンダーとはすぐれて「なりゆく」[10]過程であって、所与の社会文化的コンテクストのなかで、あるジェンダーであるためには何が必要とされるかを学んでゆくプロセスであることを示している。序章で示したように、生成の観念を宙づりにすることで、私たちはあるジェンダーに「なりゆべく学んでゆく」ことのメカニズムへと注目点をシフトしてゆく。このシフトによって分かってくるのは、身体とは文化がその上に書きこまれてゆく受動的な実体ではなく、この過程における能動的な当事者であるということだ。

神経学および遺伝学の領域における近年の諸発見をマネーのジェンダー習得理論に適用してみると、彼の思考をたいへん生産的な仕方で攪乱できる。たとえばマネーはいったん習得されたジェンダーの神経回路は固定されたら最後、永久に変化しないと考えていたのだったが、近年の神経科学における神経の可変性の概念は、マネーのそうした説の大部分を無意味にしている。こんにちでは、固定されるのはその人の反応そのものではなく、反応能力であると理解されている。経験的証拠が示すところによると、平均で六〇歳代までは神経回路の可変性は維持される——つまり神経回路は拡大し、変容し続ける——［Elliot 1998; Fausto-Sterling 2000a: 238–242, 370–371］。

近年、性の決定に関与する遺伝子の多く——ほとんどの、とは言えないが——はＸＹ以外の常染色体に位置していることが発見された。これは遺伝子において性とは何なのかについての私たちの理解に資する［Beverdam & Koopman 2006; Koopman 2001; Rosario 2005; 2007; Vilain 2000］。こうした知見によって、「性染色体」が何であるか、何をしているかについての私たちのこれまでの考え方が無効になるだけでなく、遺伝的な性を単純にＸとＹの性染色体だけの問題とする考え方も粉砕される。こうして、身体が二形をはるかに凌駕する性的多様性を持っているという事実を強める証拠がますます積み上げられているのである。セックス＝ジェンダー、セクシュアリティを新たな仕方で理解するために、そして何をもって人間とするかを新たな仕方で理解するために、こうした知見は必要な前提条件を生み出す——あるいは、少なくともそうした生み出しに貢献する——。

＊　＊　＊

もうひとつ、マネーの理論にもういちど精気を吹き込むには、生理的なものと感覚的なもの、社会的なものの相互作用についての彼の理解の仕方を増幅するというやり方がある。マネーはジェンダー習得を、これら三要因の完全に一体的な過程として説明しているからである。マネー流の理解を増幅させるには、マーガレット・ロックの言う局所生物学（local biology）［Lock 1998］と、局所的な知識システムのあいだの複雑な相互作用を真剣に考えてみるとよいだろう。要するに、生物学的なシステムの上に文化的なシステムが乗っているという単純な想定をおこなうよりも、生物学的なエージェンシーに焦点を合わせる必要があるのだ。局所的な文化システムは、計略や理論の表皮を剝いでしまえば、所与の文化と時代のコンテクストにおける常識として機能している知識システムである［Elliot 1998］。性別とジェンダーには、男と女のただ二つだけが存在するという想念はこうした常識の一種である。しかしそれだけではなく、それは、これが「物事の当然のあり方」(11) であるという広く行き渡っている信念を映している。

ジェンダーとセクシュアリティの二値的な概念は西洋のリベラル・デモクラシー諸体制の局所的文化知識にあまりに深く根を張っていったため、私たちの誰もが、別様な性を有する人々を不可視化することに加担している。これがいかに深く根を張っているかは、たとえば自己や他者の行動に対して恒常的に監視や規制がおこなわれていることなどを見れば分かる。あるいは私たちが「第二の自然（社会的習慣）だけでなく、第一の自然によっても」［Adkins 1999: 119］人を分類する習慣、つまりセックス＝ジェンダーによって人を区別する習慣に非常によく馴染んでいるという事実を見ても分かるだろう。

第五章で示したように、性的主体によっていかにして意味が生み出されているかについてみたが、これは、人々の性愛的な欲望、嗜好、スタイルがいかに複雑かについての理解をますます洗練させ発達させるよい出発点となる。マネーの諸概念は多くの側面においてたいへん複雑だが、二つのファクターが共通する。第一に性的二形性の閉じたシステムへの過度な依存、第二に発達パラダイムへの依存である。マネーの理論によると、あるジェンダーに十分に適応することに失敗するのは、二つの臨界期のうちひとつにいて何かがうまくいかなかったこととして説明される。これは、発達パラダイムではノーマルとされるモデルから逸脱するあらゆる現象が、それに先立つ何らかの規範的なプロセスの中断のみによって説明されるためである。

トルマンとダイアモンドの記述的モデルは、性愛の多様な形態が生涯にわたる生理的なものとコンテクストとの多様な相互作用によって生み出されていることを示している。発達モデルではこうした過程はまったく捉えられないか、良くてもひどく妥協的なものになってしまう［Tolman & Diamond 2001］。ジェンダーだけでなく、性的なるものについての私たちの理解も、それを生きられた経験を映したものにしようとする限り、二形主義の専制から解放される必要がある。マネーによるセクシュアリティとジェンダーの理論を二値論理から切り離すことで、既存の認識論的枠組では理解できない性愛の諸形態に場所を与えるために、私たちの知識を得るための方法を拡張することができる。これこそまさに雌雄同体としての、あるいは半陰陽としての存在論的地位の承認を求める人々が要求していることである。

この点について明らかにしておくべきは、半陰陽の人を、男性あるいは女性としてでなく半陰陽として承認すべきと主張することで、私としては半陰陽者の全員がそうした地位を主張しなければならないとか、良き「ジェンダー戦士」として生きなければならないなどと言いたいのではない。私は半陰陽の成人に焦点を合わせてきたが、半陰陽の子どもの要求を軽視するつもりは断じてない。ただ、いままでのように子どもに焦点を合わせてばかりいると成人の要求が犠牲になると思われたのである。結局どちらかの利益が損なわれるのだろうか。この点について私はいまだ楽観している。半陰陽の成人と子どもにおける要求の相違は、必ずしも一方の利が他方の害になるような関係にはないと思う。モーガン・ホームズがこの点について説得力のある提案をおこなっている。彼女は診療というタームの意味に対する私たちの理解を徹底的に再考すべく議論している。ホームズが言うには、私たちが目下しているように「臨床的に根拠づけられた諸選択肢のセット」に視野を限るのをやめて、「子どもに対して私たちが取ることのできる諸行動や諸態度のセット」［Holmes 2008: 175］を内包するよう、診療に対する私たちの視野を拡張する必要がある。ホームズによれば現行の診療モデルを変更する必要があるのは、提供されている診療（人によっては「強制されている診療」と呼ぶだろう）が「かつて半陰陽だった成人の、一人格としての真正性の感覚、およびジェンダーを有する主体としての真正性の感覚を掘り崩す」［ibid.: 175］という事実があるからである。半陰陽事例管理における外科的およびその他の手段は、身体不可侵権に対してネガティヴに働いているばかりではなく、人格の尊厳に悪影響を及ぼしているのだ。ホームズは自身の事例を、社会関係の日常性に関するきわめてシンプルかつ奥深い観察のなかに置いている。

私たちは、外性器の状態によって半陰陽の子どもの人格性がどこか不判明になっているということを当たり前とするのではなく、半陰陽の子どもが人格を有しているということを当たり前とする必要があるのだ。要するに、半陰陽の子どもを目にした通りがかりの人は、その子を外性器としてではなく、人として認識しているという事実を思い起こすことが重要である。［Holmes 2008: 175］

＊　＊　＊

第一章に記したように、マネーが強調していたのは、半陰陽者の適切な性別はひとつの基準ではなく、多角的に決められるべきということだった。同時に、彼は特記すべきところのない男性、女性についてはその限りではないということも確信していた。性別のあらゆる生理的徴表は男女で截然と異なっており、性別は単変量的に決まる（二値のうちひとつを必ず取る）という想定は、多くの人にとってまったくもっともらしいとマネーには思われたからである。この考えによれば、陰茎があれば精巣が機能しており、睾丸があり、テストステロンによって駆動されており、XY染色体を持っている、ということになる。しかし染色体検査はルーティン化されているわけではないのだから、ほとんどの人の染色体上の性別がどうなっているかは分かっていないのである。遺伝学が医科学の新たなオーソドクシーへと昇進したことで今後は変化するかもしれないが、いまのところ悉皆検査というアイディアは理論的な可能性にとどまっている。

さまざまな性の体現者たちとその主体性に対して、私たちが採るべき多角的アプローチは、マネーがそうだったような「こう考えてもよさそう」といったスタンスではいけない。というのは、私たちは誰かの性別が単変量的に決まりうるとする考え方とそれが時間を通じて安定し続けるという考え方をきっぱりと却下するのだからである。こうしたアプローチの実例が一世紀前に、マネーの先達マグヌス・ヒルシュフェルトによって開発されていた。それは一九一〇年に公刊された著作のなかで彼が提起した性的中間者の学説である［Hirschfeld 1991］(12)。ヒルシュフェルトが提起したのは理論というよりもメタ枠組、彼自身の言葉によれば「分類の筆頭」であり、それは性的な配分の閉鎖システム（そのもっとも明白な例は二値的なモデル）の後継としてデザインされていた［ibid.: 225］。

ヒルシュフェルトによれば、男の純粋型、女の純粋型の想念は単にイデオロギー的幻想であるだけでなく、不可能である。なぜならあらゆる人はさまざまなスペクトルにおける、さまざまな割合の男らしさと女らしさを有しているからである。さらに複雑なことに、人生の道行を通じてこうしたさまざまな次元の多くが、周期的あるいは散発的に変動するのである。同時代人やその継承者たちと同様、ヒルシュフェルトは人間が未分化な形態から生をスタートするという胎生学的事実から出発した。しかし彼がそこからおこなったことは他の誰とも似ていない。彼にとって、男性にミュラー管、女性にウォルフ管が残存するという事実は、彼の提案、つまり性分化は単変量的に男らしさと女らしさへと向かう単純なものではなく、独特な複雑性へと向かうという学説に、重みを加えるものだった。ヒルシュフェルトに言わせれば、私たちは誰しも性的中間者なのである。したがって彼は自身の提案をつぎのように説明している。「二つの性の協力によって生み出される生物すべてに、私たちはひとつの性だけでなく、他の性を、その残滓というにはほど遠い、しかもさまざまな程度において見いだす」[Hirschfeld 1991: 231]。読者がこれを単に性の身体的な次元のみにかかわる発言と解釈するといけないので、ヒルシュフェルトの提案が性的主体性の社会文化的あるいは関係的な諸次元をも等しく含意することを指摘しておこう[Bauer 2006]。

胎生発達の過程が身体形態の壮観な勢揃いを見せていることはすでに長らく知られているにもかかわらず、周知のように、医科学はいまだに性には二つが、ただ二つのみがありうるし、そうあるべきだという考えに加担し続けている。ヒルシュフェルトは医学を学んだがそうはならなかった。彼の見るところでは、胎生学的事実が性の離散的カテゴリーの不可能性を証拠立てていた。「単変量的な女」と「単変量的な男」の考え方について、彼はつぎのように述べていた。

性を示すこうした諸指標は、しかしそもそも単なる抽象であって、操作的に生み出された極限ケースであり、現実にはいまだ観察されたことがないのである。外見的にも本質的にも、各々の人を何がしか独特なものとしている、こんなにも夥しい逸脱や微妙な差異があるのだ。［Hirschfeld 1991: 227］

ということは、ヒルシュフェルトの考えでは、付加的な第三の性というものもやはり架空である(13)。彼はさらに進んで、性的中間を病理的な状態とする考え方は「ダーウィン主義の生物学者の、弁護の余地のない立脚点である」［Hirschfeld 1991: 228］とまで述べている。しかし究極的には、性の多様性へのどんな理解（病理化するものであれ何であれ）にもとづくかなど、ヒルシュフェルトによれば「広範にみられる重要な自然現象として性的中間者を理解する」［ibid.: 228］必要性ほどの重要性は持たない。ノーマリティをイデオロギー的虚構として枠づければ、アブノーマリティという観念そのものが分類学的に無意味となることを、彼はよく知っていた(14)。

ヒルシュフェルトの多元的な枠組は四つの相互に作用し合う要素から成り、各々の要素は四つのサブカテゴリーから成る。サブカテゴリーはさらに細かく分けられうる(15)。ヒルシュフェルトの図式を表にすると、表6・1のようになる［Hirschfeld 1991: 226. 強調引用者］。

グループAからDは、性を構成する主要因として、第一次から第四次までランク付けされている。当時の医科学的知見を参照して、ヒルシュフェルトは第一次的性的特徴として、生殖細胞（精子と卵子）、精管と卵管、性的凸部（陰茎と陰核）そして性的凹部（女性形では発達して膣となり、男性形では尿道

表 6.1　ヒルシュフェルトの 3^{16} 図式の再構成

グループA―性器的 基礎的諸特徴	グループB―身体的 副次的諸特徴」
1. 生殖細胞（精子／卵子）	1. 毛髪
2. 精管／卵管	2. 喉頭
3. 性的凸部（陰茎 - 陰核）	3. 胸部
4. 性的凹部	4. 骨盤
グループC［セクシュアリティ］ 第三次特徴	**グループD［ジェンダー］ 第四次特徴**
1. オリエンテーション	1. 感情生活
2. アプローチ	2. 思考様式
3. 性向	3. 職業
4. 活動の仕方	4. 服飾

溝となる）を挙げている。第二次の、身体的次元における性的特徴には体毛の配置、喉頭、胸部、骨盤が置かれている。第三次には指向、アプローチ、性向、マナーあるいは活動のあり方が挙げられ、第四次にはこんにち私たちがジェンダーとして理解するものを表現しており、ヒルシュフェルトはここに感情的生活、職業、思考様式、服飾を割り当てている。この図式がこんなにもダイナミックになっているのは、ヴァリエーションが単に許容されているというだけでなく、想定されてもいるということに起因している。人同士のあいだで相違があるだけでなく、一人の人のなかでこれらすべての変量内での変化、変量間での変化があることが想定されているのである。

ヒルシュフェルトの性差の概念をマネーの七つの性の徴表(16)に重ね合わせてみると、誰ひとりのセックス＝ジェンダーも、つまりどんな性的自己も、まったく同一の仕方で構成され、体現され、賭されることがないし、されえないということが再確認できる。ヒルシュフェルトは男らしさと女らしさ、つまりこんにちのジェンダーを基準点としていたが、彼の図式では各象限が行動、特徴、能力の組み合わせになっており、開端的に作られているため、多元的で動態的な主体性を想定したものとなっている。そのため性差は「二」をはるかに超えて広がり、何かまったく違うもののようにすら見えてくる。

そろそろジェンダーの定量的な諸側面についての問題（ジェンダーにはいくつあり、いくつありうるか）を、人々がなにゆえ今あるようにジェンダーを有し、性別を有する主体なのかに焦点を合わせた問題構成もろとも片づけるときがきた。そんな課題よりももっと実り多いのは、社会的個人的組織化のひとつの特異なモードとしてのジェンダーと、人々がかかわり、それに習熟してゆく、その仕方に焦点を合わせたアプローチである。それは、心理学において個人差として知られているものに配慮した概念枠組を開発するための、生産的な機会を提供するだろう。それによって、最悪でも私たちは「ノーマル」なものなど実際には存在しないことを学ぶだろう。また最善の場合、ふたたび精気を吹き込まれたジェンダー概念が、性差の二値的諸概念によってもっとも周縁化されてきた人々の尊厳と完全性、そして人間性を回復するための道を切り拓くだろう。

訳者あとがき

本書は、Jeniffer Germon, *Gender: A Genealogy of an Idea*（New York: Palgrave Macmillan, 2009）の全訳である。著者ジェニファー・ジャーモンはオークランド大学で学士号と修士号、シドニー大学で博士号（ジェンダー研究）を取得した。二〇一二年八月現在、シドニー大学の哲学歴史学部「ジェンダーと文化の研究」学科の講師としてジェンダー、社会正義、医療倫理、セクシュアリティ研究などを講じているが、学究一本槍の人ではなく、シドニー大学に奉職するまで一〇年以上にわたり、障害者支援や、女性、子どものためのシェルター運営、ソーシャル・ハウジングなどに取り組んできた。その経歴は本書の随所に生きている。

本書はジャーモンにとって初の書籍である。その内容は「ジェンダー」というタームが誕生して以来こんにちまで辿ってきた遍歴である。通常、ジェンダーといえば、生理学・生物学的な性別とは異なる、社会・文化的な性差を意味するタームだと思われているだろう。とくに生理学・生物学的な性別が男女という二値に固定されているのに対して、社会・文化的な性差の性質の可変性や、二値のあいだの移行可能性を主張したい場合に、ジェンダーは有用だと思われていることだろう。

しかしその誕生において、ジェンダーは生理学・生物学的な性別と対比されるものではなかったし、社会・文化的な可変性や流動性を主張するものでもなかった。言わばその逆だったのである。一九五〇年代中頃、ジョン・マネーはジェンダーを、生理学・生物学的な観点からする性別が不判明な、いわゆる半陰陽の人々の社会・文化的な適応を説明し、促進するための臨床的な概念として生み出したのだった。半陰陽の人々が社会・文化的に規定された男あるいは女のアイデンティティと役割をしっかりと獲得し、獲得したら決して手放さないように——つまり自分の性別に決して迷うことがないように——することが目指され、そうして固定されたジェンダーに適合するよう、生理学・生物学的な事実——とくに「小さな陰茎」とも「大きな陰核」とも判定しにくい外性器——が外科的処置によって改変されるようになったのだった。

ジェンダーというタームが半陰陽事例管理というきわめて特殊な文脈において出生したにもかかわらず、こんにち日常語として普及することになったのは、二つの契機があったためである。ひとつは一九六〇年代中頃、ロバート・ストーラーによるセックスとジェンダーの峻別、もうひとつは一九七〇年代におけるフェミニズム理論への移植である。

男性から女性へのトランスセクシュアルの心理およびその臨床を専門としたストーラーは、ジェンダーの心理学的側面すなわちアイデンティティに照準を合わせるために、その身体的・物理的な側面を切り落とし、高度に抽象的な一般理論へと昇華させた。その理論が、フロイト説とは異なり女性の非＝葛藤的なアイデンティティ形成を提唱し、また性分化の発生学的な始点に女性を位置づけたことによって、ジェンダーは当時第二の創成期を迎えつつあったフェミニズムに流入することとなった。

ジェンダーが適用される文脈を変え、普及してゆく過程の背後で、二つのことが進行した。その生みの親マネーは、ジェンダーというタームが自分の意図と異なる――しばしば意図に反する――使い方をされることに業を煮やし、しだいにフェミニズムやジェンダー論との敵対関係に陥っていった。ジェンダーのもう一方の生みの親、つまり半陰陽の人々は、ジェンダーが、男女という二値に固定されている生理学・生物学的な性別というイデオロギーとの対概念として普及したことにより、公共の言論からほとんど完璧に消し去られることとなった。

半陰陽の人々のなかから、出生時の性器手術を事実上強制する診療体制への疑義が持ちあがり、その発言が一定の理解を得るようになるのは一九九〇年代以降のことである。それから現在までの約二〇年間もまた、平坦というにはほど遠い道のりだった。

熱心な読者の意欲を台無しにしてはいけないので、内容の要約はこのへんで止めにしよう。ところで、本書をなぜ、ほかでもない私が翻訳するのかと怪訝に思っている方もおられるかもしれない。この場を借りて少し説明しておく。

訳者の専門は社会科学の概念分析・概念史であって、関心領域は最大限広くとっても一七世紀から一九世紀の欧米、および二〇世紀半ばまでの日本にある。つまりジェンダー概念にも、半陰陽事例管理にもかすりもしない。それでも私が本書の翻訳を決断したのは、本書が系譜学を方法として大々的に採用し一定の成果を挙げた知識社会学ないし思想史研究の貴重な業績だからであり、しかもそのことが日本では（英語圏でも）ほとんど認識されていないからである。

かつて系譜学というタームは〈家系図の制作〉とほぼ同義だったと思われるが、ミシェル・フーコーらが〈観念の経時的な受け渡しの研究〉の意味を込めて使うようになって以降、知識社会学や思想史にも浸透した。しかしそれからすでに三〇年近くが経過しているにもかかわらず、系譜学はフーコーのフレーミングをはっきりと超えて応用されることがほとんどなく、したがって方法として洗練される機会も多くなかったように思われる。近年、日本ではどういうわけか〈〇〇の系譜学〉と銘打った書籍が少なからず刊行されるようになってきているが、読んでみると、あえてそのように銘打つ必要性がよく分からないケースが少なくない。複数の要素の恣意的な結合を糊塗するために使っているだけなのではないか。杞憂なら幸いである。

訳者の考えでは、知識社会学や思想史における系譜学の、方法としての意義は大きく分けて二つある。第一を〈思想でなくターム〉、第二を〈面でなく線〉と要約することができる。

〈思想でなくターム〉とは、言葉の字面の同一性に準拠して、その意味の経時的な変化を探究することである。従来のいわゆる思想史には、まず思想というモノがあって、タームはそれを事後的に単に名指しているだけだと捉える傾向があった。たとえば社会学思想史では〈社会学というタームで一九世紀に名指されることになった思想は、古代ギリシアにすでに存在した〉などと言われることがある。しかし系譜学から見るとこれは自滅的な戦略である。なぜならこれでは社会学の不在が説明できない。〈社会学思想はハンムラビ法典にも現われている〉とか〈ラスコー壁画も社会学を語っている〉とか、いくらでも言えるではないか。これを避けるために実際にはどこかに線が引かれることになるのだろうが、どのみち、その線引きが恣意的になることは避けようがない。

系譜学はタームに準拠しその意味変化を追跡するから、こうした恣意性を完全に免れる。社会学というタームは一九世紀に生まれたのだから、その思想（思想なるものがあるとして）はそれより前には端的に存在しなかったのである。そう対象を定めたら、あとは、社会学という名で語られるものがどのような経緯から生じたか、および、それ以降社会学として語られてきた内容を、とくに社会学という名を冠さない言論群と対比しつつ特徴づけ、その意味変化の傾向を究明することが、系譜学的な社会学思想史研究の主要な目標となるだろう。

〈面でなく線〉とは、知識総体がみせる時代制約的な規則性への過剰な注目からくる副作用を是正するための、自己療養的指針である。二〇世紀後半、パラダイム、エピステーメー、ゼマンティク、言語ゲーム、言説空間などと多彩に呼称されたものは、要するに、現代からみる限りで一定程度の妥当性が認められる時代の要約であろう。その限りでの有用性は疑うべくもない。しかしこれが分からなくなって、自ら見いだした規則性を実体視するようになるのが懸念される。〈現代の言説空間も、これまでと同じように突然誰も気づかないまま破断し、次のゲームが始まるだろう〉などと、まさか誰も本気で信じていないことを願うばかりである。

思えば、一八世紀欧州における〈進歩〉にしても、一九世紀の〈適者生存〉や二〇世紀の社会科学における各種の〈発展段階論〉にしても、はたまた二〇世紀後半の言説空間論にしても、不出来だが便利な要約だとでも思って付き合っていればさほど有害でもなかろうに、大声で非難し代案を示さなければならなくなるほどに、いつの間にか私たちの現実認識の基層に食い込んで実体化してゆくものらしい。系譜学はそうした大局的諸歴史観を宙吊りにし、タームの意味の組成（つまりあるテクストにおける或るタームと他の諸タームとの関係）と、その経時的な変化を稠密に追跡することができる。その成果が大局的諸歴史観とどの程度一致するか、矛盾するかを検証することも、系譜学の重要な課題となるだろう。

本書におけるジャーモンのジェンダー概念史は、系譜学のこうしたポテンシャルをかなりの程度に引き出すことに成功していると思う。だからジェンダー研究、半陰陽研究に関心のある方はもちろんのこと、知識社会学や思想史に関心のある方にもぜひ読んでいただきたい。なお、以上のような事情から、医学用語の翻訳などについて定訳と異なる訳語を充ててしまったケースが多くあるかもしれない。その点、識者の教示を乞うばかりである。

この訳業のもととなった試訳は、私が二〇〇九年二月より主催している「社会科学の概念史・概念分析研究会」（二〇一二年九月時点で研究例会は通算二二回を数えている）において作成された。試訳の担当者はつぎのとおりだった。左古輝人（序章、第六章）、須永将史（第一章）、髙橋直也（第二章）、太田恭子（第三章）、多田光宏（第四章）、吉田耕平（第五章）。他の参加者、鈴木努と髙橋章子は訳文の検討に協力した。最終的な訳文についての全責任は左古が負う。

本書は平成二三年度科学研究費補助金基盤C「ジェンダーをめぐるコミュニケーション齟齬の研究」（研究代表者：江原由美子）による研究成果の一部である。

二〇一二年九月

左古 輝人

人名索引

［ア　行］
アーヴァイン，ジャニス（Irvine, Janice） 316
アグネス（Agnes） 120–123
アトキンス，ドーン（Atkins, Dawn） 261
アドキンス，ロジャー（Adkins, Roger） 11, 321
アンガー，ローダ（Unger, Rhoda） 158–161, 178–179, 181–182
アンジェリデス，スティーヴン（Angelides, Steven） 242
イアハート，アンケ（Ehrhardt, Anke） 3, 42, 61–62, 97, 106, 143, 159, 171, 190–191, 319
イタリアーノ，M.（Italiano, M.） 293
イーディ，ジョー（Eadie, Joe） 242
イリガライ，リュス（Irigaray, Ruce） 164
ヴァレンタイン，デヴィッド（Valentine, David） 279–280
ウィークス，ジェフリー（Weeks, Jeffrey） 164
ウィルキンス，ローソン（Wilkins, Lawson） 40, 51–52
ウィルソン，エリザベス（Wilson, Elizabeth） 12–13
ウィルチンス，リキ・アン（Wilchins, Riki Anne） 279–280, 296
ヴィレイン，エリック（Vilain, Eric） 65, 320
ヴェンス，キャロル（Vance, Carol） 218
ウルリヒス，カール・ハインリッヒ（Ulrichs, Karl Heinlich） 205–206, 208–209, 214–217, 219–221, 225
エスターバーグ，クリスティン（Esterberg, Kristin） 242
エディプス（Oedipus, oedipal） 110, 168, 187
エプステイン，ジュリア（Epstein, Julia） 9, 11, 15, 17, 20, 258, 276, 278
エリオット，カール（Elliot, Carl） 320–321
エリス，アルバート（Ellis, Albert） 15, 55–56, 213–214, 225, 255
エリス，ハヴロック（Ellis, Havelock） 216–217, 220
オークレー，アン（Oakley, Ann） 150, 153–157, 167, 176
オートナー，シェリー（Ortner, Sherry） 142
オリヴァー，マイケル（Oliver, Michael） 32
オルト，アンバー（Ault, Amber） 242

［カ　行］
カーソイス，アン（Curthoys, Ann） 7, 139, 148, 153
カッツ，ジョナサン（Katz, Jonathan） 222
ガードナー，ジョージ（Gardner, George） 42–43
カーペンター，エドワード（Carpenter, Edward） 220
ガーランド゠トムソン，ローズマリー

（Garland-Thomson, Rosemary） 21
カーン＝ダニエルズ，ロシェル（Kern-Daniels, Rochelle） 148, 172
カンギレーム，ジョルジュ（Canguilhem, George） 4, 19–20
ギャラガー，キャサリン（Gallagher, Catherine） 205
キンゼイ，アルフレッド（Kinsey, Alfred） 50, 217, 241, 245–246
クープマン，ピーター（Koopman, Peter） 320
クラフト＝エビング，リヒャルト・フォン（Kraft-Ebing, Richard von） 65, 210–211, 213, 215–216, 222, 248
グリア，ジャーメン（Greer, Germaine） 140, 143–146, 167, 199
グリーン，リチャード（Green, Richard） 104
グリーンソン，ラルフ（Greenson, Ralph） 104, 105
グールド，メレディス（Gould, Meredith） 148, 172
クレイトン，サラ（Creigton, Sarah） 289
クレブス，テオドール・アルブレヒト・エドウィン（Klebs, Theodor Albrecht Edwin） 45, 71, 307
クローカー，メリアン（Croker, Mairian） 32
グロスツ，エリザベス（Grosz, Elizabeth） 20, 212, 264, 302–303, 306
クーン，トマス（Kuhn, Thomas） 18
ゲイテンス，モイラ（Gatens, Moira） 139–140, 196
ケスラー，スザンヌ（Kessler, Suzanne） 11, 16, 179–182, 261, 287, 307
ケネディ，ヒューバート（Kennedy, Hubert） 205, 219–220
ケリー（Kelly） 280–282, 300, 307–308
ゴフマン，アーヴィング（Goffman, Erving） 23–24, 81
コヤマ，エミ（Koyama, Emi） 286
ゴルトシュミット，リヒャルト（Goldschmidt, Richard） 30, 287
コーン，ロイ（Cohn, Roy） 243

［サ　行］
サイモン，ウィリアム（Simon, Wiliam） 50, 236, 250, 253, 296, 315–316
サルマキス（Salmacis） 285
シェイクスピア，トム（Shakespeare, Tom） 32
ジェシー（Jesse） 257, 303–306
シグムンドソン，キース（Sigmundson, Kieth） 96
シードマン，スティーヴン（Seidman, Steven） 7, 296
シービンガー，ロンダ（Schiebinger, Londa） 129
ジャガー，アリソン（Jagger, Alison） 188
ジャーモン，ジェニファー（Germon, Jeniffer） 14, 57
シュワルツ，デヴィッド（Swartz, David） 277
ジョスト，アルフレッド（Jost, Alfred） 259
ジョンソン，ヴァージニア・エシェルマン（Johnson, Virginia Eshelman） 50
シルダー，ポール・フェルディナント（Schilder, Paul Ferdinand） 302
シルドリック，マルグリット（Shildrick, Margrit） 22
シンガー，ジューン（Singer, June） 188–189
スコット，ジョーン（Scott, Joan） 7
スザツキ，ジャージー（Szacki, Jerzy） 53, 85
スティークリー，ジェームス（Steakley, James） 209
スティール，スチュアート（Steele, tuart）

289
ステイン，アタラ（Stein, Atara） 284
ステイン，エドワード（Stein, Edward） 250, 254, 269, 296
ストッカード，チャールズ（Stockard, Charles R.） 59, 60, 112
ストーラー，ロバート（Stoller, Robert） 7, 21, 26, 33–35, 99, 101–135, 137–138, 142, 144, 146, 148, 151–152, 158, 161, 163, 169–172, 174–175, 181, 202–204
ストラザーン，マリリン（Strathern, Marilyn） 169, 174, 183
ストール，メル（Storr, Merl） 221
スパニヤー，ボニー（Spanier, Bonnie） 129
セジウィック，イヴ・コソフスキー（Sedgwick, Eve Kosofsky） 12, 135, 196, 235, 316
ゾラ，アーヴィング（Zola, Irving） 277
ソレイニス，ヴァレリー（Solanis, Valerie） 149
ソーン，バリー（Thorne, Barrie） 148, 173

［タ 行］
ダイアモンド，ミルトン（Diamond, Milton） 96, 273
ダイアモンド，リサ（Diamond, Lisa） 249–250
ダーウィン，エラスムス（Darwin, Erasmus） 217–218, 318
ダーウィン，チャールズ（Darwin, Charles） 217–218, 326
タッカー，パトリシア（Tucker, Patricia） 60–61, 76, 90–91, 94
ターナー，ステファニー（Turner, Stephanie） 279
ターナー，ブライアン（Turner, Bryan） 129
ダニエルズ，アーレン・カプラン（Daniels, Arlene Kaplan） 148, 150
ターマン，ルイス（Terman, Lewis） 84
ダミアーニ，デューヴァル（Damiani, Durval） 293
チェイス，シェリル（Chase, Cheryl）/ローレント，ボウ（Laurent, Bo） 265–268, 274, 296, 314
チャフェッツ，ジャネット・ソルツマン（Chafetz, Janet Saltzman） 171
チョドロウ，ナンシー（Chodorow, Nancy） 158, 162–165, 175
チョムスキー，ノーム（Chomsky, Noam） 314
ディナーステイン（Dinnerstein, Dorothy） 158, 161–162
デカルト，ルネ（Descartes, René） 29, 33, 59, 96, 112, 124, 139, 204, 264, 303, 309
デュー，ケイ（Deaux, Kay） 85, 184
テリー（Terry） 22
デリダ，ジャック（Derrida, Jacque） 7
ドゥウォーキン，アンドレア（Dworkin, Andrea） 193–194
ドリュー（Drew） 280
トルマン，デボラ（Tolman, Deborah L.） 249–250, 252, 322
ドレイファス，ヒューバート（Dreyfus, Hubert） 29
ドレガー，アリス（Dreger, Alice Domurat） 9, 11, 13, 45–46, 55, 261, 292, 307, 314–315
トレセマー，デイヴィッド（Tresemer, David） 177–178, 189

［ナ 行］
ニコルソン，リンダ（Nicholson, Linda） 7, 175–176, 196
ノイゲバウアー，フランツ・ルートヴィヒ・フォン（Neugebauer, Franz Lud-

wig von） 46

［ハ 行］
バウアー，J. エドガー（Bauer, J. Edgar） 209, 325
ハウスマン，バーニス（Hausman, Bernice） 7, 11–12, 29, 45, 55, 57, 106, 108, 118, 142, 213
バーク，フィリス（Burke, Phyllis） 235
パークス，ローザ（Parks, Rosa） 307
パーソンズ，ジェームス（Parsons, James） 18
パーソンズ，タルコット（Parsons, Talcott） 42, 52–54, 74, 149, 153, 173
バタニアン，J. R.（Batanian, J. R.） 46
パドガッグ，ロバート（Pudgug, Robert） 219, 318
バトラー，ジュディス（Butler, Judith） 7, 12, 17, 196, 289
バーナード，ジェシー（Bernard, Jessie） 151–154
ハーパー，キャサリン（Harper, Catherine） 261
バルト，ロラン（Barthes, Roland） 7
ハルバースタム，ジュディス（Halberstam, Judith） 296
バルバン，エルキュリーヌ（Barbin, Herculine） 129
バロウ，ヴァーノン（Bullough, Vernon） 209
ハンプソン，ジョーン（Hampson, Joan） 32, 51, 58, 66, 69, 70–71, 74–79, 81–83, 85–87, 224
ハンプソン，ジョン（Hampson, John） 32, 51, 58, 66, 69, 70, 74, 76–79, 81–83, 87, 224
ピアジェ，ジャン（Piaget, Jean） 177
ビヴァーダム，アンネミーク（Beverdam, Annemiek） 320
ピヴァック，キャサリン（Pivac, Katherine） 240
ビーグルホール，アーネスト（Beaglehole, Ernest） 42
ビダルフ，スティーヴ（Biddulph, Steve） 240
ヒューズ，ヘレン・マギル（Hughes, Helen McGill） 148
ヒュバード，ルース（Hubbard, Ruth） 184
ヒルシュフェルト，マグヌス（Hirschfeld, Magnus） 209–211, 216–217, 324–327
ヒンクル，カーティス（Hinkle, Curtis） 293
ファイアストン，シュラミス（Firestone, Shulamith） 142
ファウスト=スターリング，アン（Fausto-Sterling, Anne） 15, 21, 45, 96, 145, 190, 192, 266, 307, 320
フィンドレイ，デボラ（Findley, Deborah） 11
フーヴァー，ジョン・エドガー（Hoover, John Edgar） 243
フェルナンデス=カンチーオ，M.（Fernandez-Cancio, M.） 46
フーコー，ミシェル（Foucault, Michel） 6–7, 25, 107, 129–130, 206, 212, 223, 237, 277
フッカー，エイヴリン（Hooker, Evelyn） 50
プライス，ジャネット（Price, Janet） 22
フライド，バーバラ（Fried, Barbara） 85, 184–186
ブライドッティ，ロージー（Braidotti, Rosie） 4, 7, 21
ブラウン，ヴァージニア（Braun, Virginia） 313
ブラウン，リー・アンダーソン（Brown, Lee Anderson） 286, 307
プラトン（Plato） 208

フランク，アダム（Frank, Adam） 316
プランマー，ケン（Plummer, Ken） 296
プリヴス，シャロン・エレーヌ（Preves, Sharon Elaine） 11
ブリストウ，ジョセフ（Bristow, Joseph） 207, 214, 219
フリーダン，ベティ（Friedan, Betty） 141, 161
ブレイス，ルディ（Bleys, Rudi） 212, 221
フロイト，ジクムント（Freud, Sigmund） 43–44, 56–57, 61, 66, 104, 109–111, 113–114, 116, 123–125, 131, 158, 163–164, 168–169, 172
プロッサー，ジェイ（Prosser, Jay） 221, 236, 260
ヘイグ，デヴィッド（Haig, David） 105, 138
ベイトソン，パトリック（Bateson, Patrick） 59
ベイルズ，ロバート（Bales, Robert F.） 53
ヘガティ，ピーター（Hegarty, Peter） 268
ヘクマ，ガート（Hekma, Gert） 209
ベッカー，ハワード（Becker, Howard） 27
ヘニフィン，メアリー・スー（Henifin, Mary Sue） 184
ヘミングス，クレア（Hemmings, Clare） 242
ベム，サンドラ（Bem, Sandra） 141
ヘルト，ギルバート（Herdt, Gilbert） 218–219, 222
ヘルマプロディートス（Hermaphroditus） 285
ベンカート，カルロイ・マリア（Benkert, Karoly Maria） 209
ベンジャミン，ハリー（Benjamin, Harry） 104, 113
ボーヴォワール，シモーヌ・ド（Beauvoire, Simone de） 7, 260
ホースクワース，メアリー（Hawkesworth, Mary） 7
ボックティング，ワルター（Bockting, Walter） 195, 252
ホームズ，モーガン（Holmes, Morgan） 16, 65, 294, 297, 302, 304, 322–323
ホルター，ハリエット（Holter, Harriet） 150–151

［マ　行］

マイルズ，キャスリーン（Miles, Catherine C.） 84
マクファーレン，アレックス（MacFarlane, Alex） 308
マクラーレン，アンガス（McLaren, Angus） 222
マスターズ，ウィリアム（Masters, William） 50
マッカーシー，ジョセフ（McCarthy, Joseph） 243
マッケンナ，ウィエンディ（McKenna, Wendy） 179–182
マーティン，ビディ（Martin, Biddy） 59, 198
マネー，ジョン（Money, John） 3–8, 11, 15, 19–23, 26, 28–29, 32–37, 39–99, 101–104, 106–110, 112, 114–115, 119, 125, 129, 132, 137, 139–140, 142–143, 148, 151–156, 158–161, 163, 165, 169, 171, 175–176, 179, 181–185, 189–197, 201–202, 204–206, 214, 216, 221, 223–255, 257–258, 270, 273, 276, 283, 302, 306, 311, 316–321, 323–324, 327
マルクス，カール（Marx, Karl） 167
ミッチェル，ジュリエット（Mitchell, Juliet） 164
ミード，マーガレット（Mead, Margaret） 165–166

ミレット，ケイト（Millet, Kate） 140, 144, 146–148, 167, 191
ミント，キャサリン（Minto, Catherine） 289
ムーア，ヘンリエッタ（Moore, Henrietta） 195
メアリー（Mary） 117–119
メイェロヴィッツ，ジョアンヌ（Meyerowitz, Joanne） 104
メル（Mel） 280
メルロ＝ポンティ，モーリス（Merleau-Ponty, Maurice） 264, 306
モーガン，ロビン（Morgan, Robin） 149
モーランド，イアン（Morland, Iain） 17, 79, 310
モリス，ジェニー（Morris, Jenny） 31
モレノ，アンジェラ（Moreno, Angela） 300–301

[ヤ　行]
ヤング，ヒュー・ハンプトン（Young, Hugh Hampton） 51
ユーラ，ジャクリーン（Urla, Jacqueline） 22
ユリアン，ドロシー（Ullian, Dorothy） 158
ユング，カール・グスタフ（Jung, Carl Gustav） 190

[ラ　行]
ラウレティス，デレサ・ド（Lauretis, Teresa de） 14
ラカー，トマス（Laquer, Thomas） 129, 205, 219
ラカン，ジャック（Lacan, Jacque） 164
ラシュリー，セリーア（Lashlie, Celia） 240
ラスキー，エラ（Lasky, Ella） 149
ラスレット，バーバラ（Laslett, Barbara） 148
ラビノウ，ポール（Rabinow, Paul） 29
ララミー，ジョエル＝シルス（Laramee, Joelle-Circe） 294
リー（Lee） 288, 297–302
リッチ，アドリエンヌ（Rich, Adrienne） 142
ルービン，ゲイル（Rubin, Gayle） 7, 28, 166–169, 175, 187–188, 316–317
レイター，レイナー（Reiter, Reyner） 166
レイモンド，ジャニス（Raymond, Janice） 182
レヴィ＝ストロース，クロード（Lévi-Strauss, Claude） 167, 177
レッドストッキングス（Redstockings） 149
ロイド（Lloyd） 79
ローエン，カトリーナ（Roen, Katrina） 302
ローザック（Rozack, Betty & Theodore） 149
ロザリオ，ヴァーノン（Rosario, Vernon） 65, 320
ロック，マーガレット（Locke, Margaret） 320
ロパタ，ヘレナ（Ropata, Helena） 173–174
ローレンツ，コンラート（Lorenz, Konrad） 60, 90
ローレント，ボウ（Laurent, Bo） ⇒チェイス，シェリル

[ワ　行]
ワーンキ，ジョージア（Warnke, Georgia） 18–19
ワイグマン，ロビン（Weigman, Robin） 129, 317

事項索引

AIS　⇒アンドロゲン不感性症候群
CAH　⇒先天性副腎皮質過形成
DSD　⇒性発達障害
IPDX　274, 286
ISNA　⇒北米半陰陽協会
OII　⇒国際半陰陽協会
TFS　⇒アンドロゲン不感性症候群

［ア　行］

アイデンティティ（identity）　13, 16, 18–20, 41, 43, 52, 54, 60–62, 78, 86, 88–89, 99, 102, 104–105, 109, 111, 113, 118, 125–126, 131, 133–135, 140–142, 147, 154–155, 158, 163, 170–175, 189, 196, 214, 231, 236–238, 244, 252–254, 274, 279–280, 281–283, 287, 290–291, 294–298, 303
曖昧な性別　⇒性別
アノマリー，アノマロス，アブノーマル（anomaly, anomalous, abnormal）　19–21, 49, 73–74, 82, 103, 116–117, 152, 181, 188–189, 216, 222–223, 227, 262, 314, 326
アメリカ小児科医学会（AAP: American Academy of Pediatricians）　268
アンドロゲン　⇒ホルモン
アンドロゲン不感性症候群（AIS: Androgen Insensitivity Syndrome），精巣女性化症候群（TFS: Testicular Feminization Syndrome）　97, 120–123, 181
アンドロジーン（androgyny）　59, 62, 124–125, 168, 187–190, 246
アンビセクシュアリティ，アンビセクシュアル（ambi-sexuality）　238, 240–241, 245
医科学（medical science）　4–5, 9, 17, 19–20, 23–24, 30, 33, 39–40, 54, 73, 87, 116, 144, 190, 192, 198, 219, 257, 267, 277, 285, 307, 315, 324–325, 327
異性愛規範，強制的異性愛（heternormativity, heteronorm, obligatory heterosexuality）　10, 12–15, 48, 68, 74, 168, 187, 228, 234, 251, 278, 295
イデオロギー（ideology）　12–13, 68, 88, 177–178, 237, 239, 325–326
遺伝，遺伝子（gene, genetic）　31, 52, 54, 64, 90, 97, 113, 115, 121–122, 144–145, 151, 171, 221, 235, 284, 286, 291–294, 305, 319–320, 324
委任によるセクシュアリティ（sexuality by proxy）　297
医療勧告委員会（Medical Advisory Board）　268
陰核　⇒ファロス
陰茎　⇒ファロス
ヴィクトリア大学（Victoria University）　42
ウォルフ管　⇒ミュラー管
生まれと育ち（nature and nuture）　5, 28, 47, 54, 59–60, 93–96, 103, 132, 138, 154, 158, 165, 183, 186, 202–203, 206, 250, 273

ウラニアスター（Uraniaster） 215
ウラニアン（Uranian） 208–209, 215
ウルニング（Ulning） 208, 219, 221
エストロゲン ⇒ホルモン
エロティシズム ⇒性愛
黄体ホルモン起因性男性化症（Progestin Induced Virilization） 299
オーガズム（orgasm） 76, 109, 248, 251–252
オーストラリア統計局（the Australian Bureau of Statistics） 308
オックスフォード大学（Oxford University） 153
男っぽさ，女っぽさ（manhood, manliness, womanhood, womanliness） 39, 52, 97, 107, 210
男らしさ，女らしさ（masculinity, feminity） 11, 20, 40–41, 43–44, 48–49, 52–54, 56–57, 59, 61, 63–66, 75, 84–86, 89, 92, 97–99, 107–108, 110–111, 115, 117–118, 120–121, 124–128, 139–140, 144–145, 153–154, 156, 161–162, 170–171, 173, 175, 178–179, 183–184, 188, 192, 206, 213, 219–220, 235–237, 240, 259, 264, 270, 273, 311, 318–319, 325, 327–328
親，父親，母親（parents, father, mother） 9, 41, 61, 70–74, 78, 82–83, 90, 108–111, 114–115, 117–118, 123, 127, 230, 233–234, 240, 269–271, 273, 299
女たちの解放（women's liberation） 94, 139, 143, 190, 192, 203

［カ 行］
会陰 ⇒膣
怪物 ⇒奇形学
家父長制（patriarchy） 12–13, 146, 174
カリフォルニア大学ロサンゼルス校（UCLA: University of California Los Angeles） 104
カルマン症候群（Kallman's syndrome） 280
奇形学，奇形，怪物（teratology, monster） 9, 15, 20–21, 79, 128, 177, 188–189, 212, 265, 286–287, 305
機能主義（functionalism） 53–54, 74–75, 85, 153, 318
偽雌雄同体（pseudohermaphrodite） 30, 44–46, 55–56, 63, 286, 307
共産主義（communism） 50
強制的異性愛 ⇒異性愛規範
ギリシャ神話（Greek cosmology） 285
クィア（queer） 233, 260, 262, 278, 295–298, 317
クラインフェルター症候群（Klinefelter's syndrome） 45
クロスコード（crosscode） 156, 228–230, 232–234, 239–240, 252
ゲイ ⇒同性愛
系譜学（genealogy） 6–7, 25, 37, 141, 202, 261, 311
刑法 ⇒法
外科 ⇒手術
言語，言語学（language, linguistics） 6–7, 23, 52, 60–61, 89–90, 107, 132, 142, 169, 172, 184–185, 210, 284–285, 305–306, 315, 319
現在中心主義（presentism） 11, 29
コア・ジェンダー・アイデンティティ，コア・アイデンティティ（core gender identity） 102, 107–110, 113, 121–122, 130, 165, 230
合意同盟（Accord Alliance） 263
睾丸 ⇒性腺
構築，構成（construction） 11, 94–96, 142, 178–180
国際半陰陽協会（OII: Organiztion Intersex International） 291–295

子ども，新生児，乳児，乳幼児，男児，女児，少年，少女，息子，娘（child, newborn, baby, infant, boy, girl, son, daughter） 8–9, 16–17, 25, 36–37, 39, 41, 48, 53, 60–62, 64–67, 69–75, 78–84, 86, 91–93, 97, 108, 109, 110, 111, 115, 117, 119, 120–121, 123–125, 127, 131, 145, 155–156, 158, 162, 164–165, 168, 171, 178, 180, 182, 187, 224, 227, 230–235, 239–241, 263, 266, 269–272, 274–276, 291–292, 295, 299, 302, 309, 313–315, 322–323
語用法 ⇒用語

［サ 行］
再割り当て（reassignment, change of assignment） 47–48, 55, 66, 82–83, 125–126, 182
差別，性差別主義（discrimination, sexism） 138, 150, 169, 274, 281
史 ⇒歴史
ジェンダー（gender） 3–15, 17–20, 23–26, 27–30, 32–37, 39–41, 44, 47–49, 52–53, 54, 56–61, 63–74, 78, 82–91, 93–95, 97–99, 101–117, 119–128, 130–135, 137–157, 159–181, 183–189, 191, 193–198, 201–204, 208, 211, 217, 221, 223–231, 233–236, 239, 249, 251, 254–255, 257, 259–262, 264–265, 268–278, 282–284, 287, 291–292, 295–296, 299, 305, 307, 309, 311–313, 316, 317, 318–319, 321–323, 327–328
ジェンダー，英語・英語圏における（English） 4, 6, 30, 37, 52, 83, 98, 105, 131, 137, 141, 185, 284–285, 311
ジェンダー，存在論的な（ontological） 3, 7, 11, 25, 29–31, 36–37, 58, 101, 137, 255, 260, 282–283, 285, 315, 322
ジェンダー，フェミニストによる発明（gender as a feminist invention） 7, 132, 138, 197, 203
ジェンダー・アイデンティティ，ジェンダー化されたアイデンティティ（gender identity, gendered identity） 60, 70–73, 83, 91, 94, 102–106, 110–117, 119–123, 125–127, 130–131, 135, 147, 153–156, 158, 161, 168, 171–173, 174, 183, 184, 189, 191, 202, 227–228, 230, 233, 235, 270, 272, 288, 291
ジェンダー・アイデンティティ研究クリニック（Gender Identity Research Clinic） 104, 113
ジェンダー差（gender difference） 163–165, 174
ジェンダー習得（gender acquisition） 4, 5, 19, 28, 32–33, 49–50, 52, 59, 61, 70, 73, 83–84, 88–89, 96, 107, 110, 114, 117, 125, 132, 154–155, 169, 181, 184, 254, 283, 318–320
ジェンダーの非歴史化（ahistoricize） 8, 10–12, 197
ジェンダーの四次元スキーム（four-dimentional chema of genderd ifferences） 91–98
ジェンダー＝フリー（gender-free） 187
ジェンダーマップ（gendermap） 59, 115, 248, 318–319
ジェンダー役割（gender role） 53–54, 61–62, 65, 68–69, 72, 76, 83, 89, 91, 94, 102, 104, 106, 125–126, 130–131, 147, 155–156, 163, 170–171, 173–176, 202, 232–233, 235–236, 252–253, 272, 278
シカゴ・コンセンサス・グループ（Chicago Consensus Group） 313–314

始原・怠惰（default） 192, 258–259, 273
思春期（puberty） 42, 120–122, 227, 229, 299
司法 ⇒法
社会科学（social science, social sciences） 37, 39, 42, 53–54, 74, 102, 106, 133, 139–140, 146, 148–149, 153, 157, 171, 173, 223, 291, 311
社会学（sociology） 7–8, 23, 53, 106, 140–141, 148–158, 170, 172
社会理論（social theory） 42, 54, 131, 138, 146, 148, 150, 177, 316
雌雄同体，雌雄同体者（hermaphrodism, hermaphrodite） 4, 8, 15, 20–21, 27, 30–32, 35–36, 39–41, 43–46, 49–50, 58, 63, 66–69, 72–74, 77–78, 82, 87, 103, 119, 125–129, 147, 152, 154, 159, 176–178, 186, 188–189, 192, 204, 206–207, 209–213, 221, 249, 255, 257–260, 263–265, 283, 284–289, 295–296, 297–301, 304, 306–308, 309, 315, 322
手術，切除，外科的（operation, surgery, construction, excision, reduction, removal, extirpation, amputation, surgical） 9, 15, 25, 55, 58, 67–71, 75–83, 86, 122, 128, 142, 145, 147–148, 155, 157, 177–179, 181–183, 265–268, 271, 274–275, 288–289, 292, 300–304, 308, 312–313, 323, 312–313, 323
主体，主体性（subject, subjectivity） 3–5, 11, 14, 16–17, 21, 23, 25, 27, 33, 37, 43, 58, 99, 102–103, 108–109, 116–117, 119, 127, 129, 133, 139, 160, 167, 176, 192, 206–207, 209–210, 214, 223, 225, 229, 255, 259, 263–265, 279, 283, 289, 304, 307, 309, 316, 319, 321, 323–325, 328
消去 ⇒半陰陽の根絶
少女 ⇒子ども
少年 ⇒子ども
女児 ⇒子ども
女性らしさ ⇒男性らしさ
ジョンズ・ホプキンス大学（Johns Hopkins University） 40, 51
『ジョンズ・ホプキンス大学病院紀要（The Bulletin of Johns Hopkins Hospital）』 11, 40, 51, 52, 58, 62, 65, 71, 77
神経症（neurosis, neuriticism） 48, 71, 85, 86, 113, 117, 161–162
人権（human rights） 291, 308
新生児 ⇒子ども
身体（body, soma, corporeal） 5, 9–13, 15, 17–22, 24–25, 27–28, 30–33, 36, 40, 46–47, 49, 52–57, 59, 65, 70, 73, 86, 97, 99, 112–113, 116–117, 122, 124, 126, 129, 133–135, 139, 142, 144–146, 151–152, 154, 157, 175, 189, 192, 196, 198–199, 207, 209–212, 218–220, 222, 227, 232, 249–251, 253–254, 259–260, 263–265, 273, 277–279, 283–286, 291, 296, 300–306, 308–309, 312, 318–319, 323, 325, 327
身体不可侵権，身体の不可侵性（bodily integrity） 264, 309, 323
心理学，心理，心理学者（psychology, psychologist） 33, 40–44, 47–52, 54–58, 65, 71, 73–74, 82–83, 89–90, 102, 104–105, 111, 113, 125, 127, 130–131, 133, 140, 149–150, 157–165, 178, 188–189, 191, 202, 206, 209, 211, 216, 222–224, 230, 253, 276, 306, 328
心理＝ホルモン研究班（Psycho-Hormonal Research Unit） 51, 58
人類 ⇒人間
人類学（anthropology） 23, 42, 93, 140–

141, 149, 158, 165–170
スティグマ，烙印（stigma） 9, 230, 232–233, 269, 276, 281, 286, 292, 304
性愛（eroticism, erotic） 27, 36, 48–49, 52–53, 56, 63–64, 76–77, 85, 92–94, 146, 154, 175, 194, 201–202, 205–206, 211, 219, 226, 241, 246, 252, 264, 295–296, 299–301, 321–322
性科学（sexology） 5, 7, 16, 23, 26–27, 34, 36–37, 39, 43, 49, 54, 56, 76, 116, 130, 134, 138, 140, 142–143, 147, 149, 151, 186, 190, 198, 204–207, 210–211, 214–216, 219–223, 225, 228, 230, 233, 235, 237, 249–250, 252, 254, 257–258, 260, 277, 311, 315–316
性器，生殖器（genital, genitalia, sex organs, sexual organs, reproductive organs） 16–17, 30–31, 52, 54, 56–57, 60, 66–68, 70–71, 73, 75–76, 78–83, 85–86, 109, 114, 117, 121, 123, 127, 145, 147, 160, 164, 178, 180, 201–202, 209, 212, 222, 227–228, 230, 232–233, 236, 239, 246–247, 250–251, 275, 286, 287, 292, 300–301, 304, 308, 313, 323
生後18カ月（the first 18 months of life） 59, 88, 107, 163
性差（sexual difference, sex difference） 8, 11, 13–14, 18, 22, 24, 57, 65, 88, 90, 93, 95, 99, 103, 116–117, 119–120, 128, 135, 144, 149, 152–153, 159, 164–165, 169, 175–178, 182–183, 196, 199, 210, 217–218, 222, 237, 255, 278, 283, 288, 303, 306, 309, 316–318, 327–328
性差別主義 ⇒差別
政治（politics, political） 10, 12, 21, 25, 31, 34, 37, 50, 68, 90, 95, 98, 107, 131, 134, 137, 140–141, 146, 158–159, 161, 166, 173, 191, 195, 197, 203, 212, 244, 250, 260–262, 266, 279, 281, 283, 290–291, 293, 295, 309, 311–312, 314–315, 317
青春期，青年期（adolescence） 110, 122, 248
生殖パラダイム（reproductive paradigm） 129, 217–218, 255, 318
精神病（psychosis, psychotic） 48–49, 83, 86
精神分析，精神分析家，分析医（psychiatry, psychiatrist） 47, 49, 51, 57, 61, 65, 68, 76, 90, 101, 104, 105, 106, 109, 110, 113, 123–124, 131, 134, 139, 149, 158, 165, 167, 210, 217, 221–222, 233, 276
性腺，卵巣，精巣，睾丸（gonad, ovary, testis） 31, 44–46, 54, 59, 62–65, 67, 71, 115, 120–123, 207, 210, 237
精巣 ⇒性腺
精巣女性化症候群 ⇒アンドロゲン不感性症候群
生体医学（biomedicine） 17, 22, 54, 103, 178, 318
性発達障害（DSD: Disorder of Sex Development） 31, 257, 263, 270–271, 289–293, 314
生物学（biology） 9, 11, 21, 29, 33, 41, 45, 53–54, 58, 60, 66, 68–70, 95, 105, 108, 112, 115–116, 118–119, 123, 130–131, 133–134, 138–139, 142, 144, 148, 151–152, 154–156, 158–162, 164–165, 167, 171–178, 180–182, 184–185, 192, 198, 202–203, 218, 222–223, 225, 237, 250, 258, 269, 272, 282–283, 286, 303, 316, 318, 320–321, 325–326
生物学的な諸力（biological forces） 111–115, 117, 120–124
性分業（sexual division of labor） 50, 93,

96, 166–168
性別，曖昧な，不明瞭な，不確かな（sexual ambiguity, uncertainty） 9, 45, 57, 72, 126–127, 129, 160, 178, 180–181, 209, 224, 257–258, 287, 307
性役割（sex role） 52, 56, 96, 141–142, 148, 150, 163, 170–173, 175
生理学，生理（physiology） 19, 28, 40–41, 44, 47, 54–56, 67–68, 87, 92, 147, 161, 164, 169, 188–190, 192, 202, 211–212, 233, 248, 250, 253–254, 259, 278, 283, 306, 320, 322, 324
セクシュアリティ（sexuality） 14–16, 23, 27, 35–37, 43, 47–48, 53, 56, 65, 74, 105, 109, 123, 130–131, 133, 152, 154, 156, 165, 167–169, 176, 189, 194, 198, 201–202, 204–205, 207–209, 212, 216–219, 221, 224–231, 234–238, 242, 246–249, 253–254, 259–260, 263–264, 276, 286–287, 295–296, 298–301, 309, 311, 318, 320–322, 327
セックス／ジェンダー区別（sex/gender distinction） 28–29, 34, 102, 139, 146, 156, 159, 162, 170, 174–175, 186, 193, 196, 202–204, 265, 272–273, 317
セックス／ジェンダー分離（sex/gender split） 25, 29, 33, 103, 124, 130–135, 139, 143, 160, 170, 202
セックス＝ジェンダー（sex-gender） 6, 28, 36, 61, 198, 253–254, 261, 264, 290, 294, 320–321, 327
セックス＝ジェンダー・システム（sex-gender system） 167
切除 ⇒手術
染色体（chromosome） 54, 62–63, 64, 65, 67, 87, 117, 119, 124, 144–146, 164, 171, 180–181, 191, 235, 280, 293, 320, 324
先天性副腎皮質過形成，CAH（Congenital Adrenal Hyperplasia） 313
相互作用（interaction） 6, 28–29, 33, 60, 96, 173, 179–180, 182, 225, 249–250, 253–254, 319–322, 326
相互補完（complementation） 61–62, 96, 165, 169, 251–253
育ち（nurture）⇒生まれと育ち
外陰 ⇒膣

［タ 行］

第三の性，第三のジェンダー（the third sex, third gender） 16, 126–128, 208–209, 212, 255, 326
胎児，胎生，胎芽（fetus, embryo） 20, 51, 59–60, 63, 73, 80, 82, 115, 120, 145, 151, 153, 182–183, 191–192, 207, 210–211, 221, 224–227, 229, 232, 239, 241–242, 248, 254–255, 258–259, 286, 325–326
第二次性徴（secondary sex characteristcs） 42, 45, 63, 92, 120–121, 209
ターナー症候群（Turner Syndrome） 160
ターム ⇒用語
男児 ⇒子ども
男性らしさ，女性らしさ（maleness, femaleness） 16, 107, 219
知，知識（knowledge） 7, 10, 23–25, 34, 80, 82, 146, 150, 159, 177, 195, 255, 260–262, 271, 277, 285, 293, 306, 311, 319–322
父親 ⇒親
膣，会陰，外陰（vagina, perineum, vulva） 76–78, 80–82, 109, 122, 235, 247, 251, 263, 286, 295, 301, 305, 327
テストステロン ⇒ホルモン
テンプレート（template） 59–60, 62, 88, 114–115, 124–125, 225–226, 318
当為，べき（ought） 88, 96, 120, 129, 177–178, 237, 283

倒錯（perversity, perverse）74, 206, 215–219, 221, 248
同性愛，ホモセクシュアル，ゲイ，レズビアン（homosexual, homosexuality, gay, lesbian）8, 13–15, 30, 35–36, 50, 56, 68, 74, 134, 155–156, 205–207, 209, 211–213, 220–221, 223–224, 226, 228–235, 238–239, 242–246, 248, 250–252, 255, 260–262, 264, 285, 294–298, 300, 305
伴性（sex-linked）145
トランスセクシュアル，トランスセクシュアリティ（transsexual, transsexuality）33, 101–102, 104, 106, 108–111, 113, 121–122, 124, 156, 182, 209, 234

［ナ 行］

二値（binary）8–9, 14–18, 59, 74, 98, 103, 106, 120, 128, 130, 135, 145, 156, 160, 175, 177–178, 183, 192, 198, 203, 207, 212, 218–219, 222, 228, 242, 249, 253–254, 258–260, 265, 268–269, 272–273, 275–279, 283, 285, 291, 294–295, 299, 306, 309, 312, 316, 321–322, 324–325, 328
二極（bipolar, polarization）16, 91, 99, 177, 212, 242, 273, 283
二形主義，二形（dimorphism, dimorphic）6, 14, 18, 22, 24, 62, 73, 88, 99, 103, 119, 128–130, 135, 144, 153, 176, 198–199, 205–206, 212, 218–220, 222–223, 226, 229, 255, 258, 276, 279, 288–289, 306, 309, 318, 321–322
二元論，二元性（dualism, duality）29, 33, 59, 86, 96, 103, 112, 139, 184, 204, 265, 283
二分法（dichotomy）11, 28, 33, 86, 95, 131, 145–146, 160, 165, 175, 180–181, 250
乳児 ⇒子ども
乳幼児 ⇒子ども
尿道下裂（hypospadia）45, 117
人間，ホモサピエンス，ヒト，人類（human, Homo sapiens）4–5, 20, 22, 28, 88, 90–92, 105, 125, 127–129, 145, 147, 151, 159–161, 184–185, 203–204, 207, 236–237, 247, 255, 258–259, 278, 289, 294, 304, 308, 310, 312, 319–320, 325
ノスタルジア（nostalgia）162, 187, 302

［ハ 行］

バイセクシュアル ⇒両性愛
ハーヴァード大学（Harvard University）4, 42, 53, 74
母親 ⇒親
パラフィリア（paraphilia, paraphilic）217, 244, 247–249
反＝セクシュアリズム（antisexualism）193
半陰陽，半陰陽者（intersex, intersexed）4–17, 19–20, 22–23, 26–27, 30–32, 35–36, 39–41, 44, 47, 49, 58, 60, 65–68, 70–71, 76, 78, 81–82, 86–88, 97–100, 114, 116–121, 125, 127, 137–138, 140, 142–143, 147–148, 152, 154–157, 159–161, 176–183, 185–187, 189–190, 196–199, 204, 206, 209, 213, 220, 224–225, 230, 232, 235, 249, 255, 257–292, 294–310, 312, 314–315, 317, 322–324
半陰陽アクティヴィズム（intersex activism）260, 262, 278, 282, 290, 296
半陰陽支援団体（advocacy group）16, 26, 36, 196, 261, 265–266, 277, 283
半陰陽者の現存，今ここ（presence, the here and now）14, 16, 88, 186, 315

半陰陽事例管理（Intersex Case Management） 6, 8–15, 17, 47, 58, 67, 68, 71, 76, 78, 81, 98, 142, 176–178, 182, 190, 196, 224, 257–258, 270, 274–277, 281–282, 290–292, 295, 299, 303, 306–307, 311–313, 323
半陰陽政治（intersex politics） 23, 25, 27, 30–31, 260–261, 282, 285, 294
半陰陽の根絶，消去（eradication, erasure） 10, 14–16, 88, 214, 255, 294, 306–307
ヒト ⇒人間
平等，不平等（equality, inequality） 134, 139, 154, 173, 194–195, 279, 308
病理学，病理（pathology） 14, 19, 21, 30–31, 48, 73, 87, 122–123, 177, 188–189, 216, 218, 244, 259, 281–282, 290, 292, 304, 314, 316, 326
ファロス，陰茎，陰核（phallus, penis, clitoris） 16, 42, 54, 58, 71, 73–80, 82, 109–110, 117, 120–123, 145, 160, 182, 187, 207, 218, 222, 235, 247, 251, 263, 265, 273, 286, 295, 300–302, 305, 324, 327
フェミニズム，フェミニスト（Feminism, Feminist） 6, 12–13, 23, 25–26, 34–35, 37, 96, 102–103, 131–132, 134–135, 137–199, 203–204, 223, 237, 257, 260, 262, 274, 311
不可能な「他者」，惨めな「他者」，惨めな立場（impossible Other, abject Other, abject status） 103, 143
副腎性器症候群（adrenogenital syndrome） 44
服装倒錯（transvestile） 234
不全・障害（disorder） 19, 22, 27, 87, 113, 117, 156, 189, 280–281, 289, 292–294, 315
不確かな性別 ⇒性別
不平等 ⇒平等
不明瞭な性別 ⇒性別
文化（culture） 8, 14, 17, 23–24, 32, 37, 57, 68, 81, 90–91, 96, 107–108, 129, 138–140, 142, 146–147, 151, 154, 156–157, 162–163, 165, 167–170, 172–176, 185, 187–188, 198–199, 202–203, 225, 232–235, 237, 244, 250, 254, 259–260, 265, 267, 272, 276, 279, 281, 290, 299, 312, 317–319, 321, 325
べき ⇒当為
変態（perversion） 215–216, 247–248
法，司法，刑法（law, legal, judiciary, criminal） 9, 14, 18, 31, 68–69, 82, 95–96, 222, 262, 264, 267, 308, 312–313
北米半陰陽協会（ISNA: Intersex Society of North America） 261, 265–279, 282–284, 289–292, 294, 299–300, 314–315
ポスト構造主義（post-structuralism, post-structuralist） 6, 8, 23, 237, 278, 316
ホモサピエンス ⇒人間
ホモセクシュアル ⇒同性愛
ポルノグラフィ（poornography） 193–194
ホルモン，アンドロゲン，エストロゲン，テストステロン（hormone, androgen, estrogen, testosterone） 15–16, 31, 51, 54–55, 59, 62–65, 67, 90, 92–93, 113, 115, 119–124, 154, 164, 171, 180–183, 192, 227, 229, 248, 259, 270, 273, 324

［マ 行］

惨めな「他者」⇒不可能な「他者」
惨めな立場 ⇒不可能な「他者」
ミュラー管，ウォルフ管（mullerian duct, Wolffian duct, mullerian organ） 44, 220, 325

息子　⇒子ども
娘　⇒子ども
モノセクシュアリティ，モノセクシュアル（monosexuality, monosexual）14, 189, 211–212, 238–239, 241–242, 244–245, 276, 298–299

［ヤ　行］

優生学（eugenics）293
用語，ターム，用語体系，語用法（term, terminology, nomenclature）27, 29–31, 35, 37, 44, 46, 58, 62–63, 105, 132–134, 141–142, 153, 159, 162, 166–167, 169–175, 195, 205–206, 262–263, 270, 273, 277, 284–286, 289–293, 295, 306, 314, 323
用語体系　⇒用語
欲望，欲求（desire, lust）27, 30, 33, 35, 37, 48, 56, 74, 105, 128, 134, 156, 168–169, 201, 204–213, 217, 219–224, 228–229, 236, 240–241, 243–244, 247, 250, 252, 263, 295–300, 317, 321

［ラ　行］

ラヴマップ（lovemap）201, 226, 248, 251
烙印　⇒スティグマ
卵巣　⇒性腺
リマレンス，リマレント（limerence, limerent）241
両性愛，バイセクシュアル（bisexual, bisexuality）14–15, 48, 56, 123–124, 168, 187–189, 207, 210–211, 213, 224, 226–227, 230–231, 233, 240–246, 248, 255, 295–296, 298
両性愛者の現存，今ここ（presence, here and now）242, 315
両性者（epicene）280
臨界期（critical period）59–60, 70, 92, 107, 110, 112, 130, 132, 158, 224, 226, 321
倫理（ethics）8–9, 58, 69, 71, 182, 268, 290, 312
類似（similarity）89, 91, 168, 192, 237
歴史，史（history）4–12, 14, 25, 28–30, 32, 37, 44–46, 52–53, 56, 74–75, 90, 92–93, 95, 98, 105, 131, 137–138, 149, 155, 173, 182, 186, 189, 196–197, 205–206, 212, 214, 221, 225, 236–237, 253, 255, 259, 261–265, 284–286, 288, 290, 294, 311–312, 316–317
レズビアン　⇒同性愛
ロサンゼルス精神分析研究所（Los Angeles Psychoanalytic Institute）104

［ワ　行］

割り当て（assignment）4, 32, 36, 41, 47, 55, 57, 66–67, 69, 71–72, 82–83, 86, 109, 147, 171, 173, 179, 212–213, 224, 272, 274, 276–278, 287–288, 319

文献一覧

〔訳註：ウェブ・コンテンツのアドレスが変更されている場合，断りなく変更後のアドレスを掲載した。リンク切れの場合はその旨記した。〕

Aartsen, E., R. Snethlage, A. Van Geel, and M. Gallee（1994）“Squamous Cell Carcinoma of the Vagina in a Male Pseudohermaphroditc with 5alpha-Reductase Deficiency,” *International Journal of Gynecological Cancer* 4, no. 4: 283–287.

Abelove, H.（1992）“Some Speculations on the History of ‘Sexual Intercourse’ During the ‘Long Eighteenth Century’ in England.” In *Nationalisms and Sexualities*, edited by A. Parker, M. Russo, D. Sommer, and P. Yaeger, 335–342. New York: Routledge.

Abelove, H.（1993）“Freud, Male Homosexuality, and the Americans.” In *The Lesbian and Gay Studies Reader*, edited by H. Abelove, M. A. Barale, and D. Halperin, 381–393. New York: Routledge.

Acton, William（1875）*The Functions and Disorders of the Reproductive Organs in Childhood, Youth, Adult Age, and Advanced Age, Considered in Their Physiological, Social, and Moral Relations.* Philadelphia: Presley Blakiston.

Adams, J. M., T. M. Adams, K. A. Dunn, and S. M. O’Hara（2003）“An Uncommon Finding: Ovotestes in a True Hermaphrodite.” *Journal of Diagnostic Medical Sonography* 19, no. 1: 51–54.

Adkins, Roger（1999）“Where ‘Sex’ Is Born(e): Intersexed Births and the Social Urgency of Heterosexuality.” *Journal of Medical Humanities* 20, no. 2: 117–133.

Aggrawal, Anil（2009）*Forensic and Medico-Legal Aspects of Sex Crimes and Unusual Sexual Practices*. Boca Raton, FL: CRC Press.

Al-Attia, Haider M.（1996）“Gender Identity and Role in a Pedigree of Arabs with Intersex Due to 5 Alpha Reductase-2 Deficiency.” *Psychoneuroendocrinology* 21, no. 8: 651–657.

Alderson, Julie, Anna Madill, and Adam Balen（2004）“Fear of Devaluation: Understanding the Experience of Intersexed Women with Androgen Insensitivity Syndrome.” *British Journal of Health Psychology* 9, no. 1: 81–100.

Alexander, Tamara（1997）“The Medical Management of Intersexed Children: An Analogue for Childhood Sexual Abuse.” http://wwwisna.org/articles/analog.

ALGLG（1994）*Outlaw: A Legal Guide for Lesbians and Gay Men in New Zealand*. Auckland: Auckland Lesbian and Gay Lawyers Group Inc.

Alsop, R., A. Fitzsimons, and K. Lennon（2002）*Theorizing Gender*. Cambridge: Polity.

Andermahr, Sonya, Carol Wolkowitz, and Terry Lovell（1997）*A Glossary of Feminist Theory*. London: Arnold.

Angelides, Steven (2001) *A History of Bisexuality*. Chicago: University of Chicago Press.

Archer, John, and Barbara Lloyd (1982) *Sex and Gender*. Cambridge: Cambridge University Press.

Angier, Natalie (1999) *Woman: An Intimate Geography*. London: Virago Press.

Anonymous. (2002) "Book Review. Early Modern Hermaphrodites: Sex and Other Stories." *Contemporary Review* 281, no. 1640: 191.

Anonymous. "A Mother's Story." AISSG Australia, http://home.vicnet.net.au/~aissg/biographies/mothers.htm

Archer, John, and Barbara Lloyd (1982) *Sex and Gender*. Cambridge: Cambridge University Press.

Aronson, Josh (2000) *Sound and Fury*. Loganholme, Qld.: Marcom Projects.

Assorted Letters (2006) http://adc.bmj.com/cgi/eletters/91/7/554

Atkins, Dawn, ed. (1998) *Looking Queer: Body Image and Identity in Lesbian, Bisexual, Gay and Transgender Communities*. New York: Harrington Park Press.

"Attorney General's Commission on Pornography. Final Report." Washington, DC: U.S. Department of Justice, 1986.

Ault, Amber (1996) "Ambiguous Identity in an Unambiguous Sex/Gender Structure: The Case of Bisexual Women." *Sociological Quarterly* 37, no. 3: 449–463.

Bagemihl, Bruce (1999) *Biological Exuberance: Animal Homosexuality and Natural Diversity*. New York: St. Martin's Press.

Bailey, M. (1993) "Foucauldian Feminism Contesting Bodies, Sexuality and Identity." In *Up against Foucault*, edited by C. Ramazanoglu. 99–122. London: Routledge.

Bancroft, John (1974) *Deviant Sexual Behaviour: Modification and Assessment*. Oxford: Clarendon Press.

Bannister, Robert C. (1991) *Jessie Bernard: The Making of a Feminist.* New Brunswick, NJ: Rutgers University Press.

Batanian, J. R., D. K. Grange, R. Fleming, B. Gadre, and J. Wetzel (2001) "Two Unbalanced Translocations Involving a Common 6p25 Region in Two XY Female Patients." *Clinical Genetics* 59, no. 1: 52–57.

Bateson, Patrick, and Paul Martin (2000) *Design for a Life: How Behavior Develops*. London: Vintage.

Bauer, J. Edgar (2005) "On the Nameless Love and Infinite Sexualities: John Henry Mackay, Magnus Hirschfeld and the Origins of the Sexual Emancipation Movement." *Journal of Homosexuality* 50, no. 1: 1–26.

Bauer, J. Edgar (2006) "Gender and the Nemesis of Nature: On Magnus Hirschfeld's Deconstruction of the Sexual Binary and the Concept of Sexual Human Rights." In *Two Is Not Enough for Gender (E) Quality*, edited by A. Hodzic and J. Postic, 153–171. Zagreb: CESI and Zenska soba.

Bauer, J. Edgar (2006) "Magnus Hirschfeld: Panhumanism and the Sexual Cultures of Asia." *Intersections: Gender History and Culture in the Asian Context*, no. 14, http://

intersections.anu.edu.au/issue 14/bauer.html

Bauer, J. Edgar (2007) "Magnus Hirschfield's Doctrine of Sexual Intermediaries and the Transgender Politics of (No-)Identity." Paper presented at the *Past and Present of Radical Sexual Politics Conference.* Amsterdam.

Bayertz, Kurt, and Roy Porter, eds. (1998) *From Physico-Theology to Bio-Technology: Essays in the Social and Cultural History of Biosciences: A Festschrift for Mikulas Teich.* The Wellcome Institute Series in the History of Medicine. Amsterdam and Atlanta: Rodopi.

Baynes, Sylvia (1991) "Trans-Sex or Cross-Gender? A Critique of Janice Raymond's The Transsexual Empire." *Women's Studies Journal* 7-8: 53-65.

Beach, Frank (1987) "Alternative Interpretations of the Development of G-I/R." In *Masculinity/Femininity: Basic Perspectives*, edited by June Reinisch, Leonard Rosenblum, and Stephanie Sanders, 29-34. New York: Oxford University Press.

Beardsley, Elizabeth Lane (1973) "Referential Genderization." *Philosophical Forum* 5: 285-293.

Becker, Howard (1998) *Tricks of the Trade: How to Think About Your Research While You're Doing It.* Chicago: University of Chicago Press.

Bedell, Madelon (1977) "Supermom!" In *Sex Equality*, edited by Jane English, 239-247. Englewood Cliffs, NJ: Prentice-Hall.

Beiber, Irving (1962) *Homosexuality: A Psychoanalytic Study*. New York: Basic Books.

Bejin, A. (2004) "Sexual Behavior: Sociological Perspectives." *International Encyclopedia of the Social & Behavioral Sciences*, edited by Neil Smelser and Paul Baites, 13977-13981. Amsterdam: Elsevier.

Bellinger, M. (1993) "Subtotal De-Epithclialization and Partial Concealment of the Glans Clitoris: A Modification to Improve the Cosmetic Results of Feminising Genitoplasty." *Journal of Urology* 150: 651-653.

Bem, Sandra Lipsetz (1971) "The Theory and Measurement of Androgyny." *Journal of Personality and Social Psychology* 37: 1047-1054.

Bem, Sandra Lipsetz (1981) "Gender Schema Theory: A Cognitive Account of Sex Typing." *Psychological Review* 88, no. 4: 354-364.

Bem, Sandra Lipsetz (1987) "Masculinity and Femininity Exist Only in the Mind of the Perceiver." In *Masculinity/Femininity: Basic Perspectives*, edited by June Reinisch, Leonard Rosenblum, and Stephanie Sanders, 304-311. New York: Oxford University Press.

Bem, Sandra Lipsetz (1993) *The Lenses of Gender: Transforming the Debate on Sexual Inequality*. New Haven, CT: Yale University Press. サンドラ・L. ベム著『ジェンダーのレンズ——性の不平等と人間性発達』福富護訳，東京：川島書店，1999年。

Bem, Sandra Lipsetz (1995) "Dismantling Gender Polarization and Compulsory Heterosexuality: Should We Turn the Volume Down or Up?" *Journal of Sex Research* 32, no. 4: 329-334.

Benjamin, Harold. "The Transsexual Phenomenon." In IJT Electronic Books. Symposium Publishing, http://www 2.hu-berlin.de/sexology/ECE6/html/benjamin/index.htm

Benjamin, Harold（1966）*The Transsexual Phenomenon*. New York: Warner Books.

Berger, Peter L., and Thomas Luckmann（1967）*The Social Construction of Reality: A Treatise in the Sociology of Knowledge*. London: Allen Lane.

Bergler, Edmund（1951）*Counterfeit Sex: Homosexuality, Impotence, Frigidity*. New York: Grune and Stratton.

Bergler, Edmund（1956）*Homosexuality: Disease or a Way of Life?* New York: Hill and Wang.

Bergler, Edmund, and William S. Kroger（1954）*Kinsey's Myth of Female Sexuality: The Medical Facts*. New York: Grune and Stratton.

Bernard, Jessie Shirley（1971）*Women and the Public Interest: An Essay on Policy and Protest, Aldine Treatises in Social Psychology*. Chicago: Aldine-Atherton.

Bershady, H. J.（1973）*Ideology and Social Knowledge*. Oxford: Basil Blackwell.

Best, Shaun（2005）*Understanding Social Divisions*. London: Sage.

Beverdam, Annemiek, and Peter Koopman（2006）"Expression Profiling of Purified Mouse Gonadal Somatic Cells During the Critical Time Window of Sex Determination Reveals Novel Candidate Genes for Human Sexual Dysgenesis Syndromes." *Human Molecular Genetics* 15, no. 3: 417–431.

Biddulph, Steve（1998）*Raising Boys: Why Boys Are Different-and How to Help Them Become Happy and Well-Balanced Men*. Berkeley: Ten Speed Press. スティーヴ・ビダルフ著『男の子って，どうしてこうなの？——まっとうに育つ九つのポイント』菅靖彦訳，東京：草思社，2002年。

Blackless, Melanie, Anthony Charuvastra and Amanda Derryck（2000）"How Sexually Dimorphic Are We? Review and Synthesis." *American Journal of Human Biology*［H. W. Wilson–GS］12, no. 2: 151.

Bland, Lucy, and Laura Doan, eds.（1998）*Sexology in Culture: Labelling Bodies and Desires*. Cambridge: Polity.

Bleys, Rudi（1995）*The Geography of Perversion: Male-to-Male Sexual Behaviour Outside the West and the Ethnographic Imagination 1750–1918*. New York: New York University Press.

Blizzard, R. M.（2002）"Intersex Issues: A Series of Continuing Conundrums." *Pediatrics* 110, no. 3: 616–621.

Bockting, Walter（1997）"Ken from Mars, Barbie from Venus: What on Earth Has Happened with Sex?" *Journal of Sex Research* 34, no. 4: 411–422.

Bodeker, Heike. "Portrait of the Artist as a Young Herm." http://www.qis.net/~triea/hieke.html〔リンク切れ〕

Bordo, Susan（1993）*Unbearable Weight: Feminism, Western Culture, and the Body*. Berkeley: University of California Press.

Boukari, Kahine, Maria Luisa Ciampi, Anne Guiochon-Mantel, Jacques Young, Marc Lom-

bes, and Geri Meduri (2007) "Human Fetal Testis: Source of Estrogen and Target of Estrogen Action." *Human Reproduction* 22, no. 7: 1885–1892.

Bornstein, Kate (1998) *My Gender Workbook: How to Become a Real Man, a Real Woman, the Real You, or Something Else Entirely*. New York: Routledge.

Bradley, S. J., G. D. Oliver, A. B. Chernick, and K. J. Zucker (1998) "Experiment of Nurture: Ablatio Penis at 2 Months, Sex Reassignment at 7 Months, and a Psychosexual Follow-up in Young Adulthood." *Pediatrics* [NLM–MEDLINE] 102, no. 1: e9.

Braidotti, Rosie (1994) *Nomadic Subjects: Embodiment and Sexual Difference in Contemporary Feminist Theory*. New York: Columbia University Press.

Braidotti (1996) "Signs of Wonder and Traces of Doubt: On Teratology and Embodied Differences." In *Between Monsters, Goddesses and Cyborgs: Feminist Confrontations with Science, Medicine and Cyberspace*, edited by Nina Lykke and Rosie Braidotti, 135–152. London: Zed Books.

Brandeis_University. "Women's Studies Research Center Scholars Program-Rhoda Unger." Brandeis University, http://www.brandeis.edu/wsrc/scholars/profiles/unger.html

Braun, Virginia (2005) "In Search of (Better) Sexual Pleasure: Female Genital 'Cosmetic' Surgery." *Sexualities* 8: 407–424.

Bray, Alan (1988) *Homosexuality in Renaissance England*. London: Gay Man's Press.

Bray, Abigail, and Claire Colebrook (1998) "The Haunted Flesh: Corporeal Feminism and the Politics of (Dis)Embodiment." *Signs: Journal of Women in Culture and Society* 24, no. I: 35–67.

Briffa, Tony, Geoffrey Blundell, and Lisa Stephens (2001) "Beyond He, She, and It." *New Scientist* [H. W. Wilson–GS] 170, no. 2293: 54.

Bristow, Joseph (1997) *Sexuality*. London: Routledge.

Bristow, Joseph (1998) "Symonds's History, Ellis's Heredity: Sexual Inversion." In *Sexology in Culture: Labelling Bodies and Desires*, edited by Lucy Bland and Laura Doan, 79–99. Cambridge: Polity.

Brown, Lee Anderson (1995) "Sites of Gen (D)Eration." J. Holmes (ed.) *Deconstructing Sexualities: Challenging Homophobia, Resource & Readings 2000*, University of South Australia Document Services, Adelaide.

Brown, L. A. (2005) "Fractured Masks-Voices from the Shards of Language." *Polare* 61: 12–15.

Brown, Tara (2005) "He's the Man." Sixty Minutes. Produced by L. Howse and C. Talberg, Channel Nine Network, Australia, Sunday September 4.

Brown, T. M. (1985) "Descartes, Dualism, and Psychosomatic Medicine." In *The Anatomy of Madness, Essays in the History of Psychiatry*, edited by W. F. Bynum, R. Porter, and M. Shepherd, 40–62. London and New York: Tavistock.

Bullough, V. L. (1976) *Sexual Variance in Society and History*. Chicago and London: University of Chicago Press.

Bullough, V. L. (1994) *Science in the Bedroom: A History of Sex Research*. New York:

Basic Books.

Bullough, V. L.（2000）"Introduction." In *The Homosexuality of Men and Women, Magnus Hirschfeld*, translated by Michael Lombardi-Nash. 11–17. New York: Prometheus Books.

Bullough, Vernon（2003）"The Contributions of John Money: A Personal View." *Journal of Sex Research* 40, no. 3: 230–236.

Burkitt, Ian（1998）"Sexuality and Gender Identity: From a Discursive to a Relational Analysis." *Sociological Review* 46, no. 3: 483–504.

Burke, Phyllis（1996）*Gender Shock: Exploding the Myths of Male and Female*. New York: Anchor Books.

Butler, Judith（1989）"Gendering the Body: Beauvoir's Philosophical Contribution." In *Women, Knowledge, and Reality: Explorations in Feminist Philosophy*, edited by A. Garry and M. Pearsall. New York: Routledge.

Butler, Judith（1990）*Gender Trouble: Feminism and the Subversion of Identity*. New York: Routledge. ジュディス・バトラー著『ジェンダー・トラブル――フェミニズムとアイデンティティの攪乱』竹村和子訳，東京：青土社，1999年。

Butler, Judith（1993）*Bodies That Matter: On the Discursive Limits Of "Sex."* New York: Routledge.

Butler, Judith（1997）"Imitation and Gender Subordination." In *The Second Wave: A Reader in Feminist Theory*, edited by Linda Nicholson, 300–315. New York: Routledge.

Butler, Judith（1998）"Sex and Gender in Simone De Beauvoir's Second Sex." In *Simone De Beauvoir: A Critical Reader*, edited by Elizabeth Fallaize, 29–42. London: Routledge.

Butler, Judith（2004）*Undoing Gender*. New York: Routledge.

Cadden, Joan（1993）*Meanings of Sex Difference in the Middle Ages: Medicine, Science, and Culture*, Cambridge History of Medicine. Cambridge and New York: Cambridge University Press.

Callon, Michael, and Bruno Latour（1981）"Unscrewing the Big Leviathan: How Actors Macro-Structure Reality and Sociologists Help Them to Do So." In *Advances in Social Theory and Methodology: Toward an Integration of Micro and Macro Sociologies*, edited by K. Knorr-Cetina and A. Cicourel, 277–303. London: Routledge.

Cameron, Deborah, and Don Kulick（2003）"Introduction: Language and Desire in Theory and Practice." *Language & Communication* 23, no. 2: 93–105.

Canguilhem, Georges（1978）*On the Normal and the Pathological*, translated by Carolyn Fawcett. Dordrecht: Reidel Publishing. ジョルジュ・カンギレム著『正常と病理』滝沢武久訳，東京：法政大学出版局，1987年。

Carpenter, Edward（1918）*The Intermediate Sex: A Study of Some Transitional Types of Men and Women*. 5th ed. Manchester: Shadwell and Son.

Carter, Julian（1995）"Normality, Whiteness, Authorship: Evolutionary Sexology and the

Primitive Pervert." In *Science and Homosexualities*, edited by Vernon Rosario, 155–176. London and New York: Routledge.

"Census to Recognise Intersex Australians." Fairfax Digital, http://www.theage.com.au/news/national/census-to-recognise-intersex-australians/2006/03/01/1141095787949.html

Chafetz, Janet Saltzman（1974）*Masculine/Feminine or Human? An Overview of the Sociology of Sex Roles*. 1st ed. Itasca, IL: F. E. Peacock.

Chafetz, Janet Saltzman（1978）*Masculine/Feminine or Human? An Overview of the Sociology of Sex Roles*. 2nd ed. Itasca, IL: F. E. Peacock.

Chase, Cheryl（1997）*Hermaphrodites Speak!* San Francisco: Intersex Society of North America.

Chase, Cheryl（1998）"Affronting Reason." In *Looking Queer: Body Image and Identity in Lesbian, Bisexual, Gay and Transgender Communities*, edited by Dawn Atkins, 205–219. New York: Haworth Press.

Chase, Cheryl（1999）"Intersex Children: Comment on F. M. E. Slijper et al." *Archives of Sexual Behavior* 28, no. 1: 103.

Chau, P. L., and Jonathan Herring（2002）"Defining, Assigning and Designing Sex."*International Journal of Lair, Policy and the Family* 16, no. 3: 327–367.

Chodorow, Nancy（1971）"Being and Doing: A Cross-Cultural Examination of the Socialization of Males and Females." In *Woman in Sexist Society: Studies in Power and Powerlessness*, edited by Vivian Gornick and Barbara K. Moran, 173–197. New York/London: Basic Books.

Chodorow, Nancy（1974）"Family Structure and Feminine Personality." In *Woman, Culture, and Society*, edited by Michelle Zimbalist Rosaldo, Louise Lamphere, and Joan Bamberger, 43–66. Stanford, CA.: Stanford University Press.

Chodorow, Nancy（1978）*The Reproduction of Mothering: Psychoanalysis and the Sociology of Gender*. Berkeley: University of California Press. ナンシー・チョドロウ著『母親業の再生産――性差別の心理・社会的基盤』大塚光子・大内菅子共訳，東京：新曜社，1981年。

Chodorow, Nancy（1979）"Feminism and Difference: Gender, Relation, and Difference in Psychoanalytic Perspective." *Socialist Review* 46: 42–69.

Chodorow, Nancy（1998）"Feminism and Difference: Gender, Relation, and Difference in Psychoanalytic Perspective." In *The Gender and Psychology Reader*, edited by Blyth McVicker Clinchy and Julie Norem, 383–395. New York: New York University Press.

Cohen, Janine（2005）"The Gender Puzzle." In *Four Corners*. Australian Broadcasting Corporation.

Clark, J. Michael（1994）"The 'Third Gender': Implications for Men's Studies and Eco–Theology." *Journal of Men's Studies* 2, no. 3: 239.

Clausen, Jan（1996）*Beyond Gay or Straight: Understanding Sexual Orientation*. Philadelphia: Chelsea House.

Colapinto, John（2000）*As Nature Made Him: The Boy Who Was Raised as a Girl*. Syd-

ney: Harper Collins. ジョン・コラピント著『ブレンダと呼ばれた少年』村井智之訳，東京：マクミランランゲージハウス，2000年。

Coleman, Eli, and John Money（1991）*John Money: A Tribute*. New York: Haworth Press.

Collins, Patricia Hill（2001）*Black Feminist Thought: Knowledge, Consciousness, and the Politics of Empowerment*. New York/London: Routledge.

Condorcet, A.（1955）*Sketch for a Historical Picture of the Progress of the Human Mind*. London: Weidenfeld and Nicholson.

Conrad, P., and J. W. Schneider（1980）*Deviance and Medicalisation, from Badness to Sickness*. St. Louis: C. V. Mosby.

Consortium on the Management of Disorders of Sex Development（2006a）*Handbook for Parents*. Rohnert Park, CA: Intersex Society of North America.

Consortium on the Management of Disorders of Sex Development（2006b）*Clinical Guidelines for the Management of Disorders of Development in Childhood*. Rohnert Park, CA: Intersex Society of North America.

Cook, E. P.（2004）"Androgyny." In *The International Encyclopedia of the Social & Behavioral Sciences*, edited by Neil Smelser and Paul Baites, 496–500. Amsterdam: Elsevier.

Crasnow, Sharon（2001）"Models and Reality: When Science Tackles Sex." *Hypatia* 16, no. 3: 138–148.

Crawford, Mary（2000）"A Reappraisal of Gender: An Ethnomethodological Approach." *Feminism and Psychology* 10, no. 1: 7–10.

Creighton, Sarah（2001）"Surgery for Intersex." *Journal of the Royal Society of Medicine* 94, no. 5: 218–220.

Creighton, Sarah（2004a）"Long-Term Outcome of Feminization Surgery: The London Experience." *British Journal of Urology International* 93, Supplement 3: 44–46.

Creighton, Sarah, and Catherine Minto（2001）"Managing Intersex: Most Vaginal Surgery Should Be Deferred." *British Medical Journal*, 323, no. 7324: 1264–1265.

Creighton, Sarah, Catherine Minto, and Stuart Steele（2001）"Objective Cosmetic and Anatomical Outcomes at Adolescence for Ambiguous Genitalia Done in Childhood." *Lancet*, no. 358: 124–125.

Curthoys, Ann, ed.（1998）*Gender in the Social Sciences in Australia*. Canberra: Australian Publishing Service.

Curthoys, Ann（2000）"Gender Studies in Australia: A History." *Australian Feminist Studies* 15, no. 31: 19–38.

D'Emilio, J.（1997）"Capitalism and Gay Identity." In *The Gender Sexuality Reader*, edited by R. Lancaster and M. di Leonardo, 169–178. London: Routledge.

Daaboul, J., and Joel Frader（2001）"Ethics and the Management of the Patient with Intersex." *Journal of Pediatric Endocrinology & Metabolism* 14, no. 9: 1575–1583.

Damiani, Durval（2006）"Ambiguous Terms Still Persist in the Consensus," British Medical Journal. http://adc.bmj.com/content/91/7/554/reply#archdischild_el_2438

Daniels, Arlene Kaplan（1975）“Feminist Perspectives in Sociological Research.” In *Another Voice*, edited by Marcia Millman and Rosabeth Moss Kanter, 340–380. New York: Anchor Press.

Darnovsky, M., B. Epstein, R. Flacks, eds.（1995）*Cultural Politics and Social Movements*. Philadelphia: Temple University Press.

Darwin, C.（1897）*The Origin of the Species by Means of Natural Selection*. London: Murray.

Darwin, Erasmus（1803）*The Temple of Nature*. London: J. Johnson.

David（1994）“I Am Not Alone!” *Hermaphrodites with Attitudes* 1, no. 1: 4–5.

Davis, Angela（1981）*Women, Race, & Class*. 1st ed. New York: Random House.

de Beauvoir, Simone（1972）*The Second Sex*, translated by H. M. Parshley. Middlesex: Penguin Books. シモーヌ・ド・ボーヴォワール著『第二の性：決定版』井上たか子ほか監訳，東京：新潮社，1997年。

de Lauretis, Teresa（1987）*Technologies of Gender: Essays on Theory, Film, and Fiction*. Bloomington: Indiana University Press.

Deaux, Kay（1987）“Psychological Constructions of Masculinity and Femininity.” In *Masculinity/Femininity: Basic Perspectives,* edited by June Reinisch, Leonard Rosenblum, and Stephanie Sanders, 289–303. New York: Oxford University Press.

DeCecco, J., and M. Shively（1983）“From Sexual Identity to Sexual Relationships: A Contextual Shift.” *Journal of Homosexuality* 9, no. 2/3: 1–26.

Dekker, Diana（1997）“Intersexuals Demand Sole Choice on Deciding Gender.” *Waikato Times*, June 23 1997: 7.

Denny, Dallas（2003）“Sex Certainly Did Change!” *Journal of Sex Research* 40, no. 3: 316–317.

Devor, Holly（1989）*Gender Blending: Confronting the Limits of Duality*. Bloomington and Indianapolis: Indiana University Press.

Devor, Holly（1997）*FtM: Female-to-Male Transsexuals in Society*. Bloomington: Indiana University Press.

Devor, Holly（1999）“Hermaphrodites and the Medical Invention of Sex.” *Journal of Sex Research* 36, no. 4: 411.

Dewhurst, C., and R. Gordon（1969）*The Intersexual Disorders*. London: Balliere, Tindall and Cassell.

Dewing, Phoebe, Tao Shi, Steve Horvath, and Eric Vilain（2003）“Sexually Dimorphic Gene Expression in Mouse Brain Precedes Gonadal Differentiation.” *Molecular Brain Research* 118, no. 1–2: 82–90.

di Leonardo, Micaela（2001）“Margaret Mead Vs. Tony Soprano.” *The Nation*, http://www.thenation.com/article/margaret-mead-vs-tony-soprano

Diamond, Michael（2004）“The Shaping of Masculinity: Revisioning Boys Turning Away from Their Mothers to Construct Male Gender Identity.” *International Journal of Psychoanalysis* 85, no. 2: 359–379.

Diamond, Morty（2004）*From the Inside Out: Radical Gender Transformation*, FTM and Beyond. San Francisco: Manic D Press.

Diamond, Milton, and Keith Sigmundson（1997a）"Sex Reassignment at Birth: Long-Term Review and Clinical Implications." *Archives of Pediatrics and Adolescent Medicine* 151, no. 3: 298–304.

Diamond, Milton, and Keith Sigmundson（1997b）"Management of Intersexuality: Guidelines for Dealing with Persons with Ambiguous Genitalia." *Archives of Pediatrics and Adolescent Medicine* 15, no. 10: 1046–1050.

Dickinson, Barry D., Myron Genel, and Carolyn B. Robinowitz（2002）"Gender Verification of Female Olympic Athletes." *Medicine and Science in Sports and Exercise*［H. W. Wilson–GS］34, no. 10: 1539.

Dinnerstein, Dorothy（1976）*The Mermaid and the Minotaur: Sexual Arrangements and Human Malaise*. 1st ed. New York: Harper & Row, 1976. ドロシー・ディナースタイン著『性幻想と不安』岸田秀・寺沢みづほ訳，東京：河出書房新社，1984年。

Diprose, R.（1994）*The Bodies of Women: Ethics, Embodiment and Sexual Difference*. London: Routledge.

Diprose, R., and R. Farrell, eds.（1991）*Cartographies: Poststructuralism and the Mapping of Bodies and Spaces*. Sydney: Allen and Unwin.

Dorland's Medical Dictionary. W. B. Saunders, http://medical–dictionary.thefreedictionary.com/

Douglas, Mary（1970）*Natural Symbols*. Middlesex: Penguin, 1970.

Downing, Lisa（2004）"The Measure of 'Sexual Dysfunction': A Plea for Theoretical Limitlessness." *Transformations: Online Journal of Region, Culture and Society*: 8. http://www.transformationsjournal.org/journal/issue_08/article_02.shtml

Dreger, Alice Domurat（1995）"Doubtful Sex: The Fate of the Hermaphrodite in Victorian Medicine." *Victorian Studies* 38, no. 3: 335–370.

Dreger, Alice Domurat（1997a）"Ethical Problems in Intersex Treatment." *Medical Humanities Report* 19, no. 1.

Dreger, Alice Domurat（1997b）"Hermaphrodites in Love: The Truth of the Gonads." In *Science and Homosexualities*, edited by V. A. Rosario, 46–66. New York: Routledge.

Dreger, Alice Domurat（1998a）" 'Ambiguous Sex' or Ambivalent Medicine?" *Hastings Center Report* 28, no. 3: 24–35.

Dreger, Alice Domurat（1998b）*Hermaphrodites and the Medical Invention of Sex*. Cambridge: Harvard University Press.

Dreger, Alice Domurat（1998c）"When Medicine Goes Too Far in the Pursuit of Normality." *New York Times*, July 28 1998: 4.

Dreger, Alice Domurat, ed.（2000）*Intersex in the Age of Ethics*. Hagerstown, MD: University Publishing Group.

Dreger, Alice Domurat（2001）"Top Ten Myths About Intersex." *ISNA News*: 3–5.

Dreger, Alice Domurat（2007）"Why 'Disorders of Sex Development'?（on Language and

Life).” http://www.alicedreger.com/dsd.html

Dreger, Alice Domurat (2008) “Footnote to a Footnote on Roving Medicine.” *Bioethics Forum: Diverse Commentary on Issues in Bioethics*, October 10, http://www.thehastingscenter.org/Bioethicsforum/Post.aspx?id=2484&blogid=140&terms=Footnote+to+a+Footnote+on+Roving+Medicine+and+%23 filename+*.html

Dreger, Alice Domurat. “Shifting the Paradigm of Intersex Treatment.” ISNA, www.isna.org/compare

Dreger, Alice Domurat, Cheryl Chase, Aaron Sousa, Philip A. Gruppuso, and Joel Frader (2005) “Changing the Nomenclature/Taxonomy for Intersex: A Scientific and Clinical Rationale.” *Journal of Pediatric Endocrinology and Metabolism* 18, no. 8: 729–733.

Dreifus, Claudia (2001) “Exploring What Makes Us Male or Female.” *New York Times*, January 2, 2001: F 3.

Dreyfus, Hubert, and Paul Rabinow (1983) *Michel Foucault: Beyond Structuralism and Hermeneutics*. 2nd ed. Chicago: University of Chicago Press. ヒューバート・L. ドレイファス，ポール・ラビノウ著『ミシェル・フーコー――構造主義と解釈学を超えて』山形頼洋ほか訳，東京：筑摩書房，1996年。

Duberman, Lucile (1975) *Gender and Sex in Society*. New York: Praeger.

Dunn, Robert G. (1997) “Self, Identity, and Difference: Mead and the Poststructuralists.” *Sociological Quarterly* 38, no. 4: 687–705.

Eadie, Jo (1993) “Activating Bisexuality: Towards a Bi/Sexual Politics.” In *Activating Theory: Lesbian, Gay, Bisexual Politics*, edited by Joseph Bristow and Angelia R. Wilson, 139–170. London: Lawrence & Wishart.

Edwards, Anne (1989) “Discussion. The Sex/Gender Distinction: Has It Outlived Its Usefulness?” *Australian Feminist Studies* 10, no. Summer: 1–12.

Ehrhardt, Anke (1985) “Sexual Orientation after Prenatal Exposure to Exogenous Estrogen.” *Archives of Sexual Behaviour* 14: 57–77.

Ehrhardt, Anke (2007) “John Money, Ph.D. (Biography).” *The Journal of Sex Research* 44, no. 3: 223–224.

Elam, Diane, and Robyn Wiegman, eds. (1995) *Feminism Beside Itself*, New York: Routledge.

Elliot, Carl (1998) “Why Can’t We Go on as Three? (Intersexuality as a Third-Sex Category).” *Hastings Center Report* 28, no. 3: 36–39.

Ellis, Albert (1945) “The Sexual Psychology of Human Hermaphrodites.” *Psychosomatic Medicine* 7: 108–125.

Ellis, A. (1952) *Sex Beliefs and Customs*. London: Nerill.

Ellis, A., and Albert Abarbanel, eds. (1961) *The Encyclopedia of Sexual Behavior*. New York: Hawthorn Books.

Ellis, Havelock (1933) *The Psychology of Sex: A Manual for Students*. London: William Heineman.

English, Jane (1977) *Sex Equality*. Englewood Cliffs, NJ: Prentice-Hall.

Epstein, Barbara（1995）“Political Correctness and Collective Powerlessness.” In *Cultural Politics and Social Movements*, edited by M. Darnovsky, B. Epstein, and R. Flacks, 3–19. Philadelphia: Temple University Press.

Epstein, Julia（1990）“Either/or-Neither/Both: Sexual Ambiguity and the Ideology of Gender.” *Genders* 7: 99–142.

Epstein, Julia（1995）*Altered Conditions: Disease, Medicine and Storytelling*. New York: Routledge.

Escoffier, J.（1995）“Community and Academic Intellectuals: The Contest for Cultural Authority in Identity Politics.” In *Cultural Politics and Social Movements*, edited by M. Darnovsky, B. Epstein, and R. Flacks, 20–34. Philadelphia: Temple University Press.

Esterberg, Kristin（2007）“The Bisexual Menace Revisited: Or, Shaking up Social Categories Is Hard to Do.” In *Introducing the New Sexuality Studies: Original Essays and Interviews*, edited by Steven Seidman, Nancy Fischer, and Chet Meeks, 157–163. London: Routledge.

Fancher, Raymond E.（1989）“Terman and His Works.” *Science* 244, no. 4912: 1596–1597.

Fausto-Sterling, Anne（1985）*Myths of Gender: Biological Theories About Women and Men*. New York: Basic Books. アン・ファウスト＝スターリング著『ジェンダーの神話——「性差の科学」の偏見とトリック』池上千寿子・根岸悦子訳，東京：工作舎，1990年。

Fausto-Sterling, Anne（1989）“Life in the Xy Corral.” *Womens Studies International Forum* 12, no. 3: 319–331.

Fausto-Sterling, Anne（1993）“The Five Sexes: Why Male and Female Are Not Enough.” *The Sciences*, no. March/April: 20–25.

Fausto-Sterling, Anne（1997）“How to Build a Man.” In *The Gender Sexuality Reader: Culture, History, Political Economy*, edited by R. N. Lancaster and M. di Leonardo, 244–248. New York: Routledge.

Fausto-Sterling（2000a）*Sexing the Body: Gender Politics and the Construction of Sexuality*. New York: Basic Books.

Fausto-Sterling, Anne（2000b）“The Five Sexes, Revisited.” *The Sciences* 40, no. 4: 18.

Fausto-Sterling, Anne（2000c）“How Sexually Dimorphic Are We? Review and Synthesis.” *American Journal of Human Biology*［H. W. Wilson–GS］12: 151–166.

Fausto-Sterling, Anne（2005）“The Bare Bones of Sex: Part 1-Sex and Gender.” *Signs: Journal of Women in Culture and Society* 30, no. 2: 1491–1527.

Feinberg, Lesley（1996）*Transgender Warriors: Making History from Joan of Arc to Dennis Rodman*. Boston: Beacon Press.

“The Feminist Chronicles.” *The Feminist Majority Foundation*, http://www.feminist.org/research/chronicles/fc1974.html

Fernandez-Cancio, M., M. Nistal, R. Gracia, M. Molina, J. Tovar, C. Esteban, A. Carrascosa, and L. Audi（2004）“Compound Heterozygous Mutations in the Srd5a2 Gene Exon 4

in a Male Pseudohermaphrodite Patient of Chinese Origin." *Journal of Andrology* 25, no. 3: 412–416.

Findlay, Deborah（1995）"Discovering Sex: Medical Science, Feminism and Intersexuality." *Canadian Review of Sociology and Anthropology* 32, no. 1: 25.

Fine, Gary A.（1995）"Public Narration and Group Culture: Discerning Discourse in Social Movements." In *Social Movements and Culture*, edited by Hank Johnstone and Bert Klandermans, 127–143. Minneapolis: University of Minnesota Press.

Firestone, Shulamith（1970）*The Dialectic of Sex: The Case for Feminist Revolution*. New York: Morrow. シュラミス・ファイアストーン著『性の弁証法――女性解放革命の場合』林弘子訳，東京：評論社，1981年。

Flack, C., M. A. Barraza, and P. S. Stevens（1993）"Vaginoplasty: Combination Therapy Using Labia Minora Flaps and Lucite Dilators-Preliminary Report." *Journal of Urology* 150: 654–656.

Ford, Clellan S., and Frank Beach（1951）*Patterns of Sexual Behaviour*. New York: Harper.

Foucault, Michel（1954）*Mental Illness and Psychology*. Berkeley: University of California. ミシェル・フーコー著『精神疾患とパーソナリティ』中山元訳，東京：ちくま学芸文庫，1997年。

Foucault, Michel（1971）*Madness and Civilisation: A History of Insanity in the Age of Reason*. London: Tavistock. ミシェル・フーコー著『狂気の歴史――古典主義時代における』田村俶訳，新潮社，1975年。

Foucault, Michel（1973）*The Birth of the Clinic*. London: Tavistock. ミシェル・フーコー著『臨床医学の誕生』神谷美恵子訳，東京：みすず書房，2011年。

Foucault, Michel（1977）*Discipline and Punish: The Birth of the Prison*. New York: Pantheon. ミシェル・フーコー著『監獄の誕生――監視と処罰』田村俶訳，東京：新潮社，1977年。

Foucault, Michel（1980）*Herculine Barbin: Being the Recently Discovered Memoirs of a 19th Century French Hermaphrodite*. New York: Pantheon. ミッシェル・フーコー著「両性具有者エルキュリーヌ・バルバンの手記に寄せて」浜名恵美訳，『両性具有』バルザックほか著，東京：国書刊行会，1998年。

Foucault, Michel（1990）*The History of Sexuality Volume 1. An Introduction*, translated by Robert Hurley. London: Penguin. ミシェル・フーコー著『知への意志』渡辺守章訳，東京：新潮社，1986年。

Foucault, Michel（1997）*The Politics of Truth*, edited by S. Lotringer and L. Hochroth, Semiotext(e). New York: Columbia University, 1997.

Foucault, Michel（1997）"The Abnormals." In *Ethics, Subjectivity and Truth: The Essential Works of Foucault 1954–1984*, edited by Paul Rabinow, 51–57. New York: The New Press, 1997. ミシェル・フーコー著『異常者たち――コレージュ・ド・フランス講義1974–1975年度』慎改康之訳，東京：筑摩書房，2002年，357–363。

Foucault, Michel（1998）"Nietzsche, Genealogy, History." In Michel Foucault: Aesthetics,

Method, and Epistemology, edited by James D. Faubion. New York: The New Press.

Frader, Joel, Dena Davis, Arthur Frank, and Paul Miller (2004) "Health Care Professionals and Intersex Conditions." *Archives of Pediatrics & Adolescent Medicine* 158: 426–429.

Freud, Sigmund (1935) *A General Introduction to Psychoanalysis; a Course of Twenty Eight Lectures Delivered at the University of Vienna, by Prof Sigmund Freud*, translated by J. Riviere. New York: Liveright Publishing.

Freud, Sigmund (1953) "Three Essays on the Theory of Sexuality." In *Standard Edition of the Complete Psychological Works of Sigmund Freud*. London: Hogarth Press. ジークムント・フロイト著『症例「ドーラ」；性理論三篇：1901–06年』（『フロイト全集6』）渡邉俊之ほか訳，東京：岩波書店，2009年。

Freud, Sigmund (1953) *The Standard Edition of the Complete Psychological Works of Sigmund Freud*, translated by James Strachey. 24 vols. London: Hogarth Press.

Fried, Barbara (1979) "Boys Will Be Boys Will Be Boys: The Language of Sex and Gender." In *Women Look at Biology Looking at Women: A Collection of Feminist Critiques*, edited by Ruth Hubbard, Mary Sue Henifin, and Barbara Fried, 37–59. Boston: G. K. Hall.

Friedan, Betty (1963) *The Feminine Mystique*. London: Gollancz. ベティ・フリーダン著『新しい女性の創造』三浦冨美子訳，東京：大和書房，2004年。

Fuss, D. (1989) *Essentially Speaking: Feminism, Nature and Difference*. New York: Routledge.

Gallagher, Catherine, and Thomas Laqueur, eds. (1987) *The Making of the Modern Body: Sexuality and Society in the Nineteenth Century*. Berkeley/London: University of California Press.

Gambs, Deborah (2003) "Bisexuality: Beyond the Binary?" *Journal of Sex Research* 40, no. 3: 317–319.

Gamson, J. (1996) "Must Identity Movements Self-Destruct?: A Queer Dilemma." In *Queer Theory/Sociology*, edited by S. Seidman, 395–420. Oxford: Blackwell Publishers.

Garber, Marjorie (1992) *Vested Interests: Cross-Dressing and Cultural Anxieties*. London: Routledge.

Garfinkel, Harold (1967) *Studies in Ethnomethodology*. Englewood Cliffs, NJ: Prentice-Hall.

Garland-Thomson, Rosemary (1996) "Introduction: From Wonder to Error-a Genealogy of Freak Discourse in Modernity." In *Freakery: Cultural Spectacles of the Extraordinary Body*, edited by Rosemarie Garland Thomson, 1–19. New York: New York University Press.

Garland-Thomson, Rosemary (1997) *Extraordinary Bodies: Figuring Physical Disability in American Culture and Literature*. New York: Columbia University Press.

Garton, Stephen (2004) *Histories of Sexuality: Antiquity to Sexual Revolution*. London: Equinox.

Gatens, Moira (1983) "A Critique of the Sex/Gender Distinction." In *Beyond Marxism?:*

Interventions after Marx, edited by Paul Patton and Judith Allen, 143–160. Leichhardt, NSW: Intervention.

Gatens, Moira（1996）*Imaginary Bodies: Ethics, Power and Corporeality*. London: Routledge.

Gatens, Moira（2000）“Feminism as ‘Password’: Re-Thinking the ‘Possible’ with Spinoza and Deleuze.” *Hypatia* 15, no. 2: 59–75.

Geertz, Clifford（1983）*Local Knowledge: Further Essays in Interpretative Anthropology*. New York: Basic Books. クリフォード・ギアーツ著『ローカル・ノレッジ――解釈人類学論集』梶原景昭ほか訳，東京：岩波書店，1991年。

Gerhardt, Uta E.（2002）*Talcott Parsons: An Intellectual Biography*. Cambridge: Cambridge University Press.

Germon, Jennifer（1998）“Degrees of Freedom: Inscribing Gender on the Intersexed Body.” Unpublished MA diss., University of Auckland.

Germon, Jennifer（2006）“Generations of Gender: Past, Present, Potential.” PhD diss., University of Sydney.

Germon, Jennifer（2008）“Kinsey and the Politics of Bisexual Authenticity.” *Journal of Bisexuality* 8, no. 3/4: 245–260.

Germon, Jennifer, and Myra Hird（1999）“Women on the Edge of a Dyke-Otomy: Confronting Subjectivity.” In *Lesbian Sex Scandals: Sexual Practices, Identities, and Politics*, edited by D. Atkins, 103–111. New York: Harrington Park Press.

Gilman, Charlotte Perkins（1898/1994）*Women and Economics: A Study of the Economic Relation between Women and Men, Great Minds Series*. Amherst, NY: Prometheus Books.

Gilman, Charlotte Perkins（1915/1979）*Herland*. 1st ed. New York: Pantheon Books.

Ginsberg, Ruth Bader（1977）“Equal Opportunity, Free from Gender-Based Discrimination.” In *Sex Equality*, edited by Jane English, 188–195. Englewood Cliffs, NJ: Prentice-Hall.

Goffman, Erving（1968）*Stigma: Notes on the Management of Spoiled Identity*. Harmondsworth, England: Penguin. アーヴィング・ゴッフマン著『スティグマの社会学――烙印を押されたアイデンティティ』石黒毅訳，東京：せりか書房，1993年（第6刷）。

Goffman, Erving（1977）“The Arrangement between the Sexes.” *Theory and Society* 4: 301–331.

Goffman, Charles C. Lemert, and Ann Branaman, eds.（1997）*The Goffman Reader*. Cambridge, MA: Blackwell.

Goldschmidt, Richard Benedict（1923）*The Mechanism and Physiology of Sex Determination*, translated by William J. Dakin. London: Methuen.

Gordon, D.（1988）“Tenacious Assumptions in Western Medicine.” In *Biomedicine Examined*, edited by M. Lock and D. Gordon, 1956. Dordrecht: Kluwer Academic Publishers.

Gornick, Vivian, and Barbara K. Moran (1971) *Woman in Sexist Society: Studies in Power and Powerlessness*. New York: Basic Books.

Gough, Brendan, Nicky Weyman, Julie Alderson, Gary Butler, and Mandy Stoner (2008) " 'They Did Not Have a Word': The Parental Quest to Locate a 'True Sex' for Their Intersex Children." *Psychology and Health* 23, no. 4: 493–507.

Gould, Meredith, and Rochelle Kern-Daniels (1977) "Towards a Sociological Theory of Gender and Sex." *American Sociologist* 12: 182–189.

Grace, Victoria (2000) *Baudrillard's Challenge: A Feminist Reading*. London and New York: Routledge.

Grace, Victoria, and Marion de Ras (1997) *Bodily Boundaries, Sexualised Genders & Medical Discourses*. Palmerston North, NZ: Dunmore Press.

Grafenberg, E. (1950) "The Role of the Urethra in Female Orgasm." *International Journal of Sexology* 3: 145–148.

Grant, Julia (2004) "A 'Real Boy' and Not a Sissy: Gender, Childhood and Masculinity 1890–1940." *Journal of Social History* 37, no. 4: 829.

Green, Richard (1975) *Sexual Identity Conflict in Children and Adults*. New York: Basic Books.

Green, Richard (1987) *The "Sissy Boy Syndrome" and the Development of Homosexuality*. New Haven, CT: Yale University Press.

Greenburg, David (1997) "Transformations of Homosexuality-Based Classifications." In *The Gender Sexuality Reader: Culture, History, Political Economy*, edited by Roger Lancaster and Micaela di Leonardo, 179–193. New York: Routledge.

Greenson, Ralph (1968) "Dis-Identifying from Mother Its Special Importance for the Boy." *International Journal of Psychoanalysis* 47: 396–403.

Greer, Germaine (1970) *The Female Eunuch*. London: MacGibbon and Kee. ジャーメン・グリア著『去勢された女』日向あき子・戸田奈津子訳，東京：ダイヤモンド社，1976年。

Greer, Germaine (1984) *Sex and Destiny: The Politics of Human Fertility*. London: Seeker and Warburg.

Greer, Germaine (1991) *The Change: Women, Ageing and the Menopause*. London: Hamish Hamilton.

Greer, Germaine (1999) *The Whole Woman*. 1st American ed. New York: A. A. Knopf.

Griffin, J. E., and J. D. Wilson (1992) "Disorders of Sexual Differentiation." In *Campbells Urology*, edited by P. C. Walsh, A. B. Retik, T. A. Stanley, and E. D. Vaughan, 1509–1537. Philadelphia: Saunders.

Grosz, Elizabeth (1994) *Volatile Bodies: Towards a Corporeal Feminism*. Bloomington: Indiana University Press.

Grosz, Elizabeth (1996) "Intolerable Ambiguity: Freaks as/at the Limit." In *Freakery: Cultural Spectacles of the Extraordinary Body*, edited by Rosemary Garland Thomson, 55–66. New York: New York University Press.

Grosz, Elizabeth（2004）*The Nick of Time: Politics, Evolution and the Untimely*. Crows Nest, NSW: Allen & Unwin.

Grumbach, Melvin（1998）“Further Studies on the Treatment of Congenital Adrenal Hyperplasia with Cortisone: Iv. Effect of Cortisone and Compound B in Infants with Disturbed Electrolyte Metabolism, by John F. Crigler Jr, Samuel H. Silverman, and Lawson Wilkins, Pediatrics, 1952;10: 397–413.” *Pediatrics* 102, no. 1: 215–221.

Haas, Kate（2004）“Who Will Make Room for the Intersexed?” *American Journal of Law and Medicine* 30, no. 1: 41–68.

Hackney, Peter. “Census Caters for the Intersex and Androgynous.” Evolution Publishing, http://evolutionpublishing.com.au/sxnews/index. php?option=com_content&task=view&id=103&Itemid=41〔リンク切れ〕

Haig, David（2004）“The Inexorable Rise of Gender and the Decline of Sex: Social Change in Academic Titles 1945–2001.” *Archives of Sexual Behaviour* 33, no. 2: 87–96.

Halberstam, Judith（1998）*Female Masculinity*. Durham, NC: Duke University Press.

Halberstam, Judith（2005）*In a Queer Time and Place: Transgender Bodies, Subcultural Lives, Sexual Cultures*. New York: New York University Press.

Halperin, David（1990）*One Hundred Years of Homosexuality: And Other Essays on Greek Love*. London: Routledge. デイヴィッド・M. ハルプリン著『同性愛の百年間――ギリシア的愛について』石塚浩司訳，東京：法政大学出版局，1995年。

Halperin, David（1990）“Homosexuality: A Cultural Construct. An Exchange with Richard Schneider.” In *One Hundred Years of Homosexuality and Other Essays on Greek Love*. New York: Routledge.

Hampson, Joan（1955）“Hermaphroditic Genital Appearance, Rearing and Eroticism in Hyperadrenocorticism.” *Bulletin of the Johns Hopkins Hospital* 96, no. 3: 265–273.

Haraway, Donna（1991）*Simians, Cyborgs, and Women: The Reinvention of Nature*. New York and London: Routledge. ダナ・ハラウェイ著『猿と女とサイボーグ――自然の再発明』高橋さきの訳，東京：青土社，2000年。

Harding, Sandra（1991）*Whose Science? Whose Knowledge?* Milton Keynes: Open University Press.

Hare-Mustin, Rachel, and Jeanne Marbeck（1998）“The Meaning of Difference: Gender Theory, Postmodernism and Psychology.” In *The Gender and Psychology Reader*, edited by Blyth McVicker Clinchy and Julie Norem, 125–143. New York: New York University Press.

Harper, Catherine（2007）*Intersex*. Oxford: Berg.

Hausman, Bernice（1995）*Changing Sex: Transsexualism, Technology and the Idea of Gender*. Durham, NC: Duke University Press.

Hausman, Bernice（1998）“Sex before Gender: Charlotte Perkins Gilman and the Evolutionary Paradigm of Utopia.” *Feminist Studies* 24, no. 3: 488–510.

Hausman, Bernice（2000）“Do Boys Have to Be Boys? Gender, Narrativity, and the John/

Joan Case." *NWSA Journal* 12, no. 3: 114–138.

Hausman, Ken（2003）"Controversy Continues to Grow over DSM's GID Diagnosis." *Psychiatric News* 38, no. 14: 25–26.

Havranek, C.（1998）"The New Sex Surgeries." *Cosmopolitan*, November 1998: 146–150.

Hawkesworth, Mary（1997）"Confounding Gender." *Signs: Journal of Women in Culture and Society* 22, no. 3: 649–685.

Haynes, Felicity, and Tarquam McKenna, eds.（2001）*Unseen Genders: Beyond the Binaries*. Vol. 12. New York: Peter Lang.

Hegarty, Peter, and Cheryl Chase（2000）"Intersex Activism, Feminism and Psychology: Opening a Dialogue on Theory, Research and Clinical Practice." *Feminism and Psychology* 10, no. 1: 117–132.

Heidenry, John（1997）*What Wild Ecstasy: The Rise and Fall of the Sexual Revolution*. Kew: William Heinemann.

Hekma, Gert（1994）" 'A Female Soul in a Male Body': Sexual Inversion as Gender Inversion in Nineteenth-Century Sexology." In *Third Sex, Third Gender: Beyond Sexual Dimorphism in Culture and History*, edited by Gilbert Herdt, 213–239. New York: Zone Books.

Hemmings, Clare（1993）"Resituating the Bisexual Body: From Identity to Difference." In *Activating Theory: Lesbian, Gay Bisexual Politics*, edited by Joseph Bristow and Angelia R. Wilson, 118–138. London: Lawrence & Wishart.

Hemmings, Clare（1995）"Locating Bisexual Identities: Discourses of Bisexuality and Contemporary Feminist Theory." In *Mapping Desire: Geographies of Sexualities*, edited by David Bell and Gill Valentine, 41–55. London: Routledge.

Hemmings, Clare（2002）*Bisexual Spaces: A Geography of Sexuality and Gender*. New York: Routledge.

Hemmings, Clare（2007）"What's in a Name? Bisexuality, Transnational Sexuality Studies and Western Colonial Legacies." *International Journal of Human Rights* 11, no. 1–2: 13–32.

Hendricks, Melissa（2000）"Into the Hands of Babes." *Johns Hopkins Magazine* 52, no. 4（September 2000）. http://www.jhu.edu/jhumag/0900 web/babes.html

Herdt, Gilbert（1994）"Introduction: Third Sexes and Third Genders." In *Third Sex, Third Gender: Beyond Sexual Dimorphism in Culture and History*, edited by Gilbert Herdt, 21–81. New York: Zone Books.

Hester, J. David（2004）"Intersex（Es）and Informed Consent: How Physicians' Rhetoric Constrains Choice." *Theoretical Medicine and Bioethics* 25, no. 1: 21–49.

Hines, Sally（2007）"(Trans)Forming Gender: Social Change and Transgender Citizenship." *Sociological Research Online*, no. 1, http://www.socresonline.org.uk/12/1/hines.html.

Hinkle. "Why the Intergender Community Is So Important to the Intersex Community." http://www.intersexualite.org/intergender-community.html

Hinkle. "Resisting Sexism from All Sides." http://www.intersexualite.org/sexism.html

Hinkle. "People without Faces," *Intersex Pride*, http://www.intersexualite.org/people-without-faces.html

Hinkle. "Right to One's Self." OII www.intersexualite.org〔リンク切れ〕

Hird, Myra (2003) "A Typical Gender Identity Conference? Some Disturbing Reports from the Therapeutic Front Lines." *Feminism & Psychology* 13, no. 2: 181–199.

Hird, Myra (2000) "Gender's Nature: Intersexuality, Transsexualism and the 'Sex/Gender' Binary." *Feminist Theory* 1, no. 3: 347–364.

Hird, Myra, and Jennifer Germon (2001) "The Intersexual Body and the Medical Regulation of Gender." In *Constructing Gendered Bodies*, edited by Katherine Backett-Milburn and Linda McKie, 162–178. Hampshire: Palgrave.

Hirschauer, Stefan (1997) "The Medicalisation of Gender Migration." *International Journal of Transsexualism* 1, no. 1.

Hirschauer, Stefan, and Annemarie Mol (1995) "Shifting Sexes, Moving Stories: Feminist/Constructivist Dialogues." *Science, Technology & Human Values* 20, no. 3: 368–385.

Hirschfeld, Magnus (1910/1991) *The Transvestites: The Erotic Drive to Cross Dress*, translated by Michael Lombardi-Nash. Buffalo, NY: Prometheus Books.

Hirschfeld, Magnus (2000) *The Homosexuality of Men and Women*, translated by Michael Lombardi-Nash. New York: Prometheus Books.

Hoenig, J. (1978) "Dramatis Personae: Selected Biographical Sketches of 19th Century Pioneers in Sexology." In *Handbook of Sexology: Volume 1: History and Ideology*, edited by John Money and Herman Musaph, 21–44. New York: Elsevier.

Hoenig, J. (1978) "The Development of Sexology During the Second Half of the 19th Century." In *Handbook of Sexology: Volume 1: History and Ideology*, edited by John Money and Herman Musaph, 5–20. New York: Elsevier.

Holmes, Morgan (1994) "I'm Still Intersexual." *Hermaphrodites with Attitudes*, Winter: 5–6.

Holmes, Morgan (1995) "Queer Cut Bodies: Intersexuality and Homophobia in Medical Practice." http://www.usc.edu/libraries/archives/queerfrontiers/queer/papers/holmes.long.html Holmes (1998) "In (to) Visibility: Intersexuality in the Field of Queer." In *Looking Queer: Body Image and Identity in Lesbian, Bisexual, Gay and Transgender Communities*, edited by Dawn Atkins, 221–226. New York: Harrington Park Press.

Holmes, Morgan (2002) "Rethinking the Meaning and Management of Intersexuality." *Sexualities* 5, no. 2: 159–180.

Holmes, Morgan (2004) "Book Review. Intersex and Identity: The Contested Self" *Contemporary Sociology* 33, no. 4: 487–489.

Holmes, Morgan (2004) "Locating Third Sexes." *Transformations*, no. 8 (July 2004), http://www.transformationsjournal.org/journal/issue_08/article_03.shtml

Holmes, Morgan (2008) "Mind the Gaps: Intersex and (Re-Productive) Spaces in Disability Studies and Bioethics." *Bioethical Inquiry* 5, no. 2–3: 169–181.

Holter, Harriet（1970）*Sex Roles and Social Structure*. Oslo: Universitetsforlaget.

Hooker, Evelyn（1956）"A Preliminary Analysis of Group Behavior of Homosexuals." *Journal of Psychology* 42: 217–225.

Hooker, Evelyn（1957）"The Adjustment of the Male Overt Homosexual." *Journal of Projective Techniques* 21: 18–31.

Hooker, Evelyn（1958）"Male Homosexuality in the Rorschach." *Journal of Projective Techniques* 23: 278–281.

Hooks, Bell（1981）*Ain't I a Woman: Black Women and Feminism*. Boston: South End Press. ベル・フックス著『アメリカ黒人女性とフェミニズム――ベル・フックスの「私は女ではないの？」』柳沢圭子訳，東京：明石書店，2010年。

Hooks, Bell（1984）*Feminist Theory from Margin to Center*. Boston: South End Press, 1984. ベル・フックス著『ブラック・フェミニストの主張――周縁から中心へ』清水久美訳，東京：勁草書房，1997年。

Hooks, Bell（1989）*Talking Back: Thinking Feminist, Thinking Black*. Boston: South End Press.

Hoschchild, Arlie Russell（1973）"A Review of Sex Role Research." *American Journal of Sociology* 78, no. 4: 1011–1029.

Hrabovszky, Z., and J. M. Hutson（2002）"Surgical Treatment of Intersex Abnormalities: A Review." *Surgery* 131, no. 1: 92–104.

Hubbard, Ruth, Mary Sue Henifin, and Barbara Fried, eds.（1979）*Women Look at Biology Looking at Women: A Collection of Feminist Critiques*. Boston: G. IC Hall.

Hubbard, Ruth, and Marian Lowe（1979）"Introduction." In *Pitfalls in Research on Sex and Gender Genes and Gender; 2.*, edited by Ruth Hubbard and Marian Lowe, 154. New York: Gordian Press.

Hughes, Helen MacGill, ed.（1973）*The Status of Women in Sociology 1968–1972: Report to the American Sociological Association of the Ad Hoc Committee on the Status of Women in the Profession*. Washington, DC: American Sociological Association.

Hughes, Ieuan A.（2004）"Female Development–All by Default?" *New England Journal of Medicine* 351, no. 8: 748–750.

Hughes, Christopher Houk, S. Faisal Ahmed, and Peter Lee（2006）"Consensus Statement on Management of Intersex Disorders." *Archives of Diseases in Childhood* 90, no. 7: 554–562.

Hume, David（1965）*Humes Ethical Writings: Selections Edited and Introduced by Alasdair Macintyre*. New York: Collier.

"Intersex & Trans Demands." *The Lesbian Avengers*, http://www.oocities.org/gainesvilleavengers/intersextransdemands.htm

Irvine, Janice（1990）*Disorders of Desire: Sex and Gender in Modern American Sexology*. Philadelphia: Temple University Press.

ISNA. *Hermaphrodites with Attitude* Fall/Winter（1995–1996）.

ISNA. *ISNA News* February（2001）.

ISNA. *ISNA News* Fall（2002）.

ISNA. "Tips for Parents." ISNA, http://www.isna.org/articles/tips_for_parents

ISNA. *Hermaphrodites with Attitude* Spring（1995）.

ISNA. *Hermaphrodites with Attitude* Summer（1995）.

ISNA. *Hermaphrodites with Attitudes* 1, no. 1（Winter 1994）.

ISNZ（1997）"Brochure: Intersex Society of New Zealand（Aotearoa）." Wellington, New Zealand.

Italiano, M., and Curtis Hinkle（2008）"Ambiguous Medicine and Sexist Genetics: A Critique of the DSD Nomenclature." http://www.intersexualite.org/sexist_genetics.html

Jaggar, Alison（1977）"On Sexual Equality." In *Sex Equality*, edited by Jane English, 93–109. Englewood Cliffs, NJ: Prentice-Hall.

Jagose, AnnaMarie（1996）*Queer Theory*. Dunedin: University of Otago Press.

Jenkins, Laura（2005）"Corporeal Ontology: Beyond Mind-Body Dualism?" *Politics* 25, no. 1: 1–11.

JHU（1859–1907）*Transactions. Obstetrical Society of London*. Obstetrical Society of London.

Joint LWPES/ESPE CAH Working Group（2002）"Consensus Statement on 21-Hydroxylase Deficiency from the Lawson Wilkins Pediatric Endocrine Society and the European Society for Paediatric Endocrinology." *Journal of Clinical Endocrinology & Metabolism* 87, no. 9: 4048–4053.

Jones, James（1990）"We of the Third Sex": *Literary Representations of Homosexuality in Wilhelmine Germany*. New York: Peter Lang.

Jones, Meredith（2002）"Remembering Academic Feminism." PhD diss., University of Sydney.

Jost, Alfred（1953）"Problems of Fetal Endocrinology." In *Recent Progress in Hormone Research*, edited by Gregory Pincus, 379–419. New York: Academic Press.

Kaldera, Raven（1998）"Agdistis' Children: Living Bi-Gendered in a Single tendered World." In *Looking Queer: Body Image and Identity in Lesbian, Bisexual, Gay and Transgender Communities*, edited by Dawn Atkins, 227–232. New York: Harrington Park Press.

Kant, I.（1933）*Critique of Pure Reason*. New York: St. Martin's, Press.

Kaplan, Alexandra G.（1980）"Human Sex-Hormone Abnormalities Viewed from an Androgynous Perspective: A Reconsideration of the Work of John Money." In *The Psychobiology of Sex Differences and Sex Roles*, edited by Jacquelynne E. Parsons, 81–91. Washington, DC: Hemisphere.

Karkazis, Katrina（2008）*Fixing Sex: Intersex, Medical Authority and Lived Experience*. Durham, NC: Duke University Press.

Katz, Jonathan（1995）*The Invention of Heterosexuality*. New York: Dutton.

Keane, Helen, and Marsha Rosengarten（2002）"On the Biology of Sexed Subjects." *Australian Feminist Studies* 17, no. 39: 261–285.

Keir, John (2003) "Yellow for Hermaphrodites: Mani's Story." In "Private Lives", edited by John Keir. Green Stone Pictures.

Keller, Evelyn Fox (1985) *Reflections on Gender and Science*. New Haven, CT: Yale University Press.

Kemp, Diane (1996) "Sex, Lies and Androgen Insensitivity Syndrome." *Canadian Medical Association Journal* 154, no. 12: 1829.

Kenen, Stephanie (1995) "Who Counts When You're Counting Homosexuals? Hormones and Homosexuality in Mid-Twentieth Century America." In *Science and Homosexualities*, edited by Vernon Rosario, 197–218. New York and London: Routledge.

Kennedy, Hubert (1997a) "Book Review. The Riddle Of 'Man-Manly' Love: The Pioneering Work on Male Homosexuality." *Journal of Homosexuality* 33, no. 2: 125–131.

Kennedy, Hubert (1997b) "Karl Heinrich Ulrichs, First Theorist of Homosexuality." In *Science and Homosexualities*, edited by Vernon Rosario, 26–45. New York and London: Routledge.

Kessler, Suzanne (1990) "The Medical Construction of Gender: Case Management of Intersexed Infants." *Signs* 16, no. 1: 3–26.

Kessler, Suzanne (1998) *Lessons from the Intersexed*. New Brunswick, NJ: Rutgers University Press.

Kessler, Suzanne, and Wendy McKenna (1978) *Gender: An Ethnomethodological Approach*. New York: John Wiley.

King, Michael (1998) "The Duke of Dysfunction." NZ Listener, April 4–10 1998: 18–21.

Kinsey, Alfred C. (1941) "Homosexuality: Criteria for a Hormonal Explanation of the Homosexual." *Journal of Clinical Endocrinology* 1, no. 5: 424–428.

Kinsey, Wardell, B. Pomeroy, and Clyde E. Martin (1948) *Sexual Behavior in the Human Male. Philadelphia: Saunders.*

Kinsey, Pomeroy, Martin, and Paul H. Gebhard (1953) Sexual Behavior in the Human Female. Philadelphia: Saunders.

Kirmayer, L. J. (1988) "Mind and Body as Metaphors: Hidden Values in Biomedicine." In *Biomedicine Examined*, edited by M. Lock and J. Gordon, 57–93. Dordrecht: Kluwer Academic Publishing.

Kirsner, Douglas (2001) "Unfree Associations. Inside Psychoanalytic Institutes." *Academy for the Study of the Psychoanalytic Arts*, http://ajp.psychiatryonline.org/article.aspx?articleid=175125

Kittay, Eva Feder, and Ellen K. Feder, eds. (2003) *The Subject of Care: Feminist Perspectives On Dependency, Feminist Constructions*. Lanham, MD: Bowman & Littlefield.

Kitzinger, Celia (2003) "Intersex and Identity: The Contested Self (Book Review)." *American Journal of Sociology* 109, 110. 3: 802–804.

Klebs, Theodor Albrecht Edwin (1876) Handbuch Der Pathologischen Anatomie. Berlin: A. Hirschwald.

Klein, Fred (1993) *The Bisexual Option*. 2nd ed. New York: Harrington Park Press.

Klein, Julia M.（2002）“A Sex of One’s Own.” *The Nation* 275, no. 19: 33.

Koopman, Peter（2001）“The Genetics and Biology of Vertebrate Sex Determination.” *Cell* 105: 843–847.

Koyama, Emi（2006）“From ‘Intersex’ to ‘DSD’: Toward a Queer Disability Politics of Gender.” Presented at the Translating Identity Conference. University of Vermont, Februrary 2006.

Koyama, Emi. “Suggested Guidelines for Non-Intersex Individuals Writing About Intersexuality and Intersex People.” http://www.ipdx.org/articles/writing-guidelines.html

Koyama, Emi. “Being Accountable to the Invisible Community: A Challenge for Intersex Activists and Allies.” Intersex Initiative, http://www.ipdx.org/articles/invisible-community.html

Koyama, Emi. “So, You Wanna Know About ‘Hermaphrodites’?” Intersex Initiative, www.ipdx.org/articles/hermaphrodites.html

Koyama, Emi, and Lisa Weasel（2002）“From Social Construction to Social Justice: Transforming How We Teach About Intersexuality.” *Women’s Studies Quarterly* 30, no. 3/4: 169–178.

Krafft-Ebing, Richard（1998）*Psychopathia Sexualis: With Especial Reference to the Anti-Pathic Sexual Instinct. A Medico-Forensic Study*, translated by Franklin Klaf. New York: Arcade. R. V. クラフト＝エビング著『変態性欲心理』黒沢良臣訳，東京：ゆまに書房，2006年。

Kuhn, Thomas（1970）*The Structure of Scientific Revolutions*. 2nd ed. 2 vols. Vol. 2, International Encyclopedia of Unified Science. Chicago: University of Chicago Press. トーマス・クーン著『科学革命の構造』中山茂訳，東京：みすず書房，1971年。

Laqueur, Thomas（1990）*Making Sex: Body and Gender from the Greeks to Freud*. Cambridge, MA: Harvard University Press. トマス・ラカー著『セックスの発明——性差の観念史と解剖学のアポリア』高井宏子・細谷等訳，東京：工作舎，1998年。

Laqueur, Thomas（1997）“Orgasm, Generation, and the Politics of Reproductive Biology.” In *The Gender Sexuality Reader: Culture, History, Political Economy*, edited by R. N. Lancaster and M. di Leonardo, 219–243. New York: Routledge.

Laramee, Joelle-Circe. “Rejecting Assimilation within the GLBT Identity Movements.” OII, www.intersexualite.org/English-Index.html#anchor_ 526〔リンク切れ〕

Lashlie, Celia（2005）*He’ll Be Ok: Growing Gorgeous Boys into Good Men*. Auckland: HarperCollins.

Lashlie and Katherine Pivac（2004）*It’s About Boys: The Good Man Project*. Nelson, N. Z.: Nelson College.

Lasky, Ella（1975）*Humanness: An Exploration into the Mythologies About Women and Men*. New York: MSS Information Corp.

Laslett, Barbara, and Barrie Thorne, eds.（1997）*Feminist Sociology: Life Histories of a Movement*. New Brunswick, NJ: Rutgers University Press.

Lee, Peter, Christopher Houk, S. Faisal Ahmed, and Ieuan A. Hughes（2006）“Summary

of Consensus Statement on Intersex Disorders and Their Management." *Pediatrics* 111, no. 2: 753–757.

Liao, L. M. (2003) "Learning to Assist Women Born with Atypical Genitalia: Journey through Ignorance, Taboo and Dilemma." *Journal of Reproductive and Infant Psychology* 21, no. 3: 229–238.

Lillie, F. (1939) *Sex and Internal Secretions: A Survey of Recent Research*, edited by E. Allen. 2nd ed. Baltimore: Williams and Wilkins.

Lipset, David (2003) "Rereading Sex and Temperament: Margaret Mead's Sepik Triptych and Its Ethnographic Critics." *Anthropological Quarterly* 76, no. 4: 693–713.

Lloyd, Barbara B., and John Archer, eds. (1976) *Exploring Sex Differences*. London and New York: Academic Press.

Lloyd, Elisabeth (2005) *The Case of the Female Orgasm: Bias in the Science of Evolution*. Cambridge, MA: Harvard University Press.

Lloyd, Jillian, Naomi Crouch, Catherine Minto, Lih-Mei Liao, and Sarah Crieghton (2005) "Female Genital Appearance: 'Normality' Unfolds." *BJOG: An International Journal of Obstetrics and Gynaecology* 112: 643–646.

Lock, Margaret (1998) "Anomalous Ageing: Managing the Postmenopausal Body." *Body and Society* 4, no. 1: 35–61.

Lock, Margaret, and Deborah Gordon, eds. (1988a) *Biomedicine Examined*. Dordrecht: Kluwer Academic Publishers.

Lock, Margaret, and Gordon (1988b) "Relationships Between Society, Culture, and Biomedicine: Introduction to the Essays." In *Biomedicine Examined*, edited by Lock and Gordon, 11–16. Dordrecht: Kluwer Academic Publishers.

Lopata, Helena (1976) "Review Essay: Sociology." *Signs: Journal of Women in Culture and Society* 2, no. 1: 165–176.

Lopata, Helena, and Barrie Thorne (1978) "Letters/Comments. On the Term 'Sex Roles'." *Signs* 3: 718–721.

Lorber, J. (1996) "Beyond the Binaries: Depolarising the Categories of Sex, Sexuality, and Gender." Sociological Inquiry 66, no. 2: 143–159.

Lorenz, Konrad (1961) *King Solomon's Ring: New Light on Animal Ways*. London: Methuen. コンラート・ローレンツ著『ソロモンの指環——動物行動学入門』日高敏隆訳，東京：早川書房，2006年。

Lottringer, S., ed. (1989) *Foucault Live: Collected Interviews, 1961–1984*. New York: Semiotext(e).

Lykke, Ninna (1996) "Between Monsters, Goddesses and Cyborgs: Feminist Confrontations with Science." In *Between Monsters, Goddesses and Cyborgs: Feminist Confrontations with Science, Medicine and Cyberspace*, edited by Ninna Lykke and Rosie Braidotti, 13–29. London: Zed Books.

Maccoby, Eleanor (1987) "The Varied Meanings of 'Masculine' And 'Feminine'." In *Masculinity/Femininity: Basic Perspectives*, edited by June Reinisch, Leonard Rosen-

blum, and Stephanie Sanders, 227–239. New York: Oxford University Press.

Maccoby, Eleanor（1967）*The Development of Sex Differences, Stanford Studies in Psychology*. London: Tavistock Publications.

Maccoby, Eleanor, and Carol Nagy Jacklin（1974）*The Psychology of Sex Differences*. Stanford, CA: Stanford University Press.

Martin, Biddy（1993）"Lesbian Identity/Autobiographical Difference［s］." In *The Lesbian and Gay Studies Reader*, edited by H. Abelove et al., 274–293. New York: Routledge.

Martin, B.（1994）"Extraordinary Homosexuals and the Fear of Being Ordinary." *Differences* 6, no. 2: 100–125.

Martin, Patricia Yancey（2004）"Gender as Social Institution." *Social Forces* 82, no. 4: 1249–1273.

Masters, William H., and Virginia E. Johnson（1966）*Human Sexual Response*. Boston: Little, Brown.

Mayer, E. I., J. Homoki, and M. B. Ranke（1999）"Spontaneous Growth and Bone Age Development in a Patient with 17 alpha-Hydroxylase Deficiency: Evidence of the Role of Sexual Steroids in Prepubertal Bone Maturation." *Journal of Pediatrics* 135, no. 5: 653–654.

Mazur, Tom（2004）"A Lovemap of a Different Sort from John Money." Review of Money's *A Personal History* 2003. *Journal of Sex Research* 41, no. 1: 115–116.

McIntyre, A., ed.（1965）*Hume's Ethical Writings: Selections from David Hume*. Oxford: Collier.

McKenna, Wendy, and Suzanne Kessler（2000）"Afterword. Retrospective Response." *Feminism and Psychology* 10, no. 1: 66–72.

McKhann, Guy M.（2002）"Neurology: Then, Now, and in the Future." *Archives of Neurology* 59, no. 9: 1369–1373.

McLaren, Angus（1999）*Twentieth-Century Sexuality: A History*. Oxford: Blackwell.

McNay, Lois（1992）*Foucault and Feminism*. Cambridge: Polity Press.

McRuer, Robert（2002）"Compulsory Able-Bodiedness and Queer/Disabled Existence." In *Disability Studies: Enabling the Humanities*, edited by Sharon Snyder, Brenda Brueggemann, and Rosemarie Garland-Thomson, 88–99. New York: Modern Language Association of America.

Mead, Margaret（1962）*Male and Female: A Study of the Sexes in a Changing World*. Harmondsworth: Penguin. マーガレット・ミード著『男性と女性——移りゆく世界における両性の研究』田中寿美子・加藤秀俊訳，東京：東京創元社，1961年。

Mead, Margaret（1963）*Sex and Temperament in Three Primitive Societies*. New York: Morrow.

Mein-Smith, P.（1986）*Maternity in Dispute: New Zealand 1920–1939*. Wellington: Historical Publications, Dept of Internal Affairs.

Melton, Lisa（2001）"New Perspectives on the Management of Intersex." *Lancet* 357, no. 9274: 2110.

Melucci, Alberto (1995) "The Process of Collective Identity." In *Social Movements and Culture*, edited by Hank Johnston and Bert Klandermans, 41–63. Minneapolis: University of Minnesota Press.

Meyer-Bahlburg, Heino F. L. (1994) "Intersexuality and the Diagnosis of Gender Identity Disorder." *Archives of Sexual Behavior* 23: 21.

Meyer-Bahlburg, Heino F. L., Rhoda S. Gruen, Maria I. New, Jennifer J. Bell, Akira Morishima, Mona Shimshi, Yvette Bueno, Ileana Vargas, and Susan W. Baker (1996) "Gender Change from Female to Male in Classical Congenital Adrenal Hyperplasia." *Hormones and Behavior* 30, no. 4: 319–332.

Meyerowitz, Joanne (2001) "Sex Research at the Borders of Gender: Transvestites, Transsexuals, and Alfred C. Kinsey." *Bulletin of the History of Medicine* 75: 72–90.

Meyerowitz, Joanne (2002) *How Sex Changed: A History of Transsexuality in the United States*. Cambridge, MA: Harvard University Press.

Migeon, Claude, Wisniewski Amy, Brown Terry, Rock John, Meyer-Bahlburg Heino, Money John, and Berkovitz Gary (2002) "46, Xy Intersex Individuals: Phenotypic and Etiologic Classification, Knowledge of Condition, and Satisfaction with Knowledge in Adulthood." *Pediatrics* 110, no. 3, http://www.pediatrics.org/cgi/content/full/110/3/e32.

Migeon, Wisniewski, John Gearhart, Meyer-Bahlburg, Rock, Brown, Samuel Casella, Alexander Maret, Ka Ming Ngai, Money, and Berkovitz (2002) "Ambiguous Genitalia with Perineoscrotal Hypospadias in 46, Xy Individuals: Long-Term Medical, Surgical, and Psychosexual Outcome." *Pediatrics* 110, no. 3, http://www.pediatrics.org/cgi/content/ful 1/110/3/e31.

Millett, Kate (1971) *Sexual Politics*. London: Granada. ケイト・ミレット著『性の政治学』藤枝澪子ほか共訳，東京：ドメス出版，1985年。

Millman, Marcia, and Rosabeth Moss Kanter, eds. (1975) *Another Voice*. New York: Anchor.

Mills, C. Wright (1959) *The Sociological Imagination*. London: Oxford University Press. C. ライト・ミルズ著『社会学的想像力』鈴木広訳，東京：紀伊國屋書店，1995年。

Minto, Catherine, Julie Alderson, Adam Balen, and Sarah Creighton (2001) "Management of Intersex-Specialists Reply." *Lancet* (*North American edition*) 358, no. 9298: 2085–2086.

Mitchell, Juliet (1974) *Psychoanalysis and Feminism*. England: Pelican.

Mitchell, Juliet, ed. (1986) *Selected Melanie Klein*. Harmondsworth: Penguin.

Modleski, Tania (2002) "On the Existence of Women: A Brief History of the Relations between Women's Studies and Film Studies." *Women's Studies Quarterly* 30, no. 1/2: 15–24.

Money, John (1952) "Hermaphroditism: An Inquiry into the Nature of a Human Paradox." PhD diss., Harvard University.

Money, John (1955) "Hermaphroditism, Gender and Precocity in Hyper- Adrenocorticism:

Psychologic Findings." *Bulletin of the Johns Hopkins Hospital* 96, no. 3: 253–263.

Money, John（1957）*The Psychologic Study of Man*. Springfield, IL: Charles C. Thomas.

Money, John（1965）"Psychosexual Differentiation." In *Sex Research New Developments*, edited by John Money, 3–23. New York and London: Holt, Rinehart and Winston.

Money, John, ed.（1965）*Sex Research New Developments*. New York and London: Holt, Rinehart and Winston.

Money, John（1977）"Bisexual, Homosexual, and Heterosexual: Society, Law, and Medicine." *Journal of Homosexuality* 2, no. 3: 229–231.

Money, John（1978）"Determinants of Human Gender Identity/Role." In *Handbook of Sexology: History and Ideology*, edited by John Money and Herman Musaph, 57–79. New York and Oxford: Elselvier.

Money, John（1980）*Love and Love Sickness: The Science of Sex, Gender Difference, and Pair-Bonding*. Baltimore: John Hopkins University Press. ジョン・マネー著『ラブ・アンド・ラブシックネス――愛と性の病理学』朝山春江・朝山耿吉訳，京都：人文書院，1987年。

Money, John（1982）"To Quim and to Swive: Linguistic and Coital Parity, Male and Female." *Journal of Sex Research* 18, no. 2: 173–176.

Money, John（1985a）"The Conceptual Neutering of Gender and the Criminalisation of Sex." *Archives of Sexual Behaviour* 14, no. 3: 279–291.

Money, John（1985b）"Gender: History, Theory and Usage of the Term in Sexology and Its Relationship to Nature/Nurture." *Journal of Sex and Marital Therapy* 11, no. 2: 71–79.

Money, John（1985c）"Sexual Reformation and Counter-Reformation in Law and Medicine." *Medicine and Law* 4: 479–488.

Money, John（1986a）*Venuses Penuses: Sexology Sexosophy, and Exigency Theory*. Buffalo, NY: Prometheus Books.

Money, John（1986b）*Lovemaps: Clinical Concepts of Sexual/Erotic Health and Pathology, Paraphilia, and Gender Transposition in Childhood, Adolescence, and Maturity*. New York: Irvington.

Money, John（1986c）"A Conspiracy Against Women." In *United States of American Vs. Sex: How the Meese Commission Lied About Pornography*, edited by P. Nobile and E. Nadler, 339–342. New York: Minotaur Press.

Money, John（1987）"Propaedeutics of Deicious G–I/R: Theoretical Foundations for Understanding Dimorphic Gender-Identity/Role." In *Masculinity/ Femininity: Basic Perspectives*, edited by June Reinisch, Leonard Rosenblum, and Stephanie Sanders, 13–28. New York: Oxford University Press.

Money, John（1988）*Gay, Straight, and In-Between: The Sexology of Erotic Orientation*. New York: Oxford University Press.

Money, John（1991）*Biographies of Gender and Hermaphroditism in Paired Comparisons: Clinical Supplement to the Handbook of Sexology*, edited by John Money and

Herman Musaph. Amsterdam and New York: Elsevier.
Money, John（1993）*The Adam Principle: Genes, Genitals, Hormones and Gender: Selected Readings in Sexology*. Buffalo, NY: Prometheus Books.
Money, John（1994）*Reinterpreting the Unspeakable. Human Sexuality 2000: The Complete Interviewer and Clinical Biographer, Exigency Theory, and Sexology for the Third Millenium*. New York: Continuum.
Money, John（1995）*Gendermaps: Social Constructionism, Feminism and Sexosophical History*. New York: Continuum.
Money, John（1998）*Sin, Science, and the Sex Police: Essays on Sexology and Sexosophy*. New York: Prometheus Books.
Money, John（1999）*The Lovemap Guidebook: A Definitive Statement*. New York: Continuum.
Money, John（2002）*A First Person History of Pediatric Psychoendocrinology*, edited by Richard Green. New York: Kluwer Academic/Plenum Publishers.
Money, John（2003a）"History Causality, and Sexology." *Journal of Sex Research* 40, no. 3: 237–239.
Money, John（2003b）"Once Upon a Time I Met Alfred C. Kinsey." *Archives of Sexual Behavior* 31, no. 4: 319–322.
Money, John, J. E. Cawte, G. N. Bianchi, and B. Nurcombe（1970）"Sex Training and Traditions in Arnhem Land." *British Journal of Medical Psychology* 47: 383–399.
Money, John, and Anke Ehrhardt（1972）*Man and Woman Boy and Girl: The Differentiation and Dimorphism of Gender Identity from Conception to Maturity*. Baltimore: Johns Hopkins University Press.
Money, John, Joan Hampson, and John Hampson（1955a）"Hermaphroditism: Recommendations Concerning Assignment of Sex, Change of Sex, and Psychologic Management." *Bulletin of the Johns Hopkins Hospital* 97, no. 4: 284–300.
Money, John, Joan Hampson, and John Hampson（1955b）"An Examination of Some Basic Sexual Concepts: The Evidence of Human Hermaphroditism." *Bulletin of the Johns Hopkins Hospital* 97, no. 4: 301–319.
Money, John, Joan Hampson, and John Hampson（1956）"Sexual Incongruities and Psychopathology: The Evidence of Human Hermaphroditism." *Bulletin of the Johns Hopkins Hospital* 98, no. 1: 43–57.
Money, John, Joan Hampson, and John Hampson（1957）"Imprinting and the Establishment of Gender Role." *AMA Archives of Neurology and Psychiatry* 77: 333–336.
Money, John, and M. Lamacz（1989）*Vandalized Lovemaps: Paraphilic Outcome of Seven Cases in Pediatric Sexology*. Buffalo, NY: Prometheus Books.
Money, John, and Patricia Tucker（1977）*Sexual Signatures: On Being a Man or a Woman*. London: Sphere Books. ジョン・マネー，パトリシア・タッカー著『性の署名——問い直される男と女の意味』朝山新一ほか訳，京都：人文書院，1979年。
Moore, Henrietta L.（1988）*Feminism and Anthropology, Feminist Perspectives*. Cam-

bridge and Oxford: Polity Press, B. Blackwell.

Moore, Henrietta L.（1994）*A Passion for Difference: Essays in Anthropology and Gender*. Cambridge: Polity.

Morland, Iain（2001）"Management of Intersex." *Lancet*（*North American edition*）358, no. 9298: 2085.

Morland, Iain（2005a）"The Glans Opens Like a Book: Writing and Reading the Intersexed Body." *Continuum: Journal of Media & Culture Studies* 19, no. 3: 335–348.

Morland, Iain（2005b）"Narrating Intersex: On the Ethical Critique of the Medical Management of Intersexuality, 1985–2005." PhD, University of London.

Morris, Jenny（2001）"Impairment and Disability: Constructing an Ethic of Care That Promotes Human Rights." *Hypatia* 16, no. 4: 1–16.

Mulkay, M.（1991）*Sociology of Science: A Sociological Pilgrimage*. Milton Keynes: Open University Press.

Murphy, Timothy（1992）"Redirecting Sexual Orientation: Techniques and Justifications." *Journal of Sex Research* 29, no. 4: 501–523.

Nagle, Jill（1995）"Framing Radical Bisexuality." In *Bisexual Politics: Theories, Queries, Visions*, edited by Naomi Tucker, 305–314. New York: Harrington Park Press.

Natarajan, Anita（1996）"Medical Ethics and Truth Telling in the Case of Androgen Insensitivity Syndrome." *Canadian Medical Association Journal* 154, no. 4: 568–570.

Nelson, Hilde Lindemann, and James E. Lindemann（1999）*Meaning and Medicine: A Reader in the Philosophy of Health Care, Reflective Bioethics*. New York and London: Routledge.

Nestle, Joan, Clare Howell, and Riki Wilchins（2002）*Genderqueer: Voices from Beyond the Sexual Binary*. Los Angeles: Alyson Books.

Nicholson, Linda（1994）"Interpreting Gender." *Signs: Journal of Women in Culture and Society* 20: 79–105.

O'Connell, Agnes（1979）"The Social Origins of Gender." In *Female and Male: Psychological Perspectives*, edited by Rhonda Unger. New York: Harper and Row.

O'Connell, Helen E., and John O. DeLancey（2005）"Clitoral Anatomy in Nulliparous, Healthy, Premenopausal Volunteers Using Unenhanced Magnetic Resonance Imaging." *Journal of Urology* 173: 2060–2063.

OAC. "Stoller（Robert J.）Biography." http://findaid.oac.cdlib.org/findaid/ark:/13030/tf5s2006mg

Oakeley, Ann（1972）*Sex, Gender and Society*. New York: Harper Colophon, 1972.

Oakley, Ann（1984）*The Captured Womb: A History of the Medical Care of Pregnant Women*. Oxford: Basil Blackwell.

Oliver, Michael（1990）*The Politics of Disablement: A Sociological Approach*. New York: St. Martin's. マイケル・オリバー著『障害の政治——イギリス障害学の原点』三島亜紀子ほか訳，東京：明石書店，2006年。

Oliver, Michael（1996）*Understanding Disability: From Theory to Practice*. Houndmills,

Basingstoke: Macmillan.
Onions, C. T., ed.（1973）*The Shorter Oxford English Dictionary of Historical Principles*. 3rd ed. Oxford: Clarendon Press.
Oosterhuis, Harry（1995）"Richard Von Krafft-Ebing's 'Step-Children of Nature': Psychiatry and the Making of Homosexual Identity." In *Science and Homosexualities*, edited by Vernon Rosario, 67–89. London and New York: Routledge.
Ormrod, Susan（1995）"Feminist Sociology and Methodology: Leaky Black Boxes in Gender/ Technology Relations." In *The Gender-Technology Relation: Contemporary Theory and Research*, edited by Rosalind Gill and Keith Grint, 31–47. London: Taylor and Francis.
Ortner, Sherry（1974）"Is Female to Male as Nature to Culture?" In *Woman, Culture, and Society*, edited by Michelle Zimbalist Rosaldo and Louise Lamphere, 67–87. Stanford, CA: Stanford University Press.
Ounsted, Christopher, and David Charles Taylor（1972）*Gender Differences: Their Ontogeny and Significance*. Edinburgh: Churchill Livingstone.
Padgug, Robert（1999）"Sexual Matters: On Conceptualizing Sexuality in History." In *Culture, Society and Sexuality: A Reader*, edited by Richard Parker and Peter Aggleton, 15–28. London and Philadelphia: UCL Press.
Pagon, R. A.（1987）"Diagnostic Approach to the Newborn with Ambiguous Genitalia." *Pediatric Clinics of North America* 34, no. 4: 1019–1031.
Parasnis, Ila（1996）*Cultural and Language Diversity and the Deaf Experience*. Cambridge and New York: Cambridge University Press.
Parker, I., E. Georgaca, D. Harper, T. McLaughlin, and M. Stowell-Smith（1995）*Deconstructing Psychopathology*. London: Routledge.
Parker, I., and J. Shotter, eds.（1990）*Deconstructing Social Psychology*. London: Routledge.
Parker, Richard, and Peter Aggleton, eds.（1999）*Culture, Society and Sexuality: A Reader*. London and Philadelphia: UCL Press.
Parsons, James（1741）*A Mechanical and Critical Enquiry into the Nature of Hermaphrodites*. London: Printed for J. Walthoe.
Parsons, Talcott, and Robert Freed Bales（1955）*Family: Socialization and Interaction Process*. Glencoe, IL: Free Press. タルコット・パーソンズ，ロバート・F. ベールズ著『家族――核家族と子どもの社会化』橋爪貞雄ほか訳，東京：黎明書房，2001年。
Paul, Jay P.（1984）"The Bisexual Identity: An Idea Without Recognition." *Journal of Homosexuality* 11, no. 2–3: 45–63.
Paul, Jay P.（2000）"Bisexuality: Reassessing Our Paradigms." In *Bisexuality in the United States: A Social Sciences Reader*, edited by Paula C. Rodriguez Rust, 11–23. New York: Columbia University Press.
Penelope, Julia（1990）*Speaking Freely: Unlearning the Lies of the Father's Tongues*.

New York: Pergamons.

Perlmutter, A. D., and M. D. Reitelman（1992）“Surgical Management of Intersexuality.” In *Campbell's Urology*, edited by P. C. Walsh, A. B. Retik, T. A. Stamey, and E. D. Vaughan, 1951–1966. Philadelphia: Saunders.

Petersen, Alan（2001）“Biofantasies: Genetics and Medicine in the Print News Media.” *Social Science & Medicine* 52, no. 8: 1255–1268.

Philips, Helen（2001）“The Gender Police.” *New Scientist* 170, no. 2290: 38–40.

Porter, R.（1990）*The Enlightenment*. London: Macmillan. ロイ・ポーター著『啓蒙主義』見市雅俊訳，東京：岩波書店，2004年。

Porter, R.（1990）“Barely Touching: A Social Perspective on Mind and Body.” In *The Languages of the Psyche: Mind and Body in Enlightenment Thought*, edited by G. S. Rousseau, 45–80. Berkeley: University of California.

Porter, R.（1993）*Disease, Medicine and Society in England, 1550–1860*. 2nd ed. London: Macmillan.

Porter, R.（1997）*The Greatest Benefit to Mankind: A Medical History of Humanity from Antiquity to the Present*. London: Harper Collins.

Preves, Sharon Elaine（2000）“Negotiating the Constraints of Gender Binarism: Intersexuals' Challenge to Gender Categorization.” *Current Sociology* 48, no. 3: 27–50.

Preves, Sharon Elaine（2002）“Sexing the Intersexed: An Analysis of Sociocultural Responses to Intersexuality.” *Signs* 27, no. 2: 523–557.

Price, Janet, and Margrit Shildrick（1998）“Uncertain Thoughts on the Dis/Abled Body.” In *Vital Signs: Feminist Reconfigurations of the Bio/Logical Body*, edited by M. Shildrick and J. Price, 224–249. Edinburgh: Edinburgh University Press.

Pringle, Rosemary（1993）“Absolute Sex? Unpacking the Sexuality/Gender Relationship.” In *Rethinking Sex: Social Theory and Sexuality Research*, edited by Robert Connell and Gary Dowsett, 76–101. Philadelphia: Temple University Press.

Probyn, Elspeth（2004）*Blush: Faces of Shame*. Minneapolis: University of Minnesota Press.

Prosser, Jay（1998a）“Transsexuals and the Transsexologists: Inversion and the Emergence of Transsexual Subjectivity.” In *Sexology in Culture: Labelling Bodies and Desires*, edited by Lucy Bland and Laura Doan, 116–131. Cambridge: Polity.

Prosser, Jay（1998b）*Second Skins: The Body Narratives of Transsexuality*. New York and Chichester: Columbia University Press.

Queen, Carol（1995）“Sexual Diversity and Bisexual Identity.” In *Bisexual Politics: Theories, Queries, and Visions*, edited by Naomi Tucker, 151–160. New York: Harrington Park Press.

Queen, Carol, and Lawrence Schimel, eds.（1997）*Pomosexuals: Challenging Assumptions About Gender and Sexuality*. San Francisco: Cleis Press.

Rabinow, P., ed.（1997）*Michel Foucault: Ethics, Subjectivity and Truth. The Essential Works of Foucault 1954–1984 Vol. 1*. New York: The New Press.

Rado, Sandor（1940）“A Critical Examination of the Concept of Bisexuality.” *Psychosomatic Medicine* 2: 459–467.

Rado, Sandor（1956）*Psychoanalysis of Behavior: The Collected Papers of Sandor Rado*. New York: Grune and Stratton.

Rapp, Rayna（2003）“Margaret Mead’s Legacy: Continuing Conversations.” The Scholar and Feminist Online, http://www.barnard.edu/sfonline/mead/rapp.htm

Raymond, Janice（1979）“Transsexualism: An Issue of Sex-Role Stereotyping.” In *Pitfalls in Research on Sex and Gender*, edited by Ruth Hubbard and Marian Lowe, 131–142. New York: Gordian Press.

Raymond, Janice（1994）*The Transsexual Empire: The Making of the She-Male*. New York: Teachers College Press.

Reed, Matt（2001）“Historicizing Inversion: Or, How to Make a Homosexual.” *History of the Human Sciences* 14, no. 4: 1–29.

Reiner, William G.（1997）“Sex Assignment in the Neonate with Intersex or Inadequate Genitalia.” *Archives of Pediatrics & Adolescent Medicine* 151, no. 10: 1044–1045.

Reiner, William G.（2004）“Mixed-Method Research for Child Outcomes in Intersex Conditions.” *British Journal of Urology International* 93, no. Supplement 3: 51–53.

Reinisch, June, Leonard Rosenblum, and Stephanie Sanders（1987）“Masculinity / Femininity: An Introduction.” In *Masculinity / Femininity: Basic Perspectives*, edited by June Reinisch, Leonard Rosenblum, and Stephanie Sanders, 3–10. New York: Oxford University Press, 3–10.

Reiter, Rayna R.（1975）*Toward an Anthropology of Women*. New York: Monthly Review Press.

Rich, Adrienne（1977）*Of Woman Born: Motherhood as Experience and Institution*. Toronto and New York: Bantam Books. アドリエンヌ・リッチ著『女から生まれる』高橋茅香子訳，東京：晶文社，1990年。

Richardson, D.（2001）“Sexuality and Gender.” In *International Encyclopedia of the Social & Behavioral Sciences*, edited by Neil J. Smelser and Paul B. Bakes, 14018–14021. Amsterdam and New York: Elsevier.

Ritchie, James, and Jane Ritchie（2000）“Beaglehole, Ernest 1906–1965.” In *Dictionary of New Zealand Biography* Volume Five（1941–1960），42–43. Wellington: Ministry for Culture and Heritage.

Robinson, Paul A.（1976）*The Modernization of Sex: Havelock Ellis, Alfred Kinsey, William Masters, and Virginia Johnson*. 1st ed. New York: Harper & Row.

Rodriguez Rust, Paula C.（2000a）“Alternatives to Binary Sexuality: Modeling Bisexuality.” In *Bisexuality in the United States: A Social Sciences Reader*, edited by Paula C. Rodriguez Rust, 33–54. New York: Columbia University Press.

Rodriguez Rust, Paula C.（2000b）“The Biology, Psychology, Sociology, and Sexuality of Bisexuality.” In *Bisexuality in the United States: A Social Sciences Reader*, edited by Paula C. Rodriguez Rust, 403–470. New York: Columbia University Press.

Rodriguez Rust, Paula C.（2000c）“Popular Images and the Growth of Bisexual Community and Visibility.” In *Bisexuality in the United States: A Social Sciences Reader*, 537–553. New York: Columbia University Press.

Roen, Katrina（2004a）“Editorial. Intersex Embodiment: When Health Care Means Maintaining Binary Sexes.” *Sexual Health* 1: 127–130.

Roen, Katrina（2004b）“Queerly Sexed Bodies in Clinical Contexts: Problematizing Conceptual Foundations of Genital Surgery with Intersex Infants.” In *Sex and the Body*, edited by Annie Potts, Nicola Gavey, and Ann Weatherall, 89–106. Palmerston North: Dunmore Press.

Roen, Katrina（2008）“ ‘But We Have to Do Something’: Surgical ‘Correction’ of Atypical Genitalia.” *Body and Society* 14, no. 1: 47–66.

Rosaldo, Michelle Zimbalist, and Louise Lamphere（1974）*Woman, Culture, and Society*. Stanford, CA: Stanford University Press.

Rosario, Vernon（1995）“Inversion’s Histories/History’s Inversion: Novelising Fin-De-Siecle Homosexuality.” In *Science and Homosexualities*, edited by Vernon Rosario, 89–107. London and New York: Routledge.

Rosario, Vernon（1996）“Homosexual Origins: Theories and Research.” *The Harvard Gay & Lesbian Review* 3, no. 4: 42.

Rosario, Vernon, ed.（1997）*Science and Homosexualities*. London and New York: Routledge.

Rosario, Vernon（2002）“The Science of Sexual Liberation.” *The Gay & Lesbian Review Worldwide* 9, no. 6: 37.

Rosario, Vernon（2005）“From Hermaphrodites to Sox 9: The Molecular Deconstruction of Sex.” Paper presented at the Presentations in the History of Medicine Series, Royal Australasian College of Physicians, Sydney, August 1.

Rosario, Vernon（2007）“This History of Aphallia and the Intersexual Challenge to Sex/Gender.” In *A Companion to Lesbian, Gay, Bisexual, Transgender, and Queer Studies*, edited by G. Haggerty and M. McGarry, 262–281. Oxford: Blackwell.

Rose, Jacqueline（1986）*Sexuality in the Field of Vision*. London: Verso.

Rose, N.（1996）*Inventing Ourselves*. Cambridge: Cambridge University Press.

Rosen, G.（1979）“Evolution of Social Medicine.” In *Handbook of Medical Sociology*, edited by J. Freeman, S. Levin, and L. Reeder, 23–50. Englewood Cliffs, NJ: Prentice–Hall.

Rosen, Ismond, ed.（1979）*Sexual Deviation*. 2nd ed. New York: Oxford University Press.

Ross, Michael W.（1983）“Homosexuality and Social Sex Roles: A Re-Evaluation.” *Journal of Homosexuality* 9, no. 1: 1.

Roszak, Betty, and Theodore Roszak（1969）*Masculine/Feminine: Readings in Sexual Mythology and the Liberation of Women*. New York: Harper and Row.

Roughgarden, Joan（2004）*Evolution’s Rainbow: Diversity, Gender, and Sexuality in Nature and People*. Berkeley: University of California Press.

Rousseau, G. S.（1991）*Enlightenment Borders: Pre- and Post-Modern Discourses: Medical, Scientific*. Manchester: Manchester University Press.

Rousseau, G. S., and R. Porter（1990）"Introduction: Toward a Natural History of Mind and Body." In *The Languages of the Psyche: Mind and Body in Enlightenment Thought*, edited by G. S. Rousseau, 3–44. Berkeley: University of California Press.

Rowold, Katharina（1998）"A Male Mind in a Female Body: Sexology, Homosexuality, and the Woman Question in Germany, 1869–1914." In *From Physico-Theology to Bio-Technology: Essays in the Social and Cultural History of Biosciences: A Festschrift for Mikulas Teich*, edited by Kurt Bayertz and Roy Porter, 153–179. Amsterdam and Atlanta: Rodopi.

Rubin, Gayle（1975）"The Traffic in Women: Notes on the 'Political Economy' of Sex." In *Toward an Anthropology of Women*, edited by Rayna R. Reiter, 157–210. New York: Monthly Review Press.

Rubin, Gayle（1993）"Thinking Sex: Notes for a Radical Theory of the Politics of Sexuality." In *The Lesbian and Gay Studies Reader*, edited by Henry Abelove, Michele A. Barale, and David Halperin, 3–44. New York: Routledge.

Rubin, Gayle, and Judith Butler（1998）"Sexual Traffic." In *Coming out of Feminism?* edited by Mandy Merk, Naomi Segal, and Elizabeth Wright, 36–73. Oxford: Blackwell.

Rye, B. J.（2000）"Teaching About Intersexuality: A Review of Hermaphrodites Speak! And a Critique of Introductory Human Sexuality Textbooks." *Journal of Sex Research* 37, no. 3: 295.

Sawhney, Sabina（1997）"Authenticity Is Such a Drag." In *Feminism Beside Itself*, edited by Diane Elam and Robyn Wiegman, 197–215. New York: Routledge.

Sax, Leonard（2002）"How Common Is Intersex? A Response to Anne Fausto-Sterling." Journal of Sex Research 39, no. 3: 174–178.

Saxton, P., A. Hughes, H. Worth, A. Reid, E. Robinson, and C. Aspin（1997）"Male Call/Waea Mai, Tane Ma Report No.5: Sexual Identity." Auckland: New Zealand AIDS Foundation.

Schatzki, T. R.（1996）"Practiced Bodies: Subjects, Genders, and Minds." In The Social and Political Body, edited by T. R. Schatzki and W. Natter, 49–77. New York: Guilford Press.

Schatzki, T. R., and W. Natter, eds.（1996）*The Social and Political Body*. New York: Guilford Press.

Schatzki, T. R., and W. Natter（1996）"Sociocultural Bodies, Bodies Sociopolitical." In *The Social and Political Body*, edited by T. R. Schatzki and W. Natter, 1–28. New York: Guilford Press.

Schiebinger, Londa（1988）The *Mind Has No Sex? Women in the Origins of Modern Science*. Cambridge, MA: Harvard University Press. ロンダ・シービンガー著『科学史から消された女性たち——アカデミー下の知と創造性』小川眞里子・藤岡伸子・家田貴子訳，東京：工作舎，1992年。

Schiebinger, Londa（1993）*Nature's Body: Gender in the Making of Modern Science*. Boston: Beacon Press. ロンダ・シービンガー著『女性を弄ぶ博物学――リンネはなぜ乳房にこだわったのか？』小川眞里子・財部香枝訳，東京：工作舎，1996年。

Schur, E.（1980）*The Politics of Deviance: Stigma Contests and the Uses of Power*. Englewood Cliffs, NJ: Prentice Hall.

Scott, Joan Wallach（1988）*Gender and the Politics of History*. New York: Columbia University Press. ジョーン・W. スコット著『ジェンダーと歴史学』荻野美穂訳，増補新版，東京：平凡社，2004年。

Scott, Joan Wallach（1999）"Gender as a Useful Category of Historical Analysis." In *Culture, Society and Sexuality: A Reader*, edited by Richard Parker and Peter Aggleton, 57–75. London and Philadelphia: UCL Press.

Sedgwick, Eve Kosofsky（1985）*Between Men: English Literature and Male Homosocial Desire, Gender and Culture*. New York: Columbia University Press.

Sedgwick, Eve Kosofsky（1990）*Epistemology of the Closet*. Berkeley: University of California Press. イヴ・コゾフスキー・セジウィック著『クローゼットの認識論――セクシュアリティの20世紀』外岡尚美訳，東京：青土社，1999年。

Sedgwick, Eve Kosofsky（1991）"Gender Criticism." In *Redrawing the Boundaries: The Transformation of English and American Literary Studies*, edited by S. Greenblatt and G. Gunn, 271–302. New York: MLA.

Sedgwick, Eve Kosofsky（1993）*Tendencies*. Durham, NC: Duke University Press.

Sedgwick, Eve Kosofsky, Adam Frank, and I. E. Alexander（1995）*Shame and Its Sisters: A Silvan Tomkins Reader*. Durham, NC: Duke University Press.

Segal, Lynne（1990）*Slow Motion: Changing Masculinities, Changing Men*. London: Virago.

Seidman, Steven（1994）*Contested Knowledge: Social Theory in the Postmodern Era*. Oxford: Blackwell.

Seidman, Steven, ed.（1996）*Queer Theory/Sociology*. Cambridge and Oxford: Blackwell.

Seidman, Steven（1997）*Difference Troubles: Queering Social Theory and Sexual Politics*. Cambridge: Cambridge University Press.

Seidman, Steven, and Linda Nicholson（1995）"Introduction." In *Social Postmodernism: Beyond Identity Politics*, edited by Steven Seidman and Linda Nicholson, 1–35. Cambridge: Cambridge University Press.

"Sex Testing at the Beijing Olympics." Radio Interview. *The Hack*, 10 m. Australia: Triple J, Australian Broadcasting Corporation, 2008.

Seymour, Wendy（1989）*Bodily Alterations: An Introduction to a Sociology of the Body for Health Workers*. Sydney: Allen and Unwin.

Shakespeare, Tom（1998）*The Disability Reader: Social Science Perspectives*. London: Cassell.

Shakespeare, Tom, and Mairian Corker（2002）*Disability/Postmodernity: Embodying Disability Theory*. London: Continuum.

Sherfey, Mary Jane (1972) *The Nature and Evolution of Female Sexuality*. New York: Random House.

Sherman, Julia (1971) *On the Psychology of Women: A Survey of Empirical Studies*. Springfield, IL: Charles C. Thomas.

Shildrick, Margrit (1997) *Leaky Bodies and Boundaries: Feminism, Postmodernism and (Bio) Ethics*. London and New York: Routledge.

Shopland, A. (1997) "Trapped between Sexes." *New Zealand Herald*, November 15, G 2.

Simon, William (1996) *Postmodern Sexualities*. London: Routledge.

Singer, June (1976) *Androgyny: Toward a New Theory of Sexuality*. New York: Anchor. ジューン・シンガー著『男女両性具有――性意識の新しい理論を求めて』藤瀬恭子訳，京都：人文書院，1981–1982年。

Slijper, Froukje M. E., Stenvert L. S. Drop, Jan C. Molenaar, and Sabine M. P. F. de Muinck Kcizer-Schrama (1998) "Long-Term Psychological Evaluation of Intersex Children." *Archives of Sexual Behavior* 27, no. 2: 125–144.

Slocum, Virginia (1995) "Letter to Suzanne Kessler." *Hermaphrodites with Attitude* Summer, 1995: 6–7.

Smith, Dorothy (1976) "Women's Perspective as a Radical Critique of Sociology." *Sociological Inquiry* 44: 7–13.

Smith, Glenn, Annie Bartlett, and Michael King (2004) "Treatments of Homosexuality in Britain since the 1950s――an Oral History: The Experience of Patients." *British Medical Journal* 328, no. 7437: 427–430.

Snitow, Ann, Christine Stansell, and Sharon Thompson, eds. (1984) *Desire: The Politics of Sexuality*. London: Virago.

Socarides, Charles (1968) "A Provisional Theory of Aetiology in Male Homosexuality." *International Journal of Psycho-Analysis* 49: 27–37.

Somerville, Siobhan (1998) "Scientific Racism and the Invention of the Homosexual Body." In *Sexology in Culture: Labelling Bodies and Desires*, edited by Lucy Bland and Laura Doan, 60–76. Cambridge: Polity.

Spanier, Bonnie (1991) " 'Lessons' From 'Nature': Gender Ideology and Sexual Ambiguity in Biology." In *Body Guards: The Cultural Politics of Gender Ambiguity*, edited by Kristina Straub and Julia Epstein, 329–350. New York: Routledge.

Spender, Dale (1980) *Man Made Language*. London: Routledge & Kegan.

Steakley, James (1995) "Per Scientiam and Justitiam: Magnus Hirschfeld and the Sexual Politics of Innate Homosexuality." In *Science and Homosexualities*, edited by Vernon Rosario, 133–154. London and New York: Routledge.

Stein, Arlene (1997) "Sisters and Queers." In *The Gender Sexuality Reader: Culture, History, Political Economy*, edited by R. N. Lancaster and M. di Leonardo, 378–391. New York: Routledge.

Stein, Arlene, and Ken Plummer (1996) " 'I Can't Even Think Straight': 'Queer' Theory and the Missing Sexual Revolution in Sociology." In *Queer Theory/ Sociology*, edited

by Steven Seidman, 129–144. Cambridge and Oxford: Blackwell.
Stein, Atara (1999) " 'Without Contraries Is No Progression': SAM, Bi-Nary Thinking, and the Lesbian Purity Test." In *Lesbian Sex Scandals: Sexual Practices, Identities, and Politics*, edited by Dawn Atkins, 45–59. New York: Harrington Park Press.
Stein, Edward (1999) *The Mismeasure of Desire: The Science, Theory, and Ethics of Sexual Orientation*. New York: Oxford University Press.
Stevenson, Michael (1997) "Ken from Mars, Barbie from Venus: What on Earth Has Happened with Sex?" Journal of Sex Research 34, no. 4: 411–414.
Stockard, Charles R. (1921) "Developmental Rate and Structural Expression: An Experimental Study of Twins, 'Double Monsters' and Single Deformities and Their Interaction among Embryonic Organs During Their Origins and Development." *American Journal of Anatomy* 28: 115–225.
Stoller, Robert (1964a) "A Contribution to the Study of Gender Identity." *International Journal of Psychoanalysis* 45: 220–226.
Stoller, Robert (1964b) "Gender-Role Change in Intersexed Patients." *Journal of the American Medical Association* 188, no. 7: 164–165.
Stoller, Robert (1968) *Sex and Gender: On the Development of Masculinity and Femininity*. London: Karnac Books. ロバート・J. ストーラー著『性と性別——男らしさと女らしさの発達について』桑畑勇吉訳，東京：岩崎学術出版社，1973年。
Stoller, Robert (1972) "The 'Bedrock' of Masculinity and Femininity: Bisexuality." *Archives of General Psychiatry* 26: 207–212.
Stoller, Robert (1973) "Psychoanalysis and Physical Intervention in the Brain: The Mind–Body Problem Again." In *Contemporary Sexual Behaviour: Critical Issues in The 1970s*, edited by Joseph Zubin and John Money, 339–350. Baltimore and London: Johns Hopkins University Press.
Stoller, Robert (1985) *Presentations of Gender*. New Haven: Yale University Press.
Stoller, Robert (1988) "Patients' Responses to Their Own Case Reports." *Journal of the American Psychoanalytic Association* 36: 371–392.
Stoller, Robert, and Gilbert Herdt (1985) "Theories of Origins of Male Homosexuality." *Archives of General Psychiatry* 42: 399–404.
Stone, Sandy (1991) "The Empire Strikes Back: A Post-Transsexual Manifesto." In *Body Guards: The Cultural Politics- of Gender Ambiguity*, edited by J. Epstein and K. Straub, 280–304. New York: Routledge.
Storr, Merl (1998) "Transformations: Subjects, Categories and Cures in Krafft-Ebing's Sexology." In *Sexology in Culture: Labelling Bodies and Desires*, edited by Lucy Bland and Laura Doan, 11–26. Cambridge: Polity.
Strathern, Marilyn (1976) "An Anthropological Perspective." In *Exploring Sex Differences*, edited by Barbara B. Lloyd and John Archer, 49–70. London and New York: Academic Press.
Sulloway, Frank (1979) *Freud, Biologist of the Mind: Beyond the Psychoanalytic Legend*.

New York: Basic Books.

Suppe, Frederick (1989) *From the Semantic Conception of Theories and Scientific Realism*. Champaign: University of Illinois Press.

Swain, John, Sally French, and Colin Cameron (2003) *Controversial Issues in a Disabling Society, Disability, Human Rights, and Society*. Philadelphia: Open University Press.

Swartz, David (1997) *Culture & Power: The Sociology of Pierre Bourdieu*. Chicago: University of Chicago Press.

Szacki, Jerzy (1979) *History of Sociological Thought*. London: Aldwych Press.

Szasz, T. (1970) *The Manufacture of Madness*. New York: Harper and Row.

Tauchert, Ashley (2001) "Beyond the Binary: Fuzzy Gender and the Radical Center." In *Unseen Genders: Beyond the Binaries*, edited by Felicity Haynes and Tarquam McKenna, 181–191. New York: Peter Lang.

Tauchert, Ashley (2002) "Fuzzy Gender: Between Female-Embodiment and Intersex." *Journal of Gender Studies* 11, no. 1: 29–38.

Taylor, V., and N. Whittier (1995) "Analytical Approaches to Social Movement Culture: The Culture of the Women's Movement." In *Social Movements and Culture*, edited by Hank Johnstone and Bert Klandermans, 163–187. Minneapolis: University of Minnesota Press.

Teifer, Lenore (1995) *Sex Is Not a Natural Act and Other Essays*. Boulder and San Francisco: Westview Press.

Terman, Lewis M., and Catherine C. Miles (1936/1968) *Sex and Personality: Studies in Masculinity and Femininity*. New York: Russell and Russell.

Terry, Jennifer (1995) "The Seductive Power of Science in the Making of Deviant Subjectivity" In *Science and Homosexualities*, edited by Vernon Rosario, 271–295. New York and London: Routledge.

Terry, Jennifer (1999) *An American Obsession: Science, Medicine and Homosexuality in Modern Society*. Chicago: University of Chicago Press.

Terry, Jennifer, and Jacqueline Urla, eds. (1995) *Deviant Bodies: Critical Perspectives on Difference in Science and Popular Culture*. Bloomington: Indiana University Press.

Thomas, Barbara (2006) "Report on Chicago Consensus Conference October 2005." XY-Frauen; AISSG UK, 2006, aissg.org/PDFs/Barbara-Chicago-Rpt.pdf

Thomas, Carol (2007) *Sociology of Disability and Illness: Contested Ideas in Disability Studies and Medical Sociology*. New York: Palgrave.

Tolman, Deborah L., and Lisa M. Diamond (2001) "Desegregating Sexuality Research: Cultural and Biological Perspectives on Gender and Desire." *Annual Review of Sex Research* 12: 33–74.

Toomey, Christine (2001) "Hidden Genders." *The Weekend Australian Supplementary Magazine*, 8–9 December 8–9, 2001), n.p.

Trebilcot, Joyce (1977) "The Argument from Nature." In *Sex Equality*, edited by Jane English, 121–129. Englewood Cliffs, NJ: Prentice-Hall.

Tresemer, David（1975）"Assumptions Made About Gender Roles." In *Another Voice*, edited by Marcia Millman and Rosabeth Moss Kanter, 308–339. New York: Anchor.

Triea, Kira. "Untitled." http://www.qis.net/~triea/kira.html〔リンク切れ〕

Turner, Bryan（1987）*Medical Power and Social Knowledge*. London: Sage.

Turner, B.（1992）*Regulating Bodies: Essays in Medical Sociology*. London: Routledge.

Turner, Stephanie（1999）"Intersex Identities: Locating New Intersections of Sex and Gender." *Gender & Society* 13, no. 4: 457–479.

Ukia Homepage. UKIA, www.ukia.co.uk/index.htm#list

Ullian, Dorothy（1976）"The Development of Conceptions of Masculinity and Femininity: Development of Gender Concepts." In *Exploring Sex Differences*, edited by Barbara B. Lloyd and John Archer, 25–47. London and New York: Academic Press.

Unger, Rhoda（1979a）*Female and Male: Psychological Perspectives*. New York: Harper and Row.

Unger, Rhoda（1979b）"Toward a Redefinition of Sex and Gender." *American Psychologist* 34: 1085–1094.

Urla, Jacqueline, and Jennifer Terry（1995）"Introduction: Mapping Embodied Deviance." In *Deviant Bodies: Critical Perspectives on Difference in Science and Popular Culture*, edited by Jennifer Terry and Jacqueline Urla, 1–18. Bloomington: Indiana University Press.

Valentine, David（2003）" 'I Went to Bed with My Own Kind Once': The Erasure of Desire in the Name of Identity." *Language & Communication* 23, no. 2: 123–138.

Vance, Carol（1999）"Anthropology Rediscovers Sexuality: A Theoretical Comment." In *Culture, Society and Sexuality: A Reader*, edited by Richard Parker and Peter Aggleton, 39–54. London and Philadelphia: UCL Press.

Vasscleu, C.（1991）"Life Itself." In Cartographies: Poststructuralism and the Mapping of Bodies and Spaces, edited by R, Diprose and R, Ferrell, 65–76. Sydney: Allen and Unwin.

Vilain, Eric（2000）"Genetics of Sexual Development." *Annual Review of Sex Research* 11: 1–24.

von Neugebauer, Franz（1903）"Hermaphrodism in the Daily Practice of Medicine Being Information Upon Hermaphrodism Indispensable to the Practitioner." *British Gynaecological Journal* 19: 226–263.

Walker, Peter, ed.（1991）*Chambers Science and Technology Dictionary*. Edinburgh: Chambers.

Wallace, Christine（1997）*Greer, Untamed Shrew*. Sydney: Macmillan Pan.

Wark, McKenzie（1997）"Bisexual Meditations: Beyond the Third Term." In *Sex in Public: Australian Sexual Culture*, edited by Jill Julius Matthews, 63–77. Sydney: Allen & Unwin.

Warnke, Georgia（2001）"Intersexuality and the Construction of Sex." *Hypatia* 16, no. 3: 126–137.

Weatherley, Amanda（1997）"Intersexuality: Breaking, the Silence." *Contact*, May 15, 1997: 3.

Weeks, Jeffrey（1977）*Coming Out: Homosexual Politics in Britain from the Nineteenth Century to the Present*. London: Quartet Books.

Weeks, Jeffrey（1985）*Sexuality and Its Discontents: Myths, Meanings and Modern Sexualities*. London: Routledge and began Paul.

Weeks, Jeffrey（1989）*Sex, Politics, and Society: The Regulation of Sexuality since 1800*. 2nd ed. London and New York: Longman.

Weeks, Jeffrey（1996）"The Construction of Homosexuality." In *Queer Theory/Sociology*, edited by Steven Seidman, 41–63. Cambridge and Oxford: Blackwell.

Weeks, Jeffrey（2003）*Sexuality: Key Ideas*, Second Edition, Routledge. ジェフリー・ウィークス著『セクシュアリティ』上野千鶴子監訳，赤川学解説，東京：河出書房新社，1996年。

Weigman, Robyn（2001）"Object Lessons: Men, Masculinity and the Sign Women." *Signs* 26, no. 2: 355–375.

Weigman, Robyn（2007）"The Desire for Gender." In *A Companion to Lesbian, Gay, Bisexual, Transgender, and Queer Studies*, edited by George Haggerty and Molly McGarry, 217–236. Oxford: Blackwell.

Weiner, D. B.（1990）"Mind and Body in the Clinic: Philippe Pinel, Alexander Crichton, Dominique Esquirol, and the Birth of Psychiatry." In *The Languages of the Psyche*, edited by G. S. Rousseau, 331–402. Berkeley: University of California Press.

Weiss, Jillian Todd（2003）"GL Vs. BT: The Archaeology of Biphobia and Transphobia Within the U. S. Gay and Lesbian Community." In *Bisexuality and Transgenderism: Intersexions of the Others*, edited by Jonathan Alexander and Karen Yescavage, 25–55. New York: Harrington Park Press.

Weisstein, Naomi（1977）"Psychology Constructs the Female." In *Sex Equality*, edited by Jane English, 205–215. Englewood Cliffs, NJ: Prentice–Hall.

Welch, D., B. Ansley, M. White, M. Revington, M. Philp, and T. Watkin（1998）"Unsung Heroes: Ten New Zealanders Who Should Be Famous, but Aren't." *New Zealand Listener*, January 10, 1998: 18–22.

West, Candice, and Don Zimmerman（1987/1998）"Doing Gender." In *The Gender and Psychology Reader*, edited by Blyth McVicker Clinchy and Julie Norem, 104–124. New York: New York University Press.

West, Louis Jolyon, Richard Green, and Peter Loewenberg. "Robert J. Stoller, Psychiatry and Biobehavioral Sciences: Los Angeles 1924–1991 Professor of Psychiatry." University of California, http://texts.cdlib.org/view?docId=hb 0 h 4 n 99 rb&doc.view=frames&chunk.id=div 00076&toc.depth=1&toc.id=

Whisman, Vera（1996）*Queer by Choice: Lesbians, Gay Men and the Politics of Identity*. New York: Routledge.

White, M.（1992）"Deconstruction and Therapy." In *Experience, Contradiction, Narrative*

and Imagination: Selected Papers of David Epston & Michael White 1989–1991, edited by D. Epston and M. White. Adelaide: Dulwich Centre Publications.

Whittier, Nancy（1995）*Feminist Generations: The Persistence of the Radical Women's Movement, Women in the Political Economy*. Philadelphia: Temple University Press.

Wikan, Unni（1977）"Man Becomes Woman: Transsexualism in Oman as a Key to Gender Roles." *Man* 12: 304–319.

Wilchins, Riki Anne（2002a）"A Continuous Nonverbal Communication." In *Genderqueer: Voices from Beyond the Sexual Binary*, edited by Joan Nestle, Riki Anne Wilchins, and Clare Howell, 11–17. Los Angeles: Alyson Books.

Wilchins, R. A.（2002b）"A Certain Kind of Freedom: Power and the Truth of Bodies–Four Essays on Gender." In *Genderqueer: Voices from Beyond the Sexual Binary*, edited by Joan Nestle, Riki Anne Wilchins, and Clare Howell, 21–63. Los Angeles: Alyson Books.

Wilchins, R. A.（2002c）"Gender Rights Are Human Rights." In Genderqueer: Voices from Beyond the Sexual Binary, edited by Joan Nestle, Riki Anne Wilchins, and Clare Howell, 289–297. Los Angeles: Alyson Books.

Wilkins, Lawson, M. Grumbach, J. Van Wyck, T. Shepherd, and C. Papadatos（1955）"Hermaphroditism: Classification, Diagnosis, Selection of Sex and Treatment." *Pediatrics* 16, no. 3: 287–302.

Williams, Carolyn（2003）" 'Sweet Hee-Shee-Coupled-One': Unspeakable Hermaphrodites." In *Indeterminate Bodies*, edited by Naomi Segal, Lib Taylor, and Roger Cook, 127–138. New York: Palgrave Macmillan.

Wilson, Angelia R.（1993）"Which Equality? Toleration, Difference or Respect." In *Activating Theory: Lesbian, Gay, Bisexual Politics*, edited by Joseph Bristow and Angelia R. Wilson, 171–189. London: Lawrence & Wishart.

Wilson, Elizabeth Ann（1998）*Neural Geographies: Feminism and the Microstructure of Cognition*. New York: Routledge.

Wilson, Elizabeth Ann（2002）"Biologically Inspired Feminism: Response to Helen Keane and Marsha Rosengarten, 'On the Biology of Sexed Subjects'." *Australian Feminist Studies* 17, no. 39: 283–285.

Wilson, Elizabeth Ann（2004a）"Gut Feminism." Differences: *A Journal of Feminist Cultural Studies* 15, no. 3: 66–94.

Wilson, Elizabeth Ann（2004b）*Psychosomatic: Feminism and the Neurological Body*. Durham, NC: Duke University Press.

Wilton, Karen（1997）"The Third Sex." *Next*, November: 54–58.

Wisniewski, A. B., and C. J. Migeon（2002）"Gender Identity/Role Differentiation in Adolescents Affected by Syndromes of Abnormal Sex Differentiation." *Adolescent Medicine* 13, no. 1: 119–128.

Wittig, M.（1995）"One Is Not Born a Woman." In *The Lesbian and Gay Studies Reader*, edited by H Abelove, M. H. Burdle, and D. Halperin, 103–109. New York: Routledge.

Wolff, Charlotte (1986) *Magnus Hirschfeld: A Portrait of a Pioneer in Sexology*. London and New York: Quartet Books.

Woolhouse, R., ed. (1988) *George Berkeley: Principles of Human Knowledge/Three Dialogues*. London: Penguin.

Wright, P., and A. Treacher, eds. (1982) *The Problem of Medical Knowledge: Examining the Social Construction of Medicine*. Edinburgh: Edinburgh University Press.

Yolton, J. W. (1985) *John Locke: An Introduction*. Oxford: Basil Blackwell.

Young, Iris Marion (1990) *Justice and the Politics of Difference*. New Jersey: Princeton University Press.

Young, Iris Marion (1997) *Intersecting Voices: Dilemmas of Gender, Political Philosophy and Policy*. Princeton, NJ: Princeton University Press.

Zeitlin, Irving M. (1968) *Ideology and the Development of Sociological Theory*. Englewood Cliffs, NJ: Prentice Hall.

Zita, Jacqueline (1994) "Male Lesbians and the Postmodernist Body." In *Adventures in Lesbian Philosophy*, edited by Claudia Card, 112–132. Bloomington: Indiana University Press.

Zola, Irving (1972) "Medicine as an Institution of Social Control." *Sociological Review* 20: 487–504.

Zondek, B. (1941) *Clinical and Experimental Investigations on the Genital Functions and Their Hormonal Regulation*. Baltimore: Williams and Wilkins.

Zucker, Kenneth J. (1999) "Intersexuality and Gender Identity Differentiation." *Annual Review of Sex Research* 10: 1–69.

原註および訳註

序　論　ジェンダー惑星を周回する

（1）　私はここで後のデイヴィッド・レイマーについて言っている。彼は幼児のとき，稚拙な割礼手術によって陰茎を失った後，マネーの勧めで性別の再割り当てを受けて女児として育てられた。Hausman［2000: 114–138］を見よ。

（2）　そうした攻撃のうちもっともよく知られているのは『ローリング・ストーン *Rolling Stone*』誌のジャーナリスト，ジョン・コラピントによるものだったのかもしれない。Colapinto［2000］を見よ。

（3）　ここで私が用いるハイフォンについては，本章「タームと定義について」を参照。

（4）　マネーは他方，いやいやながらフェミニズムがジェンダーに関する彼の諸理論に影響を与えたことを認めた。

（5）　このことは，ジェンダーが言語の道具でなくなったことを示すのではない。むしろジェンダーが男らしさや女らしさとしての性格，行動，アイデンティティの徴表となったとき，その概念としての重みが指数関数的に増大したことを示唆する。

（6）　自然的ジェンダーとは，『オックスフォード英語辞典』によれば，現代英語の特徴のひとつで，「名詞は，その示す諸対象が男，女，もしくはそのどちらでもない性であるのに応じて，男らしく，女らしく，また中性的になる。また，名詞のジェンダーは，ある事物を指し示す際に使われるべき代名詞を決定する以上の統語論的な効果はもっていない」（http://dictionary.oed.com/cgi/entry/50093521?query_type=word&queryword=gender, s. v. Gender n. 2）。

（7）　ハウスマンによるマネーの初期の研究に対する精確な読解は，本書の第 1 章と第 3 章において展開される，鍵となる諸議論のいくつかの土台として役に立つ［Hausman 1995: 72–109］。

（8）　ダナ・ハラウェイは正しくも「ジェンダー・アイデンティティ」というタームの導入をストーラーに帰している（1963 年頃）が，誤ってマネーの企図をストーラーのそれへ連続するものとして位置づけている［Haraway 1991］。

（9）　半陰陽事例管理のこれら文化的諸批判の多くはセックス／ジェンダー区別を前提としているが，そうすることの理論的危険性に注意を喚起する者たちもいる［Fausto-Sterling 2000; Hausmann 1995］。ひと口に言えば，セックスが「天然のもの（real）」として自然に割り当てられ，ジェンダーが「構成されたもの」として文化に割り当てられるとき，身体の諸部分の再構成そして／あるいは切除をとお

して実現される「セックス」の実質的な構成は不明瞭になる。

(10) Crasnow [2001: 138–148], Dreger [1997a; 1998a, b, c; 2000], Fausto-Sterling [1993; 2000a, b, c], Findlay [1995], Frader et al. [2004], Hird [2003], Holmes [1995; 1998; 2002], Karkazis [2008], Kessler [1990; 1998], Morland [2005a, b], Preves [2000; 2002], Roen [2004a; 2008], Turner [1999], Warnke [2001].

(11) 奇形学は 19 世紀初めに研究分野として出現した。そしてそれは胎生学の先駆だった。奇形学の関心は「怪物的なもの」の研究だった。

(12) 18 世紀の医師ジェームズ・パーソンズは，間違った性別を割り当てられた者への歴史的，文化的，宗教的な反応の数々に関する報告を，雌雄同体に関する自身の論文に盛り込んでいる。彼らの多くは儀式の捧げ物にされていた。Parsons [1741].

(13) ここで私は LGBT の組織，ウェブ・サイト，クィア・スタディーズをとくに念頭においている。

(14) Dreger [1997a, b; 1998a, b, c], Findlay [1995], Hausman [1995], Holmes [1995], Kessler [1990; 1998], Preves [2002].

(15) もちろん，再割り当てされたジェンダーにたいへん満足しており，異性愛者，ゲイ，レズビアンとしての曖昧でないセクシュアリティをもっている半陰陽の成人も大勢いる。

(16) 半陰陽者は医学写真のおかげで，医学文献なら随所で見つけられる。こうした図像がもつ機能についての意味論的な解釈については，Hausman [1995: 84–90]。

(17) ジェンダーと半陰陽事例管理が，実践的には不可能でも理論的には，男女いずれかの性別を有することをとおして，統合された合理的な単一の主体であること，あるいはそうなることになることを可能にする仕方を拡張することに，どのようにして寄与したのかについて考えるのもまた有益かもしれない。

(18) Kessler [1998: 90] で参照されている。ケスラーによれば，それは雌雄同体あるいは半陰陽がとりうる存在論的地位のどんな希求よりもラディカルな位置取りである。より以前の仕事において，ケスラーは，いわゆる真雌雄同体とされる人々――彼らは卵巣と精巣をそれぞれひとつずつ有するか，もしくは卵精巣として結合した状態で有する――はきわめて希少だとまず主張し，続いて「曖昧な外性器」を有する人々のほとんどは，本当はまったく半陰陽ではないと主張していた。こうした主張は独特なかたちであれ，たしかに一種の消去の形態である。Kessler [1990: 5].

(19) 私はこの問題を，半陰陽から DSD つまり「性発達障害」への，最近のきわめて論争的な用語体系の転換という観点から，第 5 章において詳細にとりあげる。

(20) 擬人化（anthropomorphization）として知られる，動物，鳥，および昆虫の行動の解釈枠組としてジェンダーを用いる生物科学にもまた，かなりの著述がみられる。比較的最近の例として，Bagemihl [1999], Roughgarden [2004]。

(21) 怪物の科学的な研究や分類は 19 世紀初めに奇形学を生み出した。しかしながら雌雄同体が先立つ諸世紀のいくつかのコンテクストにおいて，怪物として分類されていたということは特筆すべきことである。

(22) 1990年代後半より前に書かれた医学文献のほとんどすべてにおいて，議論は，介入がどのような形態をとるべきなのかに集中し，介入すべきなのかということは決して議論されなかった。介入しないという課題が議論に入ってきたのは，ほんのここ5,6年のことにすぎない。

(23) 地域文化的知識は時間，場所，文化に固有の日常的な理解に関連する。

(24) ナンシー・チョドロウもジェンダーの関係主義的なモデルで名高い［Chodorow 1971; 1978; 1979］。

(25) ゴフマンは自身の企図をシンボリック相互作用論に依拠するものと理解していたわけではないにせよ，その主要な貢献者のひとりとして認知されている。シンボリック相互作用論は，人々が自己の感覚を構成し呈示する仕方や，相互行為をとおして意味がどのように創造されるのかを解き明かそうとする。したがってそれはポスト構造主義の諸側面に共鳴する。二つの考え方のあいだの類似点を分析したものとしては，Dunn［1997］。

(26) マネーとゴフマンは二人とも，性差が個人的かつ社会的に作り上げられていく仕方の説明を提起したが，もちろんその目的は彼らそれぞれかなり異なった。

(27) ゴフマンのジェンダー分析はポスト構造主義者による同様の批判を先取りしていた。1990年以来，ジュディス・バトラーはジェンダーが行為遂行的であるという考えの提唱者として知られているが，ゴフマンの分析はバトラーに15年先立っていた。

(28) 第4章と第5章で説明するように，それらはこの観念が再生産される唯一の場所というわけではない。

(29) 本書は後にこの同じ相互作用を，神経細胞・生殖細胞，環境，経験のあいだのそれとして枠づける。

(30) 欠損（impairment）と障害（disability）のあいだに二元的な関係を設けることで，身体を障害から（皮肉にも）排除する強面の社会モデルを求める傾向に対する近年の批判を，私は承知している［Thomas 2007］。乳幼児や子どもが臨床的なコンテクストで処置の必要を認定される際，いかなる社会福祉機関にも制限されていなかったという事実も知っている。

(31) ストーラーは性的主体性の社会文化的な諸成分を社会科学のために残した。

(32) そのプロセスは，この区別をフェミニストが採用することによって少なからず促進された。

(33) 1980年代および1990年代のフェミニスト文献は，よく知られた面白い主張，つまりジェンダーはフェミニストの「発明」だという主張がおこなわれていたことを証拠だてる事実を除き，この章の分析には含まれない。

第1章　マネーとジェンダーの生成

(1) 以下『紀要』と略記する。

(2) ここで私が念頭においているのは，単独の包括的原理を用いて複雑な社会現象を通歴史的かつ汎文化的に叙述し分析しようとするマルクス，フロイト，パーソンズなどのいくぶん野心的な試みである。

(3) この当時，心理学はウェリントンのヴィクトリア大学哲学部のなかの一プログラムだった。

(4) Money［1986a: 5］. ビーグルホールは 1930 年代，コモンウェルス奨学金によってイェール大学に留学し，マーガレット・ミード，ルース・ベネディクト，その他の心理学的人類学の始祖たちとともに研究をおこなった［Ritchie & Ritchie 2000: 42–43］。マネーは自身のジェンダーとセクシュアリティの理論を支えるために人類学的な資料を参照した。たとえば，Money et al.［1970］。

(5) 未公刊。この情報は，Money［1986a: 5–18］の序文からのものである。

(6) この部分の論述でマネーは半陰陽としての自己の感覚が可能であることをある程度認めている。しかし本章以降で論じるように，医学と性科学の言説は非常に不寛容であって，そうしたものが不可能であるかのようにみなした。

(7) Dreger［1995; 1997b］, Zucker［1999: 5］も見よ。

(8) *Dorland's Medical Dictionary*（W. B. Saunders 2000）.

(9) ノイゲバウアーの同時代人で英国人のデヴィッド・ベリー・ハートは，「真雌雄同体」というものが存在しないとするならば，「偽雌雄同体」というカテゴリーは存在しないカテゴリーから派生することになり，論理的に不可能であると述べている。そこで 1914 年，彼は医学用語としての雌雄同体は完全に廃絶すべきだと主張した。Dreger［1998b: 156］.

(10) マネーは性腺が人の性別の真理を明らかにするだろう，あるいはできるだろうとの想定をおこなった際，結局，接頭辞の「偽」を削除した。また彼の見るところ，偽性説は分化していない性腺組織を有する人を説明できないため無用だった。こんにち「半陰陽」に代えて DSD という略号あるいは性発達障害という呼称を用いる北米の半陰陽支援団体の主流が，これに類似した説明を対話の方便として用いている。

(11) マスターズとジョンソンは 1960 年代まで公刊しなかったが，調査はこの時期に開始していた。

(12) こうした学術誌としてはほかに，*AMA Archives of Neurology and Psychiatry, Journal of Clinical Endocrinology, Psychosomatic Medicine* がある。

(13) 私は「不確かな」というタームを試しに用いてみる。雌雄同体をめぐる言説の主流は過去数世紀にわたって雌雄同体を曖昧，未完成，欠如あるいは過剰として枠づけてきた。

(14) 性的アイデンティティというタームを同性愛，異性愛，両性愛（こんにちではセクシュアリティとして理解されるようになった）という性愛的な指向の意味で用いることは，英語ではさらに後になっておこなわれるようになった。

(15) パーソンズは家族ユニットに成人のパーソナリティの安定化という重要な役割も与えている。

(16) この部分の分析は，20 世紀の医療における雌雄同体の扱いを論じたバーニス・ハウスマンに負っている［Hausman 1995: 72–109］。

(17) 心理社会的なものを特権視することには当時から異論があったし，こんにちでもそうである。

(18) ジェンダー違和，ジェンダー同一性障害はアメリカ心理学会が認定した診断名であって，身体の形態と男性あるいは女性としてのアイデンティティのあいだに不一致がある人々に適用される。同性愛者，レズビアン，両性愛者は1973年にいたるまで，トランスセクシュアル，異性服装倒錯者，性的嗜好がふつうでない人々（あるいは「パラフィリアの人々」）とともに不快な人々とされていた。GIDが精神病であるのか否かについての現代の精神分析界の議論については，Hausman［2003］。

(19) 臨界期の概念はローレンツの刷り込み理論においても重要だった。

(20) ここで胎生ホルモンとして述べられているのがアンドロゲン物質，テストステロンであることを註記しておくべきである。テストステロンの放出は以前から胎生の脳を「男性化」するものと理解されてきた。Fausto-Sterling［2000a: 170–194］.

(21) Money［1995: 95–108］も見よ。

(22) 学習が生物学的機能であるという考えをそれ自体として批判する意図は，私にはない。しかしジェンダーについてのマネーの永遠性の主張には，私は異論をもっている。ジェンダリングは人生の全行程をとおして継続的に強化されたり反復されたりする主体性の一側面である。ジェンダリング過程の自己充足的分析として，Butler［1990］, Goffman［1977］, West & Zimmerman［1998: 104–124］。

(23) 半陰陽でない場合，不完全なコーディングはトランスセクシュアリズムとしてあらわれるという［Money & Ehrhardt 1972: 20］。

(24) その過程が直線的だとか苦痛をともなわないと言いたいのではない。

(25) マネーの固定説は，ここ10年における発達神経科学の知見によってますます掘り崩されてきている。新しい知見によれば，神経経路は全人生を通じて新たな刺激に対して反応し続ける。1950年代後半以降の神経科学の理論的転換のいくつかを概観するには，McKhann［2002］を見よ。

(26) このサンプル数は増え続け，翌年までには94件に達した［Money 1956: 43］。

(27) 男性ホルモン，女性ホルモンという呼称の「誤った配置」についての優れた議論として，Fausto-Sterling［2000a: 170–194］を見よ。

(28) たとえばテストステロンは女性の卵巣および副腎から分泌され，エストロゲンは男性の精子形成に不可欠である。さらに，テストステロンは体内で用いられる際，まずコレステロールに変換され，その後エストラジオール（女性ホルモン）に変換される。

(29) 無形成（agenesis）とは身体部位が発達しないことを指す医療用語である。この議論のコンテクストにおいて問われているのは卵巣である［Walker 1991: 17］。冗談だが，Y染色体を有する人々（多くは男性）の多くは卵巣が発達しなかったため性腺無形成になっているといえる。

(30) マネーたちはクラフト＝エビングの男性中枢，女性中枢の理解に対しても，男性中枢は男性しか有さず，女性中枢は女性しか有さないと捉える点で反対している。これについては続く議論で明らかにする。

(31) こんにちでは性的発達における染色体の役割と遺伝の影響をますます強調する

ようになっている。第5章と第6章で議論するように，米国では遺伝学者は新しい診療モデルの開発と最近の用語体系の転換において最前線に立っている。

(32) マネーは数年後，性革命を完全に肯定し，そのことが彼の女性セクシュアリティについての考え方にかなりの影響を与えたことは註記に値する。

(33) 割り当てられた性別にマネーたちが認めた重大な意義に対して疑問を投げかけるような事例に直面した場合，臨床家と両親の決然とした態度を求めるのが常だった［Stoller 1968］。

(34) これがマネーの博士号研究の基礎的知見であることに留意。

(35) つまり同性愛，レズビアン，両性愛になるのではないかとの不安。

(36) パーソンズは，時空間を超越した普遍的カテゴリーのセットによって社会の一般科学を構成しようと試みた。それによってパーソンズは歴史を軽視しているとの非難を受ける。パーソンズの理論的プロジェクトに対するもっとも厳密な批判として，Mills［1959］がある。

(37) 女性のオーガズムをこのように理解するにあたって，ハンプソンが自身の身体によって得た知識と経験はどのような役割を果たしたのだろうか，この文言から疑問が生ずる。

(38) ここでマネーたちが言っているのはアドレナリン亢進症と診断された女性のことである。

(39) 陰核の実際の構造については，多くは推測されていたものの，最近までほとんど何も確かめられていなかった。泌尿器外科医ヘレン・オコンネルのMM技術を用いた草分け的な研究がそうした状況を一変させた［O'Connell & DeLancey 2005］。

(40) 経験的証拠が僅少だったにもかかわらず，臨床家たちは何十年もこの勧奨に従い続けた。

(41) マネーの要項には存在した，若者への教育の部分が半陰陽事例管理の実践ではおこなわれていないことに注意。これは半陰陽アクティヴィズムとして知られる政治運動に弾みをつけた中心的要因のひとつである。第6章を参照。

(42) 北米における反=セクシュアリズムへのマネーの批判としては，Money［1985a, c］。

(43) 2002年の研究によれば，男性を割り当てられた人の平均5.8%，女性を割り当てられた人の平均2.1%が性器手術を受けている［Wisniewski & Migeton 2002］。

(44) 皮肉なことに，彼らの分析は雌雄同体者／半陰陽者の現存にまでは拡張されることがなかった。あらゆる「事実」が機能をもつならば，雌雄同体の歴史貫通性はどのような機能をもっていると分析できるだろうか。

(45) 遺伝子研究の近年の知見によれば，人々一般における染色体のヴァリエーションはかつて推定されていたよりも大きい［Cohen 2005; Dewing et al 2003; Rosario 2005］。

(46) マネーが示した例は，成人前の骨組織の発達におけるくる病およびクレチン病の影響だった［Money, Hampson & Hampson 1957: 335］。

(47) ローレンツが同様の実験をおこなった他の種類の鳥ではまったく成功しなかっ

たことは，註記に値する。

(48)　1980年より以前には，マネーは性に還元不能なものと「性に付随するもの」の対比［Money & Ehrhardt 1972: 19］，および「性に応じて恣意的なもの」［Money & Ehrhardt 1972: 19; Money & Tucker 1977: 33］の対比を立てていた。四つの次元の考えを出版で明らかにしたのは1980年のことだった［Money 1980: 137–144］。

(49)　ファロス構造が男性向きか女性向きかを評価するにあたって半陰陽事例管理が排尿姿勢をたいへん重視しているのは，直立姿勢での排尿が男児，男性にとってきわめて重要だと考えられているためである。この考え方にみられるエスノセントリズムへの批判として，Beach［1987］。

(50)　この議論のコンテクストにおいて，マネーは性愛における役割というものを，能動的／受動的，支配／服従といった意味ではなく，男性と女性の生殖能力の意味で理解している。

(51)　極度の男らしさ，極度の女らしさを不適応と評価したように見えるマネーの報告に対する分析として，Kaplan［1980: 85］。カプランは，ターナー症候群と診断された女性が非＝半陰陽女性の統制グループを女性ステロタイプとの親和性において上回っていることをマネーが報告したことの含意について論じている。Bem［1981］, Fried［1979］も見よ。

第2章　ストーラーの魅惑の二元論

(1)　この論文の修正版は1968年のストーラーの著書のひとつの章として現われた［Stoller 1964a; 1968］。

(2)　この傾向への批判として，Braidotti［1994］, Canguilhem［1978］, Epstein［1995］。

(3)　たとえば，Curthoys［1998］, Gatens［1996］, Hare-Mustin & Marbeck［1998］, Segal［1990; 1990］, Unger［1979b］を見よ。

(4)　カリフォルニアのスタンフォード大学から修士号を受けた後，ストーラーはカリフォルニア大学（バークリーとサンフランシスコ）から医学博士号（精神分析学）受けた。南カリフォルニア大学に籍を固める前，米空軍の医療部隊で精神分析医として勤務していた。OAC, "Stoller (Robert J.) Biography."

(5)　West et al., "Robert J Stoller"; Haraway［1991: 133］.

(6)　ベンジャミンはこのプロジェクトに参加した唯一の内分泌学者だった。当時内分泌学はまだ性別の多様性の説明にかなりの影響力を残していた。つまり，この段階で「ホルモンの時代」は終わりつつあったことが註記されなければならない。

(7)　マネーが研究をおこなっていたジョンズ・ホプキンス病院は，このときまでにすでに10年近く半陰陽者の診療をおこなっていた。

(8)　マネーの回顧によれば，彼が最初にジェンダー・アイデンティティというタームに気づいたのは，カリフォルニア大学ロサンゼルス校での同僚エヴリン・フッカーとの往復書簡のなかでだった。マネーが言うには，彼は，ジェンダー・アイデンティティをジェンダー役割から分離したことに有責なのは，1950年代後半から定期的に会合をもっていた，ロサンゼルスを本拠とする精神分析医グループの

人々であると，ストーラーから学んだ。Money［1995: 23］.

(9) Garfinkel［1967］, Oakley［1972］, Archer & Lloyd［1982］, Chodorow［1978; 1979］, Roszak & Roszak［1969］, Sherman［1971］.

(10) ストーラーのこうした頑迷さは，当初女児として育てられ，後に男児へと性別の再割り当てを受けた小児についての彼の議論において明らかである。この事例については後に本章のなかで議論しよう。再割り当てを受けた後，その子は「算数の成績が学級内で最優秀になった。算数は，彼が自分を女児だと思っていたときには非常に苦手だった科目である」［Stoller 1964a: 222］。男児は算数に対する自然な適性を有し，したがって女児は有さないという考え方は，かなり多くの研究によって完全に否定されているし，もっと決定的なことに，学齢期の子どもたちの試験結果がこれを否定している。にもかかわらず，これは文化的社会的な「事実」として支配的な考え方である。

(11) このことは，ジェンダー発達はアイデンティティ形成および相補性の両方に依っている，というマネーの主張を想起させる。これは精神分析学に依拠した親子関係の理論よりも洗練度の高い理解であるように思われる。

(12) ここでストーラーの立場はナンシー・チョドロウに代表されるような対象関係理論に沿っている。

(13) 近年では，MtF と FtM の割合は，女として生まれた人がホルモン療法と外科的な手段に頼ろうとする傾向がはっきりと強まっているため，かつてほど顕著な偏りがみられなくなってきた。Devor［1997］, Diamond, M.［2004］, Halberstam［1998; 2005］, Prosser［1998a］を見よ。

(14) Hausman［1995: 122］におけるベンジャミン。

(15) ここにはっきりと現われているのは，「ノーマル／病理的」関係が作動している一事例であり，ノーマリティがそれ自体としては理解不能であることの一例証である。

(16) 「ノーマルな人々」とは，ストーラーが著作中で長年にわたり奔放に使い続けたタームである。1980 年代の中頃になって彼はようやくその含意の問題を認め，使うのをやめた。Stoller［1985］を見よ。

(17) ストーラーはメアリーについて「女性のノーマルなヴァリエーションとしてよく見られる程度の陰核の肥大すら見られない」［Stoller 1964a: 221. 強調引用者］と，きわめて強烈なコメントをおこなっている。このコメントはいくつもの問いを招来する。このことは XX の乳幼児に対する陰核切除にとってどんな意味を有するだろうか。陰核がノーマルなヴァリエーションの範囲を超えるというのは，どの程度の大きさをいうのだろうか。

(18) 尿道下裂とは比較的よく見られる症状で，尿道口が陰茎の先端以外の場所にあることをいう。

(19) 「アグネス」はハロルド・ガーフィンケルがこの人に与えた仮名である。ガーフィンケルのよく知られた著書『エスノメソドロジー研究』［Garfinkel 1967］のかなりの部分が，アグネス事例にもとづいている。

(20) アンドロゲン不感性症候群という「症状」は，卵巣ではなく精巣を有するため

「男性偽雌雄同体」という上位カテゴリーに含まれる。これは，マネーの最初期における雌雄同体分類では模擬女性（stimulant female）と呼ばれている。

(21) 1900年代初頭，男性ホルモンにテストステロン〔testesは睾丸〕，女性ホルモンにエストロゲン〔estrusは発情〕という名が与えられたが，生物学ではこうした名付けが二重の誤称であることが長く知られていた。男性もアンドロゲンを分泌し，女性もテストステロンを分泌しており，異なるのは両物質の割合である。しかも性別とは無関係に，両物質は蛋白質合成，骨格，神経の働きにとって必須である。

(22) これは，マネーが，どんな子どもでも割り当てられた性別で十分に育てられうるという自身の理論を証拠だてるものと考えたハンプトン夫妻（といまは亡きデヴィッド・レイマー）の事例研究とパラレルである。近年明らかになったように，ハンプトン夫妻の「実験」は，マネーが1970年代を通じて主張していたようには成功していなかった。私たちはこうした例から，研究者が自身の提唱する理論に熱中しすぎるとどれほど判断が狂いやすく，それによってどれほど現実的で破滅的な結果がもたらされうるかに思いを致すべきだ。

(23) バーニス・ハウスマンは，女性から男性への性転換手術において健康な乳房と卵巣組織を切除することを「犯罪的」とした，デヴィッド・O. キャルドウェルの1949年の論説「性転換の精神病」を引いている［Hausman 1995］。ハウスマンはこの件の脚注で，彼女が引退した病理学者と交わした会話を回想している。その病理学者が言うには，健康な生殖器官が検査のため研究室に到着するたび，彼の病理学班は苦悩に包まれた［Hausman 1995: 225–226, fn 43］。

(24) ストーラーは騙されたことについて「後悔」を記しているが，アグネスが彼とその同僚たちをいかに上手に騙したかを述べるくだりはどこか楽しげである［Stoller 1968: 136］。

(25) この議論において役割とアイデンティティがずれていることに留意。ストーラーの分類が内的に不整合であることのもうひとつの暗示である。

(26) Karkazis［2008］を見よ。この本では，半陰陽者にとって「固定」がもつ本質的な二重の意味がとくに手際よく分析されている。

(27) ここで現在時制を用いたのは故意である。こんにちの医療言説にこの態度が見られるためである。

(28) こうした前提仮説を示す例としては，Butler［1990; 1993］，Edwards［1989］，Gatens［1996］。

(29) ここでマネーが生殖器を生殖能力と混ぜ合わせていることに留意。1950年代からこの本の公刊までのあいだに彼がおこなった多く（かなり）の仕事が純粋に快楽に動機づけられた性行動についての研究だったことを思うと，これは奇妙な変節である。

(30) 一例として，Sedgwick et al.［1995］の議論を見よ。セックスとジェンダーの二値論理をとおして，またそれを超えて思考するためのメタファーとして，ディジタルの代わりにアナログを用いるメリットについて論じている。

第3章　フェミニストがジェンダーと出会う

(1)　私はフェミニストのジェンダーの歴史を書くつもりはない。それはまったく別のプロジェクトであって，フェミニズムの本筋にかかわる研究である。本書における，フェミニズムを通じたジェンダーの探究は，その領域における半陰陽の登場と退場に着目している。

(2)　たとえば，Crawford［2000］, de Lauretis［1987］, Hawkesworth［1997］, Haraway［1991］, Nicholson［1994］を見よ。

(3)　一例として，メアリー・ホークスワースはつぎのように述べている。「元来ひとつの文法的クラスのなかのサブクラスのシステムを意味していた言語学的カテゴリーであったジェンダーの概念を，フェミニスト学者たちは男らしさと女らしさに関連する文化に固有の特徴を生物学的特質から区別するために適用した」［Hawkesworth 1997: 651］。ここでは性科学が省かれてしまっているため，ジェンダーというタームを言語学から直接フェミニストが借用したことになっている。

(4)　マリリン・ストラザーンによる分析が例外である［Strathern 1976］。

(5)　ここからの私の議論のなかでのセックスというタームの用法は，とくに断りがない限り性愛的な，あるいはリビドー的な行動を指さない。それはジェンダーの「対手」として措定したカテゴリーを指す。

(6)　マネーは最初の公刊モノグラフにおいて，身体と精神，自然と文化のデカルト的二元論を強く批判している。しかし皮肉にも，彼の研究は他の諸側面においては二値的な諸概念に依存している。後に私は，これがマネーの研究に見られる「ある」と「べき」のあいだの緊張を暗示していることを論ずるつもりである。Money［1957］を見よ。

(7)　マネーはニュージーランドを離れる前にマーガレット・ミードの社会人類学に浸かり，後にハーヴァードではタルコット・パーソンズに師事した。彼は胎生学，内分泌学，広範にわたる動物研究からも学んでいる。しかしここで議論しているコンテクストでは，私の関心は社会科学に対するマネーの関係にある。それはフェミニスト学者たちがもっとも注力したのが確認できるのが，そこだからである。

(8)　たとえば，Ginsberg［1977］を見よ。

(9)　グリアは修士論文（シドニー大学）でコモンウェルス奨学金を獲得し，それによってケンブリッジ大学ニューナム・カレジでの博士研究をおこなった。1968年，シェイクスピアの初期喜劇についての論文で英文学の博士号を取得し，ワーウィック大学で教えるようになった（1967–1973年）。1970年，『去勢された女』［Greer 1970］の刊行によって，グリアはブリテンにおける女性解放運動のパブリックな表看板となった。この間グリアはアナキストの性雑誌『サック』を創刊し，その欧州編集担当であった［Wallace 1997; Heidenry 1997］。

(10)　彫刻家，ヴィジュアルアーティスト，ライターであるケイト・ミレットは，1958年，オックスフォード大学セイント・ヒルダズ・カレジから修士号（最優秀）を授与された最初のアメリカ人女性である。彼女は1970年，コロンビア大学で比較文学の学位を授与され，同年，その博士論文を『性の政治学』［Millet 1971］として公刊した。

(11)「身体」と題された第一部に「ジェンダー」と題された章と「セックス」と題された章が見える。グリアにおいてセックスは性愛行動と性行動のみに関わる。

(12) ダニエルズは米国の学界の外ではよく知られていないが，彼女は 1970 年代をとおして雑誌『社会問題（*Social Problems*）』の編集者であり，「社会に生きる女性のための社会学者（Sociologists for Women in Society）」の会長であり，シカゴのノースウェスタン大学の社会学教授であって，したがってこの領域にフェミニストの学問が与えた衝撃を検証する好適な立場にある。

(13) フェミニズムに特化した研究が学界に拡がったことで，女性研究の学部が形成されていった。1974 年時点で女性研究の専攻プログラムを有する高等教育機関が米国内に 80 以上存在し，それ以外に 1,000 以上の高等教育機関がさまざまな女性研究コースを有していた。"The Feminist Chronicles." The Feminist Majority Foundation.

(14)『女性と公共利益』を刊行したとき，バーナードはペンシルヴェニア州立大学の名誉研究員（Research Scholar, Honoris Causa）であった。彼女の社会学博士号は 1935 年，ワシントン大学から授与された。

(15) たとえば，English［1977］, Gould & Kern-Daniels［1977］, Hubbard, Henifin & Fried［1979］, Millman & Kanter［1975］を見よ。

(16) ユリアンはこのモデルを開発していた頃，マサチューセッツ州ボストンのウィーロック・カレジの心理学部の教員だった［Archer & Lloyd 1982: v］。

(17) ローダ・アンガーは 1966 年，ハーヴァード大学で実験心理学の博士号を取得し，モンクレア大学とブランディーズ大学の心理学と女性研究の教授として，長く卓越した経歴を重ねた［Brandeis University 2003］。

(18) 当時認識されていた半陰陽の診断カテゴリーの各々についての説明には，これまたマネーの『男と女』［Money & Ehrhardt 1972］から取られた 6 枚の写真が掲載されている。臨床的な観点から撮影されたこれらの写真は，全裸の被写体を計測格子の前に立たせ，気まずい姿勢をとらせている。彼らのアイデンティティを守るために顔は黒いマルで塗りつぶされている。しかしこの黒マルにはもうひとつの効果がある。被写体の身体を客体化する働きである。別の写真は，副腎性器症候群（androgenital syndrome）の幼児の外性器の 4 枚のクローズアップ写真から成る。これを見て驚くのは，外性器をカメラに最大限露出しようと，外性器周辺を大人の指が押し広げていることである（ひとつなど，幼児の外性器の小突起の先端，あるいは陰核を露出させるため包皮を剝き出しにしている）。Hausman［1995: 84–93］は，こうした類の図像の精密な意味論的読解をおこなっている。

(19) ここで最初期と言ったのは，マネーの視角が 1970 年代をとおして変化したという事実があるためである［Money & Ehrhardt 1972; Money & Tucker 1977］。

(20) ターナー症候群とは XO 染色体の人々を指す。

(21) ディナーステインは『性幻想と不安』(1976 年）を書いていたとき，ゲシュタルト療法家でもあった。彼女によれば，この本は 1966 年から 1974 年までラトガース大学の心理学の学部生たちを相手にテストしていた，試行中や完成したアイデアのなかで育まれた［Dinnerstein 1976: vii–xv］。

(22) チョドロウにとって，子育てはディナースティンにおけるようには問題でなかったことに注意。チョドロウはその効果——女性の関係的な性質——を社会関係のポジティヴな帰結とみていた。

(23) ミードの方法論は，彼女の科学の積極的な価値と中立性に対する揺るぎない信念とともに，1980 年代以降厳しく批判されてきた。しかしレイナ・ラップが註記しているように，ミードが「セクシュアリティ，婚姻および生殖が個人や集団の経験を構造化し，またそれによって構造化されてゆく，ライフサイクルと文化的コンテクストの可塑性を強調」したことは，ひとつのフェミニスト人類学の土台となる［Rapp 2003］。ミカエラ・ディ・レオナルドはミードを鮮やかに再評価し，最初にしてもっとも痛烈なミード非難を支えた新右派アジェンダに対する強力な批判をおこなった［Leonardo 2001］。

(24) フェミニスト研究がゲットー化する恐れがあるという懸念は，分野を超えて理論家たちの共有するところである。たとえば，Gould & Kern-Daniels［1977］，Unger［1979a, b］を見よ。

(25) 「女たちの交換」を書いたとき，ゲイル・ルービンはミシガン大学で人類学の博士号研究に取り組んでおり，そこの女性研究プログラムで教えていた。この論文は，ひとつには女性の抑圧をマルクス主義的に分析することの限界に対する応答として書かれた。ルービンはミシガン大学でマーシャル・サーリンズが教えていた部族経済のコースを，この論文を「直接に促した要因」として挙げる。Rubin & Butler［1998: 38］.

(26) 私としては，ルービンの言う強制的異性愛も，女性のセクシュアリティないし，ほとんどのセクシュアリティと同様にジェンダーにもとづいていると言いたい。

(27) ルービンの論文が収録されている論集の総合文献目録には，マネーとイアハートの『男と女』［Money & Ehrhardt 1972］が挙げられている。この論集のなかでジェンダーというタームを用いたのはルービンだけだったが，『男と女』は，この論集の編者レイナ・ライターの書いた序章に関連づけられている。

(28) マリリン・ストラザーンは英国の人類学者で，ケンブリッジ大学ガートン・カレジで博士号を授与された。ここで議論している論文は，ストラザーンがパプア・ニューギニア大学を本拠としていたときに書かれた。

(29) 同様の分析として，Goffman［1977］の冒頭の議論を参照。

(30) フェミニストの理論形成においてジェンダーが「正しい」タームとして定着するとすぐ，性的アイデンティティというタームは性愛的でリビドー的な性向にもとづく諸アイデンティティを概念化するために活用されるようになった。

(31) 結局のところ「性の社会学」は実現しなかった。その理由の一端は，おそらくマネーが述べたことである。つまり性は卑猥だが，ジェンダーは肉体とあらゆる結合から引き剥がされた，清潔なタームだからである。ジェンダー社会学はじっさい発展し，いまや社会学のよく知られた一領域である。

(32) トレスマーはハーヴァード大学で博士号を取得し，この論文を書いたときはヴァーモント州で精神分析家，コンサルタントだった。彼がこれを書いたのは，男性のフェミニスト主体というものが存在したときだった。この主体の位置取りが

消滅してゆくのと，権利中心の政治から性差の認識論への転換はパラレルだった。

(33) ケスラーとマッケンナがこの本を書きはじめたのは，二人がニューヨーク市立大学の社会的性格博士号プログラムの大学院生だったときだった。二人は社会心理学の最初のトレーニングをスタンリー・ミルグラムの指導下で授かった。ミルグラムは特定の理論的立場と結婚するより，現象をそれ自体として研究するよう教えたと，二人は述べている［McKenna & Kessler 2000: 66］。この本が公刊されたとき，マッケンナはサラ・ローレンス大学で教えており（この本が原因で彼女は一時職を失った），ケスラーはより進歩的なニューヨーク州立大学パーチェイス・カレジの学科構成員だった［McKenna & Kessler 2000: 66–67］。

(34) レイモンドは，トランスセクシュアリズムおよびトランスセクシュアルに対する激しい非難によってよく知られている［Raymond 1994］。

(35) シルヴィア・ベインズがレイモンドに問うているように，「身体的な曖昧性に手術をおこなうのは正しいとみなすべきなのに，心理的な曖昧性を感じる人に手術をおこなうのはいけないのだろうか」［Baynes 1991: 59］。

(36) この論文を書いたとき，フライドはハーヴァード大学で英文学の博士キャンディデートだった。女性運動で活動しており，フリーの編集者として地歩を確立していた。ライター，フェミニストのざまざまな「文化イヴェント」のオーガナイザーでもあった。Fried［1979: 59］。

(37) ジェンダー概念の歴史を書き，セックス／ジェンダー区別を批判するにあたって最大の障害は，英語という言語を支えているこの同語反復と二元性である。

(38) 哲学者のアリソン・ジャガーは，私たちが身体について知る方法と自然を知る方法について同様の分析をおこなった。ジェンダー中立な代名詞，固有名詞を導入することで言語をラディカルに再構成するための議論をおこない，彼女は複数形から派生する総称代名詞，つまり tey, tem, ter(s) という形式を適用する。Jaggar［1977: 95］.

(39) マネーがまず文献学からジェンダーを取り出し，それからジェンダー習得を言語習得に結びつけたことを思い出してほしい。

(40) アン・ファウスト＝スターリングが例外である［Fausto-Sterling 1985］。そこには半陰陽とマネーの研究との長きにわたる交渉の出発点が表現され，いまやこの交渉は 20 年を超えている。

(41) これがラディカル・フェミニズムから文化的フェミニズムへの転換とともに，お馴染みのリフレインとなった。

(42) アンドロジーンのポジティヴなモデルを提唱した，もっとも知られたフェミニスト心理学者はおそらくサンドラ・ベムである。ベムの研究をここで検討しないのは，彼女が 1970 年代初頭に男らしさ，女らしさ，およびアンドロジーンらしさを測定する手段を開発していたにもかかわらず，1980 年代までジェンダーというタームを用いなかったためである。

(43) 私が言いたいのは，マネーならこうした展開を思いとどまっただろうということだ。

(44) このエントリーは，同じく挑戦的な「男性のサイコ＝セクシュアルな脆弱性」

のエントリーと相互参照されている。

(45) 女性始原説はアルフレッド・ジョストによるウサギの胎生学的研究に由来する。ジョストは，後にジョン・マネーの最初期の支援者となる人物として読者は覚えているだろう，ローソン・ウィルキンスの共同研究者となった。自明の理のように扱われるようになった女性始原説についての詳細な批評として，Fausto-Sterling［2000a: 197–205］。

(46) Sherfey［1972］も見よ。

(47) 政治的，学問的フェミニズムという区別自体が恣意的である。

(48) 人種の政治に対する批評の広がりについては，Collins［2001], Davis［1981], Hooks［1984; 1989］。

(49) 精神分析（ラカン的伝統の）に対する関心の急激な高まりは，間違いなくフーコー的な分析がフェミニズムに対してもつ意味への関心とパラレルだった。

(50) 身体，性，そしてジェンダーに関する議論において二値論理によってもたらされる束縛を自覚すれば，こうした議論がほかのかたちでの循環や逆戻りに陥ることを回避できると私は言いたい。

(51) ゲイテンスの初期の批評は，後の諸分析の先駆を示している点で例外的である。

第4章 「ラヴマップ」とリマレンス

(1) Money［1995: 12］も見よ。

(2) 私はこの問題を扱ったフェミニストの学者がいなかったと言おうとしているのではない。ゲイル・ルービンの仕事を見よ。しかしながらルービンの仕事は，フェミニズムに分類されるのと同じ程度にゲイ・レズビアン研究でもある。じっさい彼女の業績は，性の理論としてはゲイ・レズビアン研究のほうがフェミニズムよりも適切な領域であることを示した有力な例である。Rubin［1993].

(3) この章における分析は主にマネーの『ゲイ，ストレート，そのあいだ』[Money 1988］に焦点を当てている。欲望に関する，彼のより完全に洗練されたジェンダー理論を説明しているからである。

(4) ウルリヒスの職業はハノーヴァー家の法律顧問で，同性への欲望を合法化すべく一生涯をかけて運動をおこなった。彼の仕事のほとんどはドイツの諸邦が統合される時代に書かれ，その内容はプロイセン法典143条（ドイツ国内での同性愛行為を犯罪とする条文）を採用することに反対する直訴だった。この条文は1871年，ドイツ帝国刑法175条として成立した。Bullough［1976; 1994].

(5) マネーは非=規範的な欲望の用語体系の改訂をおこない，名前をつけ直すことに有責だった。両性愛者はかつて倒錯者と捉えられていたが，こんにちでは――マネーのおかげで――，彼らは「パラフィリア」と呼ばれるようになった。

(6) なお，Garton［2004], Greenburg［1997］も見よ。

(7) 雌雄同体者の形姿に関心を寄せたのは性科学者たちだけではなかった。性科学理論に激しく反対していたジクムント・フロイトもまた，胎生の両性性の潜勢力について言及し，分化後の身体にも残存する生理学上の「『他者』の残滓」について論じた。Freud［1953: 7］を見よ。

(8) セクシュアリティの生殖パラダイムは陰茎と膣の相補性を，まるでそれらが自然な相同物であるかのように捉えた。

(9) キャサリーナ・ロウォールドは，原初的両性性の理論は，まちがいなく先天的セクシュアリティの性科学理論にとっての最重要の原理だとしている。なお，Rowold［1998: 158］, Bullough［2000］, Hekma［1994］, Herdt［1994］, Reed［2001］も見よ。

(10) ウルリヒスの伝記作者であるヒューバート・ケネディは，19世紀においては人の性的本能は魂のなかに位置すると一般に理解されていたと主張している。

(11) マネーはこの伝統を，続く議論において明らかになる諸理由のため拒否した。

(12) ウラニアンは，もとはドイツ語のタームであるウルニングに対する英語の等価物であるといわれる。

(13) ヒルシュフェルトの第三の性モデルは，性的中間者についての彼の理論の修正版である。修正前のモデルについては最終章で詳細に議論する。こんにち彼はその第三の性のモデルによってもっともよく知られているが，ヒルシュフェルトがそれを，国家によって犯罪者とみなされ，精神医学によって病理化された人々の必要に応えるべく，自分のオリジナルの図式を暫定的に政治的な用に資するかたちに変えて提出したという事実はあまり知られていない。ヒルシュフェルトにとって第三の性は，男性と女性という二つの特権的かつ虚構的なカテゴリーの明白な自然性を支援し補強するのに役立つ，一種のフィクションにすぎなかった。

(14) ジェームズ・ジョーンズによれば，クラフト＝エビングはしかしながら，ヒルシュフェルトの考え，とくに同性愛の考え方に関心を寄せるようになった。クラフト＝エビングは死の直前，同性愛は精神病理的症状であるという自身の見解を撤回し，代わりにそれは「自然に発生するもの」であるとした。Jones［1990: 63］.

(15) 19世紀の性科学言説における人種と性科学の交差についてのさらなる分析については，Bleys［1995］, Halperin［1990］, Reed［2001］, Somerville［1998］を見よ。

(16) こんにちではこのような矛盾の痕跡はほとんど残っていない。むしろ20世紀をとおして医学的，性科学的言説は「神話的な」ものよりも「奇怪な」ものを前提とし，自らの実践をとおして身体的曖昧さのスティグマから主体を解放しようと試みている。皮肉なことに，雌雄同体を神話の領域へと追放しようとしているのは，非＝規範的な身体を変形し封じ込める現代の医療実践である。

(17) キンゼイ研究所のマネー・コレクションに収録されている草稿に添付されたマネーの手書きノートは，このことの重要性を証している。「私は，自分がアルバート・エリスの論文についてレヴューを書いたのを完全に忘れていた。じっさい何年も前にエリスの論文を記載した文献目録を見たときにも，かつてそれに接したとは思い出さず，私が1955年の雌雄同体の諸論文でそれを参照しなかったのを悔いたものだ！」［Money, n.d., John Money Collection, The Kinsey Institute for Research in Sex, Gender, and Reproduction］.

(18) たとえば，Krafft-Ebing［1998: 200］の第129症例。マネーの業績から例を挙げれば，Money & Tucker［1977: 156–158］, Money, Hampson & Hampson［1955a:

296–298; 1955b: 310–317]。

(19) 性的行為と性的指向の区別は，性科学的研究だけでなく社会的研究においてもおこなわれ続けている。たとえばHIV/AIDS研究では，ゲイ男性と「男性と性交する男性」を明瞭に区別することは，セーフ・セックスの研究や教育計画にはとくに有益である。

(20) ジェンダーというタームが初期の性科学者たちにはまだ利用不能だったことを思い出すべきである。要するに1950年代によりも以前に，記述的なもしくは概念的な装置として性の理論においてジェンダーが不在だったのは，単にそれがまだ生まれていなかったためである。

(21) 科学的思考において，心理や行動における男らしさと女らしさを決定するのは外性器の形態であるという解釈が導かれた歴史的な経緯の分析については，Schiebinger［1993］, Spanier［1991］を見よ。

(22) ここで初期の共同作業に言及するのは故意である。女性として育った半陰陽者のほとんどが男性を好むという主張は，二形主義のレンズをとおして雌雄同体のエロティックな指向と行為を解釈しているのでなければ意味をなさない。

(23) もちろんこれはマネーひとりではない。マグヌス・ヒルシュフェルトが20世紀への変わり目においてリビドーを引き起こす原因は内分泌であると主張したとき，まさに同じことをした。ヒルシュフェルトはいわゆる性ホルモンが抽出されるおよそ10年前に，鍵を握る二つの物質に名前をつけるところまでいった。彼の伝記作家シャーロット・ウォルフによれば，ヒルシュフェルトは「近代科学の扉を叩くところまではいったが，扉を開くことはできなかった」［Wolff 1986: 15］。扉は開かれ，彼の考えの多くは証明されてきた。そのうちのひとつを私は最終章でとりあげよう。

(24) 同様の批判として，Simon［1996］。

(25) 彼が言及した民族誌の記録は1960年代後半，オーストラリアのノーザン・テリトリーのアーネムランド土着民を対象におこなわれた人類学の現地調査に対する彼自身の考察を含んでいた。Money et al.［1970］を見よ。

(26) 母親，あるいはより具体的に言えば母親／息子関係を原因として強調するロバート・ストーラーのトランスセクシュアリズムの病因学を想起せよ。マネーは，自分の仮説は母親の誘惑の代わりに父親の誘惑を導入することでフロイト派の正統なエディプス説を覆すと考えていた。

(27) ここには，半陰陽者を現在から認識論的かつ物質的に追放するのとパラレルな過程が現われている。いまここから追放された半陰陽者は，身体のレヴェルでモノセクシュアリティを強制する生命医学的衝動の餌食となり，ただひとつだけの性別を持つよう強制される。両性愛と半陰陽者の追放の比較分析については，Germon［2008］を見よ。

(28) なお，Money［1977］も見よ。

(29) こんにちの決定論の多くは生物学的か文化的かであるが，マネーの決定論は両方を内蔵している。

(30) これらの戦略は以下のものを含んでいた。つまり犠牲／補償，掠奪／捕食，商

業的／打算的，物神的／超常的，スティグマ的／相応，懇願／魅惑。

(31) より最近では，パラフィリアの特殊形態は合計すると 500 以上あることになる，というエイニル・エイグラワルによる提案がある。しかしこれほどの種類の性的実践や欲望の諸形態をざっとみるだけで，ほとんどあらゆる性的行動や幻想も実はここに含まれるだろうことがわかる。多くの文化的コンテクストにおいてスティグマタイズされ続ける領域の論者たちは，同性愛やレズビアニズムをここに含めることに同意するだろう。セクシュアル・ハラスメントや（いまとなっては）時代遅れな呼称となったワイフ・スワッピングもまた含まれる。序章において，エイグラワルは説得的に，性において通常性を構成するものを明確に定義するものは存在しないことを論じている。Aggrawal［2009］.

(32) なお，Money & Lamacz［1989］も見よ。

(33) マネーは両性愛ないしパラフィリアの理論化においてもっとも多様性を認めている。

(34)「系統発生学的なものは，私たちの種の成員それぞれに与えられ，私たちの『歴史』の一部として皆に共有されている」[Money 1995: 36]。いいかえれば，それは系譜学的に種の全成員に共有されているものを意味している。

第5章 危険な欲望——主体性としての半陰陽

(1) 人間の成長と行動，とくに性行動の医学的，性科学的諸理論の経験的証拠として，動物研究を用いるという広くおこなわれている慣行に対して，私はカッコつきの主張をおこなう。半陰陽者との関係でこの問題に関わる論文として，Dewing et al.［2003］。

(2) これは，疾病および不全・障害（半陰陽の「非＝秩序」を含めて）が医療的説明のなかで枠づけられてゆく過程について，エプステインが実質的な説明を与えた事例である。「真雌雄同体こそが，特記すべきことのない女性と男性がそこから逸脱するところの規範でなければならない」[Epstein 1995: 104]。なお，Tauchert［2001］も見よ。タウチャートは数学（ファジー論理として知られる）から持ち込んだモデルを提起して，半陰陽者を同様の仕方で位置づけている。つまり曖昧性は解決を要する問題なのではなく，二値的な配分における特権化された極点にいる人々がそこから逸脱するところの基準をなしている。どちらの視角も，アリストテレス論理学（A は非 A と同一ではありえない）からは排除されてしまう人々を，病理化も奇形化（つまり怪物化）もしない仕方で説明している。

(3) 医療研究にジョストの考えがもたらした結果についての明敏なコンテクスト読解については，Fausto-Sterling［2000a: 199–203］。

(4) マネーはこの考えを「イヴが先，アダムはその後」の原則として，多くの公刊本のなかで提唱した。たとえば，Money［1988: 13–14, 18–20］。

(5) 女性の発育という研究領域はこんにちでも深刻に立ち遅れている。これは始原仮説がほとんど何も説明しないにもかかわらず，それで十分説明したかのように考えられているためである。

(6) こうしたメモワールとしてもっとも知られているのはエルキュリーヌ・バルバ

ンのものである。Foucault［1980］を見よ。

(7) プロッサーにとってボーヴォワールの警句は，トランスセクシュアルが「自身の身体の性的体現に対する戦い」を語る特別の語りとして再読するのに誂え向きである。「人は女として生まれないが，実効性のある医療的介入によって，その人の粘り強さによって，経済的な保障によって，社会的なサポートによって，女性になりうる」。

(8) Adkins［1999］, Elliot［1998］, Fausto-Sterling［2000a］, Haynes & McKenna［2001］, Hegarty & Chase［2000］, Hinkle［1990］, Kessler［1990］, Preves［2000］, Roen［2004b; 2008］, Wilchins［2002a］, 〈www.intersexualite.org〉.

(9) 半陰陽と診断されたすべての人が，受けた医療やジェンダー割り当てによって不幸になったわけではないことを指摘するのは重要である。しかし医療文献において「フォローアップ不能」と報告される事例が非常に多いため，「成功事例あるいは『満足した顧客』の数を正確に評価する方法が存在しない」。半陰陽事例管理の実施を変革しようとロビイングをおこなっているのは，もちろんそれによって問題を抱えることになった人々である。そのなかには，理由があって医療的介入をまったく受けたことがない人々もいる。同じく強調しておくべきは，半陰陽事例管理を批判する半陰陽者たちのなかには自身のジェンダー割り当てに不満をもっている人ももっていない人もいること，そして二値的なジェンダー観念に不満をもっている人ももっていない人もいることである。なお，半陰陽と診断されたにもかかわらず，そのことを知らされていない人々がどれほどいるのかについては，推測する方法すらない。情報が欠けているからといって，そうした人々が育ちのジェンダーに十分適応していると見なすのは無理である。

(10) ISNA の創立者シェリル・チェイスは，ゲイの活動家の戦いと半陰陽の戦いのあいだに多くの共通点を見ている。なかでもとくに，社会的不寛容性に動機づけられた病理化と医療慣行への従属が共通している。Hegarty & Chase［2000］を見よ。

(11) 本章が言及するエスノグラフィックな資料は，2001 年 12 月から 2002 年 2 月までのあいだにおこなった 6 人との対面インタヴューである。この人々はそれぞれ北米，オーストラリア，ニュージーランド，インドに居住しており，半陰陽および雌雄同体として自己をアイデンティファイしている。インタヴューは電子メールや電話，対面によるフォローアップ・ディスカッションによって補完されている。これまでのところ抗議は寄せられていない。このインタヴューをおこなった私の意図は，ごく最近まで半陰陽のコミュニティや集団における統合された物語とみられてきたもののなかにある分裂を際立たせることにあった。

(12) こう主張するにあたって，私はステファニー・ターナーの論点を踏まえている。ターナーによれば，World Wide Web はその名にもかかわらず，その範囲はグローバルではないし，技術にアクセスする経済的手段を有する人々にしか使えないものである。ここから，インターネットを使っている人々の代表性についての疑問が生じる。Turner［1999: 463］。

(13) この過程はフェミニズムが 10 年ちかく前にジェンダー概念と取っ組み合い，

その概念的，政治的効用について何ら広範な合意に到達できなかったのとまったくパラレルであった。

(14) この団体（以下では「コンソーシアム」と呼ぶ）は2005年10月にシカゴで開催された国際半陰陽事例管理臨床家会議――ここで診療の新しい指針と新しい用語体系が承認された――を受けて結成された。コンソーシアムは半陰陽事例管理に携わる臨床家たち，半陰陽者，半陰陽小児および成人の親たちによって構成された。2006年，コンソーシアムは二つの重要で影響力の大きい文書を公刊した。それが臨床指針と，半陰陽小児の親のためのハンドブックである。

(15) Curtis Hinkle, "People without Faces," *Intersex Pride* を見よ。

(16) これがまさにマネーがジェンダーを概念化したやり方だった。ただしすでに示したように，彼の目的はまったく違った。

(17) シェリル・チェイスはこの名がペン・ネームであることを最近明かした（http://www.accordalliance.org/our-people.html，リンク切れ）。

(18) 他の多くの人も言っているように，チェイスも自身の完全な医療歴を入手するのは困難だった。多くの医師は，そうした情報は患者が向き合うのはあまりに困難なものであるという理由で，患者に完全な医療歴を開示することに前向きでない。しかしマネーのもとの診療モデルでは開示が重要だった。

(19) チェイスの回顧によれば，彼女が10歳のときに両親に医療歴を見せられた。両親はそのとき，彼女は赤ちゃんのとき陰核が大きすぎる病気だったので，病院で切り取らなければならなかったと言い，ほかの誰にもこのことは言わないようにと忠告した。Chase［1998: 211］.

(20) なお，Hegarty & Chase［2000］も見よ。

(21) 1993年のISNAの設立についてはチェイスその他の人々によってよく書かれている。そうしたものとしてたとえば，Chase［1998］, Hegarty & Chase［2000］, Fausto-Sterling［2000a］。

(22) 英国では，AISと診断された子どもとその親のための非公式のピア・サポート・グループが始まったのは1988年である〔訳註15〕。当初それは女性一人による電話サポートとして始まったが，後にサポートは拡充され，1993年，AISサポート・グループ（AISSG）として公的な組織になった。AISSGは現在，連合王国，欧州，カナダ，北米，南米，オーストラリア，ニュージーランド，インド，南アフリカに多くの支部を置いている。AISSGは，診断名に特化したピア・サポート／支援団体のひとつであって，個別の課題に特化した情報や資源，ピア・サポートを当事者やその両親，家族に提供している。

(23) 第2章に論じたように，しばしば医師団によって，あるいは医学生の一団が注視するなかで，繰り返しおこなわれる外性器の検査が，子ども（や成人）にどんな影響を与えるかについては，過去半世紀にわたってほとんど考慮されることがなかった。半陰陽の人々が言うには，医療目的とはいえ，集団の注視に曝されるのはトラウマ的であり，ひどく恥辱的である。人の身体に対して他者が，とくに権威的な地位にある人々が無制限に介入することが与える影響についての一般的な分析，およびスティグマの問題については，Goffman［1968］。

(24) 〈http://www.isna.org/〉.

(25) Dreger, n.d. www.isna.org/compare www.isna.org/faq/patientcentered〔リンク切れ〕. 隠蔽モデルはマネーによる管理モデルを指す。「隠蔽」というネーミングは，医師が患者に対して情報を開示しない，自分の医療歴に関する情報を得ようとする成人にすら開示しないという広く行きわたっている慣行に由来する（チェイスの場合）。第2章での議論から明らかになったように，こうした慣行はマネーの勧奨に明らかに反しており，マネーの本来の管理モデルに不可欠的に備わっているとは全然言えない。マネーの指針が隠蔽中心だったと言いうるとすれば，それは半陰陽者の外性器を男性か女性のそれに似せることを目的とした肉体加工が，人間の性的ヴァリエーション，したがって性的多様性を，文化から隠蔽する働きを必然的に有したという意味においてである。この観点からすると，コンソーシアムが2006年に導入した最新の臨床指針を含めて，外性器を男性か女性に似せるための処置を容認するモデルはすべて隠蔽中心主義である。詳しくは続く議論のなかで明らかにする。Consortium［2006a］.

(26) 〈www.isna.org/books/chrysalis/beck〉.

(27) 「おきゃんなふたなり（*Hermaphrodites with Attitude*）」は，ISNAニュースレターのもとのタイトルである。ニュースレターは2001年にISNA Newsと改題された。このフレーズは北米における初期の半陰陽アクティヴィズムのモットーであった。こんにちではクィア・ネイションが掲げる「私らはここに居る，私らはクィアだ，それに慣れろ！」というスローガンと同じ挑戦的な意味をもった。

(28) 〈www.isna.org/faq/history〉.

(29) 1990年代をとおして，ジェンダーはチェイスを含むISNAのメンバーの多くにとって重要な課題だった。そのことはISNAのニュースレターや，支援者たちが彼らの物語を編纂した公刊資料の多くから明らかである。ステファニー・ターナーは1999年『*Gender and Society*』誌に掲載した論文において，半陰陽言説におけるジェンダーの重要性について考察し，アイデンティティ政治に頼らずに運動を進めるために必要な緊張を探究している［Turner 1999］。

(30) 〈www.isna.org/faq(1996)〉〔リンク切れ〕.

(31) この想定問答はもと『参考資料』に掲載されていたもので，そこでは「この子にはどちらのジェンダー・アイデンティティ（男児か女児）が与えられるべきでしょうか。つまりこの子は成長してゆくうちに自分のジェンダーをどちらと感じるようになるでしょうか」となっている。ISNA. “Tips for Parents.” ISNA, http://www.isna.org/articles/tips_for_parents(2004).

(32) ISNA. “Tips for Parents.” 強調引用者。

(33) ISNA. “Tips for Parents.”

(34) ISNA. “Tips for Parents.” 強調引用者。半陰陽の子どもに対して男児ジェンダーか女児ジェンダーを割り当てるということは，ふつう子どもにジェンダーを割り当てることと同じだという主張は，まことしやかに見えるが奇妙である。なぜなら親は自分の子どもが生まれてジェンダー割り当てを決定するにあたって，選択権を行使できるわけでは決してない。ほとんどの子どもの場合，外性器の外見が

性別の基礎的な徴表とみなされ，したがってジェンダーの徴表とみなされる。親が選ぶ場合というのが，たとえば「適切な大きさの」陰茎を有する男児に対して女児ジェンダーを割り当てるようなことを指すのだとすれば，そんな親は，間違いなく親としての資格を問われるだろう。

(35) ISNA. "Tips for Parents."

(36) ダイアモンドはマネーの長年にわたるライヴァルで，近年ではジョン／ジョアン事例にホイッスルを鳴らしたことで好評を博している。こんにちダイアモンドはある半陰陽支援団体の協力者として働いており，半陰陽症例管理の代替モデルを開発した。そのモデルは，a）最小限の介入と，b）染色体と性腺によるジェンダー割り当てを提唱している。Diamond & Sigmundsen〔2007b〕を見よ。なお，Becker et al.〔2007〕も見よ。

(37) 思い出してほしいのだが，マネーにとってジェンダーとは育ちと協調しつつ働く生まれの産物にほかならず，それは私が思うに旧式の生まれ／育ち論争によって提起された諸分析よりもはるかに洗練されている。

(38) 2001年の中頃，ISNAに私の研究について告知した後，私はISNAの渉外担当エミ・コヤマから「ほとんどの半陰陽者はジェンダー問題を抱えていない」という発言を得た（コヤマとの個人的な通信，2001年9月9日）。

(39) 〈www.isna.org/faq/gender_assignment〉.

(40) 選択による手術という考え方は，自己実現を目指す個人という，西洋リベラルデモクラシーの理念に合致するし，所得を生み出すという意味では資本の要請にも合致する。ひとつの商品としてとらえれば，消費者主権の要請にも合致する。

(41) 臨床家によるこうした過誤のアセスメントについては，たとえば，Creighton〔2004a〕, Creighton & Minto〔2001〕, Daaboul & Frader〔2001〕, Minto et al.〔2001〕。

(42) 「文筆家と研究者に対するISNA手引き（ISNA Guide to Writers and Researchers)」。この指針は，いまでは半陰陽イニシアティヴ（IPDX）のウェブサイトに掲載されている。このサイトはISNAの元渉外担当エミ・コヤマによって制作，維持されている。Emi Koyama, "Suggested Guidelines for Non-Intersex Individuals Writing About Intersexuality and Intersex People" を見よ。

(43) Ibid.（retrieved November 17, 2001）.

(44) 〈www.isna.org/faq/conditions〉.

(45) 〈www.isna.org/articles/tips_for_parents〉.

(46) ISNA, *ISNA News*（2001）. この文言は，かつては権利要求運動をおこなう団体にとって政治的に有用だった，アイデンティティ政治のひとつの要石，差異の政治の否認をあらわしている。

(47) 『オックスフォード英語辞典』は，両性者を「両方の性別の特徴を有していること」と定義している（http://dictionary.com）。

(48) このアイディアのもととなった障害の社会モデルとして，たとえば，Oliver〔1996〕, Swain & Cameron〔2003〕を見よ。なお，Shakespeare〔1998〕, Shakespeare & Corker〔2002〕, Thomas, C.〔2007〕も見よ。

(49) ヴァーノン・ロザリオとの個人的な通信（2005年8月1日）。

(50) 〈www.isna.org/faq/gender_assignment(2006)〉.
(51) Dreger［2001: 3, 5–6］〈www.isna.org/faq/language〉〔リンク切れ〕, Money & Ehrhardt［1972］.
(52) もちろん，陰茎と膣口あるいは会陰を有することはありえることである。はっきり言われることはほとんどないのだが，ここでのポイントは人間の雌雄同体は自殖性でも単為生殖でもないということである。
(53) Emi Koyama, "So, You Wanna Know About 'Hermaphrodites'?"
(54) こんにち性＝転換者というタームが医療文献で使われる場合，それは染色体の構成が示す性別が形態学的な外見に適合しない人々を指していることは註記しておくべきだろう。
(55) 半陰陽政治の主流が存在論的な雌雄同体，半陰陽を否定することの含意についての近年の分析として，Hinkle［2006］。
(56) 2008年，ISNAはそのウェブサイトに投稿された公開書簡で組織の解散を宣言した。それによれば，ISNAは自身のよりラディカルだった過去のスタンスに囚われていた。その歴史が医療従事者のコミュニティに対するISNAの信頼性を損なっている。そこで新たな組織「合意連合」を設立し，ISNAは解散する（http://www.ISNA.org/home）。
(57) 私はいかなる意味でもISNAが北米に存在する唯一の半陰陽支援団体であると言うつもりはない。「私たちのような諸身体（Boides Like Ours)」などの団体は，特定の診断名を付された人々の支援諸団体がやっているような，インターネット上のフォーラムでの対話や議論を支援する活動を長く継続している。私が言いたいのは，ISNAがメディアに精通していることに少なからず起因して，その反響をどこにでも見いだせるほどの主導的な言説を生み出しているということである。
(58) その名が示しているとおり，国際半陰陽協会は国境をまたいだ活動を重視している。そうした主旨から国際半陰陽協会はインターネットに掲載する情報をカナダ，アメリカス，フランス，オーストラリア，ドイツ，ポルトガル，スウェーデン，そして最近新たに中国にわたる九言語で提供している。
(59) 細胞質遺伝学的な観点によるDSD用語体系の詳細な分析として，Italiano & Hinkle［2008］。
(60) 〈http://www.intersexualite.org/Index.html〉.
(61) GLBTQという略号に "I"――Intersex 半陰陽の "I"――を加えてGLBTIQとすることがふつうになってきつつある。まるで半陰陽がそれ自体でひとつのセクシュアリティの様式であるかのように。ラミーの指摘はこのことに向けられている。
(62) Joelle-Circe Laramee, "Rejecting Assimilation within the GLBT Identity Movements."
(63) "Hir" はノン＝ジェンダーの代名詞として，しばしば "ze" という接続詞とともに使われる。"Ir" という代名詞も引き続き使われている。Bornstein［1998］.
(64) 〈www.isna.org/faq/conditions/progestin〉，強調引用者。
(65) Chase［1997］におけるモレノ。

(66) この点を主張するにあたって私は，陰核切除術や膣形成術が身体不可侵性と性愛的な感覚に対して物理的な傷を与えるということの意味を軽んじたり，模糊化したりするつもりはまったくない。

(67) グロスツは女性のセクシュアリティを去勢済みとして解釈する精神分析，およびそれが陰核切除術と子宮摘出術を取り巻く沈黙に対してもっている意味を検討している。グロスツの関心の原点は女性身体の卑しい地位にあり，私はそれを，彼女の本来の関心とは違う主題に適用している。

(68) ここでふたたびクレイトン，ミントおよびその共同研究者たちによる，手術の長期的な影響にとくに焦点化した近年の研究に着目しよう［Creighton & Minto 2001］。

(69) 身体性へのこうした理解は，いろいろな意味で，経験と学習を媒介する中枢神経系の役割に対するマネーの理解に似ている。ただしマネーは，性器手術が身体不可侵権の侵害だとは認めることができなかった。

(70) 1960年代後半まで，米国の南部諸州ではアフリカ系アメリカ人はバスで白人に席を譲るべきだとされていた。ローザ・パークスはそれを拒否したことで，北米の市民権運動の顔となった。

(71) Julie Butler, “X Marks the Spot for Intersex Alex,” *West Australian*, November 1, 2003.

(72) オーストラリア統計局の人口センサス開発と調査編成ディレクターのデイヴ・ニューエンバーグによれば，センサスの質問紙はすでに印刷済みだったため，男性とも女性ともないとされる人々は，その年のセンサスでは手書きで自身の選択肢を記入することができた。ニューエンバーグによれば，オーストラリア統計局は個々の回収データを検査していないが，男女どちらにも性別にもマークされていない場合は，コンピュータプログラムがランダムによって男女に配分される設計になっている。オーストラリアの半陰陽活動家たちはこれを公的，法的認識への大きな一歩だとしてこれを歓迎した。“Census to Recognize Intersex Australians,” *Fairfax Digital*.

第6章　結論への途上で

(1) CAHの原因は染色体異常にあるといわれる。ステロイド生成が損なわれる結果，コルチゾールとアルドステロンの不足，およびアンドロゲンの過剰をもたらす。2005年のコンセンサス・グループにはシェリル・チェイスおよびISNAの代表者たちが含まれていた。

(2) Joint LWPES/ESPE CAH Working Group［2002: 4050］. すでに註記したように，臨床家たちはとにかくジェンダーを確保するのが自身の仕事だとしていまだかつて疑ったことがないのである。

(3) この引用はアリス・ドレガーの2007年11月17日のブログ投稿からのものである（http://www.alicedreger.com/dsd.html）。題名は “Why ‘Disorders of Sex Development’? (On Language and Life).” 引用の全文は以下のとおりである。「医療従事者が感じている恐怖として理解可能なのは，性的アノマリーの過剰な脱＝病理化で

す。(大きな陰核を持った女児が生れてきたとして，あなたとしては単に「おやおや，これはただの自然のヴァリエーションの一種だね」と言うだけで済まさないでしょう。きっと「陰核が大きいのはいいとしても，先天性副腎皮質過形成(CAH) とか，その他健康にリスクのある代謝障害が潜在していないかどうか調べる必要があるな」と言うでしょう。陰核が大きいのは，本当に単に大きいだけこともあれば，稀にですが，良い内分泌医に当たらないと数日のうちに死にいたる場合もあるのです)」。

「過剰な脱＝病理化」の課題が警告されても，陰核手術が廃れる兆候はこんにちまでほとんどない。

(4) このボウ・ローレントのペン・ネームはシェリル・チェイスである。

(5) フェミニズム理論における反生物学主義は，生物学決定論がかつて（部分的には今もなお）女性の従属を正当化するために用いられてきたことへの反応として生じた。

(6) 1990年代後半以降フェミニズムの学問のなかから，科学的な知見と新たな仕方で関わろうとするエキサイティングで建設的な研究群（新科学研究あるいは新唯物論として知られる）が生まれてきた。こうした研究は生物科学の知見を単に分析対象とするのではなく，新たな概念や方法の源泉として扱う。本書はこの領域に対する小さな寄与である。たとえば，Fausto-Sterling［2005］, Grosz［2004］, Keane & Rosengarten［2002］, Lock［1998］, Probyn［2004］, Wilson, E. A.［1998; 2004a; b］を見よ。

(7) ワイグマンの論文はクィアの領域にジェンダーが占めてきた位置，あるいは，より正確にはジェンダーの転換可能性（とりわけ女性の男らしさとして明らかになるそれ）がクィアに対してもった意味について思索している。

(8) ここで「多くの場合」という制限を加えたのは，人が体現しているジェンダーが必ずしも割り当てられた性別に容易に，あるいは恒常的に沿うわけではないことを明確にするためである。

(9) マネーのこのポイントを，合理的で原子化し，個人化した男性というファンタジーを特権化するヒューマニストのパースペクティヴと混同してはならない。

(10) サンドラ・ベムはジェンダー習得のこの学習過程（あるいは摂取過程）を「ジェンダー・ネイティヴ」として概念化している［Bem 1993］。

(11) Elliot［1998: 37］で参照されたクリフォード・ギアツの言葉。

(12) こんにちではヒルシュフェルトは，付加的な第三の性モデル（つまり男性と女性，およびそのハイアラーキカルな関係を支える働きをもつ付随的なカテゴリー）を提唱した最初期の人物としてよく知られている。しかしエドガー・バウアーが示したように，ヒルシュフェルトの第三の性モデルは，本来のそれを政治的便宜のために加工したものである。それはドイツ帝国刑法第175条に違反・抵触する性的マイノリティの喫緊の必要に応じるべく加工された［Bauer 2006］。ヒルシュフェルトの仕事が性差を「二」の秩序に還元しようとするイデオロギーを掘り崩す働きをもっていることを，バウアーはシステマティックに明らかにしている。私はこれに多くを学んだ。なお，Bauer［2007］も見よ。

(13)　ヒルシュフェルトの概念のこの要因が，彼の仲間たちにとってもっとも理解しがたかった。当時流通していた他の枠組における第三の性は，男と女という二性を補完する機能を果たす限りでしかその実体の存在（つまり現に当時生きていた雌雄同体者たち）を表象しなかった。ヒルシュフェルトは当時最新だった性科学のテクスト群のなかに三度，彼の名を付して「中間者の理論」と評しているのを見つけて，自身の概念に対する誤読をただすべく説明をおこなうこととなった。彼は嘆く。「彼らは私の概念を十分に理解していない」。「それで私はこうして，すべてを含んだ記述をおこなう気になった」。Hirschfeld［1991: 228］.

(14)　この意味でヒルシュフェルトの考えはクィア・プロジェクトの野望に100年近く先駆けていた。

(15)　この点について説明するためにヒルシュフェルトが引いたのは毛髪の分布であり，それをさらに，頭髪，髭，体毛へと分類している。

(16)　ヒルシュフェルトは，マネーが論じた七要素のうち，染色体を除いた各々についてある程度の説明を与えている。

訳　註

〔1〕　モノセクシュアルは，性愛の対象を男女いずれかに限ったセクシュアリティの概念。異性愛はもちろんのこと，同性愛もモノセクシュアリティの一種である。『ゲイ，ストレート，そのあいだ』［Money 1988］によれば，モノセクシュアリティはアンビセクシュアリティとの対概念である。アンビセクシュアリティは，多様な両性愛のあり方全体を指す。

〔2〕　“matter” は動詞として「問題になる」，「重要になる」の意，名詞として「物質」の意。

〔3〕　“sex” の翻訳について。文脈に応じて「セックス」，「性」，「性別」と訳し分けた。英語の “sex” に特有の性質について説明している場合，およびジェンダーとの関係が主題になっている場合には「セックス」，男女の二値的な性別の意味で用いられていることが明らかな場合には「性別」，それ以外の場合は「性」とした。

〔4〕　ミュラー管は卵管，子宮，膣へと分化すると女性形になる。通常の男性形では分化せずに残存する。

〔5〕　クラインフェルター症候群。性染色体がXXYで，外性器と内性器は男性形だが，乳房が女性化し，男性的第二次性徴が欠如する。

〔6〕　原文では第三論文となっているが，正しくは第二論文である。

〔7〕　コルチゾンは副腎皮質ホルモンの一種。ステロイド系抗炎症薬として用いられる。

〔8〕　アンドロゲン不感性症候群。性染色体は男性だが，アンドロゲンに反応しないため精巣が女性化している。

〔9〕　ここで「伴性の弱点」と言われているのは伴性劣勢遺伝のこと。たとえば血友病，赤緑色覚異常など，女性が因子を運ぶが，発現するのはほとんど男性で，症状も男性のほうが重篤になりやすい遺伝病。

〔10〕　原文ではメアリー・チャフェッツとなっているが，直後に引用されている本の

著者はジャネット・ソルツマン・チャフェッツである。訳者が調べえた限りではメアリー・チャフェッツという名の社会学者は見つからなかった。巻末の参考文献一覧も同様に処理した。

〔11〕 “paraphilia.” “Para” は「側」,「準」,「超」などの意味を持つ接頭辞。“Philia” は「友愛」,「愛好」の意。日本語の医学用語としての定訳は「性倒錯」。

〔12〕 “self-help industry.” いわゆる「自己啓発」や，医師の管理を受けないホルモン剤や向精神薬の自己投与などで成り立っている産業のこと。

〔13〕 “with attitudes” は「おきゃん」,「お転婆」の意。本章の原註（27）でこれが現代のクィアのスローガンと同じ効果を狙った命名であったことが説明されていることを踏まえ「おきゃんなふたなり」と試訳した。

〔14〕 リップル効果とは，水に石を落とすと波紋が中心から外に向かってエネルギーを保ちながら拡がってゆく自然現象のメタファー。ある出来事の影響が，その出来事を起こした人の意図を超えて広い範囲に及ぶことを指す。

〔15〕 原文では 1998 年となっているが，AISSG によれば正しくは 1988 年である。

《叢書・ウニベルシタス　986》
ジェンダーの系譜学

2012年11月22日　　初版第１刷発行

ジェニファー・ジャーモン
左古輝人 訳

発行所　財団法人 法政大学出版局
〒102-0073 東京都千代田区九段北3-2-7
電話03(5214)5540／振替00160-6-95814
製版，印刷：三和印刷　製本：誠製本

Printed in Japan

ISBN 978-4-588-00986-0

著者紹介
ジェニファー・ジャーモン（Jeniffer Germon）
オークランド大学で学士号と修士号，シドニー大学で博士号（ジェンダー研究）を取得。2012年3月現在，シドニー大学人文社会科学部「ジェンダーと文化の研究」学科の講師としてジェンダー，社会正義，医療倫理，セクシュアリティ研究などを講じている。

訳者紹介
左古 輝人（さこ てるひと）
1968年　東京生まれ
1998年　法政大学大学院社会科学研究科社会学専攻博士後期課程修了，社会学博士（法政大学）。
現　在　首都大学東京都市教養学部人文・社会系准教授。
著訳書　『秩序問題の解明——恐慌における人間の立場』（法政大学出版局，1998年），『畏怖する近代——社会学入門』（法政大学出版局，2006年），*Japanese Family and Society: Words from Tongo Takebe, a Meiji Era Sociologist*（Co-edited with S. K. Steinmetz, New York: Haworth Press, 2007），『PR!——世論操作の社会史』（S. ユーウェン著／共訳，法政大学出版局，2003年），ほか。